金融教材译丛

BEHAVIORAL FINANCE
PSYCHOLOGY, DECISION-MAKING, AND MARKETS

行为金融
心理、决策和市场

（美） **露西 F. 阿科特**
Lucy F. Ackert
肯尼索州立大学

著

（加） **理查德·迪弗斯**
Richard Deaves
麦克玛斯特大学

戴国强 等译

机械工业出版社
China Machine Press

本书是一本连接金融理论和人类行为实践的行为金融综合教材，它将行为金融的基本原理及其应用实践清晰地展现给读者，展示了行为金融在今天是如何应用到经济的各个层面的。学习本书需要读者已掌握基本的金融知识和原理，本书开篇介绍了一些基本的金融知识，然后引入行为金融的心理学原理，之后剖析了人类行为如何影响个体投资者、专业机构投资者、经理的决策和市场；同时，也涉及行为金融对退休年金、教育和悖论、委托管理的影响。本书每章章后配有相应的练习、讨论题和实验，以帮助学生深化对行为金融知识的理解。

本书适用于高等院校经济、金融类本科生和研究生，也可供对行为金融知识感兴趣的读者参考。

Lucy F. Ackert, Richard Deaves. Behavioral Finance: Psychology, Decision-Making, and Markets.
ISBN 978-0-538-75286-2

Copyright © 2010 by South-Western, Cengage Learning.

Original edition published by Cengage Learning. CMP Press is authorized by Cengage Learning to publish and distribute exclusively this simplified Chinese edition. This edition is authorized for sale in the Chinese mainland (excluding Hong Kong SAR, Macao SAR and Taiwan). Unauthorized export of this edition is a violation of the Copyright Act. No part of this publication may be reproduced or distributed by any means, or stored in a database or retrieval system, without the prior written permission of the publisher.

All rights reserved.

本书原版由圣智学习出版公司出版。本书中文简体字翻译版由圣智学习出版公司授权机械工业出版社独家出版发行。此版本仅限在中国大陆地区（不包括香港、澳门特别行政区及台湾地区）销售。未经授权的本书出口将被视为违反版权法的行为。未经出版者预先书面许可，不得以任何方式复制或发行本书的任何部分。

本书封底贴有 Cengage Learning 防伪标签，无标签者不得销售。

封底无防伪标均为盗版
版权所有，侵权必究

北京市版权局著作权合同登记　图字：01-2010-3887 号。

图书在版编目（CIP）数据

行为金融：心理、决策和市场/（美）阿科特（Ackert, L. F.），（加）迪弗斯（Deaves, R.）著；戴国强等译．—北京：机械工业出版社，2012.10（2024.4 重印）

（金融教材译丛）

书名原文：Behavioral Finance: Psychology, Decision-Making, and Markets

ISBN 978-7-111-39995-7

Ⅰ．行…　Ⅱ．①阿…　②迪…　③戴…　Ⅲ．金融学-研究　Ⅳ．F830

中国版本图书馆 CIP 数据核字（2012）第 239207 号

机械工业出版社（北京市西城区百万庄大街 22 号　邮政编码　100037）
责任编辑：王金强　　　　版式设计：刘永青
北京捷迅佳彩印刷有限公司印刷
2024 年 4 月第 1 版第 13 次印刷
185mm×260mm · 23 印张
标准书号：ISBN 978-7-111-39995-7
定价：59.00 元

客服电话：（010）88361066　68326294

献　　词

谨以此书献给 Bryan、Moira、William、Rory。

——露西 F. 阿科特

谨以此书献给 Karen 和 André。

——理查德·迪弗斯

译者序

自从1970年尤金·法玛集有效市场理论和学说之大成，提出有效市场假说以来，已经过去40多年了。法玛认为：如果在一个证券市场中，价格完全反映所有可以获得的信息，那么就称这样的市场为有效市场。长期以来，有关金融市场的教科书和大量的研究文献多采用这样一个观点，那就是，按照市场价格所反映的信息范围和信息深度的不同，可将市场分为弱式有效市场、半强式有效市场、强式有效市场，由此而形成所谓弱式有效市场假说，即市场价格只反映历史信息；半强式有效市场假说，即市场价格反映所有已公开的有关公司营运前景的信息；强式有效市场假说，即价格已充分地反映了所有关于公司营运的信息，包括已公开的或内部未公开的信息，并据此推论：如果弱式有效市场假说成立，则股票价格的技术分析会失去作用，基本分析还可能帮助投资者获得超额利润；如果半强式有效假说成立，则技术分析和基本分析都会失去作用，拥有内幕消息者才可能获得超额利润；在强式有效市场中，没有任何一种方法能帮助投资者获得超额利润，即使有内幕消息者也一样无法获得超额利润。

但是，有效市场假说的存在是有前提条件的，这些前提条件包括：市场上的投资者都是理性的；市场价格反映了理性人的供求均衡，假如有人发现不均衡，即存在套利机会，就会有人通过买卖使价格变动到供求恢复均衡；当信息变动时，股票的价格也会随之变动，无论是利好消息还是利空消息，在它刚刚传出时，股票的价格就已随之变动，当人们都知道这一消息时，股票的价格已经上涨或下跌到适当的价位了。

金融市场风险测定、资产定价及公司金融构成现代金融学的主要内容。有效市场假说一直被奉为现代金融学的经典，是传统金融理论最重要的组成部分。然而其有关金融市场定价的理论和学说至今一直存在争议。传统金融理论认为人们的决策是建立在理性预期、风险回避、效用最大化以及相机抉择等假设的基础之上的。但是大量的实验结果表明，人们的实际投资决策并非如此。比如，根据理性假说，人们进入证券市场主要不是为了获得超额利润，而是为了获得流动性。如果是这样的话，那么证券市场就不可能总是有这么巨大的交易规模。根据风险回避假说，市场上最受欢迎的股票应当是大盘蓝筹股，然而现实情况则是小盘股大受追捧。投资者可能花费很长的时间跟踪研究某只股票，并好不容易才做出了买进或卖出的决定，可是当他要下单时，一个新的信息就可能将他长期思考的决策完全逆转。另外，证券市场价格经常会在周末、月末、年末发生较大的波动，市场上经常出现投资者跟风等异常现象。所有这些情况都说明，金融市场交易者这种对理性决策的偏离不是个别的现象，而是系统性的，并且这种偏离不能靠统计平均来消除。对金融市场上出现的这些异象进行研究，对有效市场假说等传统理论进行反思的结果就形成了行为金融研究的大量论文、著述。尽管迄今为止，行为金融学的发展历史还比较短，其理论体系尚不完善，对其质疑之声也络绎不绝，但是人们不得不接受这样的事实，有越来越多的人开始对行为金融学说感兴趣。

行为金融学是将心理学，尤其是行为科学的理论融入金融学研究，从微观个体行为以及产生这种行为的心理动因等来解释、研究和预测金融资产价格变化和金融市场的发展。通过分析经济主体市场行为中的偏差和反常，来寻求不同市场主体在不同环境下的经营理念及决策行为特征，力求建立一种能正确反映市场主体实际决策行为和市场运行状况的学说与描述性模型。

本书是由美国肯尼索州立大学迈克尔 J. 科尔斯商学院的金融学教授露西 F. 阿科特和加拿大麦克玛斯特大学德格罗特商学院任教的理查德·迪弗斯博士合著的。露西 F. 阿科特教授曾经在亚特兰大联邦储备银行做过访问学者，迪弗斯博士还担任一些私人企业以及政府机构的顾问，并在一些不同的领域，如市场效率、投资行为、储蓄和养老金筹划、利率预测、风险管理项目规划、资本市场营运等领域担任专家智囊。他们不仅在从事行为金融学课程教学方面有丰富的经验，还在参与金融市场实践方面积累了一定的经验。

本人认为凡是基于教学经验和实践操作相结合而编写出来的著述通常比较适宜用作教材，本书就是其中的一本。在我看来，本书有以下显著的特点：

（1）其结构安排的逻辑性较强，前后连贯性较好，先介绍金融学的构成和主要研究内容，再阐述行为金融学的来龙去脉及其学术基础，进而讨论行为金融学研究的主要问题，便于循序渐进地进行教学。

（2）本书内容比较丰富，既阐述了传统理论和行为金融理论的主要内容，包括公司金融和个人投资者行为，还阐述和讨论了一些有关社会制度、市场制度和投资者教育等相关问题。

（3）作者运用大量的案例和事例，结合相关的理论和学说进行讲解、指导，有助于读者和受众掌握行为金融的思想和理念。

此外，本书作者还在每章结束后给出讨论题和习题，有些比较复杂的模型还以附录的形式列在相关章节后面，便于读者进一步研究和学习。

参与本书翻译的有：戴国强（前言、导论、第 1 章）、戴紫袅（第 2~3 章）、王照飞（第 4~8 章）、高军（第 9~12 章）、方鹏飞（第 13~17 章）、张健（第 18~20

章），由戴国强对译稿进行审校。在翻译本书的过程中得到机械工业出版社的大力帮助和支持，方鹏飞、张健也协助我做了许多文稿整理工作，在此一并表示感谢。

我们希望本书能满足国内对行为金融理论和学说感兴趣的读者的学习和研究需要。

戴国强
2012 年 9 月

作者简介

露西 F. 阿科特是肯尼索州立大学迈克尔 J. 科尔斯商学院的金融学教授，亚特兰大联邦储备银行访问学者，在埃默里大学获得金融经济学博士学位。她的研究兴趣包括个人应用信息和金融市场对信息的反应。阿科特博士在《美国经济评论》、《会计研究》、《金融学》等杂志上发表过数篇学术论文。

1993 年，阿科特博士在《金融学》杂志上发表的优秀论文获得史密斯·布里登奖。她的研究得到了哥伦比亚大学期货市场研究中心、芝加哥贸易委员会、加拿大投资评论、加拿大人文社会科学研究委员会等在内的多个组织的资助。2008 年，阿科特博士获得肯尼索州立大学杰出毕业生奖学金。

阿科特博士曾在埃默里大学、贝里学院、韦尔福瑞德劳瑞大学任教。她教过的本科生和研究生课程有：行为金融学、公司金融、期货和期权市场、金融机构、金融案例、统计方法导论、微观经济学。

理查德·迪弗斯获得多伦多大学博士学位，并在加拿大汉密尔顿的麦克玛斯特大学德格罗特商学院任教，除麦克玛斯特大学之外，迪弗斯博士还是多伦多大学、肯考迪亚大学、罗林学院的客座教授。他教过多门课程，包括行为金融学、证券分析、资产组合管理、衍生品和投资管理应用。

迪弗斯博士的研究成果发表在多个杂志上，例如《金融与数量分析》、《银行与金融》、《货币经济学》。他还在投资人知识和养老金筹划、实验经济学、投资基金营运、固定收益回报增值、利率模型和预测、期货合约套利和定价、金融市场和宏观经济关系等领域从事研究。

迪弗斯博士还担任多家大小私人企业以及政府机构的顾问，并在一些各不相同的领域，如市场效率、投资行为、储蓄和养老金筹划、利率预测、风险管理项目规划、资本市场营运等领域担任专家智囊。

前言

写一本有关一个正在蓬勃发展的研究领域的教材是一项困难的任务。当我们开始从事这一工作时，已有的关于行为金融的研究成果已经很丰富了。从那时起，新的成果几乎天天都会出现，而唯一需要探讨的问题就是挑选。除了尚需研究的问题以外，同时我们也希望这本书是一本能对行为金融学领域中比较重要的学术成果做出全面阐述的著作。

本书写作过程中的驱动力量是我们所教过的学生和我们所关注的内行读者。我们希望本书中涵盖的资料能引导读者用新的视角去考虑金融决策的问题。同时，有兴趣的读者可以得到多本关于行为金融学主题的具有价值的著作。我们的目的是写一本这样的教材，它既提供易于进入这一领域的概述，同时又阐明如何将行为金融学应用于真实环境。基于这种理念，本书材料的精密性和理论性相对适中。

我们认为本书适用于商学和经济学本科生及研究生，也适用于对此感兴趣的实务工作者。本书可以用作专门的选修课教材，或者作为比较传统的公司财务或管理财务课程的补充教材。

致谢

我们特别感谢那些为学术发展提供研究支持并贡献他们著述的大批研究者,包括 Werner De Bondt、Robert Dreman、Daniel Kahneman、Robert Shiller、Hersh Shefrin、Andrei Shleifer、Vernon Smith、Meir Statman、Richard Thaler 和 Amos Tversky。

毫无疑问,尽管我们要感谢的人不胜枚举,但是,还是要列举一些著述很有影响的研究者,包括 Maurice Allais、Marc Alpert、Solomon Asch、Clifford Asness、Malcolm Baker、Nardin Baker、Guido Baltussen、Brad Barber、Nicholas Barberis、Sanjoy Basu、Max Bazerman、Shlomo Benartzi、Itzhak Ben-David、Douglas Bernheim、Bruno Biais、Fischer Black、Robert Bloomfield、Nancy Brekke、Stephen Brown、Colin Camerer、Walter Cannon、David Centerbar、Louis Chan、John Conlisk、Michael Cooper、Joshua Coval、David Cutler、Antonio Damasio、Kent Daniel、Bradford De Long、Stéphanie Desrosiers、John Dickhaut、Orlin Dimitrov、John Doukas、Darren Duxbury、Jon Elster、Richard Fairchild、Eugene Fama、Ernst Fehr、Urs Fischbacher、Baruch Fischhoff、Christina Fong、Kenneth French、Laura Frieder、Simon Gächter、Simon Gervais、Gerd Gigerenzer、Thomas Gilovich、Markus Glaser、William Goetzmann、John Graham、David Grether、Dale Griffin、Mark Grinblatt、Dirk Heath、Denis Hilton、David Hirshleifer、Charles Holt、Harrison Hong、Christopher Hsee、Ming Huang、Gur Huberman、William James、Narasimhan Jegadeesh、Wei Jiang、Eric Johnson、Charle Jones、Matti Keloharju、Thomas Kida、Alok Kumar、Josef Lakonishok、Owen Lamont、Rafael La Porta、Henry Latane、Susan Laury、Charles Lee、Jonathan Lewellen、Jean-François L'Her、Andrew Lo、George Loewenstein、Dan Lobvallo、Brigitte Madrian、Ulrike Malmendier、Karine Mazurier、Rajinish Mehra、Stanley Milgram、Olivia Mitchell、Kimberly Moreno、Tobias Moskowitz、Margaret Neale、John Nofsinger、Gregory Northcraft、Terrance Odean、Dimitris Petmezas、Joseph Piotroski、Jean-François Plante、Michael Pompian、Thierry Post、James Poterba、Sébastien Pouget、Edward Prescott、Howard Raiffa、Raghavendra Rau、Marc Reinganum、Richard Rendleman、Mark Riepe、Stephen Ross、Yuval Rottenstreich、Richard Ruback、William Samuelson、Tano Santos、Stanley Schachter、Myron Scholes、William Schwert、Dennis Shea、Jeremy Siegel、Herbert Simon、Jerome Singer、James Smith、Brett Steenbarger、Avanidhar Subrahmanyam、Gerry Suchanek、Barbara Summers、Larry Summers、Bhaskaran Swaminathan、Geoffrey Tate、Robert Vallone、MMartijn van den Assem、Robert Vishny、Robert Waldmann、Martin Weber、Arlington Williams、Timothy Wilson、Jeffrey Wurgler、Wei Xiong、Robert Zajonc 和 Ganggang Zhang。

尽管这些研究者中有很多人不是非常赞同行为金融学，但是公正地说，他们对行为金融学的讨论都是有贡献的。

我们也感谢圣智学习出版公司以及其由 Laura Ansara 和 Mike Reynolds 领导的杰出团队的支持，还有来自 Tamborah Moore 和 Andrea Clemente 的鼎力相助。当然，我们感谢那些提供文字输入的同事和学生：George Athanassakos、Gokul Bhandari、Narat Charupat、Bryan Church、Aey Chatupromwong、Shawn Davis、Travis Derouin、Jerry Dwyer、Ann Gillette、Rongbing Huang、Marcelo Klotzle、Brian Kluger、Swetlana Ljubicic、Erik Lüders、Matt Miller、Peter Miu、Budina Naydenova、Oksana Ogrodnik、Melissa Parlar、Li Qi、Gabriel Ramirez、Mark Rider、Michael Schröder、Paula Tkac、Ted Veit、Barry White 和 Ao Yang。

此外，我们还要感谢书稿的校阅者：Brandon Adams（Harvard University）、Bulent Aybar（Southern New Hampshire University）、Brad M. Barber（UC Davis）、Candy A. Bianco（Bentley College）、Deanne Butchey（Florida International University）、Haiwei Chen（California State，San Bernardino）、Jing Chen（University of Northern British Columbia）、Hsiang-Hsuan Chih（National Dong Hwa University）、David Enke（University of Tulsa）、Richard John Fairchild（University of Bath，UK）、James Felton（Central Michigan University）、Merlyn Foo（Athabasca University）、Laura Frieder（Purdue University）、Satyananda Gabriel（Mount Holyoke College）、Nancy R. Jay（Mercer University）、Steven T. Jones（Samford University）、Shimon Kogan（Carnegie Mellon University）、Alok Kumar（University of Texas，Ausin）、Henry Pruden（Golden Gate University）、Li Qi（Agnes Scott College）、Raghavendra Rau（Purdue University）、Thomas A. Rietz（University of Iowa）、Scott Smart（Indiana University）、Bijesh Tolia（Chicago State University）、P. V. Viswanath（Pace University）。

阿科特于亚特兰大
迪弗斯于伯灵顿
2009 年 5 月 22 日

I 导论

快速发展的行为金融学研究领域从心理学视角来理解人类社会的整体行为是如何影响个人、专业投资者、市场以及经理人的决策的。作为人类社会的一分子，我们的决策行为受到心理学的影响。有些决策很简单，就是日常的决定，例如，决定为了迎接下次考试应花多少精力来复习，或者决定买哪个品牌的苏打汽水。但是有些决策会给我们的财务状况造成巨大的影响，例如，是否应该购买某只股票，又如，应该如何在不同基金间分配投资我们401（k）账户里的资金。本书的主要目的就是展示在现实的挑战中，我们如何从行为金融学的研究中学习做金融决策。

展望未来，我们会发现行为金融学将大大有助于我们理解投资者层面的很多谜团。例如，为什么人们愿意投资本地企业；为什么人们总是混淆了好企业和好股票的概念；为什么当人们在经历了一次好的或差的投资组合后他们的风险承受底线都会上升；为什么人们总是不情愿从自己的投资组合中剔除表现差的部分；为什么许多投资者喜欢频繁交易；为什么他们不在更广泛的范围内进行资产配置；如何理解人们的从众心理。

由于现在很难找到真正质疑心理学对个人投资决策有影响这一论点的研究者，那么也就很难达成市场也同样会受心理学影响的统一看法。这是因为传统观点认为是市场力量造成市场有效，而这与认为人类心理学会影响市场的看法是相互矛盾的。不过，假设人类心理学能直接影响个体行为，而由于个体行为不是最优行为，个体犯的小错误有时是相互关联的，再假设套利是有限制的，那么在既定的套利限制条件下，传统观点中市场的定义将是不完整的。

近期以来，行为金融学已大幅度地将经理人的行为纳入研究范围。鉴于我们已知的投资者心理学，行为因素无疑将在经理人的决策过程中扮演重要角色。一方面，经理人在试图提升个人业绩表现时能否将与个体心理学相关的信息纳入考虑范围？另一方面，经理人作为个人，是否会成为他们行为失误的牺牲品？

本书概况

要想明白人类的心理是如何影响、冲击个体和市场的，我们需要先回顾一些内容。现在，我们来看本书的第一篇，回顾现代金融学的基础，它对各种悖论和异常状况毫无办法，并且从金融学的起源映射在预期理论和套利的角度考虑问题。在第1章出现的期望效用理论是一个明显、标准的证明人们在面对和涉及风险时的表现的模型。在预期比较时，为确定哪一种层级是财富最简单的分布，基本的做法是对各种可能的财富结果进行分析，给每种效用价值设定一个概率，然后选择预期最高的那个。

虽然期望效用理论曾经是非常有效的个人决策模型的方式，研究金融理论的人仍然需要一个模板来描述投资者是如何在现实市场中评价风险并敲定价格的。方差的统计分析和资本资产定价模型（详见第2章）是主要的理论，它们为风险评估和风险资产定价提供帮助。同时，市场效率的理念逐渐凸显。这种理念认为，因为竞争市场包含全部相关信息，资产几乎都具备基本的价格。实际上信息并不是毫无价值的，通过格罗斯曼和斯蒂格利茨的不可能定理，引发了这个即将改变的观点，即没有人能够一直收获超过标准的回报（通过风险调控）。[1] 重要的是，市场效率和资产定价模型，因联合假设是密不可分的。事实上，市场效率的测试也同样需要使用特殊风险调整机制。

尽管这些基础理论近乎完美，但是后来人们发现它们也存在缺陷。通过仔细地分析研究发现，人们事实上总是或多或少地违反期望效用理论。例如，当风险被规范时，人们对风险的追求便暴露无遗。那些乐意购买彩票的人就是一个典型的例子。这很快成为一个全新的个人偏好理论的论据，一门专门研究实际行为的心理学。在一些已有的替代模型中，卡内曼和特沃斯基的前景理论倍受关注。[2] 前景理论在第3章有所介绍。因为某些需要，前景理论增加了心理预期，这是路径依赖的重要途径。这些模型的核心要素包括了与参照点（譬如实际情况）相关的评估结果、对损失的强烈反应和对相关风险的态度。

由于 CAPM 和市场效用理论经常与用实际数据进行实证检验的结果明显地不一致，现代金融已经受到挑战。我们将在第4章回顾一些异常状况，这些异常状况是与 CAPM、市场效用理论不一致的现象。理论的发展同样起着重要的作用。当过去人们倾向于争论机会成本总是很容易地被竞争市场"套走"时，一些人开始质疑套利是否真的像教科书上说的那样简单而无风险。持该观点的人认为套利实际上受到很多限制。这些限制包括诸如"噪声交易者风险"（错误的价格可能在短期内导致更坏的运营）、基本风险（当不存在替代证券时）和重大的实施成本（交易成本和潜在的不确定性导致必须做空）。

行为金融学比其他金融学具有更多的跨学科性，它大量地借鉴了会计学、经济学、统计学、心理学和社会学的学术成果。心理学在这里非常有用，因为它解释了人类本身是如何做出正确或带有偏见的选择的。在第二篇，我们介绍了一些必要的心理学基础知识。根据分类法，我们简单地把人类的潜在心理归纳为三个部分：认知局限和思维启发、过度自信、情感。

在第 5 章中，我们注意到，现代经济和金融模型常常看起来基于决策者具有无限的认知能力。这样的决策者通过考量所有的相关信息，找到了一个最优的结果。然而经济主体的认知显然是存在局限的，包括很多内容都不完善、选择性失忆或者疏漏、注意力不集中，或者受到以前经验带来的条条框框的影响。必须将复杂的问题简化，因此，我们专门设计了试探性或者根据经验处理的方法。生物进化的压力产生了很多行业化的处理方式。虽然这些方法会导致明智的行为，但是有时候人们也可能拿错"工具箱"。当人类准备寻找食物或避难所时，会首先提出很多程序，尤其是在复杂的现代环境中必须作出决策时。我们来看看各种各样的试探性方法，包括那些主要影响绩效的方式、偏好寻找舒适的方法和估计概率。有充分的证据证明错误存在，特别是那些采纳"快速简单的"启发式观点已经表明试探法远比我们想象得要好。

在第 6 章中，我们将认识到在很多时候人们过于自信，这些人高估了自己的学识、能力和他们对信息准确度的认识，或者对未来及他们的掌控能力过于乐观。所谓的过度自信就是缺少平衡性（倾向于认为自己的认识比实际更准确）、比平均效果要好、控制能力错觉（一种毫无根据地认为自己能影响事物）和过于乐观。在警告出现时，过度自信能够怂恿一些行动。

在第 7 章中，我们将考虑情绪是如何影响决策的。不用说职业前景，单单是一笔大的资金，就可能因为一个金融决策而处于险境，更大的赌注只会使人的情绪变得更加不稳定。媒体的观点可能会影响到市场，当然，首先影响到的是个人决定。虽然这是事实，但是不健康的情绪的确是一件坏事，一个平和的心态（比如不受情绪的影响）可以让你做出正确的决策。

正是基于上述原因，第三篇转向考察心理是如何影响个人财务决策的。随着时间的推移，我们的目光固定在投资和与投资相关的从业者，而不是公司管理者的身上。第 8 章通过调查错误地应用试探法导致无法做出最好的财务决定的原因。例如，典型的试探可以说服人们好的公司很适合投资，现在的股票也表现得不错，是值得买的。只投资熟悉的产业可能导致过量的本国和当地投资，可获得性偏差促使人们集中投资于证券，因为这些投资信息是可以免费获得的，造成人们过多地根据报道而不是凭借个人观点或者专长去考虑问题。

在第 9 章中，我们来探索过度自信将导致投资者和市场参与者不能做出最好的决定。认为个人分析比市场实际表现更准确的趋势导致交易者过多交易。其他与过度自信相关的问题是低分散化的，并且导致更多的风险。

在第 10 章中，我们将探讨情绪是如何影响财务决策的。最突出的是不赚不赔效应、赌场效应和处置效应。值得注意的是，对这些观察到的行为的解释全部基于前景理论。其共同点是它们都在某种程度上基于路径依赖。在前两种情况中，结果比预期的好坏更可能增加风险：因为在第一种情况下，人们都讨厌损失，想把失去的拿回来；在第二种情况下，因为人们发的是意外之财，他们更可能承担更大的风险而没有认真考虑可能的损失。正如处置效应，一位失败的投资者可能持有相关的产品更长的时间，因为他们觉得一旦出手会让自己后悔莫及。

在第四篇中，我们考虑社会是如何影响人们的选择的。这在行为金融领域是一个非常重要的问题，因为投资者、金融从业人员和管理者不会孤立地做出决定。我们开始在第 11 章展示了在不同文化背景下世界各地不同文化的商业领域。传统的理论假定人是理性的、利己主义的决策者，有证据表明，人们在实际生活中，有时不是根据他们的自我利益做决策，而是根据社会利益做出决策，包括我们所说的其他偏好，如公平和互惠。为了说明它们的重要性，我们展示社会是如何影响市场竞争和合同制定的。

在第 12 章中，我们阐述了重要的社会力量，我们展示这些力量是如何让美国类似安然这样的重量级公司倒下的。特别关注的是两个重量级参与者：公司董事会和专业的金融分析师。公司的董事会对公司内部进行治理，但是社会力量如何对公司产生影响？金融分析师是为投资者和管理者提供重要信息的人，但是他们的观点能被社会群体影响吗？

在第五篇中，我们将探讨行为金融学能告诉我们观察到的市场结果。第 2、4 章提到实验市场效应检验获得了大量的支持，但是随后的测试常常又与此理论相悖。在第 13 章中，我们将讨论这些异常情况，但是我们的目标是解释这些潜在的行为。价值优势和动量这两个异常最让我们感到困扰，所以我们有理由特别注意它们。

第 14 章提出了一些中心股票市场难题，在过去的数年里，研究人员已经开始质疑是否应通过观察股票市场的估值水平和价格波动来预测该市场。特别值得注意的是，在 20 世纪 90 年代，整个美国市场似乎偏离基于经济基本面的估值。除了考虑市场估值的基础，我们回顾有关股票市场波动水平的证据。此外，本章也会讨论股票溢价之谜、股票因不同的低风险而优于固定收益投资的历史趋势等问题。

第六篇论述心理偏见如何潜在地影响管理者的行为。我们怎样看待结果要取决于市场或经理的行为是不是由偏见引起的。理性的经理人在认为市场不合理的情况下采取行动，那么经理人本身可能就是偏见的源头。

第 15 章讨论理性管理者有时会利用非理性投资者的估值错误。我们也提供了一个启发式模型，结果表明理性管理者和非理性投资者在短期和长期目标上存在冲突。这些冲突会导致选择最大化价格而不是价值。我们也谈到了为了迎合投资者而改变公司名称和迎合投资者胃口的股息派发方式。实际结果和预想的一样。

第 16 章论述公司决策者和企业家在次优的情况下做决策的潜力。我们首先考虑了因认知和感情的影响而制定的错误的财政预算。过度自信也会对管理决策产生有害影响。在这方面，我们要解决过度投资、投资对现金的敏感性，以及合并、收购和创业。最后，我们将考虑过度自信是否在有些情况下会对管理产生积极的作用。

在第七篇中，我们将围绕退休、养老金、教育、债券、客户管理等方面展开。这是行为金融学能否在日后被应用的关键领域。我们在第17章将重点讲解退休和退休金。世界各地的公司改变了分担退休金计划，涉及的工人被迫试图制定最佳退休金管理方案。不幸的是，这些个体往往容易出现自我控制、拖延和对基金定位的困扰等问题。然而，有证据显示退休金规划中的创新可以带来比较好的成果。

在18章中，我们分析了许多可以提高财务决策选择的策略。一个比较好的金融教育项目或许可以产生一笔可观的报酬。我们认为教育的效果可以随着投资者对知识的掌握而被加强。最后，我们为一些财富管理师提供一些见解，因为他们的客户经常被偏差和情感影响。

本书以第八篇结束，此部分内容主要针对投资者和交易员。第19章的主题是，行为投资学是试着利用行为金融研究课程中所学到的知识来提高投资组合的绩效。根据经验规律中诸如动量指标、价值优势稳健，可以利用股票的这些属性来提高投资组合的绩效。然而，事情往往不像人们想象得那样简单。风险和机遇包括不正常的衰退、不同的人群、不同的投资以及对各种异常指标的筛选提炼。我们以是否存在客观的证据可以为行为投资学带来大家所期望的结果结束本章。

第20章主要关注如何成为一位技能高超的交易员。通过关注大脑对多种活动的反映，科学家了解到大脑不同的功能以及它是如何解决问题的。神经金融学（neurofinance）的研究员通过神经科学去测试当一个人在做出财务选择时的大脑活动。潜在的研究成果包括关于哪些行为是受到控制的以及哪些行为是条件反射。每一个人都要通过很长时间的训练来成为专业人员。我们认为交易员可以通过行为金融学研究中的知识来表现得更好。

行为金融学的研究方式与方法

在任何一门学科中，进一步的研究成果都是建立在理论与经验的相互影响之上。正确的理论、模型都是用数据进行检验的。当根据理论所得出的数据变化过大时，新的模型就出现了。理论与证据之间的联系就是科学的兴衰，所以金融学也是这样演变的。在阅读本书的过程中你会发现，行为金融学在观察报告中不是一个折中的工具。这些数据可能是自然得到的，或者是在实验室中做实验得到的，抑或是通过问卷调查得到的。实验性的金融与经济学是通过运用实验的方法来测试理论的可靠性以及评估对新机制所带来的冲击的。在传统的心理学上，问卷调查常常被研究者用来研究行为金融学。

一些金融研究员总是怀疑行为金融学作为一个新理论是否适用于所有的新发现。[3] 当然,一个简易的模型如果可以预知所有的人类行为,事情可能就没有那么复杂了。但是,我们之中有多少人相信所有人类的行为可以被归纳成一个简单的方式呢?同时,我们相信拥有怀疑精神是非常重要的。我们希望推出一个包含各种方法的证据来让各位读者做选择。

行为金融学给我们的金融领域做出了怎样的贡献呢?在我们看来,行为金融学没有代替现代金融学。相反,它是一个很好的补充。现代金融学中所包含的方法对于公司管理者、投资人以及任何要做金融选择的人是非常有帮助的。但是,科学理论的兴衰在此也有所表现。当研究成果推出,并且与普通的理论有很大不同时,新的理论往往在旧的理论的基础上诞生。在未来的某一时点,这个新的普通的理论也将被行为学上的新发现所改写。由此看来,我们应该对行为金融学未来的发展抱着很大的期望。

注 释

1 Grossman, S. J., and J. E. Stiglitz, 1980, "On the impossibility of informationally efficient markets," *American Economic Review* 70(3), 393–408.

2 Kahneman, D., and A. Tversky, 1979, "Prospect theory: An analysis of decision under risk," *Econometrica* 47(2), 263–291.

3 Fama, E. F., 1998, "Market efficiency, long-term returns and behavioral finance," *Journal of Financial Economics* 49, 283–306.

教学建议

教学目的

本课程教学的目的在于让学生掌握行为金融学的基本知识和原理,主要包括金融学基础、有效市场假说等传统金融理论、行为金融学理论与学说、行为投资决策和客户教育与客户管理、神经金融学 6 个部分,要求学生从多个方面掌握行为金融学的理论知识和投资知识。本书不仅给学生介绍了行为金融学理论的最新发展,而且介绍了如何利用行为金融的思想、理论和方法进行投资决策和客户管理,使学生能够理论联系实际,能够应用行为金融学的相关理论指导实际或模拟投资决策与金融交易活动,为今后从事金融资产定价和金融管理工作打下坚实的基础。

前期需要掌握的知识

金融市场学、公司金融学、经济学、心理学等课程相关知识。

课时分布建议

教学内容	学习要点	课时安排	
		金融专业	其他专业
第 1 章 金融学基础 I:期望效用理论	(1) 了解新古典主义经济学 (2) 了解期望效用理论 (3) 了解阿莱悖论	3	2
第 2 章 金融学基础 II:资产定价、市场有效性和机构关系	(1) 了解风险定价理论与方法 (2) 了解市场有效性的特征与前提条件 (3) 了解代理理论	3	2
第 3 章 前景理论、框架和心理账户	(1) 了解前景理论 (2) 理解心理账户 (3) 掌握利用心理账户进行投资决策的基本要求	3	2
第 4 章 对市场有效性的挑战	(1) 了解一些重要的市场异象 (2) 了解噪声交易和套利限制的基本要求	2	2
第 5 章 启发式预测和偏差	(1) 了解感知、记忆和启发 (2) 了解锚定 (3) 掌握非理性和适应性	3	2

(续)

教学内容	学习要点	课时安排 金融专业	课时安排 其他专业
第6章 过度自信	(1) 了解各种形式的过度自信 (2) 掌握修正理论在金融中的应用	2	1
第7章 情绪基础	(1) 了解情绪的含义 (2) 了解情绪对推理的影响	2	1
第8章 启发式及其偏差对金融决策的启示	(1) 了解熟悉导致的金融行为 (2) 了解代表性启发式偏差引起的金融行为 (3) 掌握锚定在容易获得的暗示上的表现	3	2
第9章 金融决策过度自信的含义	(1) 过度自信和过度交易的结果 (2) 过分乐观主义和分析师在金融决策中的影响	2	1
第10章 个人投资者和情绪的力量	(1) 了解自豪和后悔 (2) 了解处置效应 (3) 了解赌场资金效应	3	2
第11章 社会力量：利己还是利他	(1) 理解理性经济人 (2) 了解公平、互惠和信任的影响 (3) 了解社会行为和情绪的作用	3	2
第12章 社会力量：一家美国公司的倒闭	(1) 理解公司董事会的作用 (2) 了解分析师的作用 (3) 了解安然公司事件	1	1
第13章 市场异象的行为解释	(1) 了解赢利公告的影响 (2) 了解动量效应与反转效应 (3) 掌握理性投资者异象的解释	3	2
第14章 行为因素能否解释股票市场之谜	(1) 了解股票溢价之谜 (2) 了解金融市场泡沫成因 (3) 理解行为金融对市场定价的影响 (4) 了解过度波动性的特征	3	2
第15章 理性经理层和非理性投资者	(1) 了解经理层目标和定价错误的原因 (2) 了解非理性经理层和非理性投资者特点、影响	2	1
第16章 行为公司金融和经理层决策	(1) 了解损失厌恶 (2) 了解过度自信对投资决策的影响	3	2
第17章 退休储蓄行为和改进DC养老金	(1) 了解养老金功能转变的趋势及其后果 (2) 了解有限自控能力和拖延习惯背景下的储蓄行为 (3) 了解DC养老金设计改善的意义	2	2
第18章 除去偏差、教育和客户管理	(1) 了解如何通过教育除去偏差 (2) 了解如何利用行为金融进行客户管理	2	1
第19章 行为投资	(1) 了解异象衰减以及风格投资 (2) 掌握异象捕获方法 (3) 了解利用行为金融能否提高投资组合的表现	3	2
第20章 神经金融学和交易员的大脑	(1) 了解神经金融学的主要观点 (2) 理解专业技能和情绪的关系	2	2
课时总计		50	34

说明

（1）在课时安排上，对于金融专业建议按每周3课时开设，共51学时，讲课50课时，1课时机动。对于非金融专业建议按每周2课时开设，共34课时。

（2）社会实践、上机等活动可以在课程中穿插进行。

目 录

译者序
作者简介
前言
致谢
导论
教学建议

第一篇
传统金融、前景理论和市场效率

第1章　金融学基础Ⅰ：期望效用理论 ······ 2
1.1　新古典主义经济学 ······ 3
1.2　期望效用理论 ······ 5
1.3　风险态度 ······ 7
1.4　阿莱悖论 ······ 10
1.5　框架 ······ 12
1.6　展望 ······ 13
本章要点 ······ 13
问题与讨论 ······ 13
附录1A　期望效用理论详述 ······ 14
注释 ······ 17

第2章　金融学基础Ⅱ：资产定价、市场有效性和机构关系 ······ 18
2.1　风险定价 ······ 18
2.2　市场有效性 ······ 26
2.3　代理理论 ······ 29
2.4　从理性到心理 ······ 31

本章要点 ······ 31
问题与讨论 ······ 32
注释 ······ 33

第3章　前景理论、框架和心理账户 ······ 35
3.1　前景理论 ······ 36
3.2　框架 ······ 46
3.3　心理账户 ······ 48
3.4　从理论到实际操作 ······ 51
本章要点 ······ 52
问题与讨论 ······ 52
附录3A　前景理论中加权函数所需的条件 ······ 53
注释 ······ 55

第4章　对市场有效性的挑战 ······ 58
4.1　一些重要的市场异象 ······ 58
4.2　噪声交易和套利限制 ······ 65
4.3　展望 ······ 72
本章要点 ······ 72
问题与讨论 ······ 73
附录4A　席勒模型的证明 ······ 73
注释 ······ 74

第二篇
行为科学的基础

第5章　启发式预测和偏差 ······ 78
5.1　感知、记忆和启发 ······ 79

5.2　熟悉度和相关的启发式 ……… 82
　　5.3　代表性启发式及相关偏差 …… 85
　　5.4　锚定 ……………………………… 92
　　5.5　非理性和适应性 ………………… 94
　　5.6　展望 ……………………………… 96
　　本章要点 ……………………………… 97
　　问题与讨论 …………………………… 97
　　注释 …………………………………… 98

第6章　过度自信 …………………… 101
　　6.1　错误校准 ………………………… 101
　　6.2　过度自信的其他表现形式 …… 105
　　6.3　阻碍修正的因素 ………………… 109
　　6.4　展望金融领域的应用 …………… 110
　　本章要点 ……………………………… 111
　　问题与讨论 …………………………… 112
　　注释 …………………………………… 112

第7章　情绪基础 …………………… 115
　　7.1　情绪的本质 ……………………… 115
　　7.2　情绪理论简史 …………………… 117
　　7.3　进化论 …………………………… 119
　　7.4　大脑 ……………………………… 121
　　7.5　情绪和推理 ……………………… 122
　　7.6　我们的思维、身体和情绪 …… 125
　　7.7　展望 ……………………………… 125
　　本章要点 ……………………………… 127
　　问题与讨论 …………………………… 127
　　注释 …………………………………… 128

第三篇
投资者行为

第8章　启发式及其偏差对金融决策
　　　　　的启示 …………………………… 132
　　8.1　熟悉导致的金融行为 …………… 132
　　8.2　代表性启发式偏差引起的
　　　　　金融行为 ………………………… 136
　　8.3　锚定在容易获得的暗示上 …… 140
　　本章要点 ……………………………… 142
　　问题与讨论 …………………………… 142
　　注释 …………………………………… 143

第9章　金融决策过度自信的
　　　　　含义 ……………………………… 145
　　9.1　过度自信和过度交易 …………… 145
　　9.2　人口统计和动态 ………………… 154
　　9.3　分散化不足和承担过多风险 … 156
　　9.4　过度乐观主义和分析师 ……… 156
　　本章要点 ……………………………… 157
　　问题与讨论 …………………………… 157
　　注释 …………………………………… 158

第10章　个人投资者和情绪的
　　　　　力量 …………………………… 160
　　10.1　投资者的心情能代表市场
　　　　　境况吗 ………………………… 160
　　10.2　自豪和后悔 …………………… 162
　　10.3　处置效应 ……………………… 162
　　10.4　赌场资金效应 ………………… 167
　　10.5　情感 …………………………… 169
　　本章要点 …………………………… 170
　　问题与讨论 ………………………… 170
　　注释 ………………………………… 171

第四篇
社会力量

第11章　社会力量：利己还是
　　　　　利他 …………………………… 174
　　11.1　理性经济人 …………………… 174
　　11.2　公平、互惠和信任 …………… 175
　　11.3　社会影响的作用 ……………… 181

| 11.4 遵从 ·················· 185
| 11.5 社会行为和情绪 ········ 187
| 11.6 社会行为和进化 ········ 188
本章要点 ························ 188
问题与讨论 ······················ 188
注释 ··························· 189

第12章 社会力量：一家美国公司的倒闭 ·················· 191
12.1 公司董事会 ············· 191
12.2 分析师 ················· 195
12.3 安然公司 ··············· 198
本章要点 ························ 203
问题与讨论 ······················ 203
注释 ··························· 204

第五篇
市场中的结果

第13章 市场异象的行为解释 ······ 208
13.1 赢利公告、价值股和成长股 ················ 208
13.2 动量效应与反转效应 ····· 210
13.3 异象的理性投资者解释 ···· 218
本章要点 ························ 221
问题与讨论 ······················ 222
注释 ··························· 222

第14章 行为因素能否解释股票市场之谜 ················ 225
14.1 股票溢价之谜 ··········· 225
14.2 现实世界的泡沫 ········· 231
14.3 实验泡沫市场 ··········· 235
14.4 行为金融和市场定价 ····· 238
14.5 过度波动性 ············· 239
14.6 2008年的股市 ··········· 241
本章要点 ························ 245

问题与讨论 ······················ 246
注释 ··························· 246

第六篇
公司金融

第15章 理性经理层和非理性投资者 ·················· 250
15.1 经理层目标和定价错误 ···· 251
15.2 经理层利用定价错误的例子 ·· 253
15.3 非理性经理层还是非理性投资者 ················ 259
本章要点 ························ 259
问题与讨论 ······················ 260
注释 ··························· 260

第16章 行为公司金融和经理层决策 ·················· 263
16.1 资本预算：简便性、损失厌恶以及情感 ············· 263
16.2 经理层过度自信 ········· 265
16.3 投资决策和过度自信 ····· 266
16.4 经理人过度自信能否产生正面影响 ·············· 271
本章要点 ························ 272
问题与讨论 ······················ 272
注释 ··························· 273

第七篇
退休、养老金、教育、除去偏差及客户管理

第17章 退休储蓄行为和改进DC养老金 ·················· 276
17.1 向DC养老金转变的世界性趋势及其后果 ············· 276

17.2 有限自控能力和拖延习惯背景
     下的储蓄行为 ………… 279
17.3 资产配置困惑 …………… 284
17.4 DC 养老金设计改善 …… 288
本章要点 …………………… 294
问题与讨论 ………………… 294
注释 ………………………… 295

第 18 章 除去偏差、教育和客户
         管理 ………………… 298
18.1 偏差能否被消除 ………… 298
18.2 通过教育除去偏差 ……… 302
18.3 利用行为金融进行客户管理 … 306
本章要点 …………………… 309
问题与讨论 ………………… 310
注释 ………………………… 310

第八篇
理　　财

第 19 章 行为投资 …………… 314
19.1 异象衰减、风格同等群体以及
     风格投资 ………………… 314

19.2 完善异象捕获 …………… 316
19.3 多元方法 ………………… 321
19.4 风格循环 ………………… 324
19.5 利用行为金融能否提高投资
     组合的表现 ……………… 325
本章要点 …………………… 327
问题与讨论 ………………… 327
注释 ………………………… 328

第 20 章 神经金融学和交易员的
         大脑 ………………… 330
20.1 专业技能和内隐学习 …… 330
20.2 神经金融学 ……………… 332
20.3 神经金融学的观点 ……… 333
20.4 专业技能和情绪 ………… 334
本章要点 …………………… 335
问题与讨论 ………………… 335
注释 ………………………… 336

术语表 …………………………… 338

参考文献[⊖]

⊖ 本书参考文献请见 www.hzbook.com。

第一篇

传统金融、前景理论和市场效率

第 1 章 　金融学基础 I：期望效用理论

第 2 章 　金融学基础 II：资产定价、市场有效性和机构关系

第 3 章 　前景理论、框架和心理账户

第 4 章 　对市场有效性的挑战

第1章 金融学基础Ⅰ：期望效用理论

 引 言

　　个人、金融从业人员、市场和管理层的行为时而会表现出"非理性"特征，这究竟是什么原因造成的呢？我们要回答这个问题，必须先透彻理解现代金融学的基础。而现代金融学正是建立在理性决策之上的。本书的第1、2章将阐述相关理论，其中，本章介绍的是在不确定情况下个人决策的标准理论。

　　作为背景知识，我们首先探讨在未来完全确定的经济决策中，标准（抑或新古典主义）经济学是如何定义理性行为的。在1.1节中，我们将说明个人会根据其偏好、所面临的约束，及其所有的信息来获得最大的效用（抑或幸福）。在1.2节中，我们指出，决策在不确定的情况下会变得复杂。正因为如此，期望效用理论有所延伸，我们称该延伸理论为"期望效用最大化"。该理论基本步骤如下：首先，决策人求得不同财富水平所对应的效用；然后，决策人在若干前景（即财富水平的概率分布）间选择时，会计算出每个备选前景的期望效用；最后，决策人选取期望效用最大的前景。我们将在1.3节中讨论风险态度的影响。具体而言，人们更乐意规避风险，因此需要对他们承担的风险做出补偿，而补偿的大小则取决于他们对风险的厌恶程度。虽然期望效用理论简洁明了，但在一些情况下，许多人的行为与之相悖。1.4节中介绍的阿莱悖论是其中最为著名的例子。本章的最后两节将探讨问题提出形式的重要性，也即决策框架的作用，以及前景理论。前景理论是期望效用最大化理论主要的替代理论，该理论为第3章的核心内容。

1.1 新古典主义经济学

传统的金融学模型以经济学为基础,而新古典主义经济学则是经济学的主要典范。据其描述,个人和企业都是自私的,他们在约束的条件下尽其所能进行优化。一项资产的价值(或价格)由市场决定,它受到供给和需求的影响。[1] 本章我们将主要介绍个人决策,而第 2 章则将介绍市场行为。

新古典主义经济学关于人有如下假设[2]:

(1)人们对于各种可能的结果或状态,是有着理性偏好的。
(2)人们希望获得最大效用,而公司希望获得最大利润。[3]
(3)人们会基于全部相关信息独立地做出决策。

上述假设乍一看颇为合理,不过我们仍需确保自己充分理解了它们的含义。

1.1.1 理性偏好

如果我们说有些人拥有**理性偏好**(rational preferences),这又是什么意思呢?偏好通常是基于某些条件的。为了理解这些条件,我们会引入一些符号。假设一个人需要在 x 和 y 两种结果中选择一种。符号">"表示一个选项受到严格偏好,因而"$x > y$"就表示某个人在面对 x 和 y 时,总是严格偏好 x 这一选项。符号"~"代表无差异,因而"$x \sim y$"就表示此人认为两种结果毫无差异。第三种符号"≥"代表弱偏好,因而"$x \geq y$"就表示此人偏好 x 或是认为 x 和 y 并无差异。

其中,一个重要的假设是人的**偏好**(preferences)具有**完备性**(complete)。完备性指的是,人可以对所有可能的选项进行比较,并判断一个选项是否优于另一个选项,还是两者之间没有差异。因此,对于任意两个选项 x 和 y,若非 $x \geq y$,便有 $y \geq x$,或是两种关系同时成立,即 $x \sim y$。该假设似乎并不存在什么问题——显然,大多数人明白自己喜欢什么、不喜欢什么。

另一个假设是偏好具有传递性。对于大多数人而言,这看似并非一个强假设。假定一个人需要在 x、y、z 三种结果中选择一种。根据偏好的传递性,若 $x > y$ 且 $y > z$,则有 $x > z$。如果我喜爱香草口味的冰淇淋甚于巧克力口味的,又喜爱巧克力口味的甚于草莓口味的,那么,相对草莓口味的冰淇淋,我就应该更喜爱香草口味的。一旦偏好不具备传递性,我们就无法找到最佳选择。因此,理性选择都具有传递性。

1.1.2 效用最大化

我们运用效用理论来描述偏好。通过符号为 u(·) 的**效用函数**(utility function)，我们可以对种种可能的结果赋值，而受到偏好的结果会得到较高的值。我们可以将效用看作某一特定结果带来的满足感。而通常，结果都是以商品组合的形式表示的。例如，某人需要在两组商品中选出一组，其中一组是 2 块面包和 1 瓶水，另一组则是 1 块面包和 2 瓶水。如果此人偏好第一组商品，那么就有

$$u(2 \text{ 块面包}, 1 \text{ 瓶水}) > u(1 \text{ 块面包}, 2 \text{ 瓶水}) \qquad (1-1)$$

请注意，我们并未对 u(·) 赋予任何具体数值，这是因为，虽然各结果对应的效用函数值的排名十分重要，那些实际得到的函数值却并不重要。效用函数是一个序数函数(反映顺序的函数)，而非一个基数函数(意为人们仅仅关注效用值)。一个人若想做出最优选择，需要考虑其预算约束(由财富或收入决定)下的所有商品组合，并在它们中选出使其效用最大化的组合。[4]

如果只存在一种商品，那么在确定性条件下进行商品排名就毫无意义。上述论点可由非饱和性原理推得。非饱和性指的是，数量越多就越好。只有一种商品时，效用函数时常以财富水平为自变量。尽管从数学的角度来看，效用函数可以表示为多种形式，但在本章中，我们将以对数函数形式为例。在此情况下，财富水平 w 所带来的效用为 $u(w) = \ln(w)$。请看表 1-1，其中，财富水平以 10 000 美元为单位，因而财富水平为 1 即相当于 10 000 美元，财富水平为 10 即相当于 10 万美元，以此类推。

表 1-1 各财富水平所对应的对数效用函数值

财富水平(单位：10 000 美元)	效用 $u(w) = \ln(w)$
1	0
2	0.693 1
5	1.609 4
7	1.945 9
10	2.302 6
20	2.995 7
30	3.401 2
50	3.912 0
100	4.605 2

图 1-1 描绘了对应的效用函数。请注意，随着财富水平的增加，函数的斜率不断减小。如果一个人拥有图中的效用函数，那么在低收入水平上添加财富所带来的效用

增长，会大于在高收入水平上的效用增长（通过添加财富所带来的效用增长，在低收入水平上会大于在高收入水平上）。我们在本章后面几节将会继续讨论这一现象。

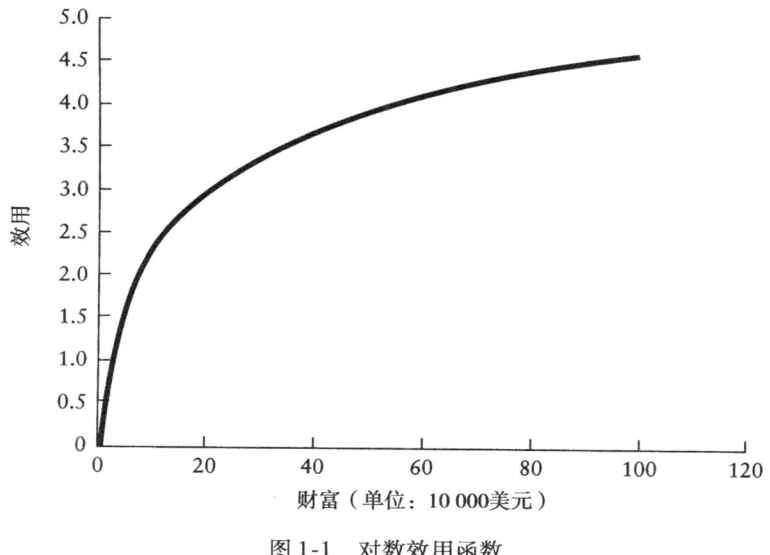

图1-1 对数效用函数

1.1.3 相关信息

新古典主义经济学假设人会利用所有和选项集合相关的信息来获得最大的效用。诚然，经济学家也明白世上鲜有免费的信息。不仅获取信息会产生费用，甚至连彻底理解既得信息也会产生费用。那些花费大量精力、希望学好挑战性课程的学生，都深知世间没有免费的信息。在第2章中，我们将再次涉及这个话题，并探讨金融决策中是如何界定"相关"信息的。

1.2 期望效用理论

到目前为止，本章都未涉及不确定性，而现实中，确定性的情况其实并不多见。在金融决策中，那些结果显然有着很多不确定性。

期望效用理论（expected utility theory）由约翰·冯·诺依曼（John von Neumann）和奥斯卡·摩根斯坦（Oskar Morgenstern）提出，用于定义不确定性条件下的理性行为。[5] 该理论认为，个人在不确定条件下进行决策时，应该按照某一方式行事。从这个角度看来，该理论就是"规范性"理论，即它描述了人们应有的理性行为。与之相对的是"实证性"理论，这类理论描述了人们的真实行为。

期望效用理论真正适用的是风险性情况，而非不确定性情况。风险性情况是指，你知道会有哪些结果，并且知道各个结果的发生概率。而不确定性情况则指，你不知道各个结果的发生概率，甚至不知道有哪些可能的结果。弗兰克·奈特（Frank Knight）如是阐述风险和不确定性的区别[6]：

> "不确定性"和我们耳熟能详的"风险"这一概念有着显著的区别，然而这两个概念却从未被合理地区分过。"风险"这一术语被宽泛地使用于日常会话和经济学论述中，而它实际上包含了两层意思，至少从功能的角度而言，两者在与经济组织表现出的各种现象的因果关系是绝对不同的……一个基本的事实是，在某些情况下，"风险"是一个可以度量的数量，而在另一些情况下，它明显不可度量。上述现象的后果，取决于我们现今遇到的风险是上述两种中的哪一种，因而那些后果也有着影响深远的重要差距。可度量的不确定性，严格地说，就是"风险"，委实与不可度量的不确定性相去甚远；实际上，它压根不能算作不确定性。

风险可以用概率度量，而不确定性却不可以。在日常实践中，我们号称要解决不确定性条件下的决策问题，而事实却是：我们几乎只关注风险条件下的决策问题。

不论目的为何，只要一涉及风险条件下的决策问题，我们就认为仅从财富的角度思考就足矣。为了简便，我们假设世上只有两种状态——财富多和财富少。财富少指的是财富达到 5 万美元，财富多指的是财富达到 100 万美元。另外，我们还假设可以设定两种状态的概率。譬如，你很看好未来的境况，就可以设财富少的概率为 40%，而财富多的概率为 60%。正式的说法是，**前景**（prospect）是一组以财富水平表示的结果，每个结果都有对应的概率。[7] 假如我们把之前的状态概率组合称作前景 P1，那么就可以将其表示为如下的简便形式

$$P1(0.40, 50\ 000 \text{ 美元}, 1\ 000\ 000 \text{ 美元}) \qquad (1\text{-}2)$$

请注意，该前景中的第 1 个数字是第一种结果的概率，而后两个数字则代表这两种结果。如果前景中只有一个数字是以美元为单位的，例如 P(0.3, 100 美元)，那就意味着我们假设第二种结果为 0。

我们可以证明，如果除了上述假设之外，还做出了若干大多数人认为合理的其他假设，那么就会生成一套在风险条件下做出正确选择的步骤。简而言之，这套步骤包括了计算各种可能的效用水平的概率加权期望值（期望效用）。附录 1A 概述了一些假设，基于这些假设，我们可以通过期望效用最大化来对各个结果进行排序。

除此之外，我们还在附录1A中给出了简要的证明，并描述了效用函数的某些特征。

我们用U(P)来表示某一前景P的期望效用。P1的期望效用U(P1)即为

$$U(P1) = 0.40u(50\,000) + 0.60u(1\,000\,000) \tag{1-3}$$

我们使用上文介绍的对数效用函数，那么根据表1-1，该前景的期望效用为

$$U(P1) = 0.40 \times 1.609\,4 + 0.60 \times 4.605\,2 = 3.406\,9 \tag{1-4}$$

我们可以根据期望效用来对各个风险选项进行排序，这是因为期望效用反映了次序（即它是序数）。可以证明，对于某一个人而言，期望效用也是基数，这是因为它有独一无二的正线性变换。我们将在第3章中论证这一属性。

如果某一前景更受偏好，那么它的期望效用就会较高。请看另一前景

$$P2(0.50, 100\,000\,美元, 1\,000\,000\,美元) \tag{1-5}$$

从一个角度看，P2优于P1，这是因为P2中的低财富水平结果要好于P1中的（即10万美元多于5万美元）。从另一个角度看，P2则劣于P1，这是因为P2中高财富水平结果的概率要低于P1中的（即0.50 < 0.60）。因而，并不容易看出哪个前景会更受偏好。我们再考虑前景P2的期望效用

$$U(P2) = 0.50 \times 2.302\,6 + 0.50 \times 4.605\,2 = 3.453\,9 \tag{1-6}$$

故而，当人的效用函数是对数形式时，就会更喜爱P2。当然，我们也可以设计出另一种效用函数，让P1更受偏好。

1.3 风险态度

有足够多的证据表明，大多数人在大多数情况下会避免风险。然而，如果人们可以得到相应的补偿，就会愿意承担风险。例如，你需要在两只期望收益相同的股票中选择一只，如果你和大多数人一样，就会选择投资风险较小的那只。如果你要做出风险较大的投资，就会要求得到更高的回报，以此弥补你承担的风险。我们将在第2章中更深入地探讨如何在风险和收益间权衡。本节则着重介绍风险态度。

我们可以用效用函数来定义风险偏好。回顾前景P1，其财富期望值为

$$E(w) = 0.40 \times 50\,000 + 0.60 \times 1\,000\,000 = 620\,000（美元）= E(P1) \tag{1-7}$$

请注意，该财富期望值与前景期望值相同。该财富期望值所对应的效用为

$$u(E(w)) = \ln(62) = 4.127\,1 \tag{1-8}$$

另一方面，我们之前求得前景P1的期望效用为3.406 9，因而u(E(w)) > U(P1)。这说明，如果一个人的偏好可以用对数效用函数表示，那么此人喜爱前景的

期望就甚于前景本身。换而言之,如果一个人的效用函数是对数函数形式的,那么此人就宁愿拥有 62 万美元的财富,而非拥有如下前景:财富水平有 40% 的概率为 5 万美元,有 60% 的概率为 100 万美元。上述这类人厌恶风险,我们称这类人在**规避风险**(risk averse)。

图 1-2 描绘了这种情形。我们从图中看到,期望财富带来的效用($u(E(w))$ = $u(62)$ = 4.127 1)要大于前景的期望效用($U(P1)$ = 3.406 9)。规避风险者的效用函数是凹函数,即

$$u(E(P)) > U(P) \tag{1-9}$$

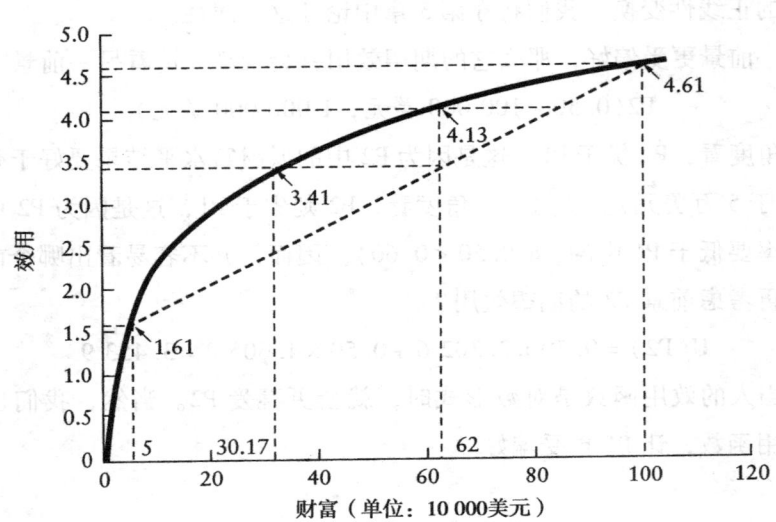

图 1-2 规避风险者的效用函数

规避风险者的偏好说明,对他们而言,前景的期望所带来的效用要大于前景的期望效用。他们宁可得到确定性的前景期望,而不是参与一个结果不确定的赌局。在之前的例子中,规避风险者宁愿拥有确定性的 62 万美元的财富,而非拥有如下前景:财富水平有 40% 的概率为 5 万美元,有 60% 的概率为 100 万美元。

规避风险者为了得到确定性,愿意做出牺牲。**确定性等价物**(certainty equivalent)是一种财富水平,在该水平上,决策者会认为某一前景与这个确定性的财富水平并无差异。对于前景 P1 而言,如果决策者的效用函数是对数形式的,那么 P1 的确定性等价物即为 301 700 美元。这是因为,如图 1-2 所示,30.17 万美元的财富带来的效用正等同于前景 P1 的期望效用。该确定性等价物的效用等同于前景的期望效用,即

$$u(30.17) = u(w) = U(P1) = 0.40 \times 1.609\ 4 + 0.60 \times 4.605\ 2 = 3.406\ 9 \tag{1-10}$$

想要将前景 P1 替换为确定性的财富水平，需要付出期望值为 318 300 美元的代价。

我们通常假设人们会规避风险，然而实际上也有一些人（至少有时）更愿意承担风险。我们称这类人为**寻求风险者**（risk seeker），其效用函数是凸函数，即

$$u(E(P)) < U(P) \tag{1-11}$$

对于寻求风险者而言，前景的期望所带来的效用要小于前景的期望效用。他们宁可参与一个结果不确定的赌局，而不是得到确定性的前景期望。图 1-3 描绘了在寻求风险者眼中，期望财富的效用与财富的期望效用是呈何关系的。在他们看来，财富的确定性等价水平要大于前景的期望。在之前的例子中，寻求风险者不愿意拥有确定性的 62 万美元的财富，而愿意拥有如下前景：财富水平有 40% 的概率为 5 万美元，有 60% 的概率为 100 万美元。

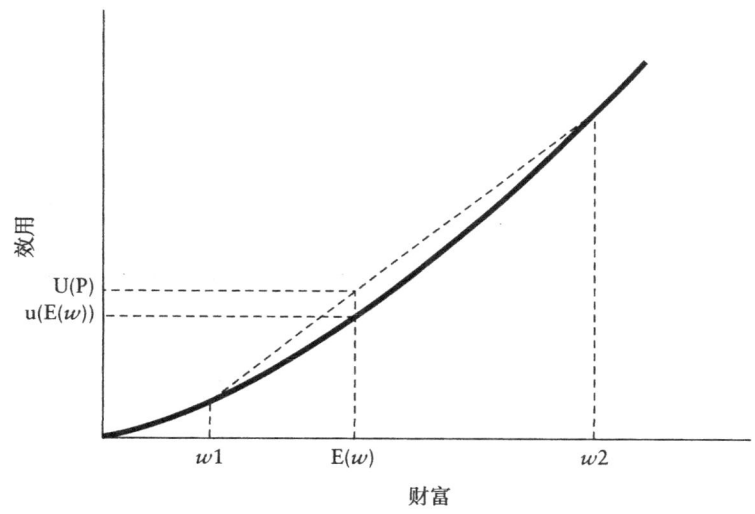

图 1-3　寻求风险者的效用函数

在规避风险者和寻求风险者之间还有一类人，他们对风险持中立态度。这类人只关心期望值，不在意风险。对于**风险中立者**（risk neutral）而言，有

$$u(E(P)) = U(P) \tag{1-12}$$

因此，在他们看来，如图 1-4 所示，前景的期望所带来的效用就等同于前景的期望效用。回顾之前的例子，在风险中性者眼中，拥有确定性的 62 万美元的财富，就等价于拥有如下前景：财富水平有 40% 的概率为 5 万美元，有 60% 的概率为 100 万美元。他们认为财富的确定性等价水平等于前景的期望。

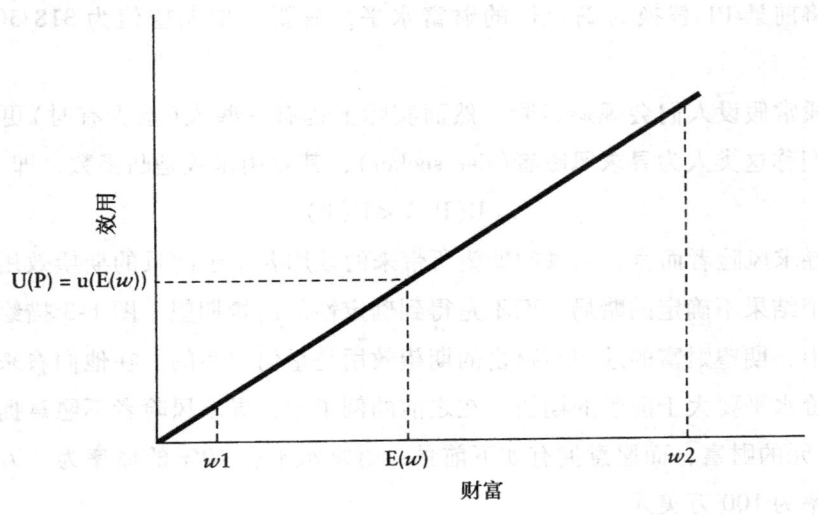

图 1-4 风险中性者的效用函数

1.4 阿莱悖论

本书将探讨若干观察到的行为，这些行为有悖于传统金融模型的预测。现在，我们要介绍一个被反复记录的、违背期望效用理论的现象，即所谓的**阿莱悖论**（Allais paradox）。[8] 学者们正是发现了阿莱悖论和别的不符合期望效用理论的现象，所以才提出了不确定性条件下的其他决策方法。其中，最为知名的是丹尼尔·卡内曼（Daniel Kahneman）和阿莫斯·特沃斯基（Amos Tversky）提出的前景理论，它将是第3章的核心内容。[9]

请看表1-2中的备选前景。问题1是从前景 A 和 A* 中选择一种，而问题2是从前景 B 和 B* 中选择。问题1和问题2有很多受访者。现在，请稍作思考，然后回答这些问题：在问题1中，你更喜欢前景 A 还是 A*？在问题2中，你更喜欢前景 B 还是 B*？

表 1-2 备选前景

问题1			
前景 A		前景 A*	
1 000 000 美元	100%	0	1%
		1 000 000 美元	89%
		5 000 000 美元	10%
问题2			
前景 B		前景 B*	
0	89%	0	90%
1 000 000 美元	11%	5 000 000 美元	10%

你的选择是否和许多人一样？许多人选择了 A 和 B*。我们现在证明这种选择违背了期望效用理论。如果可以用期望效用理论来对结果进行排序，那么喜欢 A 甚于 A*，即 U(A) > U(A*)，就意味着

$$U(A) = u(1\,000\,000\text{ 美元}) > 0.89u(1\,000\,000\text{ 美元}) \\ + 0.1u(5\,000\,000\text{ 美元}) = U(A^*) \tag{1-13}$$

经简化，可得

$$0.11u(1\,000\,000\text{ 美元}) > 0.1u(5\,000\,000\text{ 美元}) \tag{1-14}$$

如果期望效用理论成立，那么喜欢 B 甚于 B*，即 U(B) > U(B*)，就意味着

$$0.1u(5\,000\,000\text{ 美元}) > 0.11u(1\,000\,000\text{ 美元}) \tag{1-15}$$

显然不可能同时有 0.11u(1 000 000 美元) > 0.1u(5 000 000 美元) 和 0.1u(5 000 000 美元) > 0.11u(1 000 000 美元)，可见上述两个选择是矛盾的。

约翰·康利斯克（John Conlisk）仔细调查了阿莱悖论的力度。[10] 他在研究中，让受访的学生们回答了表 1-2 中问题的一些变体。他发现，如果问题的形式可以使学生们更清楚地看到，在前景 A 和 B 间选择，与在前景 A* 和 B* 间选择是很相似的，那么学生的选择与期望效用理论的偏离程度就会大幅减小。以表 1-3 为例，表中的问题其实与表 1-2 中相同，只是为了展示这一现象，问题的形式有所改变。对于表 1-3 中的问题，你是否会做出第一次看到表 1-2 时的那些选择？面对表 1-3，你更喜欢问题 1 中的前景 A 还是 A*？你更喜欢问题 2 中的前景 B 还是 B*？

表 1-3 重新考虑这些备选前景

问题 1			
前景 A		前景 A*	
1 000 000 美元	89%	1 000 000 美元	89%
1 000 000 美元	11%	0	1%
		5 000 000 美元	10%

问题 2			
前景 B		前景 B*	
0	89%	0	89%
1 000 000 美元	11%	0	1%
		5 000 000 美元	10%

问题 1 中的两个前景，都是有 89% 的概率赢得 100 万美元，因而这不能引导人选择 A 或 A*。问题 2 中的两个前景，都是有 89% 的概率一文不名，这是两个前景的共同点，因而也不能引导人做出选择。请注意，在移除了选项的共同点后，在前景 A 和 A* 间选择，与在 B 和 B* 间选择是完全相同的两个问题。这样一来，受访者不是选

A 和 B，就是选 A* 和 B*。如没有上述提示，许多人是无法理解这个决策问题的架构的，因此才会选出 A 和 B*。

阿莱悖论并非唯一有记载的、违反期望效用理论的情况。研究者有时也称，人们的选择会违反某些公理，而这些公理正是期望效用理论的前提。例如，已有学者发现，会有无法对结果进行一致性排序，或是偏好不满足传递性的情况。[11] 我们也可以证明，阿莱悖论违反了"背景独立性"公理（即附录 1A 中的公理 5）。

想要理解上述矛盾，请看以下的分析。假定有人认为前景 A 和 B 没有差异。如果还有一个前景 C，那么独立性即指，在结果概率固定的情况下，此人认为一个包含前景 A 和 C 的赌局，与一个包含前景 B 和 C 的赌局并无差异。该论点论据如下：假定你要买一辆新车，正想在一辆丰田车和一辆宝马车之间挑一辆。宝马车更好一些，但价格也更高。有两家慈善机构正在销售彩票，两家的价格是相同的。第一家机构彩票的奖品是那辆宝马车，第二家则是那辆丰田车。现在假设你认为赢得丰田的概率更大，所以实际上你觉得这两种彩票没有差异。假如还有第三种彩票，奖品是一台新的电视机。因为在你看来，那两种奖品为车的彩票是一样的，所以你也应该认为，那两种奖品为车的彩票，分别加上 1 张奖品为电视机的彩票，这两种组合还是一样的。

1.5 框架

决策问题可以表现为多种形式，然而，有证据表明，同一个问题，不同的形式，人的决策却不尽相同。假如问你，是愿意要一个半空的杯子，还是一个半满的杯子，人人都会看出这种决策框架上的明显区别，认为这不会改变决策。**决策框架**（frame）指的是决策者对于问题和可能结果的看法。问题提出的形式、决策者对问题的看法，以及决策者的个性，都会影响到框架。有时，框架会比较隐晦，较难看透。因此，我们向某人提出决策问题时，框架的变化会引起决策的变化，正如表 1-2 到表 1-3 的那种选择的变化。这种变化违反了期望效用理论，该理论假设不论问题形式如何变化，人的选择都应一致。

心理学家和经济学家已经证明，框架对人的决策有着巨大的影响，这也包括金融类决策。[12] 框架在行为金融学的很多领域都有着重要意义，我们将在第 3 章以及本书的其他章节内，继续探讨这个重要的概念。

1.6 展望

我们将在本书稍后的章节介绍前景理论，这是另一种个人行为的模型。尽管前景理论尤其受到行为学家的拥护，很多金融学理论仍然以期望效用理论为基础。虽然有一些我们观察到的行为违反了期望效用理论，但该理论对于个人决策的建模仍然十分有用。

我们除了想要理解个人行为，也想理解市场结果。正如本章开头所言，资产的价值或价格是由市场决定的。请想象一下，分析金融资产时，如果运用期望效用理论，需要枚举每个状态下的所有资产回报，那会多么困难。第 2 章将介绍传统的金融学框架，该框架以均值和方差作为选择变量。

本章要点

1. 现代金融学模型的基础是经济学模型，而新古典主义经济学则是经济学的主要典范。
2. 新古典主义经济学的重要假设有：个人和企业都是自私的，在资源约束下，尽己之力谋求最大利益；商品和资产的价值（或价格）由市场决定，受到供给和需求的影响；不论处于何种状态，有何种可能的结果，人的偏好都是理性的。
3. 效用函数描述了偏好，它对各种可能的结果赋值，选项越有偏好，所对应的赋值就越大。
4. 期望效用理论定义了不确定性条件下的理性行为。
5. 期望效用理论对于定义风险偏好很有用处。规避风险者喜爱前景的期望甚于前景本身。寻求风险者更喜欢前景，而不是确定性的前景期望。风险中性者从赌局和赌局的期望中所获得的效用相同。
6. 阿莱悖论是一个违反期望效用理论的常见例子。
7. 前景问题的框架即表现形式，有时会影响到人的选择。

问题与讨论

1. 区别下列概念和术语：
   （1）前景和概率分布。
   （2）风险和不确定性。
   （3）效用函数和期望效用。
   （4）规避风险、寻求风险和风险中性。
2. 罗莉外出就餐时，喜欢吃意大利细面条多于汉堡包。昨晚，她本可以选细面条或者芝士通心粉，但她还是选了细面条。前晚，罗莉可以选细面条、比萨或是汉堡包，那晚她吃了比萨。今天，她选了芝士通心粉，没选汉堡。请问罗莉今天的选择能否表明她的选择在经济学中是理性的？如果能，原因是什么？如果不能，原因又是什么？

3. 某人的财富效用函数为 $u(w) = e^w$，其中 e 为指数函数（近似等于 2.718 3），w 代表财富，单位为 10 万美元。假如此人有 40% 的概率拥有 5 万美元的财富，60% 的概率拥有 100 万美元的财富，上述可以概括为前景 P(0.40, 50 000 美元，1 000 000 美元)。

(1) 财富的期望值是多少？

(2) 请绘制效用函数图。

(3) 此人是在规避风险、寻求风险，还是在寻求风险中性？

(4) 此人关于该前景的确定性等价物是什么？

4. 某人的效用函数为 $u(w) = w^{0.5}$，其中 w 代表财富。

(1) 请根据期望效用，对以下前景按照所受偏好由大到小进行排序

P1(0.8, 1 000, 600)

P2(0.7, 1 200, 600)

P3(0.5, 2 000, 300)

(2) 前景 P2 的确定性等价物是什么？

(3) 不经任何计算，请判断 P1 的确定性等价物是否大于 P2 的。原因是什么？

5. 请看下面两个问题：

问题 1：请从前景 A 和 B 之间选择一项。

前景 A：有 0.33 的概率拥有 2 500 美元，0.66 的概率拥有 2 400 美元，0.01 的概率一文不名。

前景 B：确定能拥有 2 400 美元。

问题 2：请从前景 C 和 D 之间选择一项。

前景 C：有 0.33 的概率拥有 2 500 美元，0.67 的概率一文不名。

前景 D：有 0.34 的概率拥有 2 400 美元，0.66 的概率一文不名。

丹尼尔·卡内曼和阿莫斯·特沃斯基发现（参见 1979 年发表于《计量经济学》杂志第 47 期的《前景理论：风险条件下的决策分析》，1979，"Prospect theory: An analysis of decision under risk"，*Econometrica* 47（2），263-291），问题 1 中选前景 B 的人更多，而问题 2 中选前景 C 的人更多。上述选择为何违反了期望效用理论？

附录 1A

期望效用理论详述

我们先介绍一些定义，随后介绍一组推导期望效用模型所需的公理（也即假设），接着，我们会简述一项并不严密的证明，最后讨论效用函数的某些特征。虽然下文所举的前景至多包含两种可能的结果，我们所得的全部结论都可以展

开到包含三种甚至更多种结果的前景。

定义

前景(prospect)，如本章所述，是有关财富结果的概率分布，可以表示为 P(p, w1, w2)，其中 p 为第一种财富水平的概率。

最低财富水平(minimum wealth level, w_L)和**最高财富水平**(maximum wealth level, w_H)分别是我们对世上所有财富状态进行排序时的最差和最佳状态。

标准前景(standard prospect, P_0)仅包括 w_H 和 w_L 这两个财富结果，形如 P_0(u, w_H, w_L)。

其中，u 用以替代惯用的 p，在后面的内容中，我们将视为"效用"。

等价标准前景(equivalent standard prospect)是一个标准前景，决策者认为其与某一财富水平 $w_L < w^* < w_H$ 并无差异。

复合前景(compound prospect)中至少有 1 个结果以前景形式表示，例如 P_C(p, P1, P2)中有两个结果以前景形式表示。

理性等价前景(rational equivalent prospect, P_{RE})是复合前景的另一种表述。理性等价前景中，所有的结果都以财富(而非前景)形式表示。

标准复合前景(standard compound prospect)是一种复合前景，其结果均以标准前景形式表示。

标准理性等价前景(standard rational equivalent prospect)是一种与标准复合前景有关的理性等价前景。因为标准前景的财富水平只包括 w_H 和 w_L，所以标准理性等价前景中的财富水平也只包括 w_H 和 w_L，如此一来，它便是标准前景了。

我们将 U 定义为

$$U = p \times u1 + (1 - p) \times u2 \quad (1A\text{-}1)$$

可证 U 为标准理性等价前景中 w_H 的概率。而其中，p 为第一个标准前景的概率，u1 为 w_H 在第一个标准前景中的概率，u2 为 w_H 在第二个标准前景中的概率。

期望效用(expected utility)是 U 的另一名称。这很自然，因为如果我们将 u1 和 u2(分别为 w_H 在两个标准前景中的概率)称作效用，那么 U 就是这些效用水平的期望值。

推导期望效用理论所需的公理

1. 公理 1　**前景排序公理**(ordering of prospects)：任取两个前景，决策者总会喜爱一个前景甚于另一个，或者认为它们没有差异。此外，决策者的偏好必须满足完备性和一致性。完备性指可以对所有可能的前景排序，一致性(传递性)则指如果 A 比 B 更受偏爱，B 比 C 更受偏爱，那么 A 一定比 C 更受偏爱。

2. 公理 2　**偏好程度随概率递增公理**(preference increasing with probability)：对于两个标准前景 $P1_0$ 和 $P2_0$，分别对应 u1 和 u2，那么

$$P1_0 > P2_0，则 u1 > u2 \quad (1A\text{-}2)$$
$$P1_0 \sim P2_0，则 u1 = u2 \quad (1A\text{-}3)$$

3. 公理 3　**等价标准期望公理**

(equivalent standard prospects)：在 w_L 和 w_H 之间任取某一收入水平 w^*，则有且仅有一个 u^* 满足

$$w^* \sim P_0(u^*, w_H, w_L) \quad (1A\text{-}4)$$

请注意，这实际上定义了函数 $u(w)$（即效用函数），其下界为 0，上界为 1，满足 $u(w_L) = 0$，$u(w_H) = 1$。

4. **公理 4 理性等价物公理**(rational equivalence)：对于一个标准复合前景 P_{SC}，和其标准理性等价物 P_0（其本身也是标准前景），有

$$P_{SC} \sim P_0 \quad (1A\text{-}5)$$

5. **公理 5 背景独立性公理**(context independence)：前景 P 总能由一个标准复合前景 P_{SC} 表示，而 P 中的财富水平则由其等价标准前景替代。

简要的证明

构建前景 $P(p, w1, w2)$。

由公理 5 知，该前景等同于一个标准符合前景，也即

$$P \sim P_{SC} \quad (1A\text{-}6)$$

由公理 4 知，一个标准符合前景等同于一个标准理性等价前景，而后者正是一种标准前景。换而言之，有

$$P_{SC} \sim P_0 \quad (1A\text{-}7)$$

综合公理 5 和公理 4 所述，任一前景总能由一个标准前景表示：

$$P \sim P_0 \quad (1A\text{-}8)$$

由公理 2 知，所有的标准前景（此处也可说所有的标准理性等价前景）都能按照其中 u 值（此处为 U 值）的大小排序。

因此，所有的前景都能排序。

并且，次序由 U 值大小决定。

而 U 是前景的期望效用，这说明所有的前景都能按照期望效用的大小排序。

由公理 2 知，$u(w)$ 是一个递增函数。财富水平高，说明标准前景中 w_H 的概率也高。换而言之，财富水平越高，效用就越大。

我们通常假设 u 是 2 次可微的（说明 u 是连续的），且 $u'' < 0$（即 u 是凹函数）。正如本章主体所介绍的，这是因为观察到大多数人在大多数时候都在规避风险。规避风险说明前景的确定性等价物（即某一财富水平，人会认为该财富水平和某一前景没有差异）要少于前景的期望财富。

效用函数是基数函数，并且对于给定的 w_H 和 w_L 是唯一的。这正和确定性条件下纯序数性的效用函数相反（试想有一组无差异曲线，如果对于越上方的曲线，效用越大，那么每条曲线所对应的效用值是多少其实并不重要）。

可证，如果改变 w_H 和 w_L 的值，就能得到不同的（基数）效用函数。然而，对于同一个人而言，所有的效用函数都有唯一的正线性变换。

注 释

1. In the next chapter, we will discuss whether price (what a security trades at in a market) and value (its true or "intrinsic" value) are always the same.
2. E. R. Weintraub outlines the assumptions of neoclassical economics at http://www.econlib.org/library/enc/NeoclassicalEconomics.html (accessed on June 18, 2008).
3. This is for a single-period world. In a multi-period world, people should maximize utility in an intertemporal sense (which involves trading off current for future satisfaction), and firms (through the decisions of managers) should maximize firm value.
4. Varian, H. R., 2005, *Intermediate Microeconomics: A Modern Approach*, 7th ed. (W. W. Norton, New York).
5. See von Neumann, J., and O. Morgenstern, 1944, *Theory of Games and Economic Behavior* (Princeton University Press, Princeton, New Jersey).
6. Knight, F. H., 1921, *Risk, Uncertainty, and Profit* (Houghton Mifflin Company, Boston). Reprinted 1967, quote on page 19 in Chapter 1.
7. Sometimes the term "lottery" is used in place of "prospect." We will reserve the former term for a skewed prospect, that is, a prospect with a low probability of a very good outcome.
8. The Allais paradox is a prospect choice problem first proposed by Maurice Allais in Allais, M., 1953, "L'Extension des théories de l'équilibre économique général et du rendement social au cas du risque," *Econometrica* 21(2), April, 269–290. The presentation here follows Conlisk, J., 1989, "Three variants on the Allais example," *American Economic Review* 79(3), June, 392–407.
9. See Kahneman, D., and A. Tversky, 1979, "Prospect theory: An analysis of decision under risk," *Econometrica* 47(2), 263–291.
10. Conlisk, J., 1989, "Three variants on the Allais example," *American Economic Review* 79(3), June, 392–407.
11. For a review of the axioms of expected utility theory and their violations, see Fishburn, P. C., 1988, "Expected utility: An anniversary and a new era," *Journal of Risk and Uncertainty* 1(3), September, 267–283.
12. See Tversky, A., and D. Kahneman, 1981, "The framing of decisions and the psychology of choice," *Science* 211, January, 453–458.

第2章 金融学基础Ⅱ：资产定价、市场有效性和机构关系

 引　言

　　金融学研究的是个人和组织如何获得资源和分配资源，同时兼顾相关风险。早期的金融经济学家会关注心理因素的作用，但后来的金融学已经从社会科学中分离出来，开始采用自然科学的框架。在自然科学中，宇宙被看作受自然规律支配的。依照此传统，财务决策制定是建立在个体和市场行为的假设的基础之上。

　　本章回顾了现代金融学的三个核心理论。2.1 节的资本资产定价模型（CAPM）阐述了如何在市场中对资产定价。在此模型构建之前，尽管观察者清楚风险资产的定价，为了补偿持有人所承担的风险，通常要使之能获取风险较低的资产更高的回报，但并没有模型可以精确地描述风险和报酬之间的权衡原则。CAPM 是第一个详述了风险的本质以及风险定价范围的模型。2.2 节讨论了**有效市场假说**（efficient markets hypothesis，EMH），也被称为**市场有效性**（market efficiency），它是指资产的价格能反映（所有可获得的）信息，因此不存在超额收益。EMH 正确与否，是行为金融学拥趸的热门辩题，他们主张个人的非理性会影响市场结果。2.3 节分析了机构理论，该理论认为利益冲突对公司金融理论有重大影响。

2.1　风险定价

　　第 1 章分析了期望效用理论，即个人面对不确定性时，会追求不同状态下的期望效用最大化。当然，如果金融资产的未来收益具有数不胜数的多种可能，就很难做到

期望效用最大化。所幸的是，资产定价理论提供了可以量化风险和报酬之间权衡关系的方法。在正式探讨资产如何定价之前，我们先研究如何权衡这两者的关系。

2.1.1 单项资产的风险和收益

现代资产组合理论(modern portfolio theory)提供了实用框架，假设投资者厌恶风险，其偏好以收益率的均值和方差形式表示。该理论的基础是统计学，因此它基于实证研究，并且变量都是可以度量的。我们可将一项资产的收益率视为随机变量。换而言之，下一期的收益率并不能被精确地预测，但它服从一定的概率分布。收益率的**期望值**(expected value)是该分布的一项参数，表示为 $E(R_i)$，其中 $E(\cdot)$ 表示期望。该期望值是某种分布平均值。如果在该分布中进行多次抽样，所得观测值的平均值就会趋向期望值。我们知道投资者关心可能的收益，也关注风险。如果两项资产期望收益率相同，但风险差异很大，投资者对它们的偏好程度肯定不同。

如果两项资产期望收益率相同，投资者会偏爱收益更具有确定性或是可能的收益不确定性更小的那项资产。尽管衡量风险的方法多种多样，对于单项资产而言，**方差**(variance)，或称距均值的偏离程度，是最常用的度量方法。收益率的方差(σ_i^2)是相对均值的偏差的平方值，均值左侧和右侧的偏差所得的结果是相同的。收益率的**标准差**(standard deviation，表示为 σ_i)是方差的正平方根。方差和标准差都反映了风险，两者用于证券风险排序时得出的结果相同。

单看一项资产，我们注意到投资者非常关心未来收益率的期望和方差。然而我们从收益率的分布中却无法观察到这些参数。因而在金融学的应用和实证研究中，通常采用历史数据[1]估计期望和方差，一般从过去的数据中抽样，进行计算。设第 i 项资产的收益率有 n 项观测值，求出的**平均收益率**(mean return)为

$$\overline{R_i} = \frac{1}{n}\sum_{t=1}^{n} R_{i,t} \tag{2-1}$$

该平均收益率为收益率真实分布的期望值的最优估计值。收益率的样本方差为

$$s_i^2 = \frac{1}{n-1}\sum_{t=1}^{n}(R_{i,t} - \overline{R_i})^2 \tag{2-2}$$

收益率的样本标准差为

$$s_i = \sqrt{s_i^2} \tag{2-3}$$

该样本方差和样本标准差为真实(分布)方差和标准差的估计值。用这些方法度量了平均收益率和风险，投资者就可以在风险和收益中做出权衡。不过我们很快就会

看到，理解风险其实没有那么简单。

2.1.2 资产组合的风险和收益

聪明的投资者知道，投资组合的风险不是组合中所有资产风险的平均值。这是因为通过投资组合，投资者可以消除一部分，但非全部的变数。想想那句谚语："别把所有的鸡蛋放在一个篮子里。"——这就是**多元化**(diversification)原则。金融学家已经证明，设计投资策略时，多元化非常重要。

我们怎么知道组合两项资产可以消除多少变数呢？假设我们组合了两项资产，只要这两项资产的收益率并不总是一样变化的，我们就能减少变数。表示随机变量间联系的统计值有**协方差**(covariance)和**相关系数**(correlation)。如果一个变量要超过（低于）其均值，而另一个变量也是如此，那么这两个变量的协方差和相关系数为正。如果两个变量变动的方向相反，则其协方差和相关系数为负。样本中第 i 项资产和第 j 项资产的收益率有 n 个观测值，样本协方差为

$$\hat{\sigma}(R_i, R_j) = \frac{1}{n-1} \sum_{t=1}^{n} (R_{i,t} - \overline{R_i})(R_{j,t} - \overline{R_j}) \tag{2-4}$$

样本相关系数为样本协方差除以两项资产的（样本）收益率标准差之积，即

$$\hat{\rho}_{i,j} = \frac{\hat{\sigma}(R_i, R_j)}{s_i s_j} \tag{2-5}$$

$\sigma(R_i, R_j)$ 和 $\rho_{i,j}$ 表示真实分布的协方差和相关系数（为区别于估计量，去掉了"∧"）。相关系数取值总在 $-1.0 \sim +1.0$，协方差可以取任何正值或负值。

能够度量两项资产收益率变动之间的关系，我们就可以算出这个两项资产投资组合的平均收益率和方差。投资组合的平均收益率即每项资产平均收益率的加权平均值，其中权重（w_i）表示对每项资产投资所占的百分比

$$\overline{R_P} = w_i \overline{R_i} + w_j \overline{R_j} \tag{2-6}$$

权重之和必须是 1.0（即 100%），这是因为这笔钱总要投资在某项资产上。可以证明资产组合的样本方差为

$$s_P^2 = w_i^2 s_i^2 + w_j^2 s_j^2 + 2 w_i w_j \hat{\rho}_{i,j} s_i s_j \tag{2-7}$$

若相关系数低于 1.0，则投资组合收益率的标准差就会低于每项资产收益率标准差的加权平均值。如果投资组合中的资产不止两项，这些公式又会变成什么样呢？例如我们有三项资产，平均收益率就是

$$\overline{R_P} = w_i \overline{R_i} + w_j \overline{R_j} + w_k \overline{R_k} \tag{2-8}$$

方差为

$$s_p^2 = w_i^2 s_i^2 + w_j^2 s_j^2 + w_k^2 s_k^2 + 2w_i w_j \hat{\rho}_{i,j} s_i s_j + 2w_i w_k \hat{\rho}_{i,k} s_i s_k + 2w_j w_k \hat{\rho}_{j,k} s_j s_k \tag{2-9}$$

随着投资组合中的资产增加，这些公式也会相应地变长，那些新增的变数在多样化中会被消除。我们即将讨论变数消减的程度。[2]

2.1.3 最优资产组合

我们已经回顾了如何计算投资组合的收益率和收益率的标准差，现在来看金融理论是如何指导投资者选择资产组合的。2.1.2 节引出了资产组合收益率的样本统计量 $(\overline{R}_p, s_p^2)$，但挑选最优的资产组合，需要使用未来收益率的分布，而历史样本估计量仅仅是真实分布参数的估计值。因此，我们将会使用真实的期望值和方差，而非样本均值和样本方差 $(E(R_p), \sigma_p^2)$。[3]

为了简便，我们假设市场上只有一项无风险资产和两只股票。这两只股票分别是高科技公司股和低科技公司股，无风险资产则是短期国债（例如美国国库券）或银行存款。[4] 三项资产的相关信息参见表2-1。高科技股期望收益率最高，达15%，但收益率的变化性也最大，标准差为30%。无风险资产收益率低（为4%），但不存在风险。高科技股和低科技股的收益率是负相关的。本例中，无风险资产的收益率是确定的，并且与其他资产无关。[5] 我们默认无风险投资的收益率变化度为0。

表2-1 高科技股和低科技股的收益率

	期望收益率(%)	收益率标准差(%)
高科技股(HT)	15	30
低科技股(LT)	8	10
无风险资产(RF)	4	0
HT 和 LT 的相关系数	−0.10	
HT 和 RF 的相关系数	0	
LT 和 RF 的相关系数	0	

假设你正考虑要投资到高科技股和低科技股所组成的资产组合中。用2.1.2节的公式，再用分布参数替代样本估计量，可以求出高—低科技股组合的收益率及其变化度。比如，用40%的资金购买高科技股，用60%的资金购买低科技股，则投资组合的期望收益率为

$$E(R_p) = 0.40 \times 0.15 + 0.60 \times 0.08 = 0.108 \tag{2-10}$$

收益率方差为

$$\sigma_p^2 = 0.40^2 \times 0.3^2 + 0.60^2 \times 0.10^2 + 2 \times 0.40 \times 0.60 \times (-0.10) \times 0.30 \times 0.10$$
$$= 0.0166 \tag{2-11}$$

求方差的平方根，得到标准差 0.128 8（即 12.88%）。我们注意到，此标准差小于每只股票标准差的加权平均值。[6] 这说明资产多样化已经取得了成效。

尽管多样化的优点很明显，我们依然不知道应如何在两只股票上分配资金。广而言之，如果可选的股票有很多，那又该如何分配资金？这里需要引入"有效前沿"（也称有效集）的概念。[7] 如图 2-1 ~ 图 2-3 所示，我们将风险表示为（投资组合收益率的）标准差。图 2-1 描述了高科技股和低科技股的所有可能的风险—收益组合。通过变化每项资产的权重，计算相应的期望收益率和标准差，我们绘制了图中的曲线。曲线的曲率由两只股票收益率之间的相关系数决定：相关系数越低，曲率越大。

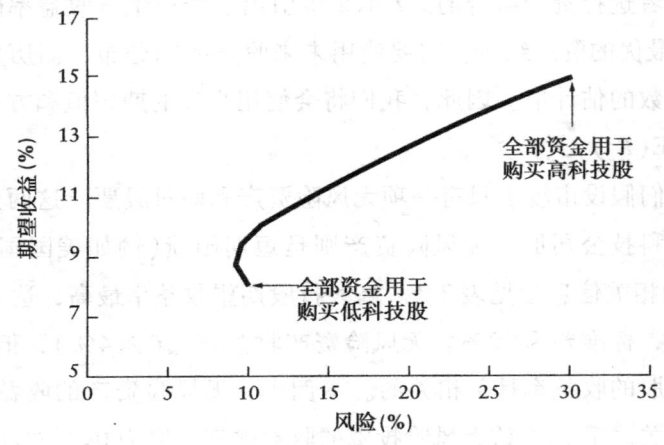

图 2-1　高科技股和低科技股的风险和期望收益

投资者通常面对着成千上万的风险投资选择。如果我们考虑到证券的所有组合（其数量必定是无穷大的），那么描述这些组合的图形将是一个庞大的曲面体，我们有时把它比作"子弹"。图 2-2 包含了一些单项投资（A ~ D）和一些投资组合（E ~ G）。如果我们依照图 2-1 的范式，将这些单项投资两两组合，会得到图 2-2 中的这些（内部的）风险—收益均衡曲线，这些曲线表明已经达到了多样化。如果将多项资产组合到一起，可以得到更优的结果。如图 2-2 所示，一旦沿着曲线移动到了其最左端（例如投资组合 E-G 处），就是到了"子弹"的"表皮层"。风险最低点（"子弹"的尖端，即投资组合 G 处）右上方的那部分曲线称为**有效前沿**（efficient frontier）。[8] 有效前沿代表在给定的风险水平下，期望收益率最大的投资组合的集合。投资者不会选取有效前沿下方的投资组合，因为它们并非最优的（即存在风险相同但收益率更高的资产组合）。因此，所有理性投资者都会选择有效前沿之上的投资组合。

投资组合里的资产数目越多，投资者就能消除更多的风险，因为资产鲜有同时涨落的，也就是说，两项风险资产的相关性几乎总是低于 1.0 的。可以消除的风险称为

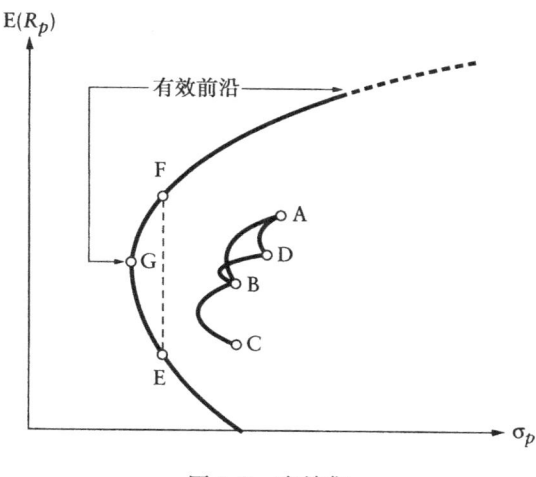

图 2-2　有效集

可分散风险（diversifiable risk）或**非系统风险**（nonsystematic risk）。可分散风险是某项资产特有的风险。对于普通股票而言，可分散风险是该公司的特有事件造成的。无法消除的风险称为"不可分散风险"或"系统风险"。系统风险存在于系统内所有的风险资产中，无法通过资产多元化消除，不论在投资组合里添加多少股票，都不能消除。假设所有投资者具有相同期望，那么他们也具有相同的有效前沿。

我们现在知道投资者只会考虑有效前沿上的投资组合。但是到底投资者想选哪一个呢？[9] 有的投资者主要目标是尽可能地消除风险，那他就会选择最低风险点上的投资组合。然而大多数投资者并不这样厌恶风险。投资者会权衡风险和收益间的利弊，取决于他们对风险的态度，有可能为了更高的收益去承担一些风险。假如投资者愿意为了更高回报承担额外风险，那他就会选择有效前沿上、最低风险点右方的投资组合。如果在组合里增加了一项无风险资产，投资者持有的资产组合数目仍是一个。增加这项无形资产好比引入了一个交易机制，使投资者能够以无风险利率借入和借出资金。具备了借入和借出的能力，就可以达到**两基金分离**（two-fund separation）。这种分离意味着投资者可以通过合并风险资产和无风险资产，达到效用最大化。而无风险资产的收益率和其他资产的收益率无关，所以在一个由无风险资产和任意风险资产构成的组合中，投资组合的收益率和风险都是个资产收益率和风险的线性函数。[10]

图 2-3 展示了所有风险投资选择的有效前沿，其中的两条直线表示投资于无风险资产以及两个不同的风险股票组合中。下方的直线表示投资于无风险资产（R_f）和有效前沿上的投资组合（X）。直线上的点对应着 R_f 和 X 投资的占比。直线的左端是收益率为 R_f、风险为 0 的点，即 100% 的资金投资于无风险资产。沿着直线向右，X 上投资的占比也不断增加。X 右方的点表示经过借贷，X 上投资的占比超过了 100%（此

时 R_f 上投资的占比为负)。然而，稍作思考，便可知存在优于 X 的风险投资组合。如果选择 X 右上方的任意风险投资组合(图中未显示)，就能在原直线上方绘出一条新直线。我们一直能按此方法得到新的直线，最后我们向上移动到图中上方的那条线，它代表了唯一的切线投资组合。我们可以构建该线以下的投资组合，但它们都不是最优的。该线上切点右方的任意点都代表投资者进行了借贷，因为超过100%的原有资金都投资于风险组合。

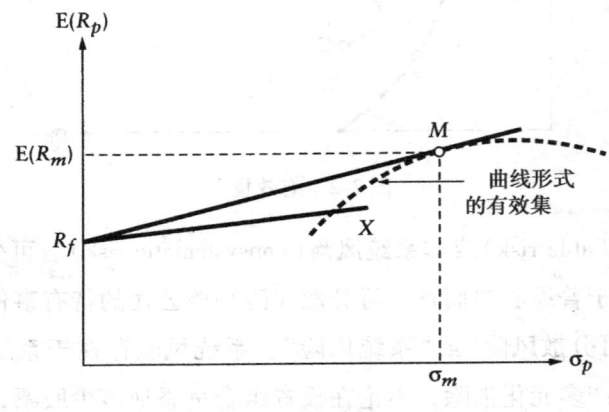

图 2-3　资本市场线

这个切线投资组合的组成究竟是什么呢？回想一下，我们在投资组合中不断增加风险资产，就能通过多元化消除非系统风险。而正切投资组合(M)是最为多元的组合，所以它是市场投资组合，包含了所有的风险资产，资产的价值决定其在组合中的权重。[11]连接 R_f 点和 M 点的直线称为**资本市场线**(capital market line，CML)，它代表了所有无风险资产和市场投资组合的结合方式。CML反映了投资者每多承担一分风险，能够添加多少收益。

2.1.4　资本资产定价模型

在前文的设定下，理性的投资者会同时持有市场投资组合和无风险资产，因为会有更多风险被多元化消除。而投资者如果承担和市场变动无关的可分散风险，并不能得到补偿。这一重要观点来自**资本资产定价模型**(capital asset pricing model，CAPM)。[12]先前我们假设投资者的观念是一致的，即他们的有效前沿相同，这意味着他们会持有相同的风险资产投资组合，也就是市场投资组合。

在CAPM中，只给和市场变动相关的风险定价。资产收益率的方差和标准差并不能很好地反映风险，因为它们度量的是整体的风险，包括可分散的、公司特有的风险和系统性的市场风险。CAPM 用贝塔系数（β）度量风险，考虑了资产对于市场的敏感性，因此只反映系统性的、不可分散的风险。可以证明在这些条件下，第 i 项资产的期望收益率为

$$E(R_i) = R_f + \beta_i(E(R_m) - R_f) \tag{2-12}$$

式中，$E(R_m)$ 为市场期望收益率。上述关系如图 2-4 所示。第 i 只股票的贝塔系数等于

$$\beta_i = \frac{\sigma(R_i, R_m)}{\sigma_m^2} \tag{2-13}$$

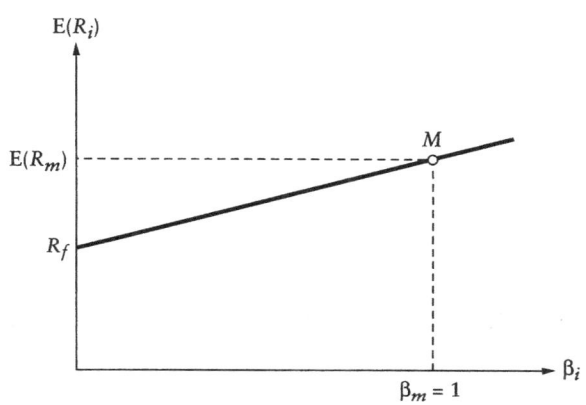

图 2-4　证券市场线

换而言之，贝塔系数等于第 i 只股票的收益率和市场收益率的协方差，再除以市场收益率的方差。市场的贝塔系数为 1，因为市场的变化就是其本身的变化。贝塔系数为正，则该资产收益率和风险溢价（$E(R_m) - R_f$）同向变化。**市场风险溢价**（market risk premium），或称**股权溢价**（equity premium），是市场期望收益率与无风险收益率的差额。在第 14 章里我们会讨论基于历史数据，市场风险溢价是否过高，以及其中的缘由。

2.1.5　CAPM 的运用

我们以美国的数据为例。市场收益率通常用综合性的股票指数衡量，诸如纽约证券交易所（NYSE）综合指数，而无风险收益率一般采用短期美国国库券利率。表 2-2 涵盖了纽交所指数和美国国库券的一些历史信息，以及一些样本股票的信息。收益率的均值和标准差的样本是 2002 年 1 月～2006 年 12 月这 5 年的数据。表中 4 家公司的贝塔系数来自《财富线投资调查》，也是用 5 年的数据估得。这几只股票的收益率均

值、标准差和贝塔系数之间没有显著联系。我们知道，CAPM 从理论上反映了风险和未来预期收益率之间权衡关系；贝塔系数越大，模型预测的收益率也就越高。表 2-2 中，CytRx 公司的贝塔系数很小，平均收益率却很高，还有一家公司（捷迪讯光电）贝塔系数很大，平均收益率却很低。这和 CAPM 的预测结果是相悖的，但是考虑到随机性（CAPM 仅仅是预测而已）和样本规模小，并不过于出人意料（自然也不足以证明模型有问题）。

表 2-2 纽交所综合指数和部分股票的测得风险

股票	行业	平均收益率 (2002~2006,%)	收益率标准差 (%)	贝塔系数
纽交所指数	宽基股指	9.02	11.92	1.00
美国国库券	无风险收益率标杆	1.45	5.02	0
荷兰银行	外国银行	22.04	29.94	1.40
CytRx 公司	制药	35.58	105.03	0.55
捷迪讯光电	电子	-24.71	77.84	1.45
百胜餐饮集团	餐饮	18.16	21.04	0.55

对 CAPM 的初步测试说明模型是成功的。期望收益率看上去是和贝塔系数正相关的，贝塔系数看来也能很好地解释为何各个公司的收益率不同。[13]然而，研究者已经发现，单用贝塔系数并不能令人满意地解释收益率。最重要的是，他们还发现，市场超额收益率以外的其他因素也能帮助解释为何不同股票的期望收益率不同。[14]后面几章中，我们会更深入地探讨行为研究者采用心理学手段和其他定价模型的依据。对于 CAPM 的假设，也存在一些疑虑，一项主要的质疑就是有关"投资者对资产回报的期望相同"的假设。在 2.2 节中，我们将讨论有效市场假说及其对投资行为的预测。

2.2 市场有效性

资本市场因其关键作用，对经济体的发展和运作至关重要。正是通过有效和正常运作的资本市场，资源才能达到最优分配，各尽其用。在理想状态下，市场通过好的投资机会，将资金从存款人手中转移到借款人手中。借款人或许有报酬丰厚且与风险挂钩的投资机会，但是资金不足，无法进行该项投资。在有效资本市场中，放款人能够获益，获得更高的、调整了风险的收益，借款人也能够获益，不必放弃赚钱机会。当然，也会有"错误"发生，它们会被详细地记录下来，诸如 20 世纪 90 年代后期的互联网泡沫，以及近来发生的次贷金融危机。一直有人争论，那些资本提供者，基于他们当时了解的信息所做出这些投资决策是否明智。

2.2.1 有效性和信息

尤金·法玛对于**有效市场**(efficient market)的详细描述,在金融业界和学术界里具有持久的影响力。[15]根据法玛的理论:

> 资本市场的主要任务是分配经济体资本储备的所有权。从广义上来说,在有效市场中,价格为资源分配提供准确信号:公司能够做出生产—投资的决策,投资者可以选择代表公司活动所有权的证券——假设证券价格总是"充分反映"一切可获得的信息。如果市场中的价格总是"充分反映"所有可获得的信息,那么这个市场就是"有效"的。

正因为价格总是准确反映信息,所以才能很好地反映价值,推动资本最优分配。假如市场是有效的,那么信息就能立刻通过价格充分传达。

信息在有效市场的定义中扮演了非常重要的角色。法玛给出了三种市场有效性的定义,以阐明"一切可获得的信息"的含义。在**弱式**(weak form)有效市场中,价格反映了历史收益中的所有信息。在**半强式**(semi-strong form)有效市场中,价格反映了所有公开的、有效的信息,包括过去的收益和对未来收益的预测,公布的财务报表(不论公布时间)中的所有内容,商业报道中的所有相关内容,以及其他任何相关的信息。在**强式**(strong form)有效市场中,价格甚至反映了非公开信息,如内部消息。

价格总能反映所有信息的前提是,信息的获取和生成不需要任何花费。这当然是不可能的。因此,EMH 的一个更准确的定义是,价格反映了所有的信息,并且从这些信息中得到的边际收益不超过获取信息的边际成本。换而言之,没有投资者能够永远获得**超额收益**(excess return)。[16]

在这样的设定下,有必要注意"超额"意味着已经考虑到所有的成本。除了显而易见的交易成本,还应考虑到获取信息的费用和分析(或雇人分析)的费用。例如,一个共同基金的(总体)利润高于市场 1.5%,但是对投资者征收的管理费用率(MER)为 1.5%,那么投资者的收益率也就和市场收益率相同,这和 EMH 并不矛盾。考虑到"风险调整"的需求,"超额"的含义就更为复杂,这点我们会在联合假设问题中谈及。

2.2.2 市场有效性意味着什么

在会计学、金融学和经济学领域,有效市场通常意味着资产的价格等于其预期的

基本价值。[17]举例来说,根据股价的现值模型,股价等于未来预期红利的现值。[18]因而股价就表示为

$$p_t = \sum_{i=1}^{\infty} \frac{E_t(d_{t+i})}{(1+\delta)^i} \tag{2-14}$$

式中,p_t为现今t时刻的股票价格;$E_t(d_{t+i})$为基于当前信息,对未来$t+i$时刻红利价值做出的预期;δ为折扣率,它反映股票的风险。本书后面章节中一些反对有效市场假说的证据,都是违背了上述关系的情形。要检验现值模型,必须明确交易人在计算未来红利的期望值时,可以获得哪些信息。**股价现值模型**(present value model of stock prices)认为,在有效市场中,股票的价格是对其基本价值的合理预期。

对于大多数人而言,信息就是知识,但在金融学领域里,我们所说的"信息"是完全没有预料到的消息。[19]如果公布说,失业率已经上升到6%,而大多数人已经预料到这点,那么就称不上是真正的信息。按照定义,信息的出现是不可预测的,所以股价的变化如果仅受信息的影响,也一定是不可预测的。这是"股价服从**随机游走**(random walk)"[20]一说的基础。在随机游走时,下一步总是无法预料的,只有用当前的位置才能最准确地预测下一步会到哪里。假如股价是随机游走的,那么股票收益率中高于风险调整后收益率的部分就是随机的,是不可预测的。

EMH的拥护者认为,不管利用历史数据进行技术分析,还是利用可公开获取的财务信息进行基础分析,都不能成功地获取超额收益。他们通常提倡被动投资策略,其目标是追踪而非跑赢市场。根据这种策略,投资者应该避免持有单只股票,而是应该投资于指数共同基金或是交易所交易指数基金(ETF),例如,标准普尔存托凭证(SPDR,亦称"蜘蛛")或是欧澳远东指数基金——它是交易所交易的最大的国际股票标杆。

2.2.3 对市场有效性的一些误解

市场有效性并没有指出投资者投资于股票是不明智的,也没有说明所有股票的预期收益率应当相同。EMH并没有表明所有的股票或投资组合都是一样的。虽然一名经理不可能有计划地获得高于预期风险调整后收益率的回报,股票在有效市场中的价格仍然是公平的。投资者对风险的态度不同,他们就可能有不同的投资组合。

除此之外,尽管EMH表明获得超额收益的机会是无法预测的,它并不是说价格水平就是随机的。股价是基于可获取的市场信息,对公司做出的合理估值,这些信息包括了管理层的行动,以及公司的投资和融资决策。

2.2.4 联合假设问题

如前所述,超额收益率超过了扣除所有费用的收益率,但在给定的风险水平下也是公平的。因为超额收益率和风险调整回报率相关,它需要通过收益率模型求得。例如,假设 CAPM 是最适合的收益率模型,第 i 只股票产生超额收益的条件为[21]

$$R_i - (R_f + \beta_i(R_m - R_f)) > 0 \qquad (2\text{-}15)$$

这表明,第 i 只股票的收益率高于其风险水平所要求的收益率,其中风险由贝塔系数(β_i)表示。

联合假设问题(joint-hypothesis problem)之所以会出现,是因为需要通过特定的风险调整模型来得到所需的收益率水平,即进行风险调整。假如我们确定何种风险调整模型才是正确的,那么进行风险调整并无害处,可惜的是,我们并不知道。如果检验拒绝了 EMH,那是因为 EMH 本身不成立呢,还是因为我们测算超额收益率时用错了方法?我们不知道答案。早期对 EMH 的实证检验基本都支持该假说。[22] 检验表明,不能通过机械化交易持续得到超额收益,价格也随着新信息的出现,迅速而合理地变化着。此外,资金经理人不太可能在扣除所有费用(包括交易费用和管理费用)后仍然获得正的超额收益。然而,较近期的研究则反映了一系列持续出现的异常现象,也就是说,研究结果与 EMH 相悖。

下面谈谈**价值溢价**(value premium)。从历史数据来看,投资于价值股(即较之以账面价值和利润而言,价格被低估的股票)一直是一种必胜策略。这种简单的策略似乎似乎构成了 EMH 的反例,但是试想如果价值股的风险更大些,或者价值股的风险没有充分地被 CAPM 反映出来,又会如何?那样的话,可能根本就不存在异象,仅仅是资产定价模型不准确而已。著名的法玛—弗伦奇三因素模型已经包括了价值风险因素。[23] 我们会在第 4 章和第 14 章重新探讨这个问题。接着,我们将介绍公司管理层行为理论。

2.3 代理理论

一旦一方(委托人)与另一方(代理人)订立契约,两者之间就存在了**代理关系**(agency relationship)。代理人可以代委托人行事,并且代表委托人的利益。在代理关系中,委托人授权代理人替他作出决定。如果代理人和委托人的利益不一致,那么就会出现**代理问题**(agency problem)。

举例来说，假想你想卖房。你（委托人）和房产中介（代理人）签订了售房合同。你希望合同能激励房产中介尽快以最高的价格售出房子，那么通常就要付给中介售房价某一固定比例的佣金，而不是一笔恒定不变的佣金。中介费和售房价挂钩，就能够激励中介加倍努力以最高价格售出房子。即便你努力使双方利益一致，房产中介这种自私的代理人并不一定会为你（售房者）谋求最大利益。例如，有人想以 30 万美元买你的房子。假设中介的提成率是 5%，她就能得到 1.5 万美元。如果你坚信房屋的价值更接近 32 万美元，不同意 30 万美元就卖，并且后来以 32 万美元售出，你的收入将增加 1.9 万美元，而中介的佣金只会增加 1 000 美元。就算中介也认同房子能卖到 32 万美元，他也可能劝你 30 万美元就脱手——新增的 1 000 美元未必能补偿他为了获得更高售房价做出的额外努力。也许你的目标是把房子卖出最高的价钱，但他的目标可能是让花的每分力气都得到最高的报酬[24]——这是一种典型的利益冲突。

公司中的利益冲突，通常出现在公司所有者和管理层之间。[25]在当今的美国，公司很受关注，这是因为公司结构的组织非常普遍。大公司的所有权和管理权通常是分离的。公司中通常存在着所有者建立的合法团体。股东是公司的所有者，他们选出董事会来任命公司管理层。代理理论和公司的结构有很大关系，这是因为委托人—代理人问题就出现在公司管理层和股东之间。

委托人—代理人问题会产生直接和间接的代理成本。[26]其产生原因是管理层的利益驱动力并非使公司价值达到最大。直接成本包括对管理层有益却对公司无益的开销，例如，购买一架用于旅行的豪华喷气式飞机。为监督管理层会产生其他的直接成本，例如，从外部雇人审计的花费。间接成本是由于失去机遇产生的，所以较难计算。举例来说，有人想收购一家公司，即使公司股东能从中获益，该公司管理层也会担心失业而坚决反对。

如今公司结构庞大，股东成千上万，公司所有者和管理层不可能每日都有沟通。比如可口可乐公司，它生产全世界最著名的产品之一。2008 年可口可乐的市值超过 1 000 亿美元，拥有超过 30 万名股东。显然，经理层不可能经常与所有股东会谈。机构投资者持有可口可乐公司近一半的股票。然而管理层也不可能经常和这些机构沟通，因为单是机构的数目就超过了 1 000 个。所有权和管理权分离，可以促进公司蓬勃发展——前提是管理层把股东利益最大化作为其目标。

许多金融理论着重于如何设计**最优补偿合同**（optimal compensation contract），把股东和管理层的利益联系在一起。最优的设计取决于许多因素，诸如管理层的行为是否可以被观察，管理层和股东间信息不对称的程度，绩效评估是否充分，以及管理层和股东差异的程度。委托人为了激励代理人，在补偿合同中设立了奖惩机制，我们称为

"胡萝卜加大棒"。

有效的公司管理，包括最优的补偿合同设计，决定了是否能使公司价值达到最大、经济体中的资本能否得到最优分配。本书后面章节将介绍其他环境中的委托人—代理人问题，例如，资金经理人（委托人）代投资者（委托人）进行投资。此外，我们还将考虑行为因素如何影响对委托人—代理人问题的理解，以及如何使成本达到最低。

2.4 从理性到心理

本章阐述了构成现代金融学框架的三个主要理论。在本书后面的章节中，我们会介绍引起学者质疑传统方法正确性的论据。尤其是在第4章，我们会回顾表明市场并非如前人所想得那样有效的证据。已经有人详细记录了多种明显不符合有效市场假说的异象和实证研究结果。除了这些数据，更有一些论点撼动了EMH。这类理论有许多以"套利极限"为题。正因为这类研究，近几十年来，一些学者开始回头思考人类心理活动是如何影响金融决策的。

在心理学学科的范畴中，学者研究许多不同的行为现象。行为金融学依旧是一个较新的研究领域，因为缺少统一的框架，常常受到批判。这类批判本身并不能抹杀这种认识的价值：心理学对于理解个人投资者、金融从业人员、市场和管理层的决策，都是非常重要的。多年前，20世纪影响深远的经济学家凯恩斯就承认了心理学在金融决策中的重要性。以下这段文字选自其初版于1936年的著作《就业、利息和货币通论》[27]：

> 假如我可以用"**投机**"（speculation）一词来表示这种预测市场心理的活动，用"**冒险经营**"（enterprise）一词来表示这种预测资产未来终身收益率的活动，那么投机未必总在冒险经营中占主导地位。随着投资市场的配置不断改进，投机占主导地位的风险也会增大。纽约是世界上最大的投资市场之一，在这个市场上，投机（依照上文定义）的比重非常大。即使在金融领域之外，美国人也往往过于喜欢探究一般人眼中的一般看法是什么，这种民族性的弱点，同样也表现在股票市场中。

显然，并非近日才有人承认心理学对于金融学和经济学的重要影响。

本章要点

1. 投资者认识到，他们需要在收益和风险间作出权衡。期望收益率和风险通常表示为历史平均收益率和收益率方差（或标准差）。

2. 协方差和相关系数在统计学中表示随机变量的相关程度。
3. 有效前沿代表在给定风险水平下，使期望收益率达到最大的那些资产组合。理性的投资者不会选择该曲线以下的投资组合，因为还存在风险相同但收益率更高的投资组合。
4. 投资组合中的公司特有风险可以通过多元化消除。然而，系统的、市场的风险是不能被消除的。
5. 资本市场线代表了无风险资产和市场投资组合的各种结合方式。理性投资者若想以最低风险获得最高回报，应当选择该线上的投资组合。
6. 根据资本资产定价模型，投资者若承担可分散风险，是不会得到补偿的。
7. 贝塔系数度量了市场变动带来的风险。一项资产的贝塔系数可用其期望收益率进行估计。
8. 市场的有效性之所以重要，是因为它决定了资本在公司之间的分配。
9. 在有效市场中，投资者不可能持续获得超额收益。
10. 一旦代理人和委托人的利益不一致，就可能出现代理问题。
11. 大公司所有者和管理层之间的利益冲突有可能（对公司）造成损失。
12. 最优补偿合同使股东和管理层的利益一致。

问题与讨论

1. 区别下列概念和术语：
   (1) 系统风险和非系统风险。
   (2) 贝塔系数和标准差。
   (3) 直接代理费用和间接代理费用。
   (4) 弱式有效市场、半强式有效市场和强式有效市场。
2. 某股票的贝塔系数为 1.2，收益率的标准差为 25%，市场的风险溢价率为 5%，无风险收益率为 4%。
   (1) 该股票的期望收益率为多少？
   (2) 某投资组合中，该股票和无风险资产各占 50%，该投资组合的期望收益率及其标准差各为多少？
   (3) 金融分析师预测该股票的收益率为 12%。你是否会购买该股票？原因是什么？
3. 何为联合检验问题？它为何重要？
4. 巴菲特的投资非常成功。2008 年，路易莎·克罗尔报道说，巴菲特跃居《福布斯》杂志全球富豪榜榜首，财富总额约为 620 亿美元（《福布斯》杂志 2008 年 3 月 5 日刊《全球亿万富翁》一文）。这是否能证明有效市场假说是错误的？
5. 你正考虑投资于股票 A 和股票 B 中。股票 A 的贝塔系数为 1.15，收益率标准差的估计值为 0.28。股票 B 的贝塔系数为 0.84，收益率的标准差为 0.48。
   (1) 哪只股票的风险更大？
   (2) 假设无风险收益率为 4%，市场的风险溢价率为8%,投资组合中股票A占60%,股票B占40%,该投资组合的期望收益率为多少?

(3)假设股票A和股票B收益率的相关系数为0.50,投资组合中股票A占60%,股票B占40%,该投资组合的收益率的标准差为多少?

注 释

1. Although using realized returns to measure future expectations is common, the practice is questioned by some. See, for example, Elton, E. J., 1999, "Expected return, realized return, and asset pricing tests," *Journal of Finance* 52(4), 1199–1220. Elton argues that the historical experience poorly measures future expected returns and calls for additional work on how to better estimate future expected returns.

2. For a portfolio of m assets, the mean return is $\overline{R_p} = \sum_{i=1}^{m} w_i \overline{R_i}$ and the portfolio variance is $s_p^2 = \sum_{i=1}^{m} \sum_{j=1}^{m} w_i w_j \hat{\sigma}(R_i, R_j)$.

3. For a portfolio of m assets, the true expected return is $E(R_p) = \sum_{i=1}^{m} w_i E(R_i)$ and the true portfolio variance is $\sigma_p^2 = \sum_{i=1}^{m} \sum_{j=1}^{m} w_i w_j \sigma(R_i, R_j)$.

4. In our illustrations, we will assume that the risk-free asset is, in fact, risk-free. In actuality even investment in short-term U.S. government debt instruments such as T-bills is associated with some risk.

5. A constant and a random variable have by definition zero covariance and zero correlation.

6. The weighted average standard deviation is 0.40(0.30) + 0.60(0.10) = 0.18.

7. The theory of optimal portfolio selection was pioneered by Harry Markowitz so that the efficient frontier is sometimes called the Markowitz Frontier. See Markowitz, H., 1952, "Portfolio selection," *Journal of Finance* 7(1), 77–91.

8. Notice that points below the minimum-risk point should be excluded from consideration. For example, E is obviously bettered by F, since the latter has higher expected return with identical risk.

9. For a portfolio including two risky assets, we can denote the weight of the first asset as w, so that the weight of the second asset is $(1-w)$. Then the minimum-risk portfolio for a combination of the two assets can be found by taking the derivative of the portfolio variance with respect to w. For High Tech and Low Tech, the minimum variance portfolio includes 12.26% in High Tech and 87.74% in Low Tech Stock. This minimum-risk portfolio has an expected return of 8.86% and a standard deviation of 9.17%.

10. This follows from the fact that both portfolio expected return and portfolio standard deviation are linear combinations of individual asset expected returns and standard deviations. This is true for standard deviations either when both assets are perfectly positively correlated (i.e., correlation coefficient of one) or (as here) when one of the assets is a constant.

11. Since all investors are holding the same risky portfolio, this can only be the market portfolio.

12. The model is also referred to as the Sharpe-Lintner-Black Model as it was offered independently by several researchers, building on the earlier work of Harry Markowitz on the benefits of diversification, and then later further shaped upon by others. See Treynor, J. L., 1961, "Towards a theory of the market value of risky assets," Unpublished manuscript; Sharpe, W. F., 1964, "Capital asset prices: A theory of market equilibrium under conditions of risk," *Journal of Finance* 19(3), 425–442; Lintner, J., 1965, "The valuation of risk assets and the selection of risky investments in stock portfolios and capital budgets," *Review of Economics and Statistics* 47(1), 13–37; and Black, F., 1972, "Capital market equilibrium with restricted borrowing," *Journal of Business* 45(3), 444–455.

13. See Fama, E. F., 1991, "Efficient capital markets: II," *Journal of Finance* 46(5), December, 1575–1617.

14 See the ground-breaking study by Fama, E. F., and K. R. French, 1992, "The cross-section of expected stock returns," *Journal of Finance* 47(2), June, 427–465.

15 Fama, E. F., 1970, "Efficient capital markets: A review of theory and empirical work," *Journal of Finance* 31(1), May, 383–417.

16 The term *abnormal return* is often used in place of *excess return*.

17 See, for example, Shiller, R. J., 1981, "Do stock prices move too much to be justified by subsequent changes in dividends?" *American Economic Review* 71(3), 421–436; and Lee, C. M. C., 2001, "Market efficiency and accounting research: A discussion of 'Capital market research in accounting' by S. P. Kothari," *Journal of Accounting and Economics* 31, 233–253.

18 Of course, there are many stocks that are not currently paying dividends. In fact, many stocks have never paid any dividends. This is not problematic for the model because it assumes price is the present value of all expected future dividends. More generally, dividends can be thought of as all cash flows to stockholders, including distributions through share repurchases and mergers and acquisitions. No investor will buy a stock that is expected to never pay anything! See Ackert, L. F., and B. F. Smith, 1993, "Stock price volatility, ordinary dividends, and other cash flows to shareholders," *Journal of Finance* 48(4), 1147–1160.

19 Information-based models in finance consider how information is reflected in market prices. In this literature a common approach is to think of an item of information as a signal that arrives at the market about the value of an asset. See Easley, D., and M. O'Hara, 1987, "Price, trade, size, and information in securities markets," *Journal of Financial Economics* 19, 69–90.

20 Technically, stocks should follow a random walk "with drift," because of the fact that over time we anticipate positive returns because of time value and risk. See Malkiel, B. G., 2004, *A Random Walk down Wall Street*, 7th ed. (W.W. Norton & Company, New York).

21 This expression is the same as the CAPM relationship, with ex post values instead of expected values being used.

22 For thorough reviews of the early literature, see Fama, E. F., 1970, "Efficient capital markets: A review of theory and empirical work," *Journal of Finance* 31(1), May, 383–417; and Fama, E. F., 1991, "Efficient capital markets: II," *Journal of Finance* 46(5), December, 1575–1617.

23 See Fama, E. F., and K. R. French, 1993, "Common risk factors in the returns on stocks and bonds," *Journal of Financial Economics* 33, 3–56.

24 See Levitt, S. D. and S. J. Dubner, 2006, *Freakonomics: A Rogue Economist Exposes the Hidden Side of Everything* (William Morrow: An Imprint of HarperCollins Publishers, New York).

25 Conflicts between managers and shareholders are not the only possible principal-agent problems, though they are often of focus. For example, there are potential conflicts of interest between shareholders and bondholders. Shareholders may prefer more risky investments, but bondholders prefer lower-risk investments because the value of the debt is higher with lower risk. For other conflicts of interest between bondholders and stockholders, see Smith, C. W., and J. B. Warner, 1979, "On financial contracting: An analysis of bond covenants," *Journal of Financial Economics* 7(2), 117–161.

26 On how agency costs are defined, see Jensen, M. C., and W. H. Meckling, 1979, "Theory of the firm: Managerial behavior, agency costs, and ownership structure," *Journal of Financial Economics* 3(4), October, 305–360.

27 Keynes, J. M., 1964, *The General Theory of Employment, Interest, and Money* (Harcourt, Brace, Jovanovich, New York). (First Harbinger Edition, quote on pages 158–159, Chapter 12, Section VI.)

第 3 章　前景理论、框架和心理账户

引 言

本书第 1 章和第 2 章介绍了研究个人行为、金融决策和市场结果的传统方法。本章将讨论较新的、行为描述的尝试，而这些行为也反映了一些我们观察到的人类心理。其后的章节，我们将重新讨论这些较新的理论，同时介绍传统方法在实证研究中遇到的问题。本章在行为金融学中至关重要——正是因为有实证结果表明，传统方法中存在问题，行为金融学才应声而起，然而我们不应视此为行为学方法的缺陷。大多数科学家，并非仅局限于行为科学家，都是先观察到结果，再建立了理论或模型。归根到底，理论只是一种解释观察到的结果的方法。

本章的大部分内容用于介绍前景理论，该理论由丹尼尔·卡内曼和阿莫斯·特沃斯基提出，可以用来替代期望效用理论。[1]该理论和其他类似理论都受到了违背期望效用理论的事例的启发，因此本章开头我们会先介绍一些与期望效用理论相悖的例子。紧接着，我们将介绍实际观察到的行为的三个要素，这三个要素表明，前景理论中价值函数会呈现出某一特定形状，而价值函数又等同于期望效用理论的效用函数。使用决策权重而非概率，是前景理论的另一重要内容。我们将展示价值函数和加权函数是如何估算前景的价值的，这种估值方法和期望效用理论既有相似之处，也有不同之处。我们将基于真实的决策给出假设的函数形式。3.2 节描述了问题的框架或表现形式是如何影响人的决策。在 3.3 节中，我们将介绍如何运用名为心理账户的框架方法使决策变得简单，甚至有时可以改变决策。最后，我们会探讨这些理论在实践中的应用。

3.1 前景理论

规范性理论(normative theory)认为理性人应按某种特定方式行事。截然不同的**实证性理论**(positive theory)则关注人的真实行为,并基于实际观察建立模型。期望效用理论是经济行为的规范性模型,其基础是严谨的、公理形式的论述。尽管已经证明该理论非常适合描述人应有的行为,仍然有人质疑它是否能有效地描述人的真实行为。前景理论是期望效用理论的替代理论中最受认可的理论,也是受到检验最多的理论。前景理论是实证性(或描述性)理论,因为它完全基于人的真实行为。

前景理论(prospect theory)发源于这样一种观点:标准的期望效用理论不能充分解释我们所观察到的风险条件下的决策行为。该观点的论据是,实证结果表明人的行为经常和期望效用理论相悖。我们在介绍前景理论的核心原则之前,先要探讨激发卡内曼和特沃斯基建立行为学模型的那些实证结果。

3.1.1 实际观察到的行为的要素

心理学家为了给他们所关注的问题寻找论据,通常会观察人的决策行为。在许多研究中,心理学家发现,受访者对于决策问题给出了相似的回应,而这种回应恰恰与期望效用理论相矛盾。本节将介绍一些上述的决策问题,并且给出真实受访者的决策。这些问题反映了前景理论的基础——实际观察到的决策行为的三要素。

我们将使用第 1 章中的符号表示前景。请回忆一下,前景 $P(p^h, x, y)$ 是一个赌局,其结果为 x 的概率是 p^h,结果为 y 的概率是 $1 - p^h$。如果我们从表达式中剔除第二种结果,即把赌局表示为 $P(p^h, x)$,那么我们就是假设第二种结果为 0;如果我们进一步从表达式中剔除概率,即把赌局表示为 $P(x)$,那么我们就是假设这是一个确定性的(无风险的)前景。在第一个问题中,我们有如下两次对前景的选择[2]:

问题 1[3]:

假设你需要做出以下两个决策。请先仔细观察一下这两个决策,再指出你更喜欢的选项。

决策(1):请从 P1(240 美元)和 P2(0.25, 1 000 美元)中选一项。

决策(2):请从 P3(-750 美元)和 P4(0.75, -1 000 美元)中选一项。

换而言之,第一个决策的两个选项分别是,以 100% 的概率获得 240 美元和以

25%的概率获得1 000美元。第二个决策的两个选项分别是，以100%的概率损失750美元和以75%的概率损失1 000美元。问题1的受访者中，有84%进行第一个决策时选择了P1，这表明他们在规避风险。然而，87%的受访者进行第二个决策时选择了P4，这表明他们在寻求风险。上述这种对风险的态度转变，是无法用期望效用理论解释的。然而，我们接下来就会看到，前景理论认为可以根据前景的性质，改变对风险的态度。

> **要素1**：人们根据前景的性质，有时会规避风险，有时则会寻求风险。

研究者也注意到，人们所关注的似乎是收益和损失，而非财富水平。例如，在问题1中，我们就观察到，受访者在收益域内规避风险，在损失域内寻求风险，即决策者的现状是一个边界点，决定了决策人是规避风险，还是寻求风险。另一方面，期望效用理论中通常使用财富水平，而非财富变化，作为效用函数的重要变量；并且该理论认为，规避风险和寻求风险这两种态度之间不存在边界点，因为该理论假设人对风险的态度始终如一。如果真是这样的话，那么在下述问题中你又会做出何种选择呢？[4]

问题2：

决策（1）：假设你今日多得了300美元，请从P5（100美元）和P6（0.50，200美元）中选一项。

决策（2）：假设你今日多得了500美元，请从P7（−100美元）和P8（0.50，−200美元）中选一项。

请注意，两个决策实际上是相同的。在这两种情景中，所作的决策都是在财富水平以100%的概率达到400美元和财富水平的另一种前景中选择——在第一个决策中，是以50%的概率达到500美元；在第二个决策中，是以50%的概率达到300美元。然而，受访者中有72%选择了P5，64%选择了P8。上述选择表明，进行第一个决策时，多数受访者在规避风险，而进行第二个决策时，多数受访者在寻求风险。这个问题表明，决策者在收益域中对于风险的态度和在损失域中的态度并不相同。这说明，对于决策者而言，重要的是财富的变化，而不是财富水平。人们通常对照**参照点**（reference point），看财富是增长了还是损失了，来评判赌局结果的优劣，而这个参照点通常选用当前的财富水平。请注意，在问题2中，两项决策的初始财富水平是不同的。而期望效用理论则认为，不论初始财富水平如何，人们评判赌局结果优劣的标准都是最终财富水平。这样，我们就引出了决策的第二个要素。

> 要素2：人们根据财富相对于参照点的增减，来评判前景的优劣，该参照点通常为当前的财富水平。

研究者也注意到，较之以同等规模的收益，损失给人带来的感受会更强烈。下面请看问题3。[5]

问题3：
x 取何值时，P9(0)和P10(0.50, x, -25美元)于你而言才是相同的呢？

我们将P9视为当前财富水平。在一次实验中，所获得的x的平均值为61美元[6]，即在一个公平赌局中，如果可能的损失为25美元，那么人们通常认为，只有可能的收益达到61美元时，进入赌局和不进入赌局才没有区别。很明显，人们很想规避这项损失。**损失规避**（loss aversion）这一术语描述了这样一种现象：对于大多数人而言，损失所造成的心理影响大于收益。我们注意到，如果决策者是风险中性的，x 就应为25美元，那么，为了使前景P9等同于P10，收益的取值需要超过损失的绝对值的2倍。你认为x的取值是等于该均值，是大于该均值，还是小于该均值？以下是用于理解人的决策行为的第三项重要观察结果。

> 要素3：人们之所以规避损失，是因为损失对人造成的心理影响大于收益。

我们应当注意到，规避损失和规避风险之间存在很大的差别。如果有一个确定性事件和一个结果全部为收益的赌局，两者结果的期望值相同（例如，以100%的概率获得75美元与分别以50%的概率获得50美元和100美元），那么较之该赌局，人们仍然还是更喜欢确定性事件；但是人们对于上述这类赌局的厌恶程度，比起那类有某项结果可能导致负债累累的赌局（例如，问题3中的那种），还是要轻了许多。

3.1.2 价值函数

上面总结出的规律，以及一些其他规律，促使了很多学者寻找期望效用理论的替代理论。前景理论提供了风险条件下的决策模型，该模型涵盖了那些被观察到的违反期望效用理论的行为。[7]前景理论中的价值函数代替了期望效用理论中的效用函数。我们通常使用财富水平来衡量效用，用相对于参照点的收益和损失来表示价值。前文介绍的决策行为三要素表明，价值函数一定具备如下特征：人在收益域内规避风险，在损失域寻求风险，这说明价值函数在收益域内是凹函数，在损失域内是凸函数；人在决策时所关注的是得失，这说明价值函数所反映的并非财富水平，而是财富水平的变化；人们厌恶损失，因此价值函数在损失域的斜率要大于收益域内的斜率。

此外，期望效用理论中使用的是**决策权重**（decision weights），而非期望效用理论中那种简单的概率。我们将会介绍，决策权重其实是概率的函数。我们将以 $v(z)$ 表示财富的变化值；需要注意的是，此处使用的是 z，而非表示财富水平的 w。我们还将引入前景的价值 $V(P)$。前景 $P(p, z1, z2)$ 的价值为

$$V(p, z1, z2) = V(P) = \pi(p) \times v(z1) + \pi(1-p) \times v(z2) \tag{3-1}$$

式中，$\pi(p)$ 为概率 p 对应的决策权重。请注意，前景的价值 $V(P)$ 正对应着前景的期望效用 $U(P)$。[8]

图 3-1 为一个典型的价值函数。纵轴的值反映的是财富相对于参照点的变化，而非最终的财富水平。另请注意，在收益域内，价值函数内是凹函数，决策者规避风险；在损失域内，价值函数是凸函数，决策者寻求风险。此外，还请注意，虽然决策者在收益域内规避风险，在损失域内寻求风险，但损失对其造成的心理影响要大于收益——这一点非常明显，因为价值函数在损失域内斜率大于在收益域的斜率，说明同等规模的损失和收益，决策人对于损失的感受要更为强烈。换而言之，人是厌恶损失的。我们在探讨彩票和保险后，将更深入地介绍加权函数。

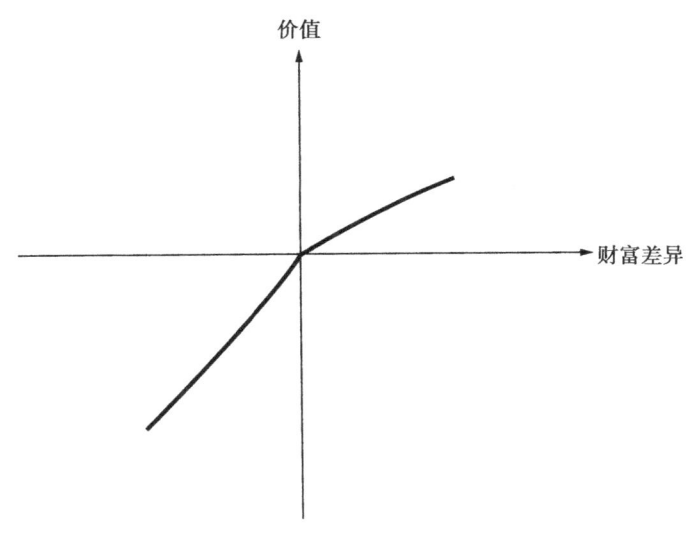

图 3-1 一个典型的价值函数

3.1.3 彩票与保险

近年来有一个问题一直困扰着研究者：为什么购买彩票的人也会购买保险？[9] 在期望

效用理论框架下，这个问题是很费解的，因为购买彩票就是在寻求风险。众所周知，彩票的期望收益远远低于彩票本身的价格，而中彩的希望又十分渺茫。一个人若是既买了彩票又买了保险，此人就在规避风险，也就能降低风险。前景理论能够解释某些人为何同时购买了彩票和保险，其方法则是高估小概率事件的权重。我们即将详细地介绍，前景理论高估小概率事件的权重的方法是使用决策权重 $\pi(p)$，而非事件发生的概率 (p) 来计算前景的价值。

欲知为何使用上述加权方式，请看以下选择题。[10]

问题4（彩票）：

请从 P11(0.001，5 000 美元) 和 P12(1.0，5 美元) 这两种前景中选出一种。

即便你已经发现，这两种前景的期望价值是相同的（都是5美元），许多人还是更喜欢 P11，这表明他们在寻求风险。上述选择其实就是在收益域内寻求风险。而前文中我们也看到了另一个寻求风险的例子，不过那发生在损失域中。这样看来，似乎人在收益域内也可能寻求风险。

请看下一道选择题。

问题5（保险）：

请从 P13(0.001，-5 000 美元) 和 P14(1.0，-5 美元) 这两种前景中选出一种。

对于这个问题，我们经常观察到人们会选择前景 P14，这表明他们在规避风险。但这也说明，人会在损失域内规避风险。

总而言之，虽然人们在收益域内通常会规避风险，但获得收益的概率相当小时，人往往就转而寻求风险。另一方面，虽然人们在损失域内通常会寻求风险，但遭到损失的概率相当小时，人往往就转而规避风险。卡内曼和特沃斯基将上述现象称为**风险态度的四重性**[11]（fourfold pattern of risk attitude）。该属性表明，人在面对大概率的收益和损失时，分别会表现为规避风险和寻求风险，而在面对小概率的收益和损失时，人们则分别会表现为寻求风险和规避风险。卡内曼和特沃斯基在某项研究中发现，92%（25个人中的22个）实验对象完全表现出了上述四种情形。[12] 显然，任何有关风险决策的可靠理论都应该反映这种四重性。我们即将看到，期望理论是如何使用非线性的加权函数来反映这种四重性的。

3.1.4 加权函数

虽然卡内曼和特沃斯基在1979年发表的初版前景理论中说明了正确的**加权函数**

(weighting function)应该满足哪些条件,但他们并没有给出函数的确切表达式。直到1992年,更为数学化的**累积前景理论**(cumulative prospect theory)发表,加权函数才有了表达式。[13]该论文详细地在数学层面上展示了价值函数和加权函数,并做出了相关估计。

在介绍加权函数前,我们先思考一下正确的加权函数应该是何种形式的。请回想一下第1章中介绍的阿莱悖论。本节中,我们将学习另外两个由阿莱提出的、与期望效用理论相悖的例子。[14]第一个例子反映了大概率结果和确定性结果之间的区别。在问题6中,读者需要做出两项决策。[15]

问题6:

决策(1)请从 P15(0.80, 4 000 美元)和 P16(1.00, 3 000 美元)中选择一项。

决策(2)请从 P17(0.20, 4 000 美元)和 P18(0.25, 3 000 美元)中选择一项。

你的选择是否和多数人一样呢?第一个决策中,你选择了 P15 还是 P16?在第二个决策中,你选择了 P17 还是 P18?

卡内曼和特沃斯基发现,问题6的受访者中,有80%选择了 P16,65%选择了 P17。请注意,问题6中的决策(1)和决策(2)基本相同,除了决策(2)中的两个概率都是决策(1)中的1/4。我们看到,将概率从(P16中的)100%降到(P18中的)25%所造成的影响要大于将概率从(P15中的)80%降低到(P17中的)20%。问题6和问题7都是"同比率效应"的例子,其原因是很明显的。卡内曼和特沃斯基认为该原因是,比起仅仅以大概率发生的结果,人们更重视确定性结果。显然,较之以大概率发生结果,人们会对确定性结果赋予更大的权重,卡内曼和特沃斯基就把这种现象称为**确定性效应**(certainty effect)。[16]这说明,加权函数的确定性的邻域内斜率较大(斜率大于1)。

另一个与期望效用理论相悖的例子告诉我们,加权函数在极小概率事件的邻域内是何种形式的。你会选择以下前景中的哪两个呢?[17]

问题7:

决策(1)请从 P19(0.45, 6 000 美元)和 P20(0.90, 3 000 美元)中选择一项。

决策(2)请从 P21(0.001, 6 000 美元)和 P22(0.002, 3 000 美元)中选择一项。

请注意,对于一个对风险持中性态度的决策者而言,有 P19 ~ P20 以及 P21 ~ P22,这是因为每对前景的期望价值是相同的。卡内曼和特沃斯基介绍说,86%的受访者选择了 P20(这说明他们在规避风险),而73%的受访者选择了 P21(说明他们在寻求风险)。之前我们看到,人们给予小概率结果较大的权重,而前景 P21 和 P22 发生的概率都相当小,因此概率为0.001的结果的权重必定大于概率为0.002的结果。这说明结果发生的概率越小,其权重被高估的程度就越大,可见加权函数在概率为0的邻域内斜率较大

(斜率大于1)。

我们目前对加权函数有了哪些了解？我们知道加权函数在 $\pi=0$ 和 $\pi=1$ 的邻域内有很大的斜率。利用这些条件，我们设 $\pi(0)=0$，$\pi(1)=1$，那么对于 0～1 的概率，加权函数的斜率一定就较小（斜率小于1）。图 3-2 描绘了一个满足上述条件的加权函数，我们有时也称之为"倒 S 曲线"。附录 3A 中详述了合理的加权函数应满足的重要条件。

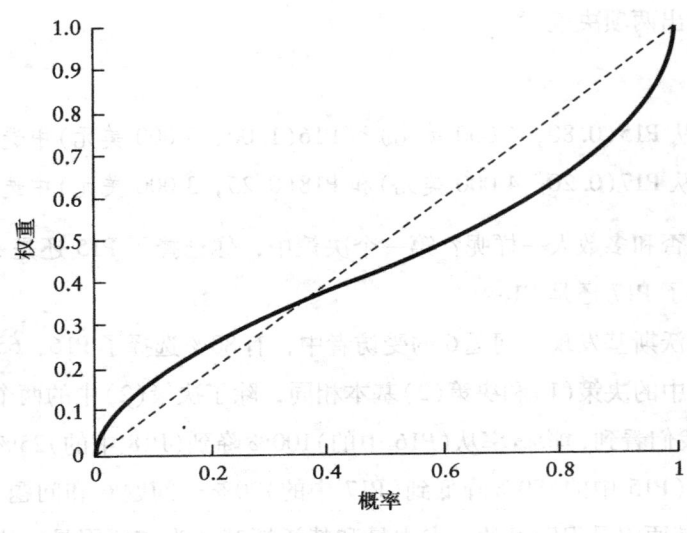

图 3-2　一个典型的加权函数

3.1.5　假设的价值函数和加权函数

卡内曼和特沃斯基通过一次实验考察了大量的个人选择，并给出了有关价值函数和加权函数可能形式的详细信息。[18] 实验中，受访者需要说出一些前景的确定性等价物。请回想一下，我们在第 1 章中介绍过，确定性等价物是一个财富水平，在这个水平下，决策者会认为某个前景和某个确定性财富水平之间不存在差异。卡内曼和特沃斯基根据实验结果，提出了价值函数和加权函数的假设形式，并对相关参数做出了估计。

我们曾提到，前景理论的价值函数在收益域内应该是凹函数，在损失域内应该是凸函数，并且需要反映出决策者对损失的厌恶。以下是一个能够满足这些条件的函数形式

$$v(z) = \begin{array}{ll} z^\alpha & 0<\alpha<1 \quad 若 z \geq 0 \\ -\lambda(-z)^\beta & \lambda>1, 0<\beta<1 \quad 若 z<0 \end{array} \quad (3-2)$$

该函数形式称为分段指数函数。卡内曼和特沃斯基根据实证数据，对函数参数进行了估计，他们认为 α 和 β 约为 0.88，而 λ 约为 2.25。这些估计值所定义的函数，

如图3-1所示，反映出损失对决策者造成的心理影响大于收益。我们应当看到，上述函数仅是一个一般决策者的价值函数。某些决策者的价值函数可能有较大或较小的参数值。

卡内曼和特沃斯基还根据其估计，提出了加权函数的形式[19]：

$$\text{若 } z \geq 0, \quad \pi(p^k) = \frac{p^{k\gamma}}{[p^{k\gamma} + (1-p^k)^{\gamma}]^{\frac{1}{\gamma}}}, \quad \text{其中 } \gamma > 0 \tag{3-3a}$$

$$\text{若 } z < 0, \quad \pi(p^k) = \frac{p^{k\chi}}{[p^{k\chi} + (1-p^k)^{\chi}]^{\frac{1}{\chi}}}, \quad \text{其中 } \chi > 0 \tag{3-3b}$$

该加权函数如图3-2所示。他们得出的估计值为 $\gamma = 0.61$，$\chi = 0.69$，这两个估计值大小非常接近，因此，我们为了简便，在收益域和损失域内都使用两者的均值(0.65)。我们可以从数值中看到，小概率结果所得的权重较高，而确定性结果和大概率结果的权重高度相关，这与事实相符。例如，某一事件发生的概率为10%，则 $\pi(p^k) = 0.1152$，这表明发生概率较小的事件会被权重函数高估。附录3A中介绍了一种名为"次确定性"的情况，它指的是各种结果的概率之和为1，但对应的决策权重之和却小于1，即 $p^k + (1-p^k) = 1$ 的条件下有 $\pi(p^k) + \pi(1-p^k) < 1$。例如，我们取 $p^k = 0.90$，则 $\pi(0.90) = 0.7455$，而前文提到 $\pi(0.10) = 0.1152$，即有 $\pi(0.90) + \pi(0.10) = 0.8607$。

因为前景理论能够解释许多风险条件下的决策行为，所以前景理论影响深远，被视为经济学领域的重要贡献。2002年卡内曼因为"将心理学研究中的发现运用于经济学中，尤其是在不确定性情况下人的判断和决策方面做出了突出贡献"[20]，获得了诺贝尔经济学奖。下面，我们将运用本节中的"函数装备"，来给一些先前讨论过的前景估价。

3.1.6 一些例子

问题4的结果表明人们更乐意购买彩票，而非保险。前景P11的价值为

$$V(P11) = \pi(0.001) \times v(5\,000) = 0.011 \times 1\,799.26 = 19.864 \tag{3-4}$$

而确定可以获得5美元的前景P12的价值为

$$V(P12) = \pi(1) \times v(5) = 1 \times 4.12 = 4.12 \tag{3-5}$$

可见一般决策者更愿意购买彩票，这是因为概率 $p^k = 0.001$ 的决策权重几乎为其自身的11倍。

我们再以问题6为例。第一个决策是在P15和P16之间选择，这两个前景的价值分别为

$$V(P15) = \pi(0.80) \times v(4\,000) = 0.64 \times 1\,478.47 = 946.24 \tag{3-6}$$

$$V(P16) = \pi(1) \times v(3\,000) = 1 \times 1\,147.80 = 1\,147.80 \quad (3\text{-}7)$$

因此一般决策者都会选择 P16。问题 6 中的第二个决策是在 P17 和 P18 之间选择，这两个前景的价值分别为

$$V(P17) = \pi(0.20) \times v(4\,000) = 0.256 \times 1\,478.47 = 384.29 \quad (3\text{-}8)$$

$$V(P18) = \pi(0.25) \times v(3\,000) = 0.293 \times 1\,147.80 = 336.66 \quad (3\text{-}9)$$

因此一般决策者都会选择 P17。这两项决策结果迥异的原因是，确定性结果所得的权重远大于仅仅以大概率发生的结果。而在较中间的概率范围内（$p = 0.20$ 至 $p = 0.25$），决策权重几乎是随着概率同步增长的。

3.1.7 其他

1. 无风险条件下的损失规避

我们从之前讨论的问题中看到，人们为了规避损失，因而不愿意参与公平的赌局。通常对于一个 50% 对 50% 的赌局而言，赢了的收益需要是输了的损失的至少 2 倍时，人们才愿参加。而在无风险条件下，人们也会规避损失。不少实验用于测量人们有多少愿意购买一件商品，又有多少人愿意出售同一件商品以换取金钱。这里举个例子：一组学生在实验中被给予现金，他们需要回答，愿意以何种价格购买印有校徽的马克杯；另一组学生则被给予了马克杯，他们需要回答，愿意以何种价格出售这种马克杯。某次实验中，前一组学生仅仅愿意以 1.34 美元购买马克杯，而后一组学生至少要得到 8.83 美元才肯出售完全一样的杯子。[21]

这种现象被称为**禀赋效应**（endowment effect）或是**现状偏见**（status quo bias），这是因为一件商品一旦为人所有，其价值似乎就会增加。这一现象符合前景理论，因为损失（放弃该商品）造成的心理影响要大于收益（获得该商品）。[22] 如图 3-3 所示，如果我们将实验中的马克杯视为财富，财富的正向和负向变化即使变化量相同（$-x$ 或 $+x$），对价值造成的影响也是不同的。$v(-x)$ 的绝对值就超过了 $v(+x)$ 绝对值的 2 倍。我们在第 5 章中会继续讨论现状偏见。

2. 前景理论的起源

期望效用理论说明了人们应该怎样做，而前景理论则反映在现实中人们是怎样做的。为何两者会有这样的区别呢？目前我们尚未介绍前景理论框架下的偏好的起源。这种偏好是社会环境造成的，还是人与生俱来的呢？请看下面的例子。近来一次有关黑猩猩的实验研究发现，它们选择食物的行为反映出了很强的禀赋效应。[23] 如果黑猩猩可以自由地选择花生酱或果汁，它们中有 58% 选择了花生酱。如果它们得到了花

生酱，那么有79%会选择留下花生酱吃，而不是用花生酱换取果汁。另一种情况是，如果黑猩猩得到了果汁，那么它们中有58%选择留下果汁喝，而不是用果汁换取花生酱。近期的另一次实验发现，僧帽猴在赌局中会根据参照点做出决策，并且会规避损失。[24]

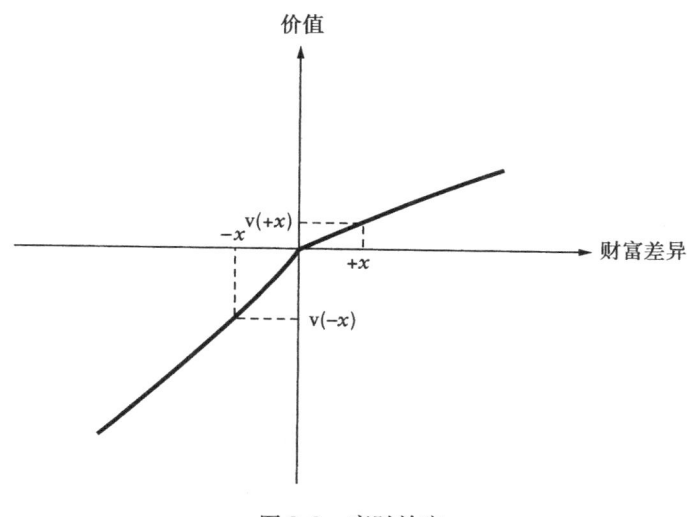

图3-3 禀赋效应

这类研究为前景理论（尤其是在损失规避和禀赋效应这两方面）提供了进化论的基础。如果灵长类动物和人有同样的行为，那么我们通常认为这类行为很有可能是在进化（或者说适应）中形成的，而不是在社会环境中形成的。在何种意义上，规避损失的行为是在适应中形成的呢？我们假设一个原始人勉强可以温饱[25]，如果他能多获得50%的食物，那么对他而言，就是一件好事；但如果他损失了50%的食物，那么对他而言，就很可能是灭顶之灾——可见，损失带来的痛苦要大于收益带来的快乐。

3. 前景理论与心理学

在第5~7章中，我们将暂别经济学和金融学，转而探讨行为金融学的心理学基础。第5章将介绍探索法，这是信息有限的条件下的决策方法。我们将介绍，探索法很可能也是在进化中形成的。探索法在心理学领域之外，尤其是在复杂的金融环境中，有可能导致次优决策。而前景理论有可能亦是如此——在进化中形成，用于金融领域有可能次优。诚然，我们可以认为，前景理论其实就是一组探索法，它研究的是人面临风险选项时的选择行为。

第6章的主题是过度自信，这表现为极度乐观和控制幻觉。后者指的是，人们认为自己对事物有"魔力般"的掌控能力。人们寻求风险时，是否表现出了上述那些倾向呢？

第7章将讨论情绪是如何影响决策行为的。有人认为，大到风险条件下的决策行为，小到前景理论，都有很强的情绪基础。[26]类似的，已有证据表明选择的背景越具有情绪色彩，加权函数就会越偏离线性（即概率加权）。[27]正如第10章中将介绍的，某些重要的金融行为（尤其是赌场赢利效应和处置效应）既能用前景理论解释，也能用情绪解释，这是否令人惊讶呢？

4. 与前景理论竞争的其他理论

我们不希望读者认为，当前建立的前景理论就是最具权威的理论。确实还存在其他期望效用理论的替代理论。近来的某个评论中写道："有多少（读者）会知道，那些所谓非期望效用模型的数目，已经达到了两位数？"[28]其中的有些理论更注重提出规范，而另一些则更注重于实证。[29]

3.2 框架

第1章中我们引入了框架的概念。其中，决策框架指的是决策者对于问题和可能结果的看法。表现形式、决策人对于问题的看法及其个性，都会对框架造成影响。如果决策只是因为框架的变化而变化，那这就违背了期望效用理论，因为该理论假设无论表现形式如何，人的选择都是始终如一的。在本章先前讨论的问题2中，受访者需要考虑不同的初始财富水平，我们从中就可以看出框架的重要性。现在我们将讨论另一个问题，其中框架也起到了很大作用。而这个问题的结果则以非货币形式表示。

3.2.1 前景理论是否适用于非货币形式结果

以下问题中，你会选择方案A还是方案B？[30]

问题8（存活框架）：

假想美国正在防范一种罕见的亚洲疾病，预计该疾病爆发会导致600人死亡。美国国内目前有两种疾控方案。假设两种方案精确的科学估计结果如下所示：

如果采用A方案，那么这600人中将有200人生还。

如果采用B方案，那么有1/3的概率这600人将全部生还，有2/3的概率无人生还。你会选择何种方案呢？

问题8的受访者中，有72%选择了方案A。可见大多数受访者似乎都在规避风险。请看同一个问题如果采用了不同框架，决策者将如何选择。

问题8（死亡框架）：

假想美国正在防范一种罕见的亚洲疾病，预计该疾病爆发会导致600人死亡。美国国内目前有两种疾控方案。假设两种方案精确的科学估计结果如下所示：

如果采用C方案，那么这600人中将有400人死亡。

如果采用D方案，那么有1/3的概率这600人中无人死亡，有2/3的概率这600人全部死亡。

你会选择何种方案呢？

这个问题有78%个受访者选择了方案D。尽管两个问题完全相同，但是现在大多数受访者似乎都在寻求风险。卡内曼和特沃斯基发现，这种风险态度的转变存在于学生、大学老师和内科医生身上。这清楚地表明，框架很重要。

如果我们意识到两种问题描述采用了不同的参照点，就会发现实验结果和前景理论相符：存活框架从600人全部死亡，转变为有部分人生还；而死亡框架从600人全部生还，转变为有部分人死亡。有人生还（在存活框架下）是收益，而有人死亡（在死亡框架下）则是损失。因为人们往往会规避损失，死亡框架下不治身亡的人数就会比存活框架下获救生还的人数造成更大的心理影响。

3.2.2 一体化与分离化

前两个问题中，问句都包含了某一参照点（例如，生还的人数或死亡的人数）。很多情形下，都是决策者选择参照点，至于结果是正面的还是负面的，则由该参照点决定。例如，假设你今天赌马已经输了150美元。[31]你正考虑在下一局、也是今天的最后一局中下注，将10美元押在一匹赔率为15∶1的赛马身上。这意味着，如果你押的那匹马赢了，你从这局中就能获得150美元，但如果你押的这匹马输了，那么你就会输掉10美元的赌金。请注意，此时赌马者的参照点非常重要。如果他算上了当日的全部损失，那么如果这局赢了，那么他就能盈亏平衡，如果这局输了，那么他全日的损失就是150美元。但假如赌马者不计先前损失，将参照点清零，那么最后一局的结果，不是赢得150美元，就是输掉10美元。前景理论认为，决策者若是采用第二种参照点，将每局结果分开看待，就不太愿意承担这种风险，一是因为赌局结果有输有赢，这样一来他就会规避损失，二是因为价值函数在收益域内是凹函数。相形之下，如果决策人采用第一种参照点，整体地看待当日的全部结果，那么他因为处于损失域内，就会更愿意寻求风险。对于这类赌马者而言，最后一局代表着盈亏平衡的机会。

一体化与分离化的区别如图3-4所示。**一体化**（integration）指的是所有的情形被整体地一同看待，而**分离化**（segregation）则指各种情形被逐一地分开看待。标准的前景理论多是假设人会分开看待各种情况，但卡内曼和特沃斯基却发现，有时人也会采用一体化的思维框架。例如，他们就注意到，每个赛马日快结束时，胜算较小的赛马会得到更多赌注，这说明至少一些赌马者已经考虑到当日赌马的所有结果，并且为了盈亏平衡，愿意承担那些通常不会接受的风险。[32]

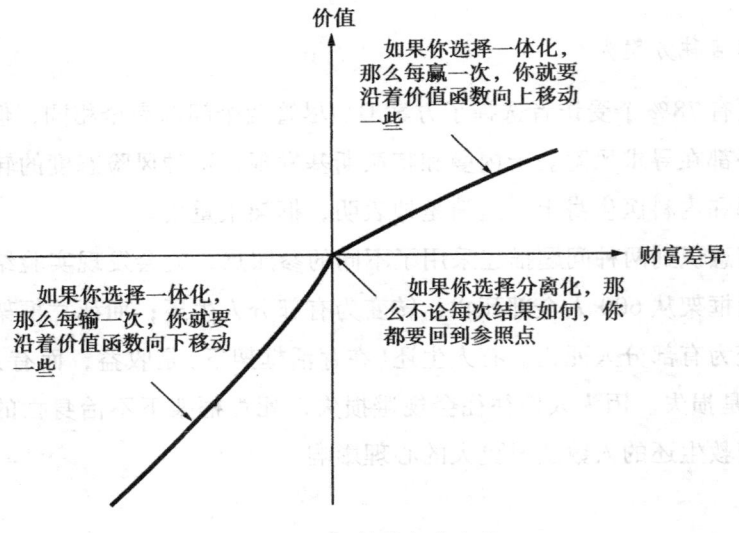

图 3-4　一体化与分离化

在赛马的例子中，有些人为了盈亏平衡，愿意增加自身的风险。这种遭受损失后愿意承担更高风险的现象，我们称为**盈亏平衡效应**（break even effect）。那么根据前景理论，人们获得收益后会何举动呢？根据对称性，我们也许可以认为人愿意承担的风险会降低，但事实恰恰相反。如果你作出新决策（例如，下一局是否要下注，赌注为多少）时也考虑了之前的收益，那么你很可能就会乐意承担更高的风险，因为之前的收益使你沿着价值函数向上移动，远离损失域的边界。用赌场而不是赛马场的行话来说，就是你在用"彩头"下注。**赌场赢利效应**（house money effect）指的是某些人在获得收益后会承担更高的风险。盈亏平衡效应和赌场赢利效应在金融决策中都起到了重要作用，因为它们会影响资产组合增减后作出的决策。正因如此，我们在第10章中还会再次展开这两个话题。现在我们将要介绍心理账户的相关问题，其中，采用一体化还是独立化这个问题也至关重要。

3.3　心理账户

我们之前看到，结果的框架对人的决策有着重大影响。下面我们来看一个无风险条件下的例子。请回答下面这个问题。

问题9：

假设你决定去看戏，票价为10美元。你走进剧院时，发现丢了一张10美元纸币。你还会继续花10美元买票看戏吗？

请在心里记下你的答案，再来回答另一个问题。[33]

问题10：

假设你决定去看戏，并且已经购买了价格为10美元的戏票。你走进剧院时，发现戏票丢了。而你的座位并未标明属于你，戏票也找不回来。你还会花10美元再买一张票吗？

诚然，上述两个问题基本没有区别。你丢失了一笔钱（10美元），并且无法寻回，你唯一要做的决策就是，这场戏于你而言是否值10美元。先前那10美元是以现金形式丢失的，还是以戏票形式丢失的，都不重要。人们会以这种方式看待这个问题吗？很多人都不会。问题9的受访者有88%称会购买戏票。然而问题10（问题9的另一个版本）的受访者大多（54%）称不会重购戏票。

3.3.1　心理账户的开户与销户

心理账户（mental accounting）是造成上面这种回答区别的原因。心理账户是一种用于管理决策行为的方法。根据理查德·泰勒（Richard Thaler）的定义："心理账户是个人或家庭用来管理、评估、跟踪金融活动的一组认知活动。"[34]心理账户的主要组成部分有账户分配、销户和评估。请想一下可能有哪些种类的账户。许多人都会将金钱按名目分类：生活用度（如食物、住房、娱乐和度假的花费）是一类，财富（如支票账户和退休储蓄）是一类，收入（如工资和奖金）又是一类。我们需要注意到，这些"账户"往往是心理层面上的，而非实际存在的。例如，极少有人在银行专门开设"娱乐花费"账户（或者单独用一个储蓄罐存娱乐费用）。

经济学家历来假设资金是可以替代的，但在心理账户的资金分类法中，该假设不一定成立。现实中的决策表明，金钱并不总是可以替代的。尽管心理账户可能导致违背假设的情况和反常行为，但其优点在于可以帮助人自控，从而鼓励人们遵循一些规则，例如，"别动用退休储蓄"和"以存款支付奢侈享受（例如，去坎昆或克里特岛旅游）"。[35]人们因而可能更为节俭。

我们再回顾一下戏票问题，人们第一次购买戏票时，会开设一个"购票账户"。

如果一切按计划进展，那么人们就会用购得的戏票看戏，看戏的乐趣可以补偿戏票的花费，"购票账户"就得以销户。问题9中，丢失的那10美元和戏票并无直接关系，因此人们会愿意购票。虽然人们丢失了10美元并不高兴，但撇开预算，人们并没有理由在决定是否购票时考虑这笔损失。然而，在问题10中，"购票账户"依然存在，二度购票的花费会被录入购票账户，此时一张戏票的价格似乎就变为了20美元，很多人会觉得价格过高，因而放弃购买。

3.3.2 如何评估心理账户和选择销户时机

上一个问题的心理账户有销户的自然时间。如果一项消费是预付款的，那么实际消费完毕（看完戏）的时刻自然就是销户时间。而其他的心理账户，可能销户时间就不是那么明确。例如，有时就需要更谨慎地决定账户评估和销户的时机。储蓄和投资的心理账户就属于这类情况。人有多久会检查一下这类账户——每天一次，还是每年一次？还有另一个问题：这类账户多久会销户，又是在何种情形下销户——是一旦检查后就要销户，还是需要其他条件才能销户？问题的答案一定是由心理账户的类型决定的。和退休储蓄账户相关的行为，肯定有别于和"午餐费"账户相关的行为。

前景理论告诉我们，人们对损失的感受强度要大于收益，这表明如果一个人很谨慎地看待销户时机，一旦销户会带来损失，此人也许就不会销户。然而如果销户会带来收益，此人就准备去销户。我们以股票资产组合为例。假设股票投资者发现他的一只股票价格跌落了。如果他继续持有这只股票，就可以将股价跌落看作"账面损失"。在这种思维框架下，心理账户还是存在的。卖出这只股票，从税收的角度看是很明智的，但也就意味着要关闭心理账户——销户，尤其是为了规避损失而销户，是很痛苦的。从另一个角度而言，投资者如果卖出一只赚钱的股票，就能在收益域内关闭心理账户，从而享受这份收益。我们把这种避免卖出亏损股票的倾向称为**处置效应**（disposition effect）。[36] 这种投资者行为非常重要，我们在第10章内还会再次详细讨论。

处置效应，以及之前介绍的盈亏平衡效应和赌场赢利效应，都说明决策行为中存在**路径依赖性**（path dependence）。如果你做出决策时，更关注你是如何达到现状的，而非仅仅关心你的现状，那么就说明你的决策行为中存在路径依赖性。如果你有路径依赖性，那么就需要很强的自制力，才能专注地向前看，而不是为了过去发生的事情苦苦焦虑或是沾沾自喜。现在看来很多人仍需努力。

3.3.3 销户、一体化与分离化

再看之前股票的例子。根据前景理论的价值函数，损失会带来痛苦，这也就是投资者迟迟不售出亏损股票的原因。事实上，他的思维框架是：做出当前决策时，需要考虑先前该股票的价格表现。如果他采用分离化的思维框架，则会怎样做？分离化指的是，做出当前决策时，不考虑过去的情况。因此采用分离化框架的投资者，察看某只股票时发现股价跌落，就会认为这已成往事，而将参照点重设为当前股价。如果投资者采取这种框架，就不会出现处置效应。

那么购买戏票的那个例子呢？在那个问题中，决策者是否会额外花 10 美元购票，取决于此人是将已经丢失的 10 美元和戏票花费整体看待，还是分开看待的。如果问题 10 中，决策者一起考虑了那张丢失的 10 美元戏票和购买另一张票的花费，那么此人就会认为一张戏票的价格是 20 美元，这也是大多数受访者的想法。然而，决策人其实应该将丢失戏票和重购戏票分开看待，并认为那张丢失的戏票是沉没成本。[37]

3.4 从理论到实际操作

尽管前景理论一直是一项很重要的行为理论，仍然有人不予接受。一些经济学家质疑本章先前概述的、对期望效用理论的异议是否可信，因为这些挑战期望效用理论的研究中，有许多使用的方法都是假设一个情景，让学生做出选择。[38]而经济学中，研究者需要确保决策人有足够的动力做出一项选择，也就是说，实验需要涉及真实金钱的盈亏，而不仅仅使用假设的后果。[39]还有一些学者认为，学生不足以代表广大群众。后来的学者们也发现，卡内曼和特沃斯基所观察到的现象，在各类受访者参与时都会出现，甚至电视有奖竞猜节目的参赛者也不例外。[40]虽然许多实验的结果都与前景理论相符，但有些也会得出相悖的结果。[41]最后，我们需要记住，前景理论是个体行为的模型。有关个人选择和市场结果的行为学研究，其基础都是心理因素会系统地影响个体行为。然而，我们尚未完全清楚，个体行为是如何加总起来，影响群体决策的，也就是我们在金融学领域中特别关注的市场结果。[42]

根据诺贝尔经济学奖得主弗农·史密斯（Vernon Smith）的理论，"绝大多数学科中，在理论完备形成之前，都是先出现了大量的观察结果，激发我们去探究这些规律背后的原因"。[43]本书之后章节会介绍许多一直存在的、背离传统理论的现象。正是因为这类行为长期存在，才引起了行为学研究者的好奇。我们除了介绍所观察的人类行

为，还将探讨影响金融决策的因素，以及你作为一个头脑清醒的决策者，怎样才可以做出更明智的金融决策。

本章要点

1. 心理学家通过研究决策问题，发现了有悖于期望效用理论的现象。
2. 前景理论由丹尼尔·卡内曼和阿莫斯·特沃斯基提出，该理论是最广为接受的、研究个体行为的行为学模型。
3. 可观察行为有三个要素：在收益域内规避风险，在损失域内寻求风险；收益和损失是根据参照点定义的；损失造成的心理影响要大于收益（损失规避）。
4. 前景理论中，价值函数代替了效用的概念。
5. 前景理论赋予小概率结果更高的权重，解释了人会同时购买彩票和保险的原因。
6. 累积前景理论延伸了原有的模型，决策权重更为灵活可变，既能赋予小概率事件更高的权重值，也能赋予同等规模的收益和损失不同的权重。
7. 确定性效应这项发现表明，人会给予确定性的结果更高的权重。
8. 卡内曼和特沃斯基根据实验结果，提出了价值函数和加权函数的函数形式。
9. 问题的框架和表现形式会影响人的选择。
10. 人们通过心理账户来管理、评估、控制金融活动。
11. 心理账户有三个要素：决策框架、账户分配、账户评估的频率。

问题与讨论

1. 区别下列概念和术语：
   (1) 彩票和保险。
   (2) 分离化和一体化。
   (3) 风险规避和损失规避。
   (4) 加权函数和事件的概率。
2. 根据前景理论，以下何种前景更受偏爱？
   (1) 前景 A 还是前景 B？
      决策 (i) 请在以下前景中选择：
      A(0.80, 50 美元, 0 美元) 和 B(0.40, 100 美元, 0 美元)
   (2) 前景 C 还是前景 D？
      决策 (ii) 请在以下前景中选择：
      C(0.000 02, 500 000 美元, 0 美元) 和 D(0.000 01, 1 000 000 美元, 0 美元)
   (3) 你的选择是否符合期望效用理论？为什么？
3. 假设根据前景理论，某人的价值函数如下
   $$v(w) = w^{0.5} \quad 若 w \geq 0$$
   $$= -2(-w)^{0.5} \quad 若 w < 0$$

（1）此人是否在规避风险？请阐述原因。

（2）假设此人使用概率作为价值的权重，而非使用前景理论中的加权函数。那么此人会偏好以下前景中的那个呢？

P1(0.8, 1 000, -800)

P2(0.7, 1 200, -600)

P3(0.5, 2 000, -1 000)

4. 假设根据前景理论，某人的价值函数如下

$$v(w) = w^{0.8} \quad 若 w \geq 0$$
$$= -3(-w)^{0.8} \quad 若 w < 0$$

此人的加权函数如下：

$$\pi(p) = \frac{p^\gamma}{[p^\gamma + (1-p)^\gamma]^{\frac{1}{\gamma}}}，此处我们令 \gamma = 0.65。$$

（1）此人会选择以下何种前景？

PA(0.001, -5 000)

PB(-5)

（2）请使用概率而非权重，重新进行计算。这反映了什么？

5. （假设所选的食物完全相同），如果享用一份（价格固定的）套餐和单点菜肴的花费几乎相同，为什么有些人还是偏爱套餐呢？

附录3A

前景理论中加权函数所需的条件

卡内曼和特沃斯基于1979年发表的论文首次概述了前景理论，他们在这篇影响深远的论文中，根据实证结果，设定了正确的加权函数应该满足的一些条件。我们在下文中列举这些条件，说明为何前景选择需要这些条件，并且用式3-3所示的、假设的加权函数（图例请见图3-2）来描述这些条件。

条件

■ **赋予小概率结果高权重**：对于小概率 p，有 $\pi(p) > p$

我们可以从问题4和问题5中看出，如果结果为收益概率很小，收益域中的规避风险就会转变为寻求风险；如果结果为损失的概率很小，损失域中的寻求风险就会转变为规避风险。这表明，小概率事件所得的权重大于其本身的概率。以函数图表示，即为结果概率很小时，加权函数的对应部分在一、三象限的角平分线（即 $\pi = p$）上方。

■ **次可加性**：对于小概率 p，有 $\pi(r \times p) > r \times \pi(p)$，其中 $0 < r < 1$

从直觉上看，次可加性说明加权函数在小概率点的二阶导数为负。因为对于小概率 p，有 $\pi(p) > p$，如果加权函数在小概率点的二阶导数非负，那么随着 p 的增加，权重和 p 的差值也会不断增加。请回忆一下，面对（问题7中的）前景 P21 和 P22，通常选择都会是

P21(0.001, 6 000) > P22(0.002, 3 000 美元)　　　(3A-1)

我们可以从该选择中得到次可加性。现在有

$$\pi(0.001) \times v(6\,000) > \pi(0.002) \times v(3\,000) \quad (3A-2)$$

改写上述不等式，并考虑到人在收益域中是规避风险的，可得

$$\frac{\pi(0.001)}{\pi(0.002)} > \frac{v(3\,000)}{v(6\,000)} > 0.5 \quad (3A-3)$$

即有

$$\pi(0.001) > 0.5\pi(0.002) \quad (3A-4)$$

我们取 $r = 0.5$，$p^h = 0.002$，就得到了次可加性。以函数图表示，我们就能看到加权函数的斜率不断减小，这是因为加权函数在小概率点的二阶导数为负。

■ **次确定性**：$\pi(p^h) + \pi(1 - p^h) < 1$，其中 $0 < p^h < 1$

我们为了说明次确定性，需要回想一下第 1 章中用于介绍阿莱悖论的那些前景。这次我们从前景理论而非期望效用理论出发，重新看待那些选项，那么对于第一个选项（我们现以百万美元为单位），有

$$V(A) = v(1\,\text{美元}) > \pi(0.89) \times v(1\,\text{美元}) + \pi(0.1) \times v(5\,\text{美元}) = V(A^*) \quad (3A-5)$$

上述不等式可简化为

$$[1 - \pi(0.89)] \times v(1\,\text{美元}) > \pi(0.1) \times v(5\,\text{美元}) \quad (3A-6)$$

对于第二个选项则有

$$V(B^*) = \pi(0.1) \times v(5\,\text{美元}) >$$

$$\pi(0.11) \times v(1\,\text{美元}) = V(B) \quad (3A-7)$$

合并不等式，可得

$$[1 - \pi(0.89)] \times v(1\,\text{美元}) > \pi(0.11) \times v(1\,\text{美元}) \quad (3A-8)$$

上述不等式可简化为

$$1 > \pi(0.11) + \pi(0.89) \quad (3A-9)$$

我们在本章前文讨论假设的价值函数和加权函数时，就说明了假设的加权函数满足次确定性。此外，我们可以从函数图中清楚地看出次确定性。从逻辑上而言，如果我们高估了小概率结果的权重，并且加权函数中存在次确定性，那么在某个概率点之后，所有的概率的权重一定小于概率本身，而非大于概率本身。我们可以从图中看出这种权重的变化：加权函数一开始在一、三象限的角平分线上方，随后穿过了角平分线。

■ **次比例性**：$\pi(p^h \times q) \div \pi(p^h) \leq \pi(p^h \times qr) \div \pi(p^h \times r)$，其中 $r \leq 1$ 问题 7 两个部分的通常的选择结果，都能反映出次比例性。第一项选择结果表明：

$$\pi(0.90) \times v(3\,000) > \pi(0.45) \times v(6\,000) \quad (3A-10)$$

改写上述不等式，可得

$$\frac{v(3\,000)}{v(6\,000)} > \frac{\pi(0.45)}{\pi(0.90)} \quad (3A-11)$$

第二项选择结果表明

$$\pi(0.001) \times v(6\,000) > \pi(0.002) \times v(3\,000) \quad (3A-12)$$

改写上述不等式，可得

$$\frac{\pi(0.001)}{\pi(0.002)} > \frac{v(3\,000)}{v(6\,000)} \quad (3A\text{-}13)$$

合并两项选择结果，可得

$$\frac{\pi(0.001)}{\pi(0.002)} > \frac{\pi(0.45)}{\pi(0.90)} \quad (3A\text{-}14)$$

我们取 $p = 0.9$, $q = 0.5$, $r = \dfrac{1}{450}$，就可以得到所希望的次比例性。对于前文假设的加权函数，有：$\pi(0.001) = 0.011\,0$，$\pi(0.002) = 0.017\,2$，$\pi(0.001)/\pi(0.002) = 0.64$；$\pi(0.45) = 0.410\,4$，$\pi(0.90) = 0.745\,6$，$\pi(0.45)/\pi(0.90) = 0.55$。这满足了加权函数所需的次比例性。

注 释

1. Much of this chapter is based on the following seminal article of Kahneman and Tversky: Kahneman, D., and A. Tversky, 1979, "Prospect theory: An analysis of decision under risk," *Econometrica* 47(2), 263–291. Some simplified elements of Tversky, A., and D. Kahneman, 1992, "Advances in prospect theory: Cumulative representation of uncertainty," *Journal of Risk and Uncertainty* 5, 297–323, are also incorporated into our treatment of prospect theory.
2. Problem 1 is from Tversky, A., and D. Kahneman, 1981, "The framing of decisions and the psychology of choice," *Science* 211, 453–458.
3. While our prospect choices are presented in terms of dollars, they have often been tested using other currencies and work equally well. For example, some of Kahneman and Tversky's original prospects were performed using Israeli shekels. In most cases, payouts have been hypothetical. For one exception, see Laury, S. K., and C. A. Holt, 2005, "Further reflections on prospect theory," Working paper.
4. This problem is from Tversky, A., and D. Kahneman, 1986, "Rational choice and the framing of decisions," *Journal of Business* 59(4), pt. 2, S251–S278.
5. Tversky, A., and D. Kahneman, 1992, "Advances in prospect theory: Cumulative representation of uncertainty," *Journal of Risk and Uncertainty* 5, 297–323.
6. Tversky, A., and D. Kahneman, 1992, "Advances in prospect theory: Cumulative representation of uncertainty," *Journal of Risk and Uncertainty* 5, 297–323.
7. This is extended to uncertainty in Tversky, A., and D. Kahneman, 1992, "Advances in prospect theory: Cumulative representation of uncertainty," *Journal of Risk and Uncertainty* 5, 297–323.
8. Notice that we have not assumed that $\pi(p) + \pi(1 - p) = 1$. In fact, as discussed later in the chapter, the sum of the weights is less than one.
9. See, for example, Friedman, M., and L. J. Savage, 1948, "The utility analysis of choices involving risk," *Journal of Political Economy* 56(4), 279–304.
10. This problem is from Kahneman, D. and A. Tversky, 1979, "Prospect theory: An analysis of decision under risk," *Econometrica* 47(2), 263–291.
11. Tversky, A., and D. Kahneman, 1992, "Advances in prospect theory: Cumulative representation of uncertainty," *Journal of Risk and Uncertainty* 5, 297–323.
12. Tversky, A., and D. Kahneman, 1992, "Advances in prospect theory: Cumulative representation of uncertainty," *Journal of Risk and Uncertainty* 5, 297–323.
13. Tversky, A., and D. Kahneman, 1992, "Advances in prospect theory: Cumulative representation of uncertainty," *Journal of Risk and Uncertainty* 5, 297–323.
14. Allais, M., 1953, "L'extension des théories de l'équilibre économique général et du rendement social au cas du risque," *Econometrica* 21(2), April, 269–290.
15. This problem is from Kahneman, D., and A. Tversky, 1979, "Prospect theory: An analysis of decision under risk," *Econometrica* 47(2), 263–291.
16. It is also true that very near certainty is

overweighted relative to the probable. If one repeats Problem 6 replacing the P16 with .99 and P18 with .2475, the same selections will be made (according to the hypothetical functions used in the next section of the chapter).

17 This problem is from Kahneman, D., and A. Tversky, 1979, "Prospect theory: An analysis of decision under risk," *Econometrica* 47(2), 263–291.

18 Tversky, A., and D. Kahneman, 1992, "Advances in prospect theory: Cumulative representation of uncertainty," *Journal of Risk and Uncertainty* 5, 297–323.

19 In their original 1979 version of prospect theory, Kahneman and Tversky conjecture that the weighting function is not well behaved at the endpoints. Though they repeat this in their 1992 paper, they still estimate it throughout the entire probability range (including the endpoints).

20 See http://nobelprize.org/nobel_prizes/economics/laureates/2002 (accessed on June 30, 2008).

21 Ackert, L. F., B. K. Church, and G. P. Dwyer, Jr., 2007, "When the shoe is on the other foot: Experimental evidence on valuation disparities," *Public Finance Review* 35 (2), 199–214.

22 Kahneman, D., J. L. Knetsch, and R. H. Thaler, 1990, "Experimental tests of the endowment effect and the Coase theorem," *Journal of Political Economy* 98(6), 1325–1348.

23 Brosnan, S. F., O. D. Jones, S. P. Lambeth, M. C. Mareno, A. S. Richardson, and S. J. Schapiro, 2007, "Endowment effects in chimpanzees," *Current Biology* 17(19), 1704–1707.

24 Chen, M. K., V. Lakshminarayanan, and L. Santos, 2005, "The evolution of our preferences: Evidence from capuchin-monkey trading behavior," Working paper.

25 McDermott, R., J. H. Fowler, and O. Smirnov, 2008, "On the evolutionary origin of prospect theory preferences," *Journal of Politics* 70(2), 335–350.

26 Loewenstein, G. F., C. K. Hsee, E. U. Weber, and N. Welch, 2001, "Risk as feelings," *Psychological Bulletin* 127, 267–286.

27 Rottenstreich, Y., and C. K. Hsee, 2001, "Money, kisses and electric shocks: On the affective psychology of risk," *Psychological Science* 12, 185–190.

28 Starmer, C., 2000, "Developments in non-expected utility theory: The hunt for a descriptive theory of choice under risk," *Journal of Economic Literature* 38, 332–382.

29 Examples of the former are Machina, M. J., 1982, "'Expected utility' theory without the independence axiom," *Econometrica* 50, 277–323; and Chew, S. H., L. G. Epstein, and U. Segal, 1991, "Mixture symmetry and quadratic utility," *Econometrica* 59, 139–163. Examples of the latter are Loomes, G., and R. Sugden, 1982, "Regret theory: An alternative theory of rational choice under uncertainty," *Economic Journal* 92, 805–824; and Gul, F., 1991, "A theory of disappointment aversion," *Econometrica* 59, 667–686.

30 This problem is from Tversky, A., and D. Kahneman, 1981, "The framing of decisions and the psychology of choice," *Science* 211, January, 453–458.

31 Tversky, A., and D. Kahneman, 1981, "The framing of decisions and the psychology of choice," *Science* 211, January, 453–458.

32 Tversky, A., and D. Kahneman, 1981, "The framing of decisions and the psychology of choice," *Science* 211, January, 453–458.

33 These problems are from Tversky, A., and D. Kahneman, 1981, "The framing of decisions and the psychology of choice," *Science* 211, January, 453–458.

34 Thaler, R. H., 1999, "Mental accounting matters," *Journal of Behavioral Decision Making* 12, 183–206. This paper provides an excellent review of mental accounting.

35 Self-control has been used to explain why some investors seem to prefer cash dividend payments over capital gains. See Shefrin, H. M., and M. Statman, 1984, "Explaining investor preference for cash dividends," *Journal of Financial Economics* 13, 253–282.

36 Shefrin, H., and M. Statman, 1985, "The disposition to sell winners too early and ride losers too long: Theory and evidence," *Journal of Finance* 40(4), 777–792.

37 Does it make you happier to integrate or segregate outcomes? This issue is known as "hedonic editing." Some rules of thumb are suggested by the shape of the value function. People are better off segregating gains because the value function is concave in the domain of gains, and integrating losses because the function is convex for losses. In addition, a small loss should be integrated with larger gain to offset loss aversion, and a small gain should be segregated from a larger loss. See

Thaler, R. H., 1999, "Mental accounting matters," *Journal of Behavioral Decision Making* 12, 183–206, for a discussion.

38 See Hogarth, R. M., and M. W. Reder, 1986, "Editors' comments: Perspectives from economics and psychology," *Journal of Business* 59(4), S185–S207.

39 Davis, D. D., and C. A. Holt, 1993, *Experimental Economics* (Princeton University Press, Princeton, New Jersey) and Kagel, J. H., and A. E. Roth, eds., 1995, *Handbook of Experimental Economics* (Princeton University Press, Princeton, New Jersey).

40 See Tversky, A., and D. Kahneman, 1986, "Rational choice and the framing of decisions," *Journal of Business* 59(4), pt. 2, S251–S278; and Post, T., M. J. an den Assem, G. Baltussen, and R. H. Thaler, 2008, "Deal or no deal? Decision making under risk in a large-payoff game show," *American Economic Review* 98(1), 38–71.

41 See, for example, Battalio, R. C., J. H. Kagel, and K. Jiranyakul, 1990, "Testing between alternative models of choice under uncertainty: Some initial results," *Journal of Risk and Uncertainty* 3, 25–50; and Baltussen, G., T. Post, and P. Van Vliet, 2006, "Violations of cumulative prospect theory in mixed gambles with moderate probabilities," *Management Science* 52(8), 1288–1290.

42 See, for example, Ackert, L. F., N. Charupat, B. K. Church, and R. Deaves, 2006, "An experimental examination of the house money effect in a multi-period setting," *Experimental Economics* 9, 5–16; and Levy, J. S., 1997, "Prospect theory, rational choice, and international relations," *International Studies Quarterly* 41, 87–112.

43 See Smith, V. L., 1994, "Economics in the laboratory," *Journal of Economic Perspectives* 8(1), 113–131.

第4章 对市场有效性的挑战

 引 言

大约从30年前市场有效假说盛行开始,就不断有理论和实证方面的研究逐渐瓦解这座理论大厦。正如第2章所讨论的那样,对市场有效性的早期验证大部分得到肯定结论,但近来的一些实证研究发现了一系列的市场异象。**市场异象**(anomalies)是指"看似"与市场有效性相违背的、未能被合理解释的实证结果。"看似"是个关键字,因为任何对市场有效性的检验都需要使用资产定价模型来调整风险。其结果导致对有效性的检验,从本质上来说是关于市场是否有效和特定的风险调整方法(CAPM及其他)是否正确的联合假设检验。那么拒绝原假设可能意味着市场无效或者调整风险的方法不对(或者两者皆成立)。由于无法区分是那种情况,所以从本质上说不能绝对地拒绝市场有效的假设。本章的前半部分回顾一些重要的市场异象。

实证证据显示理性定价的力量比许多人想象得要弱一些。[1]当许多投资者在寻找错误定价的机会时,很自然地,他们会利用这些错误定价进行交易。有效性假说认为这些投资者的集体行为使得这些错误定价消失。**套利**(arbitrage)是指同时购买和卖出(或者卖空)一组证券(证券之间是完全替代的),进而锁定无风险利润。[2]在本章的后半部分,我们指出由于套利行为存在显著限制,并不是所有的套利机会都会很快消失。这些限制来源于噪声交易风险(短期内出现错误定价的更大的可能性)、基本面风险(两组证券并不是完全替代的)、实施成本(交易成本以及难以获得被卖空的证券)。

4.1 一些重要的市场异象

本节分析部分重要的关于市场异象的实证文献,主要关注于:①对盈余公告的滞

后反应；②小公司效应；③价值股效应；④动量效应和反转效应。最后的两个异象十分显著，尤为重要。对这些异象的行为学或其他解释将占据第 13 章以后的大部分篇幅。

4.1.1 对盈余公告的滞后反应

对盈余公告的市场有效性进行检验主要采用**事件研究**（event study）的方法。[3] 事件研究的关键是在全面的样本企业中考察大量相似事件（如盈余公告、股票分拆、分红变化、增发新股等）；确定时间窗口而不是日历时间；计算事件之前、事件窗口、事件之后的超额收益；计算样本中所有事件的平均超额收益（或残差）；计算累计超额收益（cumulative average residuals，CAR）。回想一下，超额收益是超过风险补偿所必需收益的那部分。如果市场是有效的，我们预期会观察到：在包含事件（在事件发生之前随着事件信息的逐步披露市场上逐步产生反应）的窗口期内，市场对好/坏消息有正面的/负面的反应（例如，上升/下降的 CAR 路径），但是事件公布日后市场不会有进一步的反应，而一个有效的市场应该在事件发生之后对事件的相关信息立即完全反应。

盈余公告是所有企业都会遇到的一项重要事件。早期关于盈余公告的事件研究得到的结论与市场有效性是一致的[4]，但后来的（在方法论上通常更完善）研究经常发现挑战市场有效性的证据。例如，理查德·伦德尔曼（Richard Rendleman）、查尔斯·琼斯（Charles Jones）和亨利·拉坦（Henry Latane）研究了 1972～1980 年 1 000 家公司季度盈余公告日的收益数据。[5] 他们将盈余公告划分为十组，即从未预期收益最大的第十组到最小的第一组。未预期收益定义为公告赢利减去预期赢利（经过波动率标准化的）。更具体地说，对每一个（盈余）事件，他们根据下式计算标准化的未预期收益（SUE）

$$SUE = \frac{EPS - \mathrm{E}(EPS)}{SEE} \qquad (4-1)$$

式中，EPS、$\mathrm{E}(EPS)$ 分别为实际和预测的每股收益。预测值由时间序列回归得到，根据回归的残差计算回归的标准误差即 SEE，用来反映盈余的波动性。根据 SUE 的值将每一个公告分入某一组。然后计算每一组相关季度的超额累计收益变化路径。

结果如图 4-1 所示。由于信息可以通过很多方式传播（不仅仅是盈余公告），而且对盈余的公众预期也在不断变化，所以在一定程度上市场预期到了这些盈余变化。正如我们所期望的,在盈余公布当天市场对超过预期的盈余反应积极,否则反应消极。但是从有效性的角度看,最值得注意的是价格会有一个连续的漂移趋势,特别是在很好的未预期收益或者很差的未预期收益公布以后。这与市场有效性是不一致的,因为在除去可能的交易成本以后,这个漂移项足够大以至于仍然能够带来足够的投机收益。

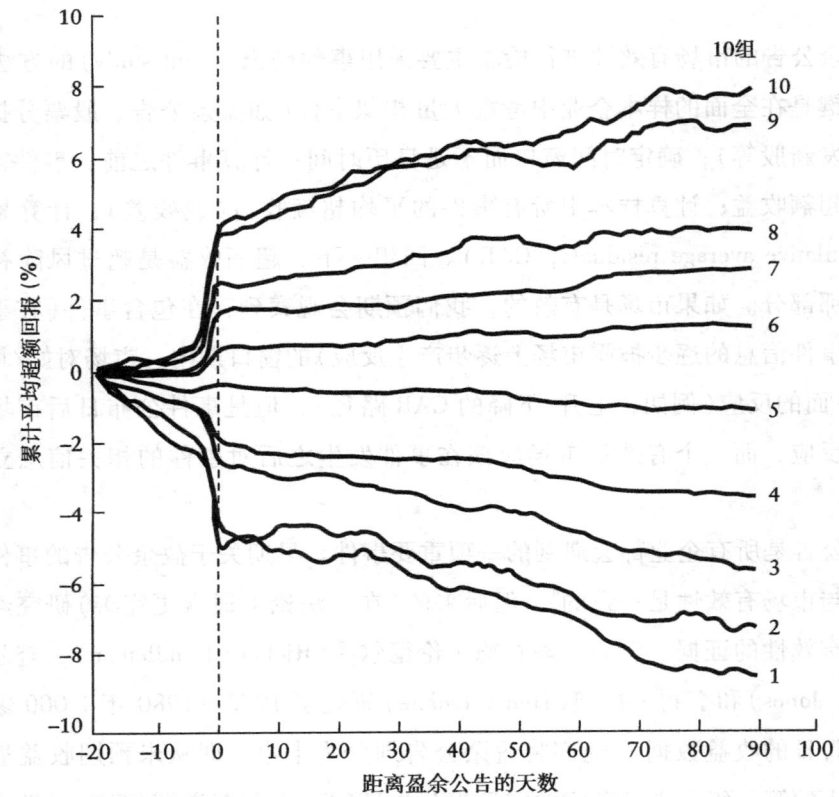

图4-1 季度盈余公告的CAR路径

资料来源:Reprinted from the Journal of Financial Economics, Vol 10, Issue 3, Rendleman, R. J., C. P. Jones, and H. A. Latane, "Empirical anomalies based on unexpected earnings and the importance of risk adjustments," pp. 269-287, © November 1982. With permission from Elsevier.

4.1.2 小公司效应

小公司效应(small-firm effect)是指在控制市场风险以后,投资市值比较小的企业能够获得超额收益。例如,在美国市场上持有市值最小的一组股票同时卖空市值最大的一组股票形成投资组合,1931~1975年可以每月获利1.52%。[6] 更深入的研究表明，小公司效应主要出现在 1 月，因此在一定程度上可以认为它是"1 月效应"。[7]

先期存在许多不同的解释。税务效应假说认为一些投资者通过在年末卖出亏损股票，实现短期资本亏损，进而达到减少纳税额的目的。本年年底的抛空压力压低价格，接着下一年 1 月价格反弹。事实上，一只股票价格反弹的幅度与上一年该股票的表现直接相关，这个事实也巩固了这种观点。[8]即使税务效应假说成立，市场有效性仍无法成立，因为套利者没能消除年底的价格下降。

每当令人迷惑的结论出现，它们要想得到重视，必须通过一致性检验。换句话说，研究者经常随机地发现数据之间的一些关系，但是要想使这个关系令人信服，它应该在不同的时间段里都成立。这种一致性要求异常现象不易受到数据探测法的影响。论证如下：

> 对收集到的数据挖掘得越详细，越容易观察到有趣的虚假模式。股票价格可能是研究最多的金融序列，因而也最容易受到数据探测的影响。[9]

换句话说，**数据探测**(data snooping)是指分析一组数据直到发掘市场异象为止。正如前面所引用的说明，由于随机性的存在，在数据中经常能找到一些模式。

出于这种考虑，小公司效应的稳定性受到质疑。更麻烦的是，在过去 20 年来，小公司效应急剧下降。[10]可能是因为投资者系统性地利用了公开发表的研究所发现的套利机会。在相关文献发表不久，投资专家就利用了小公司投资策略，这个事实印证了这个可能性。

4.1.3 价值股效应

"价值投资"则进一步说明了有效市场假说的问题。**价值股**(value stocks)是指相对于诸如盈余、现金流和账面价值等会计指标市场价格比较低的股票。相反，相对这些会计指标市场价格比较高的股票被称为**成长股或明星股**(growth stocks or glamour stocks)，部分原因在于市场预期这些公司在未来会高增长。**价值投资**(value investing)是指人们倾向于在投资组合里加大价值股的权重(相对于成长股)。

桑乔伊·巴苏(Sanjoy Basu)研究了 P/E 比率。[11]他将 1956～1969 年约 500 只股票依据 P/E 比率分为五组：比率最高的 20% 股票列入第一组，比率次之的 20% 股票列入第二组，以此类推。每个组合在年初形成并持有 12 个月。表 4-1 列出这个样本中每个组合 14 年的平均收益。虽然 P/E 比率最高的两组(A 和 B)收益并没什么区别，但是 P/E 比率高的组合收益要低于 P/E 比率低的组合。

表 4-1 以 P/E 分组的统计

	1/5 A：高 P/E	1/5 B	1/5 C	1/5 D	1/5 E：低 P/E
P/E 均值	35.80	19.10	15.00	12.80	9.80
平均回报(%)	9.34	9.28	11.65	13.55	16.30
估计 β 值	1.11	1.04	0.97	0.94	0.99

资料来源：Basu, S., 1977, "Investment performance of common stocks in relation to their price-earnings ratios: A test of the efficient market hypothesis," *Journal of Finance* 32, 663-682.

而且从表 4-1 中可以看出，至少从 CAPM 和贝塔风险的角度来看，P/E 比率低的组合的市场风险实际上要低于 P/E 比率高的组合。

一个相关的市场异象是基于 B/P 比率的。研究表明，控制风险以后，这个比率较高的股票表现要优于比率较低的股票。表 4-2 列出了一项研究中的相关发现。[12] B/P 比率最高的十分位组合（第十组）的平均收益为 17.3%，而比率最低的十分位组合（第一组）的平均收益为 11%。在 5 年期的回报区间内，这个差别更大：19.8% 对应 9.3%。

表 4-2 以 B/P 分组的投资组合绩效 (%)

	十分位 1： 最低 B/P	十分位 2	十分位 5	十分位 6	十分位 9	十分位 10： 最高 B/P
年回报	11.0	11.7	13.1	15.4	18.3	17.3
5 年平均回报	9.3	12.5	15.8	16.6	19.6	19.8

资料来源：Lakonishok, J., A. Shleifer, and R. Vishny, 1994, "Contrarian investment, extrapolation and risk," *Journal of Finance* 49, 1541-1578.

沿着相同的思路，其他研究显示较高/较低的 CF/P（现金流与价格比）带来较高/较低的未来收益。[13] 注意到目前为止本节讲到的这三个异象有一个共同特点：它们都基于会计指标（盈余、账面值、现金流）和股价的比值。控制这些会计指标不变，较低的股价对三个指标都有影响，根据已有的证据，会带来较高的未来收益。同样，较高的价格会伴随着未来较低的收益。所以，这些价值异象有可能是相关的。

早先提到，要减轻对数据探测的批判，很大程度上取决于在不同的市场和时间段里得到的数据一致性。表 4-3 列出了美国、日本、英国、法国和德国在 1975～1995 年各种价值投资方法的回报率。[14]

表 4-3 不同国家的价值股和魅力股的组合绩效 (%)

国家	市场	B/P		E/P		CF/P	
		价值股	魅力股	价值股	魅力股	价值股	魅力股
美国	9.57	14.55	7.55	14.09	7.38	13.74	7.08
日本	11.88	16.91	7.06	14.14	6.67	14.95	5.66
英国	15.33	17.87	13.25	17.46	14.81	18.41	14.51
法国	11.26	17.10	9.46	15.68	8.70	16.17	9.30
德国	9.88	12.77	10.01	11.13	10.58	13.28	5.14

资料来源：Fama, E. F., and K. R. French, 1998, "Value vs. growth: The international evidence," *Journal of Finance* 53, 1975-1999.

我们看到在所有 15 种情况下，价值股的表现均优于成长股。其中，每个国家的价值股组合（成长股组合）由年初 B/P、E/P 以及 CF/P 最高（最低）的 30% 股票组成。[15]

4.1.4 动量效应和反转效应

在第 2 章我们指出，在弱势有效市场中仅仅依据上一期的收益不能预测股票的收益。[16]在实际应用中，已经有大量证据表明这种观点并不成立。正向还是负向的相关关系取决于时间的长短。如果收益与过去的收益正相关则存在**动量效应**（momentum）；如果收益与过去收益负相关则存在**反转效应**（reversal）。[17]在较短的期间内（1 个月），存在可靠的反转效应。在居中的期间内（2~12 个月）则存在动量效应。而且，较长期间内（3~5 年）则存在典型的反转效应。第一种情况，可能仅是技术问题，中期动量效应和长期反转效应吸引了大量研究。[18]

因为反转效应发现得比较早，我们先从它入手。沃纳·德邦塔（Werner De Bondt）和理查德·泰勒依据股票对基准收益率的相对表现形成"赢者组合"和"输者组合"。[19]其中一种操作方法是用过去 3 年相对于市场表现最好和最差的各 50 只股票形成组合。然后跟踪两个组合的收益。如果市场是有效的，经风险调整以后两个组合的收益应该没有区别。图 4-2 表明经过 5 年的形成期后两个组合未来 5 年的收益明显不同。两个组合的收益差别十分明显，过去的输者组合获得的收益明显高于赢者组合。图中还有两点值得注意：第一，两个组合的收益差别来源于输者组合的强劲表现而不是赢者组合的表现不佳；第二，大部分的收益跳跃出现在 1 月。另外，说点题外话，虽然两个组合的收益差别在统计意义上是显著的，但是 P 值并不令人满意。

几年后，Narasimhan Jegadeesh 和 Sheridan Titman 发现了中期（3~12 个月）动量效应。他们的方法与沃纳·德邦塔和理查德·泰勒的方法相似，除了计算收益的期间较短。表 4-4 列出了他们的主要结果。他们发现基于过去 6 个月的回报建立起来的零成本股票组合在接下来的 6 个月每月平均获得 0.95% 的超额收益。其他研究发现，动量效应不仅仅存在于个股之间，也存在于行业之间。[21]行业动量效应十分明显，而且并不包含个股动量效应。虽然交易成本会侵蚀掉部分动量收益，但是机构投资者可以利用这个现象。[22]另外，盈余公告后的漂移与动量效应也有关系，尽管在控制盈余公告漂移后动量效应是否会消失仍存在争论。[23]

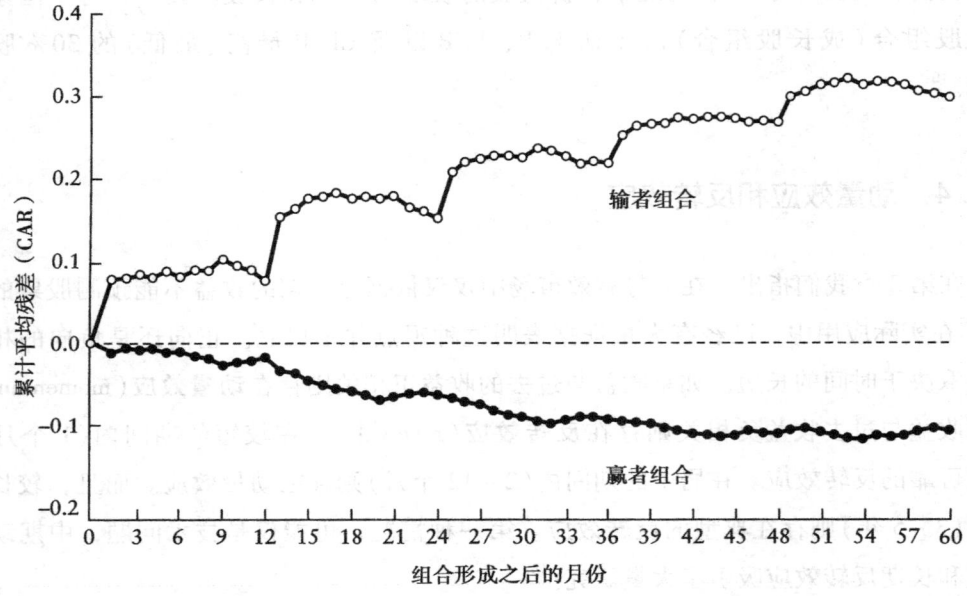

图4-2 35只股票的赢者组合与输者组合的累计平均残差（测试期为1~60个月）

资料来源：Figure 3 from De Bondt, W. F. M., and R. Thaler, From "Does the stock market overreact?" in Journal of Finance 40, pp. 793-807. © 1985 Wiley Publishing, Inc. This material is used by permission of John Wiley & Sons, Inc.

表4-4 几种动量策略的收益(%)/月份与t-统计量(括号内)

		测试周期(月)			
		3	6	9	12
组合周期(月)	3	0.0032 (1.10)	0.0058 (2.29)	0.0061 (2.69)	0.0069 (3.53)
	6	0.0084 (2.44)	0.0095 (3.07)	0.0102 (3.76)	0.0086 (3.36)
	9	0.0109 (3.03)	0.0121 (3.78)	0.0105 (3.47)	0.0082 (2.89)
	12	0.0131 (3.74)	0.0114 (3.40)	0.0093 (2.95)	0.0068 (2.25)

资料来源：Jegadeesh, N., and S. Titman, 1993, "Returns to buying winners and selling losers: Implications for stock market efficiency," Journal of Finance 48, 65-91.

前面提到过，为验证是否是数据探测的结果，应该用最初发现异象的市场以外的数据进行验证。动量效应在国际范围内都是存在的。对欧洲12个国家研究后发现动量策略的月度收益为1%。[24] 另外一篇研究也证明了除日本以外多数国家存在动量效应。[25] 事实上，长期的反转效应在美国以外的大量市场上也得到印证。[26]

4.2 噪声交易和套利限制

4.2.1 市场有效性的理论基础

市场有效性理论建立在投资者理性、误差不相关和无限套利这三个支柱之上。市场有效性要求三个支柱至少成立一个。如果三个支柱都不成立，则市场有效性就有问题。

1. 所有投资者总是理性的

市场有效性的第一个支柱是投资者理性，尤其强调所有投资者总是理性的。这一点不用费工夫讨论：错误是显而易见的，如果你和一些小散户交流的话，你会观察到他们至少在某些时间的交易行为是非理性的。即使比较老练的投资者，如果不撒谎，他们也会承认这一点的。费希尔·布莱克（Fischer Black）在1986年美国金融学会主席演讲中指出[27]：

> 人们有时如平时一样基于信息进行交易，这时他们期望通过这些交易获利，会如愿以偿。另一方面，人们有时候把噪声误认为是信息进而发生交易，如果他们期望通过噪声交易获利，则期望落空。

顺便提一下，正如我们后面将要讨论的，最后一句话的准确性值得商榷，但仅考虑这段引用的实质，布莱克所说的"噪声"究竟是什么意思呢？当投资者的交易基于错误的信息（与股票估值无关的信息）就认为存在**噪声**（noise）。噪声和它引致的交易并不一定是有害的，它向市场提供了流动性。事实上如果没有噪声交易，由于依据合理信息的交易者找不到交易对手，结果市场上只会存在很少出于现金需求而发生的交易。

2. 投资者之间的错误是不相关的

投资者的噪声交易源于投资者认为自己掌握了有用的信息，或者是仅仅以交易为乐。这些人的行为受社会驱动：他们会根据邻居朋友和同事的传言进行交易。[28]甚至，为了不错过什么好东西，他们只是看到别人进行交易就同样进行交易。

如果这些投资者的行为是随机的，他们的行为结果会相互抵消，从而不会影响市场的效率。但是，我们会在随后的章节里看到，心理学家发现人们会出现相同的决策错误。也就是说人们以同一种方式偏离理性行为。这样一来，问题就出现了。如果投资者的行为是相关的，他们会促使股票价格远离其内在价值。

社会力量也会对普通大众形成影响。罗伯特·席勒（Robert Shiller）强调了这一点的重要性[29]：

> 对投机资产的投资是一种社会行为。投资者在大部分的空闲时间里讨论投资，阅读投资资料，谈论他人成功或失败的投资。因而，投资者的行为以及资产的价格都会受到整个社会力量的影响。人们对其他传统话题如食品、衣服、健康和政治的看法不断发生变化。这些看法的变化毫无逻辑并经常发生于普通大众之间。因而确信无疑的，人们对投资的看法也会不断变化。

不管是因为心理因素还是社会力量，只要大量投资者同时错误地对部分或全部证券进行估价，我们就认为是**情绪**（sentiment）驱动价格。也可以认为情绪是大量相关的投资者噪声。这类交易者被称为**噪声交易者**（noise-traders）。

席勒建立了一个简单的启发式均衡模型：市场上存在两类投资者——完全理性的**善于理财交易者**（smart-money traders）和至少部分依据噪声进行估值的交易者（我们称他们为噪声交易者），这些噪声是相关的。[30]注意，大部分但不是全部的散户（或者个体）属于后面一类，甚至一些没有突出能力的机构投资者也可以归于这一类。

在席勒的模型里只有一种风险资产。它可以看作是对整个股票市场的近似。当噪声投资者对市场预期过于乐观，他们会过分推高风险资产的价格；当他们太过悲观时，又会将风险资产价格拉低至其内在价值之下。在前一种情况下，这些噪声交易者或早或晚都会意识到自己犯下的错误，然后价格会下降，后续的一段时间收益较低；在后一种情况下，一旦意识清醒，价格就会上升，后续的一段时间收益上升。这个模型假设聪明的投资者会减少持有量，但是一直留在市场中，即使证券价格高于内在价值。[31]当市场价格低于内在价值时，他们增加持有量。他们对股票的需求如下

$$q_t = \frac{E_t R_{t+1} - \rho}{\varphi} \tag{4-2}$$

式中，q_t 是 t 时刻聪明的投资者对股票的需求占总需求的百分比（将总股份数单位化后，这个比例即为股份需求数量）；ρ 表示预期回报，因此聪明的投资者的需求为零；φ 表示风险溢价水平，因此聪明的投资者会保有全部股票。[32]

在完全理性的情况下，风险资产的价格是未来预期股利的现值

$$p_t = \sum_{k=1}^{\infty} \frac{E_t d_{t+k}}{(1+\delta)^k} \tag{4-3}$$

式中，d_t 是第 t 期的红利；δ 表示普通股现金流的合适折现率。

当存在情绪时，股票价格会受到噪声交易者的错误信念影响。假如不存在情绪或

噪声时，噪声交易者所需求股票的总价值为 y_t，计算如下

$$y_t = n_t \times p_t \qquad (4\text{-}4)$$

式中，n_t 为噪声交易者对股票需求占总需求的比重（也就是该组交易者对股票的总需求数量）。如果 y_t 是理性条件下的均衡值，我们认为没有情绪，或者是中性情绪。如果高于这个值，则存在正面情绪；低于这个值，则存在负面情绪。[33] 在市场出清条件下，总需求必须等于总供给（如上所述，总份额为 1）

$$q_t + n_t = 1 \qquad (4\text{-}5)$$

本章附录证明了价格是预期红利和现在及未来情绪的函数

$$p_t = \sum_{k=1}^{\infty} \frac{E_t d_{t+k} + \varphi E_y y_{t-1+k}}{(1 + \rho + \varphi)^k} \qquad (4\text{-}6)$$

对理性投资者来说，问题产生了：他们必须预测股利和情绪。

我们来看看当情绪偏离基本面时会发生什么。假设未来的预期分红固定为 1 美元，贴现率为 10%，那么正确的价格（稳态价格）为 10 美元。[34] 假如 $\rho = 0, \varphi = 20\%$，那么可以证明在稳态时聪明投资者和噪声交易者各持有一半股份，由式（4-4）可以得到稳态 y_t 的值为 5 美元。[35] 如果 y_t 高于这个值则存在正面情绪，若低于这个值则存在负面情绪。

从 $t = 0$ 时的稳定状态开始，假如噪声交易者突然对股票市场过于乐观。简单假定 y_t 翻倍，从 5 美元上升到 10 美元。聪明投资者认为这些改变是暂时的，y 会在接下来的 5 年内（$t = 5$）恢复初始值，此后 y 每年下降一美元直到第十年恢复稳态水平。[36] 图 4-3 展现了该风险资产价格变化的过程。由于噪声交易者现在和未来的需求增加，价格立即上升接近至 14 美元的水平。再往后，预期价格将在第十年逐渐下降至稳态水平。图 4-4 显示噪声交易者在这段价格变换时间内持有较多股票。相应的，聪明投资者必须减少他们的持有量，他们将部分财富转移他处。在席勒模型里，出于简单说明的考虑，没有聪明投资者进行套利消除错误定价的情形，他们仅仅留给噪声交易者足够的空间。在下面，我们将讨论套利的情形。

3. 对套利没有限制

如果聪明投资者可以进行套利消除错误定价，那么即使有一部分投资者非理性且犯的错误彼此相关，市场还是有效的。因为出现在相对高估证券和相对低估证券之间的任何价差都会得到充分利用。

在讨论套利为什么会存在显著限制之前，首先简要解释一下所谓的"教科书式套利"会很有益处。教科书式套利是零成本和无风险的。在现实世界中最接近的情形是外汇市场中的三角套利。

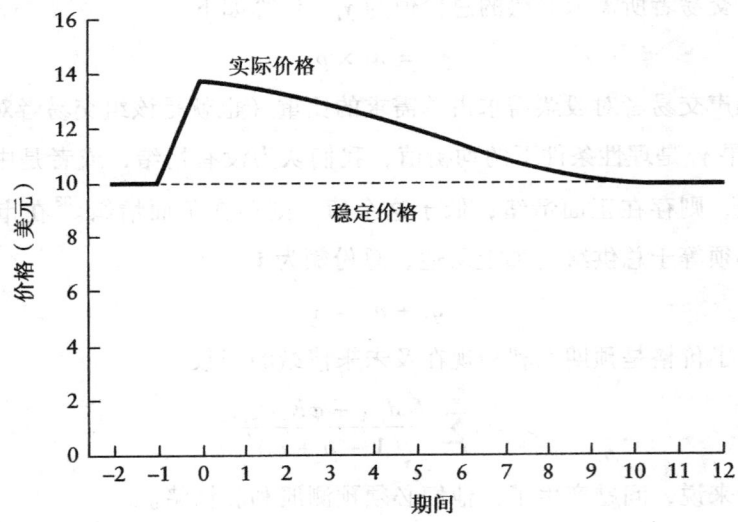

图 4-3　考虑噪声交易者需求的基于席勒模型的价格路径

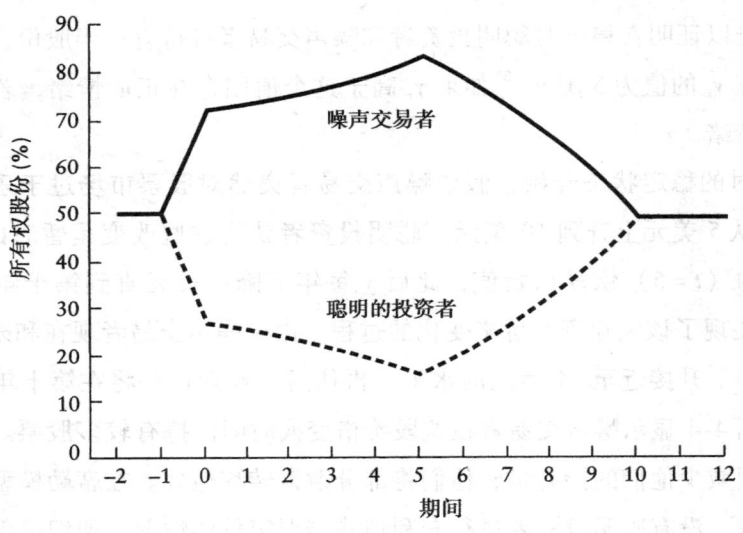

图 4-4　考虑噪声交易者需求的基于席勒模型的所有权股份

为了解释这种套利是如何进行的，2008 年 5 月美元、欧元和日元之间的汇率如下（x 稍后解释）

货币组	汇率	货币组	汇率	货币组	汇率
¥/€	159.340 3	€/$	0.645 5	¥/$	x

可以看到，将美元换成日元有两种方法：直接按照汇率 x 兑换或者用欧元作为中介货币间接兑换。中介货币的工作原理如下：首先按照 0.645 5 的汇率将美元兑换为欧元，然后将欧元按照 159.340 3 的汇率兑换为日元。间接方法得到的美元兑日元汇

率为 159.340 3×0.645 5＝102.845 3。这个数据应该与 x 相等。[37] 如果不是，则存在套利机会。假如 ￥/＄ 的汇率为 100，那么会怎么样呢？这时就相当于出现了一台印钞机。你可以借到 1 美元并将它兑换为 0.645 5 欧元，再将欧元兑换为 102.845 3 日元。给定美元日元汇率为 100，那么你可以将这些日元兑换为 1.028 453 美元，不仅可以还清贷款还有赢利。[38] 当然这些数字都可以扩大百万倍，使我们立马暴富。事实上，外汇市场上不会出现这样的情况，这种机会几乎不可能，即使有，也只存在几秒。

4.2.2 什么因素限制了套利

不幸的是，套利很少像上述外汇市场的例子那样简单。套利主要存在三种潜在问题：基本面风险、噪声交易者风险和操作成本。

1. 基本面风险

让我们从**基本面风险**（fundamental risk）开始讨论，基本面风险是指当新的信息出现时，理性进行重新估值的可能性。例如，假设套利者确信某只股票的价格相对于未来预期分红被高估，他自然会卖空该股票，期望在未来股票价格下降后再买进股票进行平仓。即使他基于信息而得出的结论是正确的，他也会承担风险。首先，没有人能够预见到的新信息可能会突然出现。如果是利好消息，价格会上升，套利者会遭受损失。另外，如果该股票的分红比预期的多，套利者还会遭受额外的现金损失：因为在卖空交易中，套利者借入别人的股票，他必须支付出借人这部分红利。由于担心该公司未来表现可能出乎意料的好，使得卖空交易受损，套利者会限制他们的套利行为。

利用替代品或者价差交易可以消除基本面风险。价差交易是指同时买入和卖出相似的证券（有时为非常接近的替代品）。你买入认为比较便宜的证券，同时卖空你认为比较贵的证券，期待它们的价差会缩小。

例如，可以在卖空被高估股票，同时买入整个"市场"（即使用股指期货）。如果市场层面的好消息促使股价上升，则市场收益会抵消空头损失。当然了，很多信息来自于企业层面和行业层面。如果你确信默克公司被高估，你可以买入制药行业的一篮子股票（不包括默克公司）。然而由于不存在与默克公司完全替代的公司，这样还不能对冲企业层面的风险。默克公司可能会突然宣布一项成功的药品实验。这会影响默克公司股价，但不会影响其他企业。正是完全替代企业几乎不存在的现实使得套利行为是有风险的，因而很难消除错误定价。

2. 噪声交易者风险

即使存在完全替代股票，我们也不能自由进行套利。安德烈·史雷弗（Andrei Shleifer）和罗伯特·维什尼（Robert Vishny）使用两个不同交易所（伦敦和法兰克福）的两份德国债券期货合约作为例子。[39]假设这两份合约所有条款完全相同，即两份合约是完全替代的，而且在伦敦交易的价格高于在法兰克福交易的价格。很明显投资者应该卖出伦敦的合约买入法兰克福的合约。表面上看，交割后现金流入和支出相互抵消并能获得一笔赢利。但是现实却是复杂的。问题在于错误定价在短期内可能会错得更离谱。这就是**噪声交易风险**（noise-trader risk）的本质。[40]

在期货交易中，你必须为价格的不利变动准备保证金。[41]假如伦敦市场合约上涨而法兰克福市场合约下降，那么你必须在两个市场追加保证金。[42]如果你用自己的钱投资且资金量足够大，一切都还没问题。但是如果你是用自己的钱投资并且资金有限，即使你确信套利交易会逐渐带来赢利，你也可能因为资金用尽被迫亏本清算自己的头寸。

如果你是在管理别人的资金呢？现在由于别人控制着你的资金来源，你面临着另外一种资金约束。鉴于资金所有人拥有雇用和解雇的权力，你必须进行短期投资。现实中，许多探寻套利机会的投资者都面临这个现实问题。这些投资者为个人（他们通过共同基金和对冲基金汇集资金）或者机构（例如，捐赠基金）提供资金管理服务，而这其中的很多人对上面提及的现实问题都没有明确的想法。上述债券期货的例子十分简单，即使业余者也可以理解，但是现实中很多套利机会比较复杂。知识不足的资金所有者会怎样想呢？他们很自然地以短期的表现来衡量业绩。当他们看到损失时（即使是短期的）会很不舒服。

正是这些风险使得资金管理者不愿意在第一时间内积极寻找套利机会，结果造成**套利限制**（limits to arbitrage）。布兰德福特·德隆（Bradford De Long）、安德烈·史雷弗、拉里·萨莫斯（Larry Summers）和罗伯特·瓦尔德曼（Robert Waldmann）研究了套利限制在噪声交易模型中的重要性，以及对资产价格、收益和完全消除错误定价可能性的影响。[43]

在他们的模型中，聪明投资者由于知道即使他们卖出股票，定价可能还是错误的，他们会对自己的行为要求风险补偿。我们在第2章中讨论过，只有不可分散的系统风险才应该被定价。存在证据表明，噪声交易者风险事实上是系统性的。[44]

经常使用的一种观点认为，由于噪声交易者的错误行为使他们不断损失财富，他们最终会离开市场。这会促使市场趋于有效。撇开"每一分钟都有一个傻瓜诞生"的说法，事实上存在更复杂的问题。在德隆－史雷弗－萨莫斯－瓦尔德曼的模型里，可以看到如果噪声交易者过度乐观且承担相应风险,他们会表现得很好并足以在市场中幸存下去。[45]

3. 操作成本

除了基本面风险和噪声交易者风险,交易成本也会限制套利。交易成本是指交易佣金、价差和执行交易时的市场冲击成本。对有可能进行套利的机构投资者来说,这些成本可以忽略。如果需要卖空的话,情况会变得更加复杂。正如前面所讨论的,投资者发现相互替代的两只证券价格不平衡,套利交易要求卖空高估的证券。这会导致两个问题。如果卖空者不能得到卖空收益(所以也得不到利息)将会增加他的交易成本。更严重的是,有时根本得不到要被卖空的股票。那么这些问题会有多严重呢?对于机构投资者和流动性好的股票而言,绝大多数情况下这个问题并不严重。因为机构投资者在获得卖空股票时一般不存在问题,而且卖空的收益损失对他们而言并不重要。[46]然而,有时会存在卖空挤压:那些建立空头的投资者在目的未达到之前不得不退出。对流动性差的股票,严重的情况下会借不到股票,卖空者根本无法建立空头。

在一些非常离谱的错误定价背后常常会有这样的问题。席勒举了一个易懂的应该卖空的错误定价案例。[47]大众媒体、监管者和学术界认识到20世纪90年代股市中部分投资者存在"非理性繁荣",尤其是网络股。[48]在1999年,网络玩具销售商eToy.com财务报表显示销售收入3 000万美元,但是损失2 800万美元。同一年Toys "R" Us公司财务报表显示销售收入112亿美元,并赢利3.76亿美元。然而eToy.com市值为80亿美元而Toys "R" Us市值只有60亿美元。

欧文·拉蒙特(Owen Lamont)和理查德·泰勒提供了一个更明显的关于Palm和3Com的例子。[49]在2000年5月2日,3Com公司将旗下Palm公司5%的股权公开发行。并且3Com已经宣告会在不久的将来将剩下95%的股份全部配发给3Com公司的现有股东(约每股3Com获得1.5股Palm股份)。稍加思考就会发现有两种方法获得Palm公司股份:直接购买Palm公司股份;通过购入3Com公司股权间接持有Palm公司股份。因为每股3Com公司股份代表1.5股Palm公司股份要求权。很明显,两个公司的股价应该具有以下关系

$$p(3\text{Com}) \geq 1.5 \times p(\text{PALM}) \tag{4-7}$$

由于3Com公司剩余部分业务本身有一定价值(残余价值),所以3Com公司股价应该高于Palm公司股价的1.5倍。

然而实际情况却让人大跌眼镜。Palm股票在交易的第一天股价即达到95.06美元。而同一天3Com公司股价是81.81美元,把所有这些股票价值加总,意味着

3Com 公司的残余价值为负 220 亿美元。明显的，大家都很清楚是怎么回事。正如拉蒙特和泰勒所言：这么明显的错误定价，即使最愚蠢的投资者也应该能抓住机会。[50] 令人难以置信的是，这种情形持续了几个月。[51]

这种情况下的基本面风险可以忽略不计。如前述的债券期货合约的例子一样，虽然噪声交易者的确存在，但是套利机会实在是太明显，许多目光长远的投资者都能够而且愿意去获得一定收益。另外，由于存在到期期限，套利者对自己建仓的期限很明确。事实上，存在这么离谱的错误定价，原因在于不能借到 Palm 股票去卖空。这使得大多数善于理财交易者不能利用这次机会。当然，投资者实在没有理由在一开始就持有价格严重扭曲的两种股票，唯一的解释只能是投资者非理性。

4.3 展望

在后面各章中，我们开始探讨行为金融学的一些重要贡献。现代金融学不能完全解释不确定情形下的行为和市场效率的实证检验，需要我们沿着这个方向探究。

在分析之前，我们应该花点时间回顾一下行为金融学在帮助阐释金融决策方面的一些关键发现。尽管人们在现实中基于有限信息也能经常做出合理的决策，但是系统性错误无法避免。在第 5 章，我们会看到有关经验法则导致的启发会带来系统性风险，尤其是在原来领域之外的应用。其他一些问题包括投资者倾向于夸大自己的知识能力、戴有色眼镜看问题和情绪波动。

本章要点

1. 市场异象是指与市场有效性相违背的实证结果。
2. 主要的市场异象：对盈余公告的滞后反应、小公司效应、价值股效应、动量效应和反转效应。
3. 市场有效性建立在三个支柱之上。如果投资者是理性的，市场是有效的。如果这一点不成立，如果投资者的错误是随机的，则市场是有效的。如果这一点不成立，套利是没有限制的，则市场是有效的。
4. 如果一些投资者基于错误信息对股票进行估价则存在噪声。如果许多投资者同时犯同一种错误，则存在情绪。
5. 噪声交易者风险是指错误定价会错的更加严重的风险。
6. 基本面风险、噪声交易者风险和操作成本的存在使得套利存在限制。

问题与讨论

1. 区分下列概念和术语：
   (1) 动量效应和反转效应。
   (2) 价值股和成长股。
   (3) 基本面风险和噪声交易者风险。
   (4) 剥离和残余价值。
2. 回到文中 4.2.1 节关于对套利没有限制的部分，看汇率市场三角套利的例子。如果 $x = 105$，请设计一种套利策略。
3. 因为套利者的资金量是有限的，所以套利是受限制的。针对使用自有资金投资和管理别人资金的投资者分别讨论这个论断。
4. 什么是数据探测？什么样的实证证据可以应对这种质疑？
5. 市场有效性得以成立的三个支柱是什么？为什么只要其中一个成立即可？

附录4A

席勒模型的证明

1. 证明式 (4-6)

市场出清条件（供给等于需求）

$$q_t + n_t = 1 \quad (4\text{-}5)$$

用式 (4-1) 和式 (4-4) 替代后

$$\frac{E_t R_{t+1} - \rho}{\varphi} + \frac{y_t}{p_t} = 1 \quad (4\text{A-}1)$$

其中收益等于红利收益加上资本利得

$$E_t R_{t+1} = \frac{E_t p_{t+1} - p_t + E_t d_{t+1}}{p_t} \quad (4\text{A-}2)$$

将式 (4A-2) 代入式 (4A-1) 中，两边都乘以 φ 调整后得到

$$\frac{1}{p_t}(E_t p_{t+1} + \varphi y_t - E_t d_{t+1}) = 1 + \varphi + \rho \quad (4\text{A-}3)$$

简化为

$$p_t = \frac{E_t p_{t+1} + \varphi y_t - E_t d_{t+1}}{1 + \varphi + \rho} \quad (4\text{A-}4)$$

后推一期

$$p_{t+1} = \frac{E_{t+1} p_{t+2} + \varphi y_{t+1} - E_{t+1} d_{t+2}}{1 + \varphi + \rho} \quad (4\text{A-}5)$$

以此类推，然后递归加总为式 (4-6)

$$p_t = \sum_{k=1}^{\infty} \frac{E_t d_{t+k} + \varphi E_y y_{t-1+k}}{(1 + \rho + \varphi)^k} \quad (4\text{-}6)$$

2. 数值例子中的稳态

稳态参数 $\rho = 0\%$，$\varphi = 20\%$，$\delta = 10\%$。在稳定状态时，噪声交易者中性情绪，基本面决定一切，即

$$E_t R_{t+1} = \delta$$

将各个参数值代入式 (4-2) 得到

$$q_t = \frac{E_t R_{t+1} - \rho}{\varphi} = \frac{0.10 - 0}{0.20} = 0.5 \quad (4\text{A-}7)$$

进而 $n_t = 0.5$，给定所有股票必须都有人持有。从式 (4-4) 可以得到 y_t

$$y_t = n_t \times p_t = 0.5 \times 10 \text{ 美元} = 5 \text{ 美元}$$

注 释

1 This argument is presented well in Chapter 1 of Shleifer, A., ed., 2000, *Inefficient Markets: An Introduction to Behavioral Finance* (Clarendon Lectures in Economics–Oxford University Press, Oxford, U.K.).

2 As will be discussed later in the chapter, this is really a definition of "textbook arbitrage."

3 See Fama, E. F., L. Fisher, M. C. Jensen, and R. Roll, 1969, "The adjustment of stock prices to new information," *International Economic Review* 12, 1–21, for one of the first event studies. This event study examined stock splits.

4 The earliest earnings-announcement event study is Ball, R., and P. Brown, 1968, "An empirical evaluation of accounting income numbers," *Journal of Accounting Research* 6, 159–178.

5 Rendleman, R. J., C. P. Jones, and H. A. Latane, 1982, "Empirical anomalies based on unexpected earnings and the importance of risk adjustments," *Journal of Financial Economics* 10, 269–287.

6 Banz, R. W., 1981, "The relationship between return and market value of common stocks," *Journal of Financial Economics* 9, 3–18.

7 Keim, D. B., 1983, "Size-related anomalies and stock return seasonality: Further empirical evidence," *Journal of Financial Economics* 12, 13–32.

8 Roll, R., 1981, "A possible explanation of the small firm effect," *Journal of Finance* 36, 879–888.

9 The quote is from page 1733 of Brock, W., J. Lakonishok, and B. LeBaron, 1992, "Simple technical trading rules and the stochastic properties of stock returns," *Journal of Finance* 47, 1731–1764.

10 See Easterday, K. E., P. K. Sen, and J. A. Stephan, 2007, "The small firm/January effect: Is it disappearing in U.S. markets because of investor learning?" Working paper, for a discussion.

11 Basu, S., 1977, "Investment performance of common stocks in relation to their price-earnings ratios: A test of the efficient market hypothesis," *Journal of Finance* 32, 663–682.

12 Lakonishok, J., A. Shleifer, and R. Vishny, 1994, "Contrarian investment, extrapolation and risk," *Journal of Finance* 49, 1541–1578.

13 See, for example, Chan, L. K. C., Y. Hamao, and J. Lakonishok, 1991, "Fundamentals and stock returns in Japan," *Journal of Finance* 46, 1739–1789, which provides evidence for Japan.

14 Fama, E. F., and K. R. French, 1998, "Value vs. growth: The international evidence," *Journal of Finance* 53, 1975–1799.

15 Earlier we spoke of the P/E ratio as is conventional, but here we have expressed all ratios (including the E/P ratio, which is the reciprocal of the P/E) as accounting numbers vs. the price, for the sake of consistency.

16 More precisely, excess returns should not be predictable using any publicly available information including past returns (raw or excess).

17 Jegadeesh, N., 1990, "Evidence of predictable behavior of security returns," *Journal of Finance* 45, 881–898.

18 There is evidence that very short-term reversal is largely explained by liquidity-induced price pressure (rendering it difficult to capitalize on). See Boudoukh, J., M. P. Richardson, and R. F. Whitelaw, 1994, "A tale of three schools: Insights on autocorrelations of short-horizon stock returns," *Review of Financial Studies* 7, 539–573.

19 De Bondt, W. F. M., and R. Thaler, 1985, "Does the stock market overreact?" *Journal of Finance* 40, 793–807.

20 Jegadeesh, N., and S. Titman, 1993, "Returns to buying winners and selling losers: Implications for stock market efficiency," *Journal of Finance* 48, 65–91.

21 Moskowitz, T. J., and M. Grinblatt, 1999, "Do industries explain momentum?" *Journal of Finance* 54, 1249–1290.

22 Korajczyk, R., and R. Sadka, 2004, "Are momentum profits robust to trading costs?" *Journal of Finance* 59, 1039–1082.

23 See Chan, L. K. C., N. Jegadeesh, and J. Lakonishok, 1999, "The profitability of momentum strategies," *Financial Analysts Journal* (Special Issue on Behavioral Finance), 80–90; and Chordia, T., and L. Shivakumar, 2006, "Earnings and price momentum," *Journal of Financial Economics* 80, 627–656.

24 Rouwenhorst, K. G., 1998, "International momentum strategies," *Journal of Finance* 53, 267–284.
25 Griffin, J. M., X. Ji, and S. Martin, 2003, "Momentum investing and business cycle risk: Evidence from pole to pole," *Journal of Finance* 63, 2515–2547.
26 For Germany, see Schierek, D., W. De Bondt, and M. Weber, 1999, "Contrarian and momentum strategies in Germany," *Financial Analysts Journal* (Special Issue on Behavioral Finance), 104–116; and, for Canada, see Deaves, R., and P. Miu, 2007, "Refining momentum strategies by conditioning on prior long-term returns: Canadian evidence," *Canadian Journal of Administrative Sciences* 24, 135–145.
27 This quote is from page 529 of Black, F., 1986, "Noise," *Journal of Finance* 41(3), 529–543.
28 See Shiller, R. J., 1984, "Stock prices and social dynamics," *Brooking Papers on Economic Activity* 2, 457–498, for a discussion.
29 This quote is from page 457 of Shiller, R. J. 1984, "Stock prices and social dynamics," *Brooking Papers on Economic Activity* 2, 457–498.
30 Shiller, R. J. 1984, "Stock prices and social dynamics," *Brooking Papers on Economic Activity* 2, 457–498. The model is heuristic in the sense that it is incomplete and illustrative. For example, preferences are not modeled. Shiller's usage is to call this second group of traders "irrational investors."
31 The noise-trader risk model touched on later incorporates compensation for bearing noise-trader risk.
32 To see this, set $E_t R_{t+1} = \rho + \varphi$ in Equation 4.2.
33 Further, if we assume unitary demand elasticity on the part of noise traders, y_t can be viewed as exogenous to the model.
34 A steady state is a kind of dynamic equilibrium.
35 See Appendix for details.
36 Specifically, y_t = 10, 9, 8, 7, 6, 5 for t = 5, 6, 7, 8, 9, 10.
37 Because of transaction costs, x can be very slightly different from the product of the other two exchange rates.
38 Since this would take mere seconds, the interest that you would have to pay would be close to zero.
39 Shleifer, A., and R. Vishny, 1997, "The limits of arbitrage," *Journal of Finance* 52, 35–55.
40 The term "resale price risk" is also used.
41 Conversely, if prices move in your favor, cash can be withdrawn.
42 At the terminal date, the situation is akin to a spot market. As in the triangular arbitrage example, it would then be straightforward to perform arbitrage.
43 De Long, J. B., A. Shleifer, L. H. Summers, and R. Waldmann, 1990, "Noise trader risk in financial markets," *Journal of Political Economy* 98, 703–738. Also see Shleifer, A., and L. H. Summers, 1990, "The noise trader approach to finance," *Journal of Finance* 4 (2), 19–33.
44 See Lee, C. M. C., A. Shleifer, and R. H. Thaler, 1988, "Closed-end mutual funds," *Journal of Economic Perspectives* 4, 153–164.
45 De Long, J. B., A. Shleifer, L. H. Summers, and R. Waldmann, 1990, "Noise trader risk in financial markets," *Journal of Political Economy* 98, 703–738. Also, see Hirshleifer, D., and G. Y. Luo, 2001, "On the survival of overconfident traders in a competitive security market," *Journal of Financial Markets* 4, 73–84.
46 Geczy, C. C., D. K. Musto, and A. V. Reed, 2002, "Stocks are special too: An analysis of the equity lending market," *Journal of Financial Economics* 66, 241–269.
47 Shiller, R. J., 2000, *Irrational Exuberance* (Princeton University Press, Princeton, New Jersey).
48 Again, see Shiller, R. J., 2000, *Irrational Exuberance* (Princeton University Press, Princeton, New Jersey). "Irrational exuberance," the title of Shiller's book is from a famous quote of Alan Greenspan, chairman of the Federal Reserve Board, from a 1996 speech in which he was describing the behavior of investors in the stock market.
49 Lamont, O. A., and R. H. Thaler, 2003, "Can the market add and subtract? Mispricing in tech stock carve-outs," *Journal of Political Economy* 111, 227–268.
50 Again, see Lamont, O. A., and R. H. Thaler, 2003, "Can the market add and subtract? Mispricing in tech stock carve-outs," *Journal of Political Economy* 111, 227–268.
51 Other negative stub cases existed as well. See Lamont, O. A., and R. H. Thaler, 2003, "Can the market add and subtract? Mispricing in tech stock carve-outs," *Journal of Political Economy* 111, 227–268, for examples.

第二篇 PART2

行为科学的基础

第 5 章　启发式预测和偏差

第 6 章　过度自信

第 7 章　情绪基础

第 5 章 启发式预测和偏差

 引 言

　　对传统经济金融模型的一个质疑和挑战是：这些模型设定认为代表性决策者的脑内存好像不受限制。这样的个体决策者会考虑到所有的相关信息并且在有约束的最优化过程中做出最好的选择。

　　普通人是不完美的，并且有一些模型对信息的要求太过苛刻。我们的要求是不是太高了？考虑资本资产定价模型（CAPM），它是一个非常著名和重要的模型，威廉·夏普（William Sharp）因为这个贡献获得了 1990 年诺贝尔经济学奖。该模型要求投资者有能力研究所有证券以确保满足模型所要求输入的参数。这些参数包括所有证券的预期收益和方差以及所有证券之间的协方差。只有这样，投资者才能做出合理的投资组合决策。

　　本章关注在不确定的情形下人们基于有限信息和时间如何做决策。5.1 节我们开始讨论认知局限性导致某些模型预测不再合理。感知和记忆是不精确的信息过滤器，而且信息的呈现方式，也就是框定，会影响信息的接收。由于有很多信息难以处理，人们用捷径和启发式来做出合理决策。不幸的是，这些启发式会导致偏差，尤其是在原来的领域之外。在 5.2 节讨论一种通过追求满意来影响偏好的启发式。在 5.3 节我们讨论几种估计概率的启发式，其中最重要的是具有各种表现形式的代表性启发。在 5.4 节，我们讨论锚定，即人们在改变自己看法时过于缓慢的倾向。在 5.5 节，我们讨论这样一种观点，即认为启发式又快捷又节省而且实际运行很好。在 5.6 节，我们讨论本章涉及的启发式预测和偏差在金融实践中的实际应用。

5.1 感知、记忆和启发

5.1.1 感知[1]

信息处理模型经常假设人们可以轻松地获得并储存无成本信息。不幸的是，**感知**（perception），即将信息"下载"并储存在"人类计算机"的过程，经常出错。例如，我们经常"看到"我们希望看到的现象。在一项实验中，向实验参与者展示5张扑克牌，这些扑克牌不是红心就是黑桃。[2] 但是其中一张牌是黑色心形，但大多数人并没有意识到。多数参与者坚信自己看到的是正常的红心或者黑桃。从中可以发现人们的感知是有选择性的，个人的期望与感知密切相关。

人们更容易"看到"他们渴望看到的事物。在达特茅斯学院和普林斯顿大学一场非常粗暴的足球比赛之后，两个学校的学生被问及究竟是哪支队伍该为这些行为负责。[3] 达特茅斯学院只有36%的学生认为过错在本校足球队，另一方面，86%的普林斯顿学生认为是达特茅斯队挑起事端。

有时候感知以利己的方式发生扭曲。**认知失调**（cognitive dissonance）是指人们有动机去降低或者避免心理上的不一致，通常是为了提升积极的自我形象。在一项针对加拿大选举投票人的实验研究中，调查了投票人在投票前后的观点。[4] 受访者在投票后比投票前更倾向于相信他们支持的候选人是最佳人选而且将会赢得选举。显然，行为和观点之间会出现无意识的合并。

5.1.2 记忆

在人们回想过去的感知或者观点，也就是当人们回忆时，不确定性会增加。一种常见的观点认为人们过去的经历会写进人类大脑的"硬盘"里，需要时读取数据。但大脑并不是按这种方式运行的。事实上，**记忆**（memory）是具有重建性的。人们可以通过一个实验来验证这一论点：当人们目击一个事件并且接收到误导性信息时，这些误导性信息通常会包含在记忆之中。[5]

记忆不仅具有重建性而且记忆强度是可变的。不知你曾经是否注意到自己可以多么容易并快速地记下某些十分正面或者负面的事物（例如，你赢得百万欧元彩票大奖时，或者你发现自己已经把彩票扔进垃圾堆时）？虽然对情绪的全面讨论将在第7章进行，但是上述现象的原因看起来是引起人们情绪急剧波动的事情会留下深刻的记忆。[6]

因为相对于不舒服的情绪，愉悦的情绪使人们感到更快乐，所以有时候我们会"重写历史"也就不足为奇了。人们倾向于高估自己对事态的控制能力，或者倾向于认为自己对未来会发生什么具有很强的判断力，这些会使我们感到更舒服。由此可以推断，在过去我们对未来可能发生的事情也有很强的判断力。换言之，"我们自始至终都知道是这样的"。这就是事后聪明偏差，在第 6 章将会对其进行深入讨论。[7]

5.1.3 框定效应

感知和记忆受到描述环境或者框定的影响。正如我们在第 3 章讨论的那样，这是金融决策会受到框定影响的一个重要原因。大量的研究为框定对感知和记忆具有重要影响提供了佐证。例如，中等身材的体育解说员在采访篮球运动员时看起来四肢短小，但是在采访赛马运动员时又显得十分高大，这就是"对比效应"，[8] 这也是导致一些幻觉的原因。图 5-1 展示了一个著名的例子。[9] 虽然图中两条线段的长度是相同的，但是向内和向外的箭头会使观察者得出错误结论。

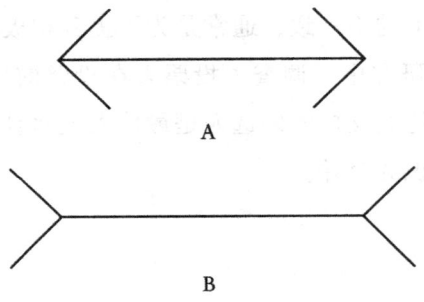

图 5-1　哪条线段更长

在首因效应和近因效应中框定的重要性也是很明显的。[10] **首因效应**（primacy effect）是指当受访者被要求根据一系列特征谈论他们对某个人的印象时，首先出现的特征通常会起到主导作用。相对于"嫉妒、顽固、挑剔、冲动、刻苦、聪明"的描述顺序，以"聪明、刻苦、冲动、挑剔、顽固、嫉妒"的顺序描述某个人会给受访者留下更正面的印象。很明显，以上只是调整了一下个人特征的描述顺序，这表明第一个出现的特征影响更强。

事件按照时间序列发生的时候，不是第一印象起主导作用，而是**近因效应**（recency effect）。也就是说，最后出现的事件影响最大。那么就产生了一个问题：首因效应和近因效应哪个更强呢？答案应视具体情况而定。当事件之间有很长的时间间隔时，近因效应占主导地位。例如，上周发生的事情比去年发生的事情影响更大，但是对于两个相关的顺序事件，一件紧随另一件之后（例如，两场政治演讲），通常先发生的事件影响更大。

晕轮效应（halo effect）也是一种常见的现象。[11] 求职者都知道如果他们的衣着打扮十分得体，他们的简历和面试会得到重视。另外，相貌漂亮也会给人留下好的印象。有研究表明长相漂亮的答辩学生写的文章更容易获得好评。[12]

5.1.4 易于加工与信息超载

已有的讨论告诉我们在某些情形下人们难以处理信息。有趣的是，人们看起来更喜欢易于加工处理的情况。**易于加工**（ease of processing）意味着已经理解或容易理解。人们通常认为越容易理解的信息更有可能是正确的。[13]

拥有过多信息会加大数据处理的难度。当这一点在某些领域显而易见时，例如，思考一下对微软股票进行估值时要考虑多少相关信息，即使当这个信息集看上去不是很杂乱时，仍会发生**信息超载**（information overload）这种令人困惑和无法决策的状态。

在一项实验中，超市店主为顾客提供免费的果酱和果冻样品。[14] 第一次实验时，只提供较少的品尝选择，第二次可供选择的范围变大。虽然人们喜欢更多的选择，并且较多样品选择的柜台的确吸引了更多的人群，但是拥有较少样品选择的柜台却卖出更多的商品。可能的原因就是更多的选择导致信息超载，人们感觉决策太过复杂难以立即行动。正如大家都有这样的经验：拖延可能导致长期无所作为。

5.1.5 启发式

在许多情形下，拖延是行不通的。即使人们的注意力、信息和处理信息的能力有限，人们必须做出决策，这时就必须使用捷径或者**启发式**（heuristics）。启发式是一种基于信息集的某个子集进行决策的规则。因为事实上人们在所有情况下都需要合理利用信息而且无法分析所有可能性，所以我们甚至毫无意识地使用了启发式。

启发式以各种各样的形式出现。存在一种二分法。第一类启发式是灵活的、自发的、无意识的，付出努力较少；而其他的启发式本质上是有意识的，作为第二类。[15] 当需要快速做出决策或者决策风险较小时（"我选择汉堡而不是热狗是因为我平时更喜欢吃汉堡"），**第一类启发式**（type 1 heuristics）是合适的。**第二类启发式**（type 2 heuristics）需要付出更多的努力，适合决策风险比较高的情况。在某些情况下，使用第一类启发式得到的最初选择被否决转而用第二类进行决策（"不，我今天要吃热狗，因为它有所不同，我喜欢尝试新事物"）。

启发式源自何处呢？可能是进化的力量将我们更好地武装起来以应对生存所要面对的各种挑战。[16]这让我们回想起第3章中前景理论的进化论基础。这些关联并不奇怪，因为前景理论本身就是人们面对风险时进行决策的经验法则。

进化论有没有给我们提供最完美的启发式"工具箱"呢？这倒未必，因为一套好的启发式并不一定是最优的——进化的力量所需的启发式仅仅要求比竞争对手好就行了。启发式工具箱已经伴随人类许多个世纪了，然而我们在金融决策领域中必须面临的许多问题最近才出现，所以当这些工具应用在原来领域之外时，可能失效是不足为奇的。[17]

5.1.6 启发式的例子

接下来我们将会以两件实际上明显自主的事件开始描述一些启发式。如果你在街道上行走，突然听到一声巨响，你会在仔细观察四周并分析情况之前立马远离事发地。这里没有涉及思考：命令与控制都是全部来自由大脑中原始的情绪区域。一段时间后，你当然会观察四周，弄清声音是否会威胁到你（如果是枪响的话，我们会跑得更远）或者是奇特的事物（如果是嘉年华上面的发令枪声，我们会凑上去看个清楚）。

另外一个例子发生在厨房里。如果你查看冰箱并且发现一种食物散发出完全不熟悉的气味，明显的反应就是扔掉它。如果吃掉它的话，你很可能会生病。读者可能会同意"听到巨响立马跑开"和"扔掉散发怪味的食品"这两种启发式是很有意义的，而且很容易理解这些捷径对人类生存延续的重要贡献。目前讨论的启发式都是无意识的自发的，下面我们讨论有意识的启发式。

5.2 熟悉度和相关的启发式

在本节中我们探究一系列有关联的启发式，它们导致人们表现出与客观原因无关的偏好。人们对**熟悉**（familiar）的事物感到更舒服。他们厌恶模糊性，并且通常会想办法避免没有回报的风险。人们倾向于坚持已经拥有的事物而不是去研究其他选择。他们避免新的行动，即使知道致力于新的选择会得到回报。这些都指出人们倾向于追求安逸。

5.2.1 熟悉的事物

人们更容易接受一个自认为掌握了相关信息、觉得自己胜券在握的赌博。奇普·希思和阿莫斯·特沃斯基做了这样一个实验：第一阶段包含一系列有关常识的多项选择题（有四个选项）。[18]每一个多项选择题都伴随着一个置信概率，选择范围从100%确定到25%。对于四个可能的答案，25%的置信概率表明纯粹的猜测。假设某一参与者自己估计的置信评级为60%（所有问题的平均值）。然后他将面临两个赌博的选择问题：一个赌博为以60%的概率获得随机支付；另一个赌博中，如果他某道题目随机选择的答案正确，即获得支付。[19]

图5-2展示了实验结果。当实验对象觉得自己对问题答案有把握时，他们会倾向于选择有把握的赌局而不是随机赌局。这可以由正确回答题目的主观判断概率与选择有把握赌局的百分比之间成正向关系得到证明。值得注意的是，不管参与者事先的知识水平如何，某一个实验对象认为两个可选赌博取胜的概率是一样的（取决于他们自身的情况）。例如，某个参与者对自己的选择有50%的把握，那么随机赌局的获胜概率为50%。同样，如果某个参与者对自己的答案有75%的把握，那么随机赌局的获胜概率为75%。[20]符合逻辑的结论是人们偏好于熟悉的事物。

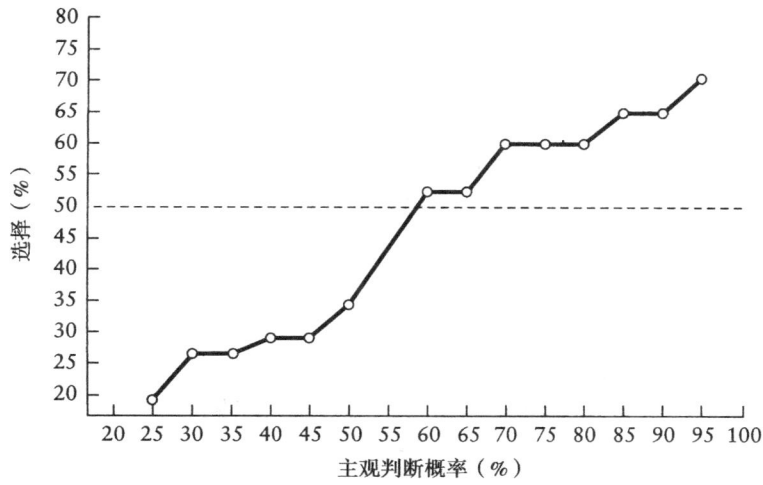

图5-2　以主观判断概率为基础选择有把握的赌局和随机赌局

资料来源：With kind permission from Springer Science + Business Media: *Journal of Risk and Uncertainty*, Preference and belief: Ambiguity and competence in choice under uncertainty, Volume 4, 1991, pp. 5-28, Heath, C., and A. Tversky, figure number 2.

5.2.2 模糊厌恶

再次考察图 5-2，我们发现当主观判断概率最高时，明显倾向于选择有把握的赌局，而当主观判断概率最低时，明显倾向于选择随机赌局。前者可能是因为熟悉度，然而后者可能是因为**模糊厌恶**（ambiguity aversion）。以 35% 的概率为例，宁愿选择随机支付（获得支付的概率是 35%）是因为你知道准确的分布（你将有 35% 的机会获胜），但是，当知识水平有限的时候，你实际上并不清楚你知道什么或者不知道什么（这意味着虽然你的最优猜测正确回答问题的概率是 35%，但是这个赢得赌博的概率存在不确定性）。

在对模糊厌恶的经典解释中，人们宁愿选择下述两种赌博中的第一个：从已知装有 50 个黑球和 50 个红球的封闭容器中抽出一球并判断其是否是红色的（或者黑色的），另一种情况是只知道容器里共有 100 只球（不知道具体比例）。[21] 如果人们仔细思考着两种情况，赌博获胜的无条件概率是一样的。人们偏好于风险而不是不确定性的事实导致了模糊厌恶。第 1 章我们区分了风险和不确定性。当我们准确知道概率分布的时候，意识到存在风险。在第一种情况下，我们知道抽到红球（或者黑球）的概率是 50%。当我们不知道概率分布的时候就存在不确定性。虽然在第二种情况下我们的最优猜测是两种颜色各占 50%，但是人们对这种情况下固有的不确定性仍感到不舒服。

有人认为模糊厌恶在很大程度上是一种情绪行为而不是一种启发。事实上，在风险环境中它确实反映一种影响选择的情绪倾向，尤其是恐惧。[22] 尽管实验者的意图很好，但他们还是可能担心模糊厌恶会起到操纵作用。

5.2.3 多元启发式

多元启发式（diversity heuristic）是指当不同选择之间不相互排斥时，人们喜欢每个事物都尝试一下。[23] 人们吃自助餐时最常见的行为是品尝最多种类（如果不能全选）的食物。集中于一两种食物时，需要承担不喜欢自己的选择以及错过美好食物的风险。这种行为和伊塔马尔·西蒙森（Itamar Simonson）的发现相似，西蒙森指出当购物者在为未来消费大量购物时更倾向于选择不同种类物品（例如，不同味道的奶酪），与之对应，他们在每次即时消费时只购买一种商品。[24]

西蒙森认为某些因素决定了这种行为。首先，很多人天生偏好多样性和新鲜事物。[25]这种偏好在购买多件商品时表现得更为突出。其次，未来的偏好包含一定程度的不确定性。"我现在稍微倾向于蓝莓奶酪而不是草莓奶酪，但是一周后我将会怎么想呢？"分散购买不同种类的商品可以降低风险，道理和分散资金购买不同股票建立充分多元化的投资组合达到降低风险的目的是一样的。最后，追求多样化的动机还在于它会使你的决策变得简单，因此可以节省时间并减少决策冲突。

5.2.4 安于现状偏差和禀赋效应

追求安逸使人们偏爱现状。人们不愿意去改变，担心采取积极的行动改变现状可能会使自己感到后悔。所以，人们倾向于持有目前已经拥有的事物，也就是人们的禀赋。[26]第3章中我们讨论了在无风险背景下安于现状偏差（或者禀赋效应）可以解释损失厌恶。在这里安于现状偏差作为一种启发式被提及："坚守你所拥有的，除非有很充分的理由做出其他的选择。"

在第3章中，我们提到实验对象不愿意出售自己杯子的例子。这里我们提供一个关于实验对象进行投资组合配置决策的例子。受访者被告知可以将刚刚获得的一笔遗产分配到四种投资选择上：①中等风险的 XYZ 股票；②高风险的 ABC 股票；③美国国库券；④市政债券。[27]平均的配置比例为：①32%；②18%；③18%；④32%。除这个基本方案外，还进行四组对照实验，此时参与者被告知只能选择四种投资选择中的一种（代替现金）。他们可以选择持有货币不进行投资或者无成本地将资金转换为剩下三种选择中的一种。无论哪一种投资方式被选为初始的禀赋，它都是最受欢迎的选择。人们对保持现状感到最舒服，即使现状不是他们决策的一部分。

5.2.5 启发式和偏差、前景理论和情绪

在前面的章节中，我们提到禀赋效应可以由前景理论来解释，也可以被看作一种启发式导致的潜在偏差。之前，我们提到模糊厌恶包含明显的情绪成分。事实上，本节所有的启发式都源于人们对安逸的追求。事实上，我们通常认为前景理论、启发式和偏差以及情绪之间的区别有点模糊。

5.3　代表性启发式及相关偏差

在一系列文献中，阿莫斯·特沃斯基和丹尼尔·卡内曼鉴定出三种能够让人误入

歧途的关键启发式：代表性启发式、可得性启发和锚定。本节重点讲述代表性启发及与其密切相关的可得性启发，而锚定将在下一节中进行介绍。关于这些启发式和偏差的大量早期研究，在 *Judgment under Uncertainty: Heuristic and Biases* 这本书的开篇作了概述。[28] 虽然这些启发式可以合理地解释一些现象，但是有时候它们会被误用。一个代表性的例子就是概率判断错误：在充分了解情况的基础上认为某件事情发生的概率比实际发生概率更大（更小）。

实际中，很多金融决策依赖于对概率的估计：某家公司继续赢利的可能性有多大？下个季度利率上升 100 个基点的可能性有多大？某家企业当前的研发投入将取得进展的可能性有多大？等等。问题在于很多人在理解概率时面临很大困难。

5.3.1 联合谬误

人们理解概率存在困难的一个例子是他们无法意识到简单概率（A 发生的概率）和联合概率（A 和 B 同时发生的概率）之间的区别。例如，人们很自然地觉得他们在第二天彩票中奖并且十分高兴的概率比仅仅赢得彩票的概率要高。当然，反过来才是正确的，因为他们在中奖之后可能被确诊患了癌症。

很容易就能证明这种观点是错误的。假设 A 表示彩票中奖，B 表示十分高兴。对应的概率分别是 $Pr(A)$ 和 $Pr(B)$。图 5-3 使用常见的文氏图展示某人不仅彩票中奖而且同时十分高兴的概率，即 $Pr(A \cap B)$ 必定小于 $Pr(A)$，除非所有的中奖者都会十分高兴。犯这种错误的那些人可以说具有**联合谬误**（conjunction fallacy）倾向。

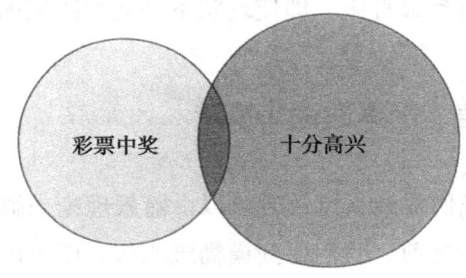

图 5-3　彩票中奖和十分高兴事件的文氏图

这种谬误是代表性偏差的一种表现形式。在**代表性启发式**（representativeness heuristic）下，"概率估计依赖于 A 能在多大程度上代表 B，即 A 与 B 的相似程度。如果 A 对 B 有很高的代表性，B 发生导致 A 同时发生的概率被高估。另一方面，如果 A 与 B 不相似，B 发生导致 A 同时发生的概率被低估"。[29] B 可以是一类事物的集合，同时 A 可以是在这个集合上定义的变量，或者该集合的元素，或者该集合的某个子集。相反，B 可以是一个因果系统而且 A 是来自系统的一种可能结果或实现。[30] 在彩票案例中，想象一下，相对于仅仅赢得彩票者（不知道表情），欢天喜地的中奖者和沮丧的未中奖者（结果）似乎更能代表彩民（中奖者和未中奖者）这个群体，所以成为一个高兴的中奖者看起来比仅仅中奖的可能性更大。

5.3.2 基率忽视

代表性启发式的一种重要变体是**基率忽视**（base rate neglect）。为了解释说明这个概念，研究者向实验对象呈现某人的个性描述，据说此人来自由职业工程师和职业律师组成的团体。[31] 一组实验对象被告知这群职业人员中工程师占 70%，律师占 30%；另外一组实验对象被告知工程师占 30%，律师占 70%。明显地，当不能获得更具体的信息时，人们应该认为随机选择一个工程师/律师（被选择的职业占大多数）的概率为 70%，而且实验对象应该可以理解这一点。现在引入下面的描述：

> 迪克是一个 30 岁的男人，已经结婚，但没有孩子。他能力出众，动力十足，注定会在自己的领域取得成功。他与同事关系融洽。

这个描述被设计成中性并且不会使实验对象偏向某一种职业。事实上，实验对象认为这个描述是中性的，大约一半人认为迪克是律师，一半人认为他是工程师。问题在于不管一开始他们是否已经被告知这群人中七成是工程师或者七成是律师，这个结果都成立。换句话说，实验对象忽视了基础概率，此后使用术语基率忽视。依据代表性启发式，引入的描述看上去代表了一个随机（50/50）过程，所以我们认为这的确就是上述随机过程而忽视了已知的先验概率。

在律师/工程师的例子中，情况比较极端，基础概率被完全忽视了。更普遍的是注意到了基础概率但是没有充分重视。此时，学习概率论中有关合理运用先验样本信息的知识就十分重要了。

1. 贝叶斯更新

贝叶斯法则（Bayes' rule）是一个可以让我们计算条件概率的有效关系式

$$Pr(B|A) = Pr(A|B) \times [Pr(B)/Pr(A)] \tag{5-1}$$

贝叶斯法则可以让人们根据新出现的信息合理更新概率。该法则表述为，在事件 A 发生的条件下事件 B 发生的概率，等于事件 B 发生的条件下事件 A 发生的概率乘以事件 B 与事件 A 各自简单概率之比。[32]

为了解释说明这一点，假设你有一个气压计可以预测天气。如果既不到外面观察也不观看气压计(即没有获取样本信息),那么下雨天和晴天的概率(依据每年这个时期的历史频率)如下:Pr(雨天)=40%, Pr(晴天)=60%。假设我们也知道下式

$$Pr(预期下雨|雨天)=90\% \tag{5-2}$$

$$Pr(预期下雨|晴天)=2.5\% \tag{5-3}$$

换句话说,在当前的确下雨的条件下,气压计预测会下雨的概率为90%;在当前天气晴朗的条件下,气压计预测下雨的概率为2.5%。虽然在不看气压计的情况下,明天下雨概率的合理估计值为40%,但是如果我们已知气压计预测下雨(样本信息),这个基础概率应该怎样调整呢?很容易证明气压计预测下雨的概率为37.5%。[33] 直观地,如果气压计预测下雨,下雨的概率会增加。这个结论可以更加明确。使用贝叶斯法则我们得到

$$Pr(雨天|预测下雨) = Pr(预测下雨|雨天) \times [Pr(雨天)/Pr(预测下雨)]$$
$$= 0.9 \times (0.4/0.375) = 0.96 \tag{5-4}$$

也就是说,如果我们知道气压计预测下雨的话,下雨的概率为96%,相比之下如果不知道气压计的读数,则下雨的概率仅为40%。

2. 热手现象

让我们考虑一个体育运动中的例子。假设约翰·卡什是一个中等水平的NBA篮球运动员,去年的投篮命中率为40%。可是今晚他手感很好,命中率为80%(10投中8)。比赛进行到最后一刻,约翰所在的球队落后一分,在剩下的几秒里有机会再投一次。那么队员应该把球传给约翰还是弗雷迪·芒尼,后者今晚仅仅10投3中,但是他去年以60%的命中率在全队领先。换句话说,我们应该相信**热手**(hot hand)还是仅仅依靠几乎不受当前比赛影响的历史命中率。人们可以将过去的命中率看成基础概率。虽然我们不能完全忽略这样一种想法,即今晚的表现说明约翰的技术将日益精进而弗雷迪的技术开始下滑,但是认为这次比赛中的表现是一种不确定是否具有持续性的暂时性波动更加自然。我们暂时假设认为两人的表现确实存在一定的持续性是合乎逻辑的,但是仅仅在短时间内存在(包含比赛中的最后一个投球,这需要非常短的时间)。

我们假设约翰下一球命中的概率为B。由历史记录决定的无条件概率为40%。将约翰前10次投篮命中8次记为事件A。根据他的历史记录,事件A发生的概率为4%。我们还需要在下一次投篮命中的条件下约翰最近10次投篮命中8次的概率。假定根据历史数据这个概率为6%。现在可以计算出约翰最后一次投球命中的概率为

$$Pr(下次命中|10中8) = Pr(下次命中) \times [Pr(10中8|下次命中)]/Pr(10中8)$$
$$= 0.4 \times (0.06/0.04) = 0.6 \tag{5-5}$$

根据我们假想的数据，工作中的确存在热手现象。可以对其他队员做类似的操作（也许某些球员在过去没有表现出热手倾向）。那么最优抉择应该是把球传递给基于当前表现得分概率最高的球员。

此时低估基础概率会出现什么情况呢？这就意味着有人认为约翰的命中概率会高于60%。虽然我们假设的参数表明数据生成过程暂时有利于约翰，但是这样可能会过于乐观看待约翰的运气。

虽然我们"设计"数据呈现出热手现象，但是人们可能会询问篮球比赛中的真实情况是什么样的。托马斯·吉洛维奇、罗伯特·瓦朗和阿莫斯·特沃斯基利用真实的比赛数据和人们的观点探究了这个问题。[34]具体来说，他们收集到费城76人队在1980~1981赛季中大部分技术数据。第一点，研究人员证实球迷的代表性观点是认为球员通常存在热手（冷手）现象：91%的受访者认为一个球员"在最近两三次投篮命中的情况下再次投篮命中的概率会高于最近两三次投篮未命中的情况"。

表5-1提供的证据并不支持这种观点。甚至表现与热手现象相反（与后面讨论的赌徒谬误一致）。该队的平均命中率为52%。在连续三次未命中后，球员命中的概率一般会更高（56%），然而连续命中三次后球员的命中概率比较低（46%）。D. Dawkins的表现差别更明显：作为队里的最佳射手，他的无条件命中概率为62%，在连续失球三次后他的命中概率高达88%，连续命中三次后的命中率只有51%。另外，表中也报告了本次命中与上次命中之间的相关系数，除了一个以外其他都是负的。对D. Dawkins而言，这个系数强烈负相关并且统计上十分显著。综合这些发现，说明篮球运动中热手现象只是一种幻觉（至少对费城76人队在1980~1981赛季是这样的）。

表5-1 1980~1981赛季费城76人队球员在前一次命中基础上的命中率

球员	Pr(命中|3次失误)(%)	Pr(命中)(%)	Pr(命中|3次命中)(%)	相关性
C. Richardson	50	50	48	-0.020
J. Erving	52	52	48	0.160
L. Hollins	50	46	32	-0.004
M. Cheeks	77	56	59	-0.038
C. Jones	50	47	27	-0.016
A. Toney	52	46	34	-0.083
B. Jones	61	54	53	-0.049
S. Mix	70	52	36	-0.015
D. Dawkins	88	62	51	-0.142
加权平均	56	52	56	-0.039

资料来源：Gilovich, T. R., Vallone, and A. Tversky, 1985, "The hot hand in basketball: On the misperception of random sequences," *Cognitive Psychology* 17, 592-596.

有没有合理的理由来解释为何上述环境中反转现象更可能出现呢？存在几种观点。连续投球成功后，球员可能会骄傲自大并尝试一些难度大的投篮方式。此外，对手的防守力量会更加集中于连续得分的球员。另一方面，连续投篮失利的球员可能倾向于选择成功率更高的投篮方式。尽管如此，表 5-1 展示出来的证据在大众观念面前具有说服力是显著的。作者将反转现象归因于这样一个事实，即在大多数人眼中一个随机序列看起来应该含有大量杂乱无序的元素，然而实际上很多人会认为一个包含很少无序元素而不符合随机性的序列看起来具有随机性。

5.3.3 赌徒谬误与热手现象

虽然对热手现象有这样一个观点，即认为条件分布看起来应该和样本相似，但是有时候人们可能会有逆向思维，即样本虽然很小，但是看起来应该与总体相似，从这个意义上说，样本和总体应该具有共同的本质特征。[35] 当然要想让这个结论有意义，我们必须对分布应该是怎样的有清晰的认识。

为了解释说明这一点，假设几个朋友一起玩纸牌游戏，并且一直拥有不少好牌的苏珊获得越来越多的奖金。她的朋友会怎么想呢？其中一些人会认为这是热手现象。虽然这种观点在体育运动领域中可能极有意义（在篮球比赛中被证明是不适用的），但是在纸牌游戏中是不成立的，因为事实上在剩下的时间里苏珊获得好牌多于差牌的概率是 50%——与那些到目前为止不幸运的朋友完全一样，除非苏珊使用骗术。[36]

其他一些朋友可能会认为苏珊应该得到一些差牌，因为依据他们的推理，大家的表现终究会处于平均水平。这种荒谬的观点有时被称为**赌徒谬误**（gambler's fallacy）。受赌徒谬误影响的朋友认为机会是个自我修正的过程。他们知道从长期来看苏珊获得好牌和差牌的机会相同。这就是所谓的大数定律。他们错在将大数定律应用在一个小样本上，换言之，他们使用了不正确的"小数定律"。

考察一个可以以验证赌徒谬误的实验。[37] 一组实验对象被问及下述问题：

> 对某个城市中所有有 6 个孩子的家庭做调查。其中男孩和女孩的出生顺序为女男女男男女的家庭有 72 家。你估计受访家庭中孩子真实出生顺序为男女男男男男的数量有多少？

如果人们稍加思考，就会明白任何一种顺序出现概率是相等的。尽管如此，大多数实验对象认为出现第二种顺序的家庭比较少，因为它看起来不是充分随机的。

5.3.4 高估可预测性

人们倾向于高估事件的可预测性。[38]例如，当学生被要求根据心情（可能不提供任何信息）去预测大学 GPA 时，他们倾向于相信两者之间正相关。所有受访学生的相关系数均值为 0.7。因此，人们似乎有很强的偏好去寻找可预测性，即使这种可预测性不太可能存在，可能是因为人们认为自己对事物有一定控制力会更舒服。我们难以接受那些天生的几乎不可能被预测的事物。

直观地，人们预测某些变量应该适当权衡总体均值和手中数据提供的估值。例如，如果某一总体 GPA 的均值是 3.0，并且你认为心情是无关信息，不管别人的心情你应该估计 GPA 为 3.0。另一方面，如果你认为在输入变量和预测值大小之间存在逻辑上的正相关性，那么你认为 GPA 对输入变量越敏感（感知到的正相关系数越大），你就越应该关注这个样本。相反，你越是相信这个样本没有意义，你的估计值越应该趋近于均值。

尽管如此，人们似乎经常轻视真实的均值回归现象，即相当于夸大可预测性。在另一个 GPA 实验中，实验对象被要求根据大学新生高中的 GPA 来预测他们大学的 GPA。[39]高中的 GPA 平均值为 3.44（标准差为 0.36），而大学的 GPA 平均值达到 3.08（标准差为 0.40）。为了解释说明，选取两个代表性学生：一个高中的 GPA 为 2.2，另一个高中的 GPA 为 3.8。接着实验对象被要求对这两个学生大学的 GPA 做预测。同样的，显然应该综合考虑总体和样本数据。对高中 GPA 较低的学生来说，这意味着他的大学 GPA 预测值低于 3.08，如果我们认为高中 GPA 比较低的学生是坏学生的代表，那么预测值远远低于 3.08。实验对象预测的均值是 2.03。实际上，这类学生的 GPA 为 2.7。[40]均值回归现象之所以存在是因为高中的成绩不是大学表现的理想预测指标。撇开随机因素，人们显然可以改变他们的学习习惯，并且高中表现差的学生为了能够完成大学学业有动力去努力学习。

最后，值得注意的是轻视均值回归的倾向在一定程度上与前面讨论的低估基础概率问题有相似之处。因为在两种情况下，相对于已知的总体特征或分布手中的样本数据被赋予了过多的权重。

5.3.5 可得性启发式、近因效应与显著性效应

在前面的讨论中，我们看到相对于总体参数样本数据经常得到过分重视。当样本数据容易获得和处理时，即当数据是"可得的"时，这种趋势更突出。特别是在考察

的事情在近期发生并且十分显著的时候。

可得性(availability)启发式,人们认为容易铭记于心的事件发生的可能性比较大。虽然事件发生的频率和深刻记忆之间存在相关性,但是事实上深刻记忆可能受到其他因素的影响。你认为首字母为 k 的单词数量更多还是第三个字母为 k 的单词数量更多呢?存在一种猜想:因为相对于第三个字母为 k 的单词,人们更容易记起首字母是 k 的单词,所以人们将会认为首字母为 k 的单词数量更多。的确,实验证明上述猜想是正确的,即使现实中首字母为 k 的单词更少一些。很多这样的例子都证明了可得性影响概率估计。[41]

另一个例子是以利己判断为基础。在一项针对已婚夫妇的调查中,夫妻双方被要求回答他们在某些共同承担的家务劳动(例如,去购买食品或者打扫房间)中的贡献比例(按百分比计算)。在 20 对受访夫妇中有 16 对报告的比例之和超过 100%(例如,丈夫和妻子都说 60%),这个结果在统计意义上十分显著。夫妻双方还被要求回忆自己单独参加或者配偶单独参加的活动(例如,他昨天去购买食品)。不出所料,结果证明人们对他们自己的行为记忆更加深刻,因为回想自己做过的事情更简单。此外,较之配偶的个人行为,对自己个人行为的记忆越是深刻,高估家务劳动贡献比例的程度越高。[42]

存在两个因素支持可得性偏差。最近发生的事情可能更容易回想起来。[43]这里使用的术语是**近因偏差**(recency bias)。我们早先讨论的首因偏差和近因偏差在这里是有用的:回想一下,假设事件按时序发生,最后发生的事情产生的记忆最深刻。[44]

显著性也会强化可得性偏差[**显著性偏差**(salience bias)]。考察刚刚发生的一起空难。所有新闻报道的头版清晰逼真地报道这起事件并且很容易想象恐惧的场面——这是一起显著性事件。媒体对这类事件的报道将导致使部分人(至少暂时会)本能地高估类似事件发生的概率,甚至导致他们回避航空旅行。一项研究调查了社会背景下的显著性。[45]向实验对象展示模拟工作环境中互动群体的情况,一种情形是 6 人小组里只有 1 名女性(或者黑人),另一种情形是小组中有两名或更多性别(或者肤色)相同的成员,相比之下,第一种情形下成员们的行为(正面的或负面的)更容易被实验对象记住。另外,在个人独奏的环境中实验对象的判断更极端(例如,被讨论的人不是表现极好就是表现极差,而不是中等评价)。

5.4 锚定

在许多情形下,人们从一个初始值开始进行估计并不断调整得到最终的估计值。这种调整常常是不充分的。显然,初始值通常源于问题的设计。举个例子,快速观看

一下下面 8 个数字的乘积[46]

$$1 \times 2 \times 3 \times 4 \times 5 \times 6 \times 7 \times 8$$

不去精确计算，你对最终答案的估计值是多少呢？大多数人在提供估计答案之前无意识地计算了序列前面几个数字的乘积。当人们在实验中被问及这个问题时，他们提供的答案的中位数是 512——而正确的答案是 40 320。

当序列被颠倒顺序时情况有所改进，如下

$$8 \times 7 \times 6 \times 5 \times 4 \times 3 \times 2 \times 1$$

在这种情况下，答案的中位数是 2 250。但是，使用最初的几个数字乘积作为锚而不考虑序列的长度仍然会导致调整不充分。

更令人奇怪的是，人们会**锚定**（anchor）在问题设计中出现的明显不相关的数字上。为了证明这一观点，设计一个标有数字 1~100（实验对象被告知将这些数字看作百分数）的转盘。[47]然后询问实验对象联合国成员国中非洲国家的百分比是否高于或者低于转盘上面出现的数字。实验设计者更感兴趣的是接下来这个问题：联合国成员国中非洲国家的比例是多少呢？明显地，这个百分比与旋转转盘得到的数字没有任何关系，然而这个数字的影响十分明显。那些在转盘上观测到 10 的实验对象给出答案的中位数是 25，而那些在转盘上观测到 65 的实验对象给出答案的中位数是 45。所以锚定可以发生在明显没有意义的数字上。

有时候锚定是自发产生的。在一项实验中，人们被要求估计 4 个数值。[48]在其中两种情形下，实验设计者提供锚（例如，将鲸鱼的标准体长为 69 英尺作为一种锚）；在另外两种情形下，使用一种很明显的常识作为锚。关于后者的一个例子是："第二个欧洲探险家是在哪一年登陆西印度群岛的？"因为大多数人知道哥伦布是最先发现西印度群岛的欧洲探险家并且是在 1492 年登陆该岛的（50 个人中有 37 个人知道），所以以 1492 年为起点然后向后调整是很正常的。有趣的是，当访问结束之后，虽然有 64%~89% 的实验对象认为他们在估计时使用了锚定，但是在有不相关锚定的情况下只有 12%~14% 的实验对象认为他们使用了锚定，尽管我们在前面已经见证了不相关锚定的力量。

5.4.1 怎样解释锚定

虽然前面提及的研究使用相关的锚定指出人们以一个参考值为起点朝一个明确的方向调整，但这不是一项完整的研究。关于调整过程容易不充分的原因，存在两种观点，第一种研究适合解释相关锚定，第二种适合解释不相关锚定。[49]有一种观点依赖于人们对真实值的不确定性。由于这种不确定性，决策者调整他们的答案使其偏离锚定值，直到他们进入一个看似可信的范围内。不确定性越严重，看似可信的范围越大，那么调整将更不充分。

另外一类解释强调人们缺乏认知努力，可以说是认知惰性。虽然关注锚定值很容易，但是偏离锚定值的调整过程是需要付出努力的，因此人们通常过早停止调整行为。明显不相关的锚定看起来不应该有任何影响。对不相关锚定的一种合理解释是，问题设计中固有的锚定作为一种有意识的或者潜意识的暗示会导致大脑中符合锚定的存储信息更容易被激活。这种情况下，记忆是"事先准备好的"，或者外部搜寻记忆是有偏差的。

5.4.2 锚定与代表性偏差

锚定与代表性偏差的变体忽视基率之间有时似乎存在矛盾。忽视基率者通常认为样本信息对人们的影响太大（特别是近因效应中最新的信息），而锚定会导致人们未充分关注样本数据。

下面假定的情境可能有助于缓解这个矛盾。这与人们"粗糙校准"的想法有关，即人们看待事情非黑即白，不存在灰色地带。假如你将和全家一起去野餐。你收听了广播中的天气预报而且气象专家预测天气晴朗。实际上，当你出发前往公园的时候晴朗的天空开始发生变化。几朵乌云开始飘来。因为你锚定在先前的天气预报上，所以你会忽视这些乌云，认为它们只是暂时的异常情况。当更多的乌云涌现时，你继续忽视它们，告诉自己"最后肯定会是个好天气"。现在天空越来越暗，根据"粗糙校准"观点，你会突然转变看法并且认为"肯定要下雨了，所以赶紧回家以免被淋湿。"

现实比这更加复杂。一天刚开始的时候不可能确定今天将是晴空万里。事实上，如果你仔细收听天气预报，气象员可能是说天气晴朗的概率为20%。但是由于"粗糙校准"你只听到了"天气晴朗"。可以说，你认为下雨的可能性为零。面对越来越多的反面证据你坚持这种观点（注意，即使气象部门根据新证据更新了天气预报）。当天空变得太黑暗不能视而不见的时候，你简单地转变看法认为肯定要下雨了。但是乌云当然有可能只是飘过。也许下雨的真实概率变为80%。也许你应该待在车旁，为突如其来的降雨做好准备或者等乌云飘过继续野餐，而不应该立即返回。

5.5 非理性和适应性

前面大部分的讨论来自于"启发式和偏差"的惯例，这些例子的主要目的在于阐明启发式会使人误入歧途以及错误判断概率的现象。而有人认为有缺陷的不是启发式本身，而是关于启发式的特定观点存在错误。

5.5.1 快速节俭启发式

格尔德·吉格伦泽和其他持相同观点的研究人员提出**快速节俭启发式**（fast and frugal heuristics），认为启发式的目的在于使用最少的时间、知识和计算量在现实世界中做出合适的选择。[50]这种方法与所谓的**有限理性**（bounded rationality）的思想一致，赫伯特·西蒙提出的有限理性假定：认为人们有能力解决传统经济学模型设定的复杂的最优化问题是不合理的。[51]相反，人们"追求要求最低的满意结果"，意味着人们在所处的环境中做出力所能及的选择。可以说，我们的大脑逐渐进化而且已经拥有很多技巧（或启发式），我们利用这些技巧可以做出很合理的决策。

快速节俭启发式强调"生态理性"的观念，他要求启发式要与环境相匹配，凭借"适应性工具箱"，决策者力图在恰当的时机使用合适的工具。此外，他们反对复杂的完全信息模型必然优于仅仅使用一两种显著信息的快速节俭启发式的观点。遗憾的是，完全信息模型认为所有数据都是信息而不包含部分噪声，经常"过度拟合"。[52]另一方面，通过演化快速节俭启发式剔除了"无效信息"。这些研究人员也批判了启发式和偏差强调错误概率的现象。如果人们考虑环境中约束因素后提出了合理的决策，虽然他们错误估计了概率，但是这个问题真的很严重吗？

5.5.2 对批评的回应

托马斯·吉洛维奇和戴尔·格里芬在 *Heuristics and Biases*：*The Psychology of Intuitive Judgment* 一书的序言中从历史的角度讨论启发式及其偏差，并对有关批判做出回应。[53]他们指出有时候人们会误解将启发式和非理性以及"惰性和懒散"联系在一起的研究。相反，启发式并非一定是非理性的：它们常常依赖于复杂的潜在处理过程，并且是对概率问题的正常直觉反应。尽管如此，他们承认关于启发式和偏差的研究计划可以准确找到启发式引起系统性偏差的例子，这通常是因为它们被应用于合理领域之外。关于系统性偏差的研究存在规范性说明，正如将在第 18 章中讨论的旨在"消除偏差"的研究工作。另外，他们反对这样的观点：因为启发式在长期的人类进化过程中不断得到提炼，所以启发式必须是最优的。[54]

5.6 展望

5.6.1 启发式及其偏差与金融决策

在后面的章节中，我们会重新提到一直在讨论的启发式和偏差，详述它们可以影响金融决策的原因。在第 8 章，我们讨论投资者和其他市场参与者。在第 13 章，重点讨论市场参与者的一些行为在解释市场异象中的作用。在第 16 章，我们关注企业经理人的决策。此外在第 17 章，我们重点关注退休和自主养老金计划中的决策问题。

其中，熟悉被证明会导致对本地和国内证券的过度投资。高估可预测性的倾向会使人们形成"好公司就是好投资"的荒谬观点。一旦观点（不论是错误的还是合理的）形成，锚定导致人们长期坚持该观点。轻视均值回归现象使人们在推断未来的赢利增长时过于依赖历史表现。可得性诱导投资者关注那些新闻媒体报道的证券。近因效应促使人们购买热点股票和基金，此时几乎没有证据表明这种决策是正确的。公司经理人明显倾向于选择次优的资本预算标准可能与他们偏爱易于处理的事物有关。在自主养老金计划中，当使用多元化启发式选择基金时，会得到糟糕的资产配置决策。安于现状的偏差在养老金计划领域也是有害的，因为它会导致投资者非常愿意坚持现有的不合适的资产配置。信息过载也可以用来解释为何养老金参与率很低。

5.6.2 启发式导致的偏差能否相互抵消

启发式导致的偏差能否相互抵消，或者说它们是否影响市场结果？换言之，投资者的系统性偏差会不会造成定价错误？当然，这是第 4 章中重点讨论的一个话题。本章关注的是使用启发式引起的投资失误。如果许多投资者同时使用相同的启发式可能会形成系统性偏差。

在第 13 章，我们将讨论单个投资者的偏差如何影响市场结果。正如第 4 章提及的，动量效应和反转效应是两种重要的市场异象。一个著名的模型试图使用基率忽视和锚定来解释这两种现象。[55] 市场层面的另一个难题是所谓的股权溢价之谜，即合理的风险溢价不能完全解释股票市场历史收益率高出债券历史收益率的部分。一种可能的解释是模糊厌恶，因为股票投资不仅承担标准意义下的风险，而且要承担真实股票收益分布引起的不确定性，所以模糊厌恶此时十分重要。

本章要点

1. 感知有时会歪曲信息收集过程。记忆会自我实现并且受情绪影响。首因偏差和近因偏差导致次序十分重要。
2. 在信息过载和有限注意力情况下,人们会选择启发式或者决策捷径。一些启发式是自发灵活的(第一种);其他的是可认知的并且是可思考的(第二种)。
3. 一些启发式通过人们追求舒服的惯性影响人们的偏好。例如,熟悉、模糊厌恶、多元化和满足现状。
4. 代表性偏差,即根据 A 与 B 的相似度来估计概率,是最重要和研究最多的启发式之一。
5. 代表性偏差常常会使人们忽视基本概率,对样本数据过于依赖。
6. 通过贝叶斯法则可以基于新信息最优地更新概率。
7. 忽视基本概率,过于看重样本数据与相信总体和样本看起来一样是相类似的。有时候人们觉得样本应该与总体类似。在赌博与体育比赛中,前者对应赌徒谬误,后者则是指热手效应。
8. 可得性偏差与类似的近因偏差和首因偏差使人们高估某一事件发生的概率。
9. 人们经常会锚定在一些容易获得的数值上,并缓慢调整自己的看法。锚定甚至可以发生在完全不相关的事物上。
10. 有证据表明,人们是"粗糙校准"的:在他们的观念里,事物非黑即白,没有中间地带。这会导致锚定和保守调整,进而表现为代表性偏差。
11. 吉格伦泽和其他持相同观点的学者批判了启发式及其偏差的研究路径,强调快速节俭启发式通常能够很好地完成任务。
12. 对立观点则认为虽然启发式经过人类的不断进化,但是在应用于本领域之外的时候,会需要一个调整期,从而导致了偏差。

问题与讨论

1. 区别下列概念和术语:
   (1) 首因偏差和近因偏差。
   (2) 高显著性和易得性。
   (3) 快速节俭启发式和导致误差的启发式。
   (4) 自发和认知的启发式。
2. 下列对玛丽的描述,哪一种的概率更大?
   (1) 玛丽喜欢打网球。
   (2) 玛丽喜欢打网球,在夏季平均一周至少打一次。

   解释你的答案,定义联合谬误,说明在这里怎么应用?为说明方便,假设某个人喜欢打网球的概率为 0.2,某人在夏季至少一周打一次球的概率为 0.1。
3. 雷克斯是一位聪明的同学。他在 80% 的课程上拿到了 A,而且比较闲散,只在考试前学习。如果他努力学习的话几乎肯定(95%)能拿到 A。假设他现在拿到了 A，他努力学习的可能性有多大？如果有人估计的概率超过 75%，他们犯了什么错误？请解释。

4. 为什么同时经历一件事情的人一个月后会有不同的描述？

5. 赌徒谬误和聚群幻觉是怎样与代表性偏差联系起来的？举一个体育中的例子。它们的区别在哪里？

注 释

1. This section (and the next two on memory and framing effects) relies extensively on Plous, S., 1993, *The Psychology of Judgment and Decision-making* (McGraw-Hill, New York).
2. Bruner, J. S., and L. J. Postman, 1949, "On the perception of incongruity: A paradigm," *Journal of Personality* 18, 206–223.
3. Hastorf, A. H., and H. Cantril, 1954, "They saw a game: A case study," *Journal of Abnormal and Social Psychology* 49, 129–134.
4. Frenkel, O. J., and A. N. Doob, 1976, "Post-decision dissonance at the polling booth," *Canadian Journal of Behavioural Science* 8, 347–350.
5. Loftus, E. F., 2003, "Make-believe memories," *American Psychologist* 58, 867–873.
6. See, for example, Thomas, D. L., and E. Diener, 1990, "Memory accuracy in the recall of emotions," *Journal of Personality and Social Psychology* 59, 291–297.
7. Hawkins, S. A, and R. Hastie, 1990, "Hindsight: Biased judgments of past events after the outcomes are known," *Psychological Bulletin* 107, 311–327.
8. Coren, S., and J. Miller, 1974, "Size contrast as a function of figural similarity," *Perception and Psychophysics* 16, 355–357.
9. Figure 5.1 is a famous representation called the Muller-Lyer illusion.
10. Miller, N., and D. T. Campbell, 1959, "Recency and primacy in persuasion as a function of the timing of speeches and measurements," *Journal of Abnormal and Social Psychology* 59, 1–9.
11. Landy, D., and H. Sigall, 1974, "Beauty is talent: Task evaluation as a function of the performer's physical attractiveness," *Journal of Personality and Social Psychology* 29, 299–304.
12. This is why some professors adopt a marking mechanism whereby the names of students are kept hidden until marks are awarded.
13. Reber, R., and N. Schwarz, 1999, "Effects of perceptual fluency on judgments of truth," *Consciousness and Cognition* 8, 338–342.
14. Iyengar, S. S., and M. Lepper, 2000, "When choice is demotivating: Can one desire too much of a good thing?" *Journal of Personality and Social Psychology* 76, 995–1006.
15. See Gilovich, T., D. Griffin, and D. Kahneman, 2002, "Heuristics and biases: Then and now," in T. Gilovich, D. Griffin, and D. Kahneman, eds., *Heuristics and Biases: The Psychology of Intuitive Judgment* (Cambridge University Press, Cambridge, U.K.), for a discussion.
16. Ibid.
17. Consider the analogy of a Swiss army knife with its manifold tools. It provides a set of tools that can solve many problems. When we confront new, unfamiliar problems, we might use a tool that is not exactly suited to the task at hand. We do the best with what we have. If we need a better tool over time, we might be able to devise one, but in the short run (which may last for some time) we may have to make do. During this time, our use of the improper tool may lead to suboptimal decisions.
18. Heath, C., and A. Tversky, 1991, "Preference and belief: Ambiguity and competence in choice under uncertainty," *Journal of Risk and Uncertainty* 4, 5–28.
19. In the example, the respondent is saying that the *average* (over all questions) certainty level is 60%. With a question being randomly selected, 60% would be the best guess of the probability of being right on any particular question. The next chapter deals with overconfidence, the tendency to think that you know more than you actually do know. Overconfidence here would entail being right less than 60% of the time.
20. Of course if one had known in advance, it would have been trivial to "game" this setup by exaggerating certainty and then taking the random bet.

21 Ellsberg, D., 1961, "Risk, ambiguity and the Savage axioms," *Quarterly Journal of Economics* 75, 643–669.
22 Indeed David Hirshleifer, in his influential review of behavioral finance, slots ambiguity aversion in his section on emotion. See Hirshleifer, D., 2001, "Investor psychology and asset pricing," *Journal of Finance* 56, 1533–1597. Also see Peters, E., and P. Slovic, 1996, "The role of affect and worldviews as orienting dispositions in the perception and acceptance of nuclear war," *Journal of Applied Social Psychology* 26, 1427–1453.
23 In a similar vein, when choices are mutually exclusive, often an "avoid extremes" stance is taken.
24 Simonson, I., 1990, "The effect of purchase quantity and timing on variety-seeking behavior," *Journal of Marketing Research* 27, 150–162.
25 This is related to sensation seeking, which is partly about seeking novelty. See Grinblatt, M., and M. Keloharju, 2006, "Sensation seeking, overconfidence and trading activity," Working paper.
26 Kahneman, D., J. L. Knetsch, and R. H. Thaler, 1991, "The endowment effect, loss aversion, and status quo bias," *Journal of Economic Perspectives* 5 (no. 1), 193–206.
27 Samuelson, W., and R. Zeckhauser, 1988, "Status quo bias in decision making," *Journal of Risk and Uncertainty* 1, 7–59.
28 Kahneman, D., P. Slovic, and A. Tversky, eds., 1982, *Judgment under Uncertainty: Heuristics and Biases* (Cambridge University Press, Cambridge, U.K.). The introductory chapter is reproduced from Tversky, A., and D. Kahneman, 1974, "Judgment under uncertainty: Heuristics and biases," *Science* 185, 1124–1131.
29 Ibid.
30 Tversky, A., and D. Kahneman, 1982, "Judgments of and by representativeness," in D. Kahneman, P. Slovic, and A. Tversky, eds., *Judgment under Uncertainty: Heuristics and Biases* (Cambridge University Press, Cambridge, U.K.).
31 Kahneman, D., and A. Tversky, 1973, "On the psychology of prediction," *Psychological Review* 80, 237–251.
32 If we rearrange we have $pr(B \mid A) = pr(B) * [pr(A \mid B)/pr(A)]$, which says that the optimal way to update the probability of B, based on knowing that A is true, is to multiply it by the factor $[pr(A \mid B)/pr(A)]$.
33 Note that the barometer has an indeterminate range: 5% of the time it predicts neither rain nor dry weather.
34 Gilovich, T. R., R. Vallone, and A. Tversky, 1985, "The hot hand in basketball: On the misperception of random sequences," *Cognitive Psychology* 17, 592–596.
35 In general, people don't seem to understand the role of sample size. See Kahneman, D., and A. Tversky, 1972, "Subjective probability: A judgment of representativeness," *Cognitive Psychology* 3, 430–454.
36 How Susan *plays* the cards is quite another matter.
37 Kahneman, D., and A. Tversky, 1972, "Subjective probability: A judgment of representativeness," *Cognitive Psychology* 3, 430–454.
38 Kahneman, D., and A. Tversky, 1973, "On the psychology of prediction," *Psychological Review* 80, 237–251.
39 Shefrin, H., 2000, *Beyond Greed and Fear: Understanding Behavioral Finance and the Psychology of Investing* (Harvard Business School Press, Boston, Massachusetts).
40 In the case of the stronger student there was less of a gap: the prediction was 3.46 and the actual result was 3.30.
41 Tversky, A., and D. Kahneman, 1973, "Availability: A heuristic for judging frequency and probability," *Cognitive Psychology* 4, 207–232.
42 Ross, M., and F. Sicoly, 1979, "Egocentric biases in availability and attribution," *Journal of Personality and Social Psychology* 37, 322–336.
43 Kahneman, D., and A. Tversky, 1973, "On the psychology of prediction," *Psychological Review* 80, 237–251.
44 Again, see Miller, N., and D. T. Campbell, 1959, "Recency and primacy in persuasion as a function of the timing of speeches and measurements," *Journal of Abnormal and Social Psychology* 59, 1–9.
45 Taylor, S. E., 1982, "The availability bias in social perception and interaction," in D. Kahneman, P. Slovic, and A. Tversky, eds., *Judgment under Uncertainty: Heuristics and Biases* (Cambridge University Press, Cambridge, U.K.).
46 Tversky, A., and D. Kahneman, 1974, "Judgment under uncertainty: Heuristics and biases," *Science* 185, 1124–1131.
47 Ibid.

48 Epley, N., and T. Gilovich, 2001, "Putting adjustment back in the anchoring and adjustment heuristic," *Psychological Science* 12, 391–396.

49 Chapman, G. B., and E. J. Johnson, 2002, "Incorporating the irrelevant: Anchors in judgments of belief and value," in T. Gilovich, D. Griffin, and D. Kahneman, eds., *Heuristics and Biases: The Psychology of Intuitive Judgment* (Cambridge University Press, Cambridge, U.K.).

50 Gigerenzer, G., P. M. Todd, and ABC Research Group, eds., 1999, *Simple Heuristics That Make Us Smart* (Oxford University Press, Oxford, U.K.).

51 Simon, H. A., 1992, *Economics, Bounded Rationality, and the Cognitive Revolution* (Elgar, Aldershot Hants, England).

52 Gigerenzer, G., J. Czerlinski, and L. Martignon, 2002, "How good are fast and frugal heuristics?" in T. Gilovich, D. Griffin, and D. Kahneman, eds., *Heuristics and Biases: The Psychology of Intuitive Judgment* (Cambridge University Press, Cambridge, U.K.).

53 Gilovich, T., and D. Griffin, 2002, "Heuristics and biases: Then and now," in *Heuristics and Biases: The Psychology of Intuitive Judgment* (Cambridge University Press, Cambridge, U.K.).

54 See Lo, A. W., 2004, "The adaptive markets hypothesis: Market efficiency from an evolutionary perspective," Working paper; and Lo, A. W., 2005, "Reconciling efficient markets with behavioral finance: The adaptive markets hypothesis," Working paper.

55 Barberis, N., A. Shleifer, and R. Vishny, 1998, "A model of investor sentiment," *Journal of Financial Economics* 49, 307–344.

第 6 章 过度自信

引 言

过度自信（overconfidence）是指人们倾向于高估他们的知识水平、能力和信息的精确度，或者说是人们对未来和控制未来的能力过于乐观的倾向。[1]心理学文献中研究人员成功证明了大多数人在大多数时间里都是过度自信的。本章将综述其中一些比较重要的结论。接着，在第 9 章和第 16 章中，我们会看到金融经济学文献也提供了大量的证据表明人们在金融决策时经常会过度自信。

过度自信有不同的表现形式。本章从错误校准开始，即人们认为自己的知识比实际更精确的倾向。接着，在 6.2 节中，我们继续描述其他形式的过度自信：自我感觉良好效应、控制幻觉和过度乐观。我们并不清楚过度自信的这些不同表现形式是否恰好测度了同一件事情，因为根据试验结果，同一个人可能既是过度自信的又是信心不足的。另外，这些试验倾向于采取以验证为目标的设计框架。在 6.3 节中，我们也讨论了各种有助于过度自信形成并持续存在的偏差。在 6.4 节中，讨论过度自信是否是一种不可缓和的现象。

6.1 错误校准

6.1.1 什么是错误校准

在一种研究环境中，可以用不同的方法测度过度自信。我们从**错误校准**（miscalibration)开始。[2] 正如上文所述，错误校准是指人们高估自己的知识准确度的倾向。[3] 典型的校准检验采用下述方式：在控制实验里，实验对象被要求为当前（或不久后）已知的某个数量（如珠穆朗玛峰的高度或者某个月的道琼斯指数）设定90%的置信区间。通常会发现他们存在错误校准问题，即他们的设定区间太窄。

更准确地说，如果人们被要求回答大量的关于 $x\%$ 置信区间的设定问题——利用足够多的问题可以降低抽样误差，正确的校准意味着他们提供的区间中包含正确答案的区间数量占 $x\%$。或者说，关注有大量调查对象参与回答的某一特定问题，如果这些人都是正确校准的，那么他们之中 $x\%$ 的个体应该提供包含正确答案的置信区间。

实际结果大不相同。包含真值的置信区间比例明显低于 $x\%$。从个体层面来看，这个结论同样成立。正如6.1.2节描述的校准实验所展示的那样，当某个人被要求回答一系列类似问题时，他提供的置信区间中包含真值的区间比例一般都会远低于 $x\%$。总体来看，校准研究发现个人提供的置信区间太窄，结果导致正确答案落在区间内的频率低于人们应该能达到的限度。

校准试验也可以采用其他方法进行。例如，向调查对象提出问题，接着提供一份备选答案。备选答案可以是简单的正误判断，或者是一系列多项选择。第二步，调查对象被要求估计自己所选答案的正确率。如果某个人报告的平均正确率为70%，但是他仅仅答对了55%的问题，这就意味着过度自信。有时人们认为自己的答案百分百正确。在一项研究中，人们认为肯定发生的事情实际上仅有80%发生了，而他们认为不可能发生的事情发生概率大约为20%。[4]

6.1.2 校准实验的例子

我们描述一项通过校准实验证明过度自信的研究。马克·阿尔伯特和霍华德·雷法调查了1968~1969学年在哈佛大学攻读MBA的800名学生。[5] 具体地，受访者被要求回答3个"非此即彼"的题目并以此推断受访者的观点和偏好，然后是10个答案未知的题目。后续10个问题中的前3个问题依据的是受访者在3个有关观点或偏好问题上的平均反应。表6-1列出了所有的问题以及正确答案。可以看到，从同伴的见解和偏好信息到比较生僻的事实信息，这些问题都有所涉及。

表 6-1　阿尔伯特和雷法校准实验问卷

偏好问题

(1) 你喜欢波旁威士忌酒还是苏格兰威士忌酒
(2) 你是否同意在读大学生延期服兵役
(3) 你是否会接受这样一个赌博：50%的可能性输掉50美元或者赢得100美元

针对下列10个问题，受访学生被要求给出一个百分位数(0.01、0.25、0.50、0.75或者0.99)的估计值	真实值(%)
(1) 除了从不喝酒的，大一新生中喜欢波旁威士忌的比例	42.5
(2) 一年级新生中支持在读大学生延期服兵役的比例	65.5
(3) 大一新生中接受这个赌博的比例	55.2
(4) 1968年7月，盖洛普做了一项面向美国成年人的调查：如果中东发生全面战争，美国是否应该派兵帮助以色列。受访者赞同的比例	10.4
(5) 1968年3月，盖洛普做了一项面向美国成年人的调查：公立学校的教师是否该加入工会。受访者赞同的比例	63.5
(6) 1968年波士顿地区的电话簿中医生的电话数目	2 600
(7) 本年度哈佛商学院在读博士生的总数目	235
(8) 美国在1965年生产的鸡蛋数目(100万个)	64 588
(9) 1967年美国进口的汽车数目(1 000辆)	697
(10) 1967年巴拿马运河的运行收入(100万美元)	82.3

资料来源：Alpert, M. and H. Raiffa, 1982, "A progress report on the training of probability assessors," in D. Kahneman, P. Slovic, and A. Tversky, eds., *Judgment under Uncertainty*: *Heuristics and Biases* (Cambridge University Press, Cambridge, U. K.).

对于10个答案不确定的问题，受访学生被要求给出一个百分位数：0.01、0.25、0.50、0.75或者0.99。可以看出百分位数0.75与0.25之间的差额不仅是四分位差而且是一个50%的置信区间。这是毋庸置疑的，因为人们预期该区间包含正确答案的可能性为50%。类似地，百分位数0.99与0.01之间的差额表示一个98%的置信区间，与人们预期这个区间包含正确答案的可能性为98%相一致。

表6-2列出了受访者选择答案的分布。首先，可以看到有6个百分位数区间(PR)，两个开区间和四个闭区间。我们将它们分类如下：PR1：低于0.01；PR2：0.01与0.25之间；PR3：0.25与0.05之间；PR4：0.5与0.75之间；PR5：0.75与0.99之间；以及PR6：大于0.99。我们用表6-1中第六个问题做出相应的解释说明。受访学生被要求估计"1968年波士顿地区电话簿名单中内外科医生的数量"。正确答案为2 600。我们假设某一受访学生认为百分位数0.25和0.5分别对应答案1 500和3 000。因为正确答案落在两个百分位数之间，所以她应该被分入区间3(PR3)。总共

有12%的受访学生属于这个区间。因为属于区间1~3的受访学生(高估答案的学生)和属于区间4~6的受访学生(低估答案的学生)在数量上是一样的,所以可以得到一个推论,即对这个特定的问题来说点估计(百分位数为0.5)不存在持久的偏差。注意,并不是所有的问题都一定可以得到相同推论:例如,第4个问题中,高估的人更多;而第8个问题中,低估的人更多。

表6-2　阿尔伯特和雷法校准实验的问题答案与百分位数范围的分布　　　　(%)

问题	话题	PR1: 低于0.01	PR2: 0.01~0.25	PR3: 0.25~0.5	PR4: 0.5~0.75	PR5: 0.75~0.99	PR6: 高于0.99	总计
1	波旁威士忌	3	16	20	40	11	10	100
2	兵役	15	12	35	19	10	9	100
3	赌博	11	8	28	29	13	11	100
4	中东	51	41	6	1	1	0	100
5	工会	1	1	13	28	29	28	100
6	医生	24	14	12	13	10	27	100
7	毕业生	1	3	11	9	15	61	100
8	鸡蛋	9	2	13	10	8	58	100
9	汽车	25	15	18	9	7	26	100
10	收入	18	8	8	12	16	38	100
总计		158	120	164	170	120	268	1 000
期望频率		10	240	250	250	240	10	1 000

资料来源:Alper, M., and H. Raiffa. From "A progress report on the training of probability assessors," in D. Kahneman, P. Slovic, and A. Tversky, eds.: *Judgment under Uncertainty*: *Heuristics and Biases* (Cambridge University Press, Cambridge, U. K.). Cambridge University Press, 1982. Copyright © 1982 Cambridge University Press. Reprinted with the permission of Cambridge University Press.

重点关注四分位差(PR3和PR4)和除两端的开区间(PR1和PR6)之外的所有区间更符合我们的目的。重复一次,如果人们是正确校准的,那么正确答案处于四分位间距中的可能性应该为50%。表6-2的最后一行列出了期望频数,它展示了某个特定区间应该包含正确答案的期望次数(总共1 000次——因为对于每一个问题,我们以百分比衡量答案并且共有10道题)。中间的两个区间应该分别包含250次正确答案(25%的可能性),加总得到500次即四分位差的10倍。实际试验中,四分位间距中包含正确答案的次数只有334次,而期望次数为500次。基于这一点,人们可以认为存在中等水平的过度自信。

值得注意的是正确答案落在四分位间距中的比例随着问题的不同而发生变化。对于前三个问题,大多数情况下正确答案位于第三和第四个区间中,这表明存在轻微的信心不足。对于剩下的所有问题,正确答案落在第三和第四个区间的次数不到一半，这意味着存在过度自信。在某种意义上，前三个问题是"简单的"，因为每个受访个体首先就被要求回答这三个问题，这让他们有深思熟虑的机会，甚至可能去猜测别人会如何选择。此外，在一定程度上这三个问题都与个人经验和见解有关。相反，剩下的问题是"很难回答的"——它们更加客观实际，并且其中一些问题相当生僻。

这项实验结果十分重要是因为它表明：虽然多数人在多数情况下会表现出过度自信，但是过度自信并不普遍。在某些环境中可能会发现信心不足的现象。这种现象通常发生在简单问题上而不是难以回答的问题。[6] 这种情况被称为**难易效应**（hard-easy effect）。在这里我们应该注意的是，同样存在证据表明当判断依据的说服力很低但其来源的可信性很高的时候信心不足现象可能出现。[7] 例如，一封来源可靠内容中性的推荐信可能导致人们对候选人潜力信心不足，它与来源可疑评价十分正面的推荐信不同，后者更有可能导致过度自信。

回到阿尔伯特和雷法的研究，重点关注两端的区间（区间1和区间6），对于给定的任意一个问题，正确答案落在这两个区间的可能性应该为2%，但现在事实让我们见证了校准存在困难的有力证据。以第6题为例，我们在前面已经指出，平均来说，受访学生的回答看起来是正常的。遗憾的是，受访者对他们的观点太过自信：落在两端区间中的答案占比为51%（24% + 27%），而不是正确校准所要求的2%。在所有的10个问题中，位于两端区间中的答案占比都远远超过了2%。然而对于前三个"简单的"问题，这种现象在一定程度上得到缓解，但即使是这三个问题，在两端的区间也反映出明显的过度自信。

6.2 过度自信的其他表现形式

除了错误估计知识精确性外，过度自信还有其他的表现形式。不切实际地，许多人倾向于相信自己的能力和知识高于平均水平。控制幻觉使人们认为他们对事件有超乎寻常的控制能力。过度乐观表明人们感觉事件形势会比客观分析得到的结果更加乐观。

6.2.1 自我感觉良好效应

一些研究让人们将他们自己的某些正面个人特质（例如，运动技能或驾驶水平）与平均水平进行比较，很多人认为他们在这些特质上优于平均水平，这与**自我感觉良**

好效应(better-than-average effect)一致。但毫无疑问,任何一个群体中实际上只有(稍微低于)50%更加优秀。一位研究人员调查了一组学生,结果82%的学生认为自己的驾驶技术位居全组的前30%。[8]

助长自我感觉良好信念的一种因素是优越性或有竞争力的确切定义并不清晰。[9]很自然地,人们脑海中的定义会使他们看起来是最优秀的。以驾驶为例。有人将"最好"视为方向盘的操作最熟练;有人将其视为最擅长预期危险;还有人将其视为在州际公路上高速自由穿梭时的技术最熟练。自我感觉良好效应的背后既有激励机制又有认知机制。在动机方面,认为自己位于平均水平之上会增强自尊感。在认知方面,最容易想到的绩效标准通常是你最擅长的。

6.2.2 控制幻觉

过度自信的另外一种表现形式是**控制幻觉**(illusion of control)。当人们认为他们对事件有超乎寻常的控制能力时就出现了控制幻觉。例如,人们认为掷骰子的人好像可以控制投掷结果,另外人们确实认为感染风险一定程度上与他们即将接触的人的身份地位相关。[10]

在一项实验中,学生报名参加一项赌博比赛。[11]当这些学生单独进入房间时,他们面对的是另一个参与赌博的学生,但是后者实际是实验人员安排的助手,他按照指示进行角色扮演,或者"思维敏捷"或者"迟钝"。实验人员洗好纸牌并分给学生和助手各一张牌面向下的纸牌。每局中参赌人员可以赌自己的牌大于对手,允许的最高金额不超过25美分。明显地,这是纯粹靠运气取胜的游戏,不涉及任何技巧。然而,当实验对象面对"迟钝"对手的时候,他们选择的赌注明显比较高(16.25美分对11.04美分)。也许实验对象的优越感导致他们认为自己可以影响随机事件。

6.2.3 过度乐观

与控制幻觉相关联的是**过度乐观**(excessive optimism)。大量的实证研究证明过度自信以过度乐观这种表现形式存在。[12]过度乐观是指人们在考虑历史经验或者合理分析后,过于高估(低估)有利(不利)结果的概率。例如,彩票中奖和患上癌症分别是极其正面和极其消极的结果。[13]此外,学生期望获得的分数比实际得到的更高,并且他们会高估自己将会获得的工作机会。[14]尽管离婚率很高,新婚夫妇几乎普遍认为他们的婚姻会天长地久。[15]

受到所谓的**规划谬误**（planning fallacy）的影响，人们常常会认为他们可以完成的任务比实际已经完成的要多，并且认为预算包括了会发生的所有费用。现实中，我们当中的许多人经常达不到自己的奋斗目标。另外，在大型公共项目中预算超支现象十分普遍。例如，悉尼歌剧院计划花费 700 万美元于 1963 年完工，但是，剧院竣工时间推迟了 10 年，总成本达到 1.2 亿美元。[16]

这种不切实际的态度是有代价的。[17]难以完成既定目标会导致失望、自卑以及社会认可度降低。另外，追求不切实际的目标会浪费时间和金钱。设想某人选了一门超出自己能力范围（中立的评价）的课程。如果他考试不及格，他浪费了大量的时间和金钱，而且因为失望沮丧，将来他可能不愿意为那些力所能及的目标奋斗。

6.2.4 多种意义上的过度自信

过度乐观和错误校准很容易同时出现。我们假设你即将和朋友打保龄球。在标准的 10 球比赛中，最高分数为 300，并且 200 分是很优秀的成绩。你觉得自己今天状态好，于是大胆预测可以取得 225 分，90% 的置信区间为 200～250 分。在往年，你取得的平均成绩为 175 分，90% 的置信区间为 125～225 分。根据赛季记录，你是过度乐观的（高估 50 分）。而且错误校准也发生了，即你的置信区间长度仅为它应有长度的一半。

虽然在本例中区分过度乐观和错误校准很简单，但现实中有时候很难区分不同表现形式的过度自信。回到某人选了一门超出自己能力范围的课程的例子，前面我们认为过于乐观是罪魁祸首。可能的情形是，虽然他知道自己能力有限，但他对这一次可以克服困难充满信心。相反，他可能不知道自己的真实能力，将过去的失败归咎于自己不能控制的因素。实际上，自我感觉良好效应可能是问题所在，因为他确实相信自己有足够的能力表现出色。

6.2.5 人们过度自信的程度相同吗

虽然人们不确定自己对常识的掌握程度是正常的，但是研究证明人们在他们的专业领域是相当过度自信的。这一点已经在诸如市场预测、投资银行、职业经理人、律师和医学专家这样的职业上得到验证。[18]因此，和非职业人员一样，过度自信也困扰着专业人员。

同样存在证据表明过度自信的程度受到人口统计信息的影响。过度自信的程度在男女之间存在差别是最可信的，男性往往比女性更加过度自信。[19]有趣的是，这个差别的大小在很大程度上依赖于他们需要完成的任务，对于被认为更具"男子气概的"的任务，这个差别会更加明显。[20]

虽然我们都愿意相信教育是一件绝对的好事，但是它似乎也有不利的一面。在加拿大的一项调查中，受教育程度较高的人不仅在投资知识方面比受教育程度较低的人更加自信（这是相当正常的），而且他们更加过度自信，这意味着他们的认知和实际情况之间的差距更明显。[21]也许人们应该牢记古希腊哲学家苏格拉底曾经说过的名言："我除了知道我的无知这个事实外一无所知"。[22]

6.2.6 人们是否始终如一地过度自信

过度自信有很多表现形式和不同的测量方法，这引申出下列问题：这些相同的衡量指标是否会得到相同的心理倾向？人们是否始终如一地过度自信？无论如何测度，过度自信是不是都是一种稳定的心理结构？

理论上，人们希望不管特定试验中的数值结果如何，如果某人在一种实验方法下表现出过度自信，那么使用另一种方法他应该也是过度自信的。结果显示不一定是这样，因为随着试验的变换，人们有时候表现出过度自信，有时候表现出信心不足。[23]

如果单个个体过度自信的衡量指标是相关的，换言之，某人在一项试验中表现出的过度自信程度比她的同伴高，那么在另一项实验中她过度自信的程度还是比同伴高，这样我们应该感到舒适。研究证明事实也不一定是这样。实际上，有时这种相关性很低。[24]

格尔德·吉格雷泽甚至认为通过校准实验证明的过度自信可能是一种幻觉。[25]他的依据是通过重新设计题目可以消除过度自信。在不同的试验中，他和合作者询问受访者若干"非此即彼"的题目。例如，海得拉巴和伊斯兰堡中哪个城市的居民更多？接着受访者需要回答自己答案的置信水平：50%（猜测）、60%、70%、80%、90%或者100%（十分肯定）。参照表6-3中左边的两列数值，虽然两个实验中人们的正确率为52%和56%，但是当计算出受访者置信度评估的均值时，可以看出受访者判断他们的正确率为67%和72%。这表明存在轻微的过度自信。另外，在答完所有问题后，受访者需要估计自己答对了多少道题。此时将这个纯粹的判断频率与真实频率进行对比。表6-3右边的两列数值显示，考虑这种同质比较的结果，过度自信似乎消失了。显然，人们可以断定提问方式，即实验设计影响了结果。

表 6-3　信心判断、预估频率和消除过度自信

	将自信判断与频率进行比较		将频率判断与频率进行比较	
	Exp. 1 ($n=80$)	Exp. 2 ($n=97$)	Exp. 1 ($n=80$)	Exp. 2 ($n=97$)
判断	0.67	0.72	0.52	0.52
相关频率	0.52	0.56	0.53	0.56
区别	0.15	0.16	-0.01	-0.04

资料来源：How to make cognitive illusions disappear: Beyond'heuristics and biases', Gigerenzer, G., *European Review of Social Psychology* Volume 2, 1991, pp. 83-115, reprinted by permission of the Taylor & Francis Group, http://www.informaworld.com.

6.3　阻碍修正的因素

研究人员试图解释为什么过度自信广泛存在于大众群体中，另外，更加令人迷惑的是为什么人们不能从历史错误中吸取教训。人们认为三种行为偏差可以用来解释过度自信的持久性。它们是自我归因偏差、事后聪明偏差和证实偏差。

6.3.1　干扰学习的偏差

在社会心理学中，**归因理论**（attribution theory）研究人们如何进行归因，即他们如何解释行为或结果的成因。[26]此时某些持续偏差会出现。例如，在观察他人时，人们倾向于将他人行为归因于素质因素（与情境因素相对）。如果某人行为恶劣，那么我们自然认为他是一个坏蛋，而不会去查找可能解释其行为的环境细节。

归因偏差的另一种表现形式可能会导致过度自信。**自我归因偏差**（self-attribution bias）是指人们倾向于将成功或者好的结果归因于自己的能力，而将失败归咎于自己不能控制的外部环境，它会导致过度自信的程度更高。[27]假设一个过度自信个体的个人表现从逻辑上说是由外因和内因（个人因素）共同作用形成的。如果事件发展顺利，该个体会认为这是因为自己能力强，技术好或知识水平高（而不会客观地考虑外部环境可能起了作用），那么过度自信的程度将会更高。相反，将不利事件的发生仅仅适度归咎于个人因素，它将会导致过度自信得到系统性（而且方向相反）修正。可以这么说，人们"学会"做过度自信的人。[28]

与自我归因偏差紧密相关的是**事后聪明偏差**（hindsight bias），它促使人们产生"我早知如此"的想法。当焦点事件存在明确的可供选择的结果时（例如，一场选举或者世界杯决赛）；当讨论中的事件有感情色彩或道德寓意时；或者当事件在结果揭晓之前会经历想象过程的时候，这种偏差似乎特别盛行。[29]

和事后聪明偏差形影不离的是**证实偏差**(confirmation bias)，它是指人们倾向于寻找与自己已有信念一致的证据，并且倾向于忽略相矛盾的事实。例如，在一项实验研究中同时向死刑支持者和反对者展示一项双重性质的证据，信念出现两极分化，双方都希望从这项证据中筛选出支持自己观点的论据。[30]

6.3.2 过度自信是不是一种不可缓和的缺陷

过度自信，尤其是过度乐观也许是可以缓和的。[31]研究证明，当处在实现目标的初级阶段(即人们的目标很遥远)时，以及当拥有一个行动方案用来应对存在多种可选计划的情况时，人们对未来的预测更加乐观。当这些条件满足时，过度乐观可能会提高人们的表现，研究证明了这个观点。[32]

虽然人们的表现有时候可以得到提高，但是它通常还是达不到预期目标。然而某些防御机制可以合理缓和失望情绪。[33]具体地，偏差或者在评估表现时出现或者在回忆初始预期时产生，并且有合理的借口证明这些情况很正常。以某个学生为例，他在一次测验中的成绩未达到个人预期。他可能会这么想："好吧，不管怎样我的成绩比平均分更高(改变标准)"；"考虑到考试内容的难度我的预期是很荒谬的：我不能那么较真(预期出现问题)"；或者"考虑到由于睡眠不足我那天有点头疼，我认为自己表现得极好(合理的借口)"。这些可以缓和失望情绪的防御机制可以让人们继续前进，而不会严重伤害人们的自尊并且人们下次还会和以前一样保持乐观。

6.4 展望金融领域的应用

过度自信在很多领域盛行，金融决策领域中的过度自信也很普遍。例如，在1998~2000年盖洛普公司为UBS PaineWebber做的15次调研(每次大约有1 000位受访者)中，受访者被要求回答未来12个月股票市场和他们的资产组合的预期收益率。[34]平均来说，受访者预期他们的资产组合表现会优于整个市场，即他们过于乐观。有趣的是，与前面讨论的性别效应一致，男性预期他们的资产组合表现超过市场的幅度要高于女性。虽然女性也过度乐观，但是程度比男性低一些。

在第9章我们将会讨论过度自信如何影响投资者的金融决策。展示过度自信会导致投资者过度交易、持股过于集中以及承担过多风险的证据。错误校准，即人们认为自己的信息和分析比真实情况更精确，会导致投资者错误地认为他们能够进行波段操作或者能够挑选出下一只热门股票。在这一章我们还讨论了几种阻止人们认识他们真实能力的力量。考察自我归因偏差在投资领域如何产生作用。当市场上行时，大部分股票将会表现强劲，包括投资者为他们的投资组合选取的股票，并且大部分人将会认为这种行情是对自己聪明的一种肯定。另一方面，当他们的股票价格下跌时，他们通常将其归咎于自己不能控制的外部环境，如市场或者经济的整体环境。

过度自信可能会在市场层面产生影响。在第13章中，我们将会讨论市场异象的行为学解释。系统阐述一些用来解释诸如动量效应和反转效应这样的市场异象的模型。在一部分模型中过度自信及其相关偏差扮演了重要角色。

在第16章中，我们将讨论过度自信如何影响职业经理人和企业家的行为。展示出来的证据表明，由于过度乐观和其他形式的过度自信，他们轻易进入市场、认为投资对现金流敏感度高、过度投资、热衷于兼并收购以及承担过多债务。

最后，我们讨论过度自信可能不是一种绝对的负面因素，因为它可能改善行为表现，考虑市场进入战略。某一个体决定创办一个小型企业，并确定一个目标。过度乐观导致许多人在考虑到有关小企业破产率的证据后继续追求这个特定目标。虽然在这个意义上过度乐观可能是一个负面因素，但是从另一个角度看它是有益的。很可能成功的信念会促使人们更加努力并且动力十足，这实际上提高了人们成功的可能性。

本章要点

1. 过度自信是指人们倾向于高估他们的知识水平、能力和信息的精确度，或者说是人们对未来和控制未来的能力过于乐观的倾向。
2. 校准方法的基础通常是要求人们提供$x\%$的置信区间。当正确答案落入置信区间的频率明显不同于$x\%$时，错误校准就出现了。
3. 多数人在很多时候都是过度自信的，因为他们的置信区间太窄。
4. 有时候信心不足的现象会出现，尤其是对简单的问题。
5. 过度自信的其他表现形式同样存在。与自我感觉良好效应一致，多数人不切实际地认为自己的能力和知识水平高于平均水平。
6. 控制幻觉使人们认为他们对事件有超乎寻常的控制能力。
7. 过度乐观表明人们感觉事件形势会比客观分析得到的结果更加乐观。
8. 不是所有人过度自信的程度都相同。过度自信在受过良好教育的男性中最普遍。
9. 有人批判过度自信的测量方法，指出某人在一项试验中是过度自信的，但是在另一项试验中是信心不足的。也有人指出如果重新设计问题，过度自信会消失。

10. 多种偏差阻碍过度自信的消除。这些偏差是自我归因偏差、事后聪明偏差和证实偏差。

11. 过度自信也许是可以缓和的。例如，在某些情况下，它可能会改善行为表现。

问题与讨论

1. 区别下列概念和术语：
   (1) 错误校准和过度乐观。
   (2) 自我感觉良好效应和控制幻觉。
   (3) 自我归因偏差和证实偏差。
   (4) 过度自信的利弊。

2. 对于简单问题和难以回答的问题，那种情况下错误校准的程度更大？当我们观察50%的置信区间和90%的置信区间时，哪个区间错误校准的程度更大？

3. 举一个同时存在过度乐观和错误校准的例子。

4. 因为存在归因偏差，过度自信并不能通过学习而迅速消失，解释原因。

5. 在2007年，新英格兰爱国者队（一支美式足球队）表现十分杰出，16场常规赛全部获胜。在16场比赛中，他们的得分分别为：38、38、38、34、34、48、49、52、24、56、31、27、34、20、28和38。尽管取得这样优异的成绩，但是该队的球迷对季后赛仍然有一点过度自信。球迷一致认为该队季后赛的平均得分为50分。另外，球迷95%的置信区间为45~55分。解释说明过度自信的程度（为了解答这个问题，假设爱国者队参加了4场季后赛）。

注 释

1 Some people use overconfidence in the sense that we use miscalibration (to be described), an example being Hirshleifer, D., 2001, "Investor psychology and asset pricing," *Journal of Finance* 56, 1533–1597. Others use it in the broader sense that we use it here. Examples are Camerer, C. F., and D. Lovallo, 1999, "Overconfidence and excess entry: An experimental approach," *American Economic Review* 89, 306–318; and Glaser, M., and M. Weber, 2007, "Overconfidence and trading volume," *Geneva Risk and Insurance Review* 32, 1–36.

2 See Lichtenstein, S., B. Fischhoff, and L. D. Phillips, 1982, "Calibration of probabilities: The state of the art to 1980," in D. Kahneman, P. Slovic, and A. Tversky, eds., *Judgment under Uncertainty: Heuristics and Biases* (Cambridge University Press, Cambridge, U.K.), for a full description.

3 One can also be underconfident and miscalibrated, but the norm is overconfidence and miscalibration.

4 Fischhoff, B., P. Slovic, and S. Lichtenstein, 1977, "Knowing with certainty: The appropriateness of extreme confidence," *Journal of Experimental Psychology: Human Perception and Performance* 3, 552–564.

5 Alpert, M., and H. Raiffa, 1982, "A progress report on the training of probability assessors," in D. Kahneman, P. Slovic, and A. Tversky, eds.: *Judgment under Uncertainty: Heuristics and Biases* (Cambridge University Press, Cambridge, U.K.). Note that this group had been exposed to decisions trees, probability distributions, and utility theory.

6 Fischhoff, B., 1982, "For those condemned to study the past: Heuristics and biases in hindsight," in D. Kahneman, P. Slovic, and A. Tversky, eds., *Judgment under Uncer-

tainty: Heuristics and Biases (Cambridge University Press, Cambridge, U.K.).
7. Griffin, D., and A. Tversky, 1992, "The weighing of evidence and the determinants of confidence," *Cognitive Psychology* 24, 411–435.
8. Svenson, O., 1981, "Are we all less risky and more skilful than our fellow drivers?" *Acta Psychologica* 47, 143–148.
9. See Dunning, D., J. A. Meyerowitz, and A. D. Holzberg, 1978, "Ambiguity and self-evaluation: The role of idiosyncratic trait definitions in self-serving assessments of ability," *Journal of Personality and Social Psychology* 57, 1082–1090, for a discussion.
10. For example, see Nemeroff, C., 1995, "Magical thinking about illness virulence: Conceptions of germs from 'safe' versus 'dangerous' others," *Health Psychology* 14, 147–151.
11. Langer, E. J., 1975, "The illusion of control," *Journal of Personality and Social Psychology* 32, 311–328.
12. See Armor, D. A., and S. E. Taylor, 2002, "When predictions fail: The dilemma of unrealistic optimism," in T. Gilovich, D. Griffin, and D. Kahneman, eds., *Heuristics and Biases: The Psychology of Intuitive Judgment* (Cambridge University Press, Cambridge, U.K.), for a full review of the excessive optimism literature.
13. Weinstein, N., 1980, "Unrealistic optimism about future life events," *Journal of Personality and Social Psychology* 39, 806–820.
14. See Hoch, S. J., 1985, "Counterfactual reasoning and accuracy in predicting personal events," *Journal of Experimental Psychology: Learning, Memory, and Cognition* 11, 719–731; and Shepperd, J. A., J. A. Ouellette, and J. K. Fernandez, 1996, "Abandoning unrealistic optimism: Performance estimates and the temporal proximity of self-relevant feedback," *Journal of Personality and Social Psychology* 70, 844–855.
15. Baker, L. A., and R. E. Emery, 1993, "When every relationship is above average: Perceptions and expectations of divorce at the time of marriage," *Law and Human Behavior* 17, 439–450.
16. Buehler, R., D. Griffin, and M. Ross, 2002, "Inside the planning fallacy: The causes and consequences of optimistic time predictions," in T. Gilovich, D. Griffin, and D. Kahneman, eds., *Heuristics and Biases: The Psychology of Intuitive Judgment* (Cambridge University Press, Cambridge, U.K.).
17. Again, see Armor, D. A., and S. E. Taylor, 2002, "When predictions fail: The dilemma of unrealistic optimism," in T. Gilovich, D. Griffin, and D. Kahneman, eds., *Heuristics and Biases: The Psychology of Intuitive Judgment* (Cambridge University Press, Cambridge, U.K.), for a discussion.
18. See Barber, B., and T. Odean, 1999, "The courage of misguided convictions," *Financial Analysts Journal* (Special Issue on Behavioral Finance), 41–55; and Deaves, R., E. Lüders, and M. Schröder, 2007, "The dynamics of overconfidence: Evidence from stock market forecasters," Working paper.
19. Lundeberg, M. A., P. W. Fox, and J. Punccohar, 1994, "Highly confident but wrong: Gender differences and similarities in confidence judgments," *Journal of Educational Psychology* 86, 114–121.
20. Beyer, S., and E. M. Bowden, 1997, "Gender difference in self-perception: Convergence evidence from three measures of accuracy and bias," *Personality and Social Psychology Bulletin* 23, 157–172.
21. Bhandari, G., and R. Deaves, 2006, "The demographics of overconfidence," *Journal of Behavioral Finance* 7(1), 5–11.
22. Laertius, Diogenes, 1938. *Lives of the Eminent Philosophers* (Harvard University Press., Cambridge, Massachusetts).
23. The previously discussed hard-easy effect is an example. Also see, Kirchler, E., and B. Maciejovsky, 2002, "Simultaneous over- and under-confidence: Evidence from experimental asset markets," *Journal of Risk and Uncertainty* 25, 65–85.
24. Glaser, M., T. Langer, and M. Weber, 2005, "Overconfidence of professionals and laymen: Individual differences within and between tasks?" Working paper.
25. Gigerenzer, G., 1991, "How to make cognitive illusions disappear: Beyond 'heuristics and biases,'" *European Review of Social Psychology* 2, 83–115.
26. See Plous, S., 1993, *The Psychology of Judgment and Decision-making* (McGraw-Hill, New York), for a full discussion.
27. See, for example, Miller, D. T., and M. Ross, 1975, "Self-serving biases in the attribution of causality: Fact or fiction?" *Psychological Bulletin* 82, 213–225. Their review of the evidence strongly supports the self-enhancing side of self-attribution bias (i.e.,

attributing success to personal factors), but finds only minimal evidence for the self-protective side of self-attribution bias (i.e., attributing failure to external forces).

28. See Gervais, S., and T. Odean, 2001, "Learning to be overconfident," *Review of Financial Studies* 14, 1–27; and Deaves, R., E. Lüders, and M. Schröder, 2007, "The dynamics of overconfidence: Evidence from stock market forecasters," Working paper.

29. Hawkins, S. A, and R. Hastie, 1990, "Hindsight: Biased judgments of past events after the outcomes are known," *Psychological Bulletin* 107, 311–327.

30. See Lord, C. G., L. Ross, and M. R. Lepper, 1979, "Biased assimilation and attitude polarization: The effects of prior theories on subsequently considered evidence," *Journal of Personality and Social Psychology* 37, 2098–2109, for this experimental evidence.

31. See Armor, D. A., and S. E. Taylor, 2002, "When predictions fail: The dilemma of unrealistic optimism," in T. Gilovich, D. Griffin, and D. Kahneman, eds., *Heuristics and Biases: The Psychology of Intuitive Judgment* (Cambridge University Press, Cambridge, U.K.), for a discussion of the evidence.

32. Campbell, J. D., and P. J. Fairey, 1985, "Effects of self-esteem, hypothetical explanations, and verbalization of expectancies on future performance," *Journal of Personality and Social Psychology* 48, 1097–1111.

33. Again, see Armor, D. A., and S. E. Taylor, 2002, "When predictions fail: The dilemma of unrealistic optimism," in T. Gilovich, D. Griffin, and D. Kahneman, eds., *Heuristics and Biases: The Psychology of Intuitive Judgment* (Cambridge University Press, Cambridge, U.K.), for a discussion.

34. This story is recounted in Barber, B., and T. Odean, 2001, "Boys will be boys: Gender, overconfidence, and common stock investment," *Quarterly Journal of Economics* 116, 261–292.

第7章 情绪基础

 引言

电视和出版媒体通常把人们做出的决策归因于情绪。尤其是金融出版物依靠情绪去解释金融市场的上下波动。但是，对于情绪与行为之间以及各种情绪之间怎样相互作用以产生人类的行动和决策，我们确实知之甚少。关于天生具有情绪的人们之间怎样相互影响以产生市场结果，我们更加不了解。为了给我们探究金融决策中情绪的作用提供依据，本章关注一些关于情绪的心理学发现。

本章从情绪的定义开始。6个显著的特征能够让我们将情绪与人类经历的其他心理状态（比如心情）区分开来。接下来，7.2节分析心理学家关于我们如何体验情绪的观点。我们的大脑是否控制情绪，或者情绪是否控制我们的大脑对我们的理解很重要，因为作为金融决策者我们需要知道如何控制（甚至是充分利用）我们的情绪反应。7.3节和7.4节讨论进化论和大脑结构。通过进化，人类大脑逐渐发生巨大变化。科学家在研究大脑结构的进化和大脑特定区域的功能方面取得的进展，将允许我们利用自己的大脑成为更优秀的决策者。另外，研究大脑特定部位受损的病人，可以深刻理解决策过程。重要的是，7.5节展示的证据表明当情绪反应不足时，决策过程受到影响。7.6节概括了心理与身体之间的关系。7.7节展望情绪对金融决策的影响。

7.1 情绪的本质

心理学家普遍认同诸如快乐、伤心、愤怒、兴趣、轻视、厌恶、骄傲、恐惧、惊奇和后悔这样的状态是情绪。我们每个人都可以列出一份自己的情绪清单，但是我们

一开始就会问：情绪的准确定义是什么？怎样区分情绪和其他心理状态？虽然没有一种特征是情绪所独有的，但琼·埃尔斯特认为6个可观测的特征可以定义**情绪**（emotion）。[1]

（1）**认知先行**（cognitive antecedents）。在多数情况下，信念会引起情绪反应，例如，当另一名驾驶员闯红灯差点引发一场交通事故时，你会感到十分愤怒，因为你觉得这名驾驶员开车马虎并且差点伤害到你。注意这种情绪与由于胃里空空如也引起的另一种身体饥饿状态的不同。虽然信念也可能会引发饥饿感（比如"中午到了，所以我很渴望吃中饭"），但通常它是由感觉信号（比如感到肚子饿或肚子咕咕响）引起的，而不是思维。当然这个区别不是绝对的，但是一般认为信念对情绪的产生很重要。

（2）**意向对象**（intentional objects）。情绪与某些事物相关，比如某个人或某种处境。例如，你对闯红灯的驾驶员感到愤怒。多数情况下，情绪的对象与引发情绪的信念紧密相关。你对另一个驾驶员感到生气是因为他很鲁莽。另外应该注意，情绪和心情之间的区别十分重要。情绪与某些事物有关，而**心情**（mood）是一种不针对任何特定事物的一般感觉。你对那个鲁莽的驾驶员感到生气，如果你患了抑郁症，通常你也可能会心情忧郁。

（3）**生理激发**（physiological arousal）。激素和神经系统随着情绪反应发生变化。当你在经历一种情绪过程时，你的身体里的激素会发生变化。在两辆车险些相撞的交通事故中，你可能会感到血压升高。

（4）**生理表现**（physiological expression）。情绪可以通过与个人机能有关的可观测表现来体现。你可以通过提高你的嗓音或者朝他挥舞拳头来表达你对这名驾驶员的愤怒。虽然有一些生理反应是功能性的，但另外的一些仅仅是特定情境的产物。例如，一个愤怒的人脸红是由血液流动加速引起，但是这种反应不一定能帮助他解决问题。许多与情绪有关的肢体表达具有一致可观测性。例如，如果你看到某人脸色通红并且拳头紧握，你会认为他可能生气了。同时应当注意，肢体表达不一定是独一无二的，它可以由不同的情绪导致。面红耳赤也可能是因为尴尬或者感到害羞。除了生气之外，人们也可能在庆祝或者是兴高采烈的时候紧握拳头。

（5）**效价**（valence）。使用量表可以对情绪进行评价，这个量表的中心是一个中性点，两个端点表示积极情感和消极情感。[2] 效价是一个心理学术语，可以用来评价愉悦和痛苦或者快乐和不快乐的感觉。你对另一个驾驶员十分反感。在许多情形下，十分刺激的情绪也分布在积极或消极的情感端点处。注意，我们不能假设强烈的情绪总是在端点处（反之亦然）。例如，一位作家年少的女儿有时候表达出十分枯燥的感觉，而枯燥是一种效价很低的情绪。

(6) **行动倾向**（action tendencies）。情绪与行动倾向相关。当你经历某种情绪时，你经常有强烈的冲动想采取某种行动。有时，你甚至会觉得不得不采取行动。你可能会有一种赶上那个鲁莽的驾驶员并严厉斥责他的冲动。或者，你先前想采取行动的冲动得到缓和，你仅仅是开车离开，然而在回家的路上你会十分小心。这种对自己行动倾向的控制可能是有意识的也有可能是无意识的。[3] 实际上，你的身体可能自动阻止了你的行动。同时，社会力量也会驾驭你。[4] 例如，你可能决定放弃追上那个鲁莽驾驶员并跟他理论一番的想法，因为你认识到其他人从表面看会以为自己的反应失控了。

上述的6种特征合力帮助我们明确何为情绪并将情绪与其他的心理状态区分开来。

可以看到许多情绪被认为是消极的（愤怒、轻视、厌恶、恐惧和忧伤等）。以往，心理学研究人员重点关注的是消极情绪，对诸如兴奋这样的积极情绪不太关注。预防心理疾病从而让生活更美好的愿望可能导致了这种差别对待。然而，近来一些心理学家指出积极心理学更有可能提高生活质量以及减轻痛苦。[5] 依据这一新兴的学科分支，关注情绪的积极功能可以让心理学家创建一门促进人类社会健康发展的科学。

理解不同于情绪的心理状态同样重要。如前所述，心情与情绪不同。与情绪一样，心情通常有积极效价和消极效价，但与情绪不同的是，心情有长时间持续存在的倾向。另外，情绪和心情的不同之处还在于，情绪的产生与某个客体或刺激因素相关，而心情是一种不针对任何特定事物的一般感觉。与情绪和心情形成对照的是**情感**（affect），或者说人们如何体验一种感觉。**情感评估**（affective assessment）是人们对一种刺激因素做出响应时的感受。情感是可以评估的，因为人们可以判断一种刺激因素是好还是坏，是积极还是消极的。注意，虽然情感反映一种评估，但是它并不需要（或者排除）一种认知反应。例如，你可能会认为玫瑰花闻起来很香，但是事实上你不一定能够从认知上评估为什么玫瑰花对你而言闻起来很香。我们认为情绪过程包含情感反应。[6] 现在我们知道了一些关于如何刻画情绪的知识，我们转向学习心理学家创立的用以描述情绪体验过程的理论。

7.2 情绪理论简史

如果我们理解了情绪是怎么产生的以及它如何影响我们的行为，那么我们将会成为更加优秀的金融决策者。我们能控制自己的情绪吗，或者情绪能控制我们吗？虽然有时候情绪被刻画为对某种情境的简单非理性反应，但是心理学家并不把思维过程以及情绪看作可以分离的对立的影响因素。心理学家认识到情绪包含认知元素、生理元素和明显的行为元素。

认知心理学家关注特定的心理过程，包括有意识的心理过程，如思考、说话、解决问题和学习等。有关情绪的早期研究根据认知过程来对情绪进行解释，所以情绪只不过就是我们对情境的思考。威廉·詹姆斯在1884年从另一个角度创立了一个著名的情绪理论，至今仍有影响。[7] 这个理论认为情绪是一种由自主反应引发的情感。**自主神经系统**(autonomic nervous system)控制了我们身体的非自主反应，比如出汗、颤抖甚至逃跑。根据詹姆斯的理论，如果你在树林里看到一头熊，你立马停止行进而且（最初）没有用以评估当前情境的情绪，然后你会意识到恐惧。注意，这与图7-1所表达的简单解释——当你在树林里看到一头熊时你感到恐惧然后做出反应是不同的。根据詹姆斯的理论，"我们感到难过是因为我们哭泣，感到愤怒是因为我们开始攻击，感到恐惧是因为我们发抖，而不是伤心、愤怒、恐惧导致我们哭泣、攻击、发抖，尽管可能是这种情况。[8]"

詹姆斯的理论一直处于主流地位直到沃尔特·坎农(Walter Cannon)所做的另一项有影响力的研究问世。[9] 坎农认为生理反应有时候与情绪无关（例如，手掌出汗）。虽然对于情绪不同于其他心理状态是由于身体反应不同这一观点，坎农和詹姆斯意见一致，但是他并不认为自主反应可以区分情绪，因为对于很多不同的情绪我们可以观测到十分相似的反应（例如，你可能在高兴或者愤怒时紧握拳头）。坎农还指出人类大脑在他们的身体采取行动之前就已经对刺激因素做出了反应。根据他的理论，当你在树林里看到一头熊时，你的大脑和神经系统同时接收到信号。然后你会意识到恐惧，同时产生自主的唤起反应（遇到一头大熊时你可能会流汗）。

直到20世纪60年代，情绪才被用来描述人们如何采取行动。许多心理学家是行为主义者并且他们认为他们的研究应该重点关注可观测到的行为而不是心理过程。换句话说，情绪仅仅是对可观测行为的描述，心理学家几乎不重视对情绪源泉的理解[10]——直到斯坦利·沙克特(Stanley Schachter)和杰尔姆·辛格(Jerome Singer)重新提出情绪源于何处的问题。[11] 他们推断情绪是我们的大脑对某种情境的解释。和詹姆斯一样，他们认为自主反应很重要，但同时他们质疑情绪是否可以通过自主反应进行简单区分，这一点和坎农相同。他们建立起一个包含对情境的认知评估的模型来解决问题。当你在树林里看到一头熊时，你的身体做出反应。接着你的大脑为这种唤起反应寻求一种解释。你的大脑意识到你的身体对熊做出了反应，此时你感到恐惧。你可能想跑，但是情绪会实施控制，让你保持冷静并尽快离开这个区域。如果你跑，那么熊将会追你，这会使结果很糟糕。

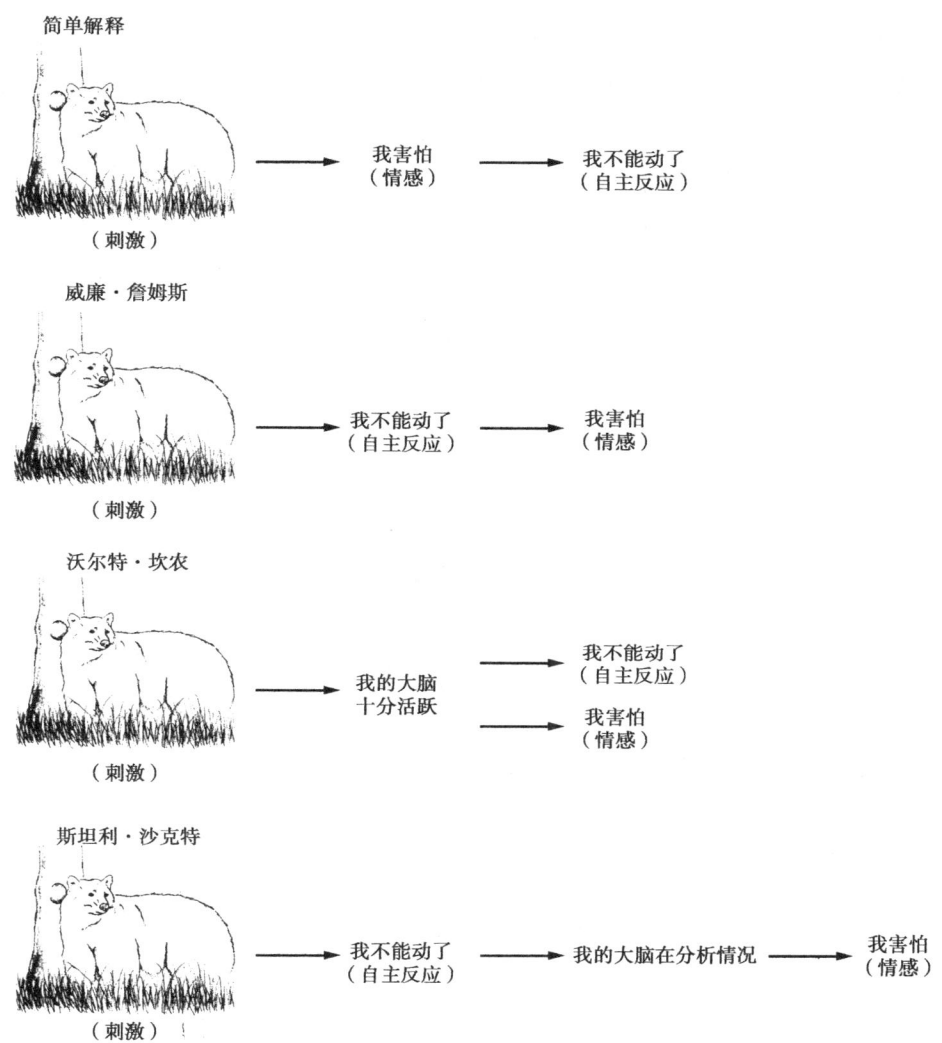

图 7-1 情绪反应理论——我遇到一头熊[33]

尽管沙克特和辛格的模型和评估理论仍然发挥着作用,但是在 20 世纪 80 年代罗伯特·扎伊翁次指出该模型存在一定缺陷。[12]他指出有时候人们体验情绪不包含任何对刺激因素的认知过程。在实验中,扎伊翁次使用了面对刺激因素时的潜意识,他发现人们看起来喜欢那些以前遇到过的反应模式,但是他们不能准确地识别。这是一项重要发现,因为它表明情绪的形成可以独立于认知。

7.3 进化论

在第 3 章,我们展示的证据表明前景理论包含进化论观点。情绪也是一样。最近，一些心理学家又回到了达尔文在100多年前的研究成果上。达尔文以进化论和自然选择学说闻名于世。[13]根据这一理论，有助于物种生存的特质最终会成为物种的特征。适应性较差的个体不能存活下去，而能够适应的先辈会把自己的特征遗传给后代。不适应这种方式的物种逐渐会灭绝。达尔文后来指出与物理特征一样，情绪也是可以遗传的并且逐渐成为天生的。[14]

在达尔文之后，进化论学者也论证了我们的基本情绪不断进化以促进人类的繁衍和生存。[15]有时，某种情境要求快速反应，没有时间来深思熟虑。事实上，许多情绪可以解释为对刺激因素的快速先天反应，其中认知发挥的作用较小。因为情绪可以引发合理的行动和交流，所以情绪担任了一个适应性角色。考虑图7-2中令人恐惧的动物。虽然猫和狗是不同的物种，但是应该注意他们的面部反应太相似了。另外，你可能已经注意到在危险情境中它们的毛会竖立起来。它们处于防御状态，如果你从它们旁边走过，那么信息会很明确——尽快离开。正是情绪表现传达了赶快离开的信息。

图 7-2　对危险情境的相似反应[34]

重要的是，情绪不仅仅可以作为传导机制而且可以作为传染机制，即情绪使得旁观者产生类似的情绪，并且传染过程通常是潜意识的、非认知的。[16]在一项研究中，仅仅观看别人微笑的图像就会引起观察者一起发笑。[17]人们在看电影的时候感受到的情绪与演员生动表现出来的情绪相同。[18]表现紧张的人们会将紧张传递给观众。[19]在社会背景下，情绪的"传递"能力具有潜在的重要性——滚雪球效应会出现，即很多人同时具有相同的感受，这不仅是因为原始的刺激因素对不同的人产生作用，而且因为情绪具有传染性。

虽然在前面的例子中我们看到不同动物物种之间情绪表现的共同之处，但是不同文化背景的人类群体是否也是这样呢？有趣的是，在文化背景不同的人群中相似的面部表情或身体表达通常传达相同的情绪。面部表情似乎可以定义一个情绪集合，尽管对集合中的元素没有完全达成一致。一般而言，用面部表情定义的基本情绪集合包括愤怒、厌恶、恐惧、有趣、兴奋和吃惊。[20]另外，虽然对于是否存在一般性的用来定义情绪的面部表情尚有争论，但是最近的一些跨文化研究证明了不同文化背景下的面部表情十分相似。[21]

对进化心理学家来说，不同文化背景下的情绪具有相似性不足为奇，因为动物表现出来的面部表情与类似的人类情绪是一致的。虽然动物不能进行复杂的推理，但是与它们的面部表情相似的人类面部表情通常与某些情绪反应有关。一些情绪在我们的大脑中根深蒂固，因为它们的进化比其他心理系统早，它们通常被称作**原始情绪**（primary emotions）。[22]进化心理学家认为原始情绪在人类大脑扎根以后，控制人类复杂心理过程的大脑区域通过进化不断增加。脊椎动物具有与人类相似的大脑结构，尽管存在一个十分重要的差异：前脑的大小。在下面的章节，我们考虑人类大脑解剖学以更好地理解情绪的来源。

7.4 大脑

在研究情绪时，对脑的理解十分重要。科学家花费了大量精力专注于脑图谱和不同大脑区域相关功能的研究。从这一点看，现代科学技术十分有利于科学家向前迈进。**正电子成像术**（positron emission tomography，PET）使用对人类无害的放射性物质描绘脑活动。这些放射性物质会积聚在脑的活跃区域，展现出大脑活动的有色图谱。对科学家来说，另一种十分有用的工具是**功能性磁共振成像**（functional magnetic resonance，FMRI），因为这种方法不需要注入任何物质，所以对身体的危害小了很多。科学家利用 FRMI 可以监测大脑中的血液流量和氧气流量，并且确定活跃区域。[23]

科学家们已经可以将不同的人体机能和不同的大脑区域联系起来。图 7-3 说明了大脑解剖学，我们将从下往上简单地介绍各个组成部分。左边的图片展示的是脑干结构和主要的脑叶。脑干结构包括脑髓、脑桥和小脑。脑髓将脑的其他区域和脊髓连接起来，并且控制许多潜意识功能，包括呼吸、血压和循环。脑桥连接脑干和脑髓，控制眼球活动、睡眠和梦境。小脑协调我们的运动并且对身体平衡十分重要。

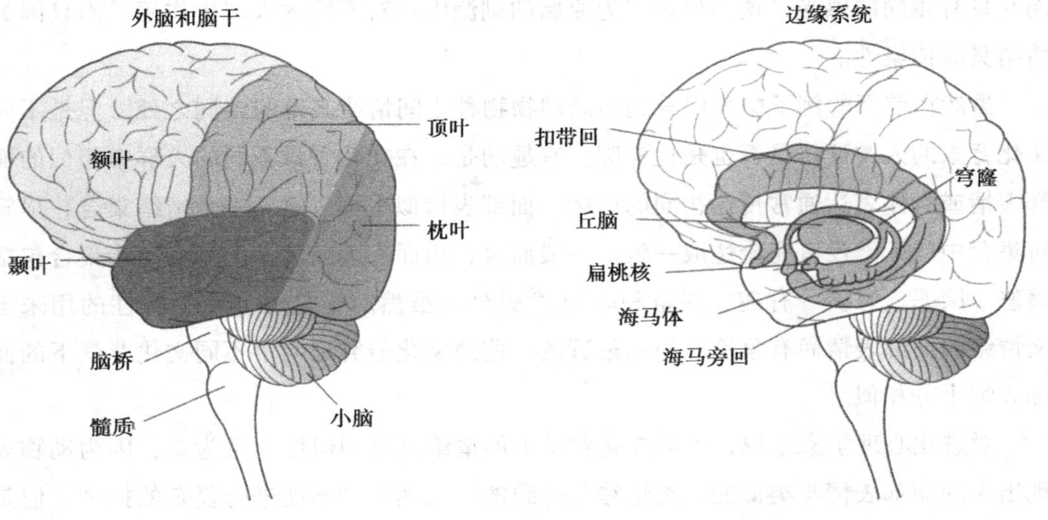

图 7-3 大脑解剖图

大脑边缘系统（limbic system）在脑的深部区域而且科学家尚未完全明确其边界。这个系统是大脑上下两部分的边界。它对我们特别重要，因为它控制人类本能而且有人认为它是大部分情绪活动的中枢。丘脑位于边缘系统的中间，大多数感觉信息通过它进行传递。丘脑整合这些信息并传送给大脑其他部位。**扁桃核**（amygdala）评估感觉信息，并且它在评估原始情绪如愤怒和恐惧时很重要。这些反应被看成是自主的，而不是控制评估的结果。海马体对长期记忆的储存十分重要，而且它可以让我们访问以往事件以评估新情境。扣带回被认为是评估情绪经历的重要区域。大脑边缘系统中剩余的两个区域是穹窿和海马旁回，它们连接了部分大脑。

前脑（forebrain）包括大脑，即脑的最大组成部分。大脑可以被分为两个半球，每个半球都包含四个部分：大脑颞叶、大脑枕叶、大脑顶叶、大脑额叶。科学家掌握了每种脑叶的部分功能。大脑颞叶控制讲话、语言和记忆。大脑枕叶是视觉中枢。大脑顶叶是感觉中枢，包括皮肤响应和皮肤温度。**大脑额叶**（frontal lobe）是脑中最大的脑叶，它控制运动能力、记忆、判断、决策以及为将来计划的能力。

在过去的百万年间，人脑经历了显著的变化。人脑迅速成长并且体积扩大了一倍。我们将要讨论人脑给人类带来的一个相对于其他动物的明显优势——计划能力。

7.5 情绪和推理

科学家们发现了许多关于人脑结构的知识，尽管它们对每个部位的功能并没有完全达成共识。许多重要的情绪似乎以扁桃核为中心,但是我们将会看到大脑额叶也很重要。我们还将看到,当我们考虑决策环境中情绪的利弊时,我们不能将情绪和认知分离开来。

安东尼奥·达马西奥(Antonio Damasio)提供了许多显著证据来证明没有情绪决策会受到不利影响。[24] 其中的行为学证据和生理学证据表明为推理和情绪服务的神经系统是不能分离的。因此,决策和情绪是共生共存的。达马西奥深入研究了由于大脑前页受损而情绪平稳的患者的行为。虽然这些病人的情绪反应异常,但是他们的认知能力正常或者高于平均水平。达马西奥评估了病人对抽象问题的解答能力、注意力、知识能力、语言能力和记忆力,没有发现缺陷。但是,他的病人在决策时存在困难。他们不能计划未来的活动。根据这个证据,达马西奥猜想推理存在缺陷和感觉受损有关。

一个生活在19世纪的人的经历深刻地影响了达马西奥的想法。1848年,25岁的建筑工地工头菲尼亚斯·盖奇遭受了一场悲惨的建筑事故。菲尼亚斯被认为是一名成功的能力出众的铁路工程经理,他品格优良且身体强壮——这种情况一直持续直到有一次心烦意乱的菲尼亚斯无意中引发了一场爆炸,一根铁棒从他的左脸颊刺入一直穿透头顶。图7-4说明了他受伤的真实情形。

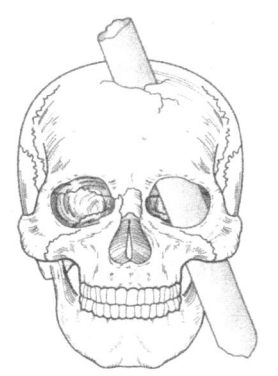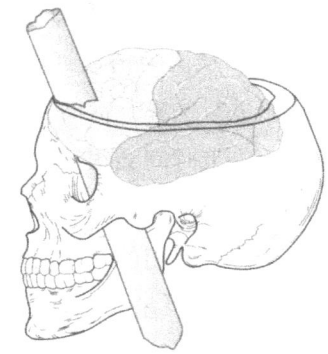

图7-4 菲尼亚斯·盖奇

值得注意的是,那根用来爆破岩石的铁棒长3.7英尺,直径为1.25英寸,而重量为13.25磅。更加值得注意的是菲尼亚斯活下来了。

菲尼亚斯体力逐渐恢复,而且讲话不存在障碍(或者说语言功能障碍)。但是,所有认识他的人都发现他的个性发生了剧烈变化,以至于他原来的雇主拒绝让他返回工作岗位。尽管他找到了临时工作,但是每一份工作都不会持续很久。他看起来不再关心自己的未来。达马西奥将菲尼亚斯的性格变化与大脑额叶受损联系起来。其他研究人员也发现大脑前页受损的病人规划未来的能力严重受限。[25] 虽然他们看起来十分镇定,但是他们同时丧失了规划未来的能力。

最近一个与埃里奥特有关的例子，也支持这个结论。在埃里奥特 30 岁的时候，医生将他大脑额叶的肿瘤摘除，随后他的个性发生了很大变化。他曾经是社区里的一名积极分子，并且以好丈夫、好父亲和好商人著称。在切除肿瘤手术后，他不再是一个富有成效的人。他找不到工作，也不能维持社会关系。他的家人和朋友不能理解他的荒唐行为。同时，他的智商仍然表明他比较聪明。他的记忆能力、感知能力、语言能力、计算能力和理解能力都没有明显受损。但是，埃里奥特完全不能做出一种决策，尤其是当问题个性化或者具有社会性时。他可以对问题进行推理，但是不能选择未来的活动，甚至他自己也意识到对刺激因素的情绪反应和以前不一样。过去能引起他强烈反应的事物，现在对他没有任何影响。埃里奥特的经历是计划和情绪之间存在关联的例证。由于情绪反应受损，埃里奥特似乎不能思考自己的选择如何对未来生活产生影响。

根据菲尼亚斯和埃里奥特的经历和其他脑受损病人的情况，以及大量的人脑研究，达马西奥认为情绪对推理具有重要影响。推理和情绪对人类来说是一个整体，人脑和身体是相互关联的。如果我们不能认识到思维和身体之间的关系，那么就不能理解人类行为。达马西奥的研究表明情绪和理性决策是互补的。

其他神经科学研究支持达马西奥的观点。**神经科学**（neuroscience）是研究脑和神经系统的科学。神经科学家认为情绪通过两种途径改善决策。[26] 首先，当决策十分重要时，情绪会推动我们进行选择。有时，需要考虑的选择太多以至于如果我们评估每一个选择，那么我们的决策时间会很不合理。情绪可以让我们关注决策的关键点，所以我们不会纠缠于所有细节。我们的情绪帮助我们进行最优选择，因为处理所有信息的成本会过度繁重。另外，我们的情绪可以帮助我们做出更好的决策。心理学研究发现情绪对决策具有重要影响。[27] 虽然情绪通常会导致次优的决策，但是当情绪消失时会出现很糟糕决策。积极的情绪实际上可以方便我们获取大脑信息，提升创造力，提高解决问题的能力和谈判能力，从而构建一个更好的决策过程。另外，当我们面对很多行动方案时，我们的情绪促使我们选出最佳路径。[28]

我们前面提到过，经过几百万年的自然选择，人脑已经发生了惊人的变化。与其他脊椎动物不同，我们可以推理并且计划未来。这些能力对人类生存十分重要。已经证明，某人取得成功的能力在很大程度上依赖于以他的**情商**（emotional quotient，EQ）来衡量**情绪智力**（emotional intelligence，EI）。[29] 与使用 IQ 测试来测量一个人的认知能力一样，EQ 测试试图测量一个人识别以及管理自己和他人情绪反应的能力。情绪让我们对刺激因素做出迅速、合适以及理性的反应，包括诸如危险遭遇或者金融决策这样的不同情境。

7.6　我们的思维、身体和情绪

在本章我们学习了大量关于情绪和人脑的知识，但是核心问题仍未被涉及。情绪的源泉是什么？我们知道情绪是人类经历的一部分，但是它们是怎样产生的呢？

情绪的来源包括认知因素、生理因素和进化因素。思维过程和情绪不能被看作可分离的对立的影响因素。心理学家认识到情绪包含认知元素、生理元素和明显的行为元素。人类的推理是思维和身体进行复杂的相互作用的结果，而且对这个过程的理解必须考虑现有的各个方面因素。[30]

关于情绪的进化理论认为情绪是由进化条件作用形成的反应。[31]虽然这些反应可能是有用的，但是在对一种情景做出响应时，我们可以控制这些反应吗，或者，它们会简单地强加在我们身上吗？严格地说，如果情绪是对刺激因素的本能反应，那么我们就不能控制自己的情绪反应。虽然我们的情绪不是有意识的被选择，但是至少在一定程度上我们都具有控制自己情绪反应程度的能力。[32]在极端的情绪反应下，无论是积极的或者是消极的，如果我们能够缓和一下情绪并尝试选择最好的反应，那么我们的境况都会更好。

7.7　展望

本书的后续部分，特别是在第10、14、16和20章中，我们会讨论情绪（连同心情和脑结构）对金融决策的影响。在展望之前，让我们回顾一下前景理论。在第3章，我们讨论了前景理论并指出前景理论有时被证明具有很强的情绪偏差。

从动机的角度分析，回想这样一个事实：许多人会去购买彩票，这与收益区域的损失厌恶相违背。同时，这些人当中很多人会去买保险，这与损失区域的风险偏好相违背。经常与金融市场联系起来的两种情绪是恐惧和贪婪。购买彩票的预期收益为负，所以它不能被看作一项投资。将这种行为与人们渴望一夜暴富联系起来是很正常的。这是不是贪婪呢？另一方面，购买保险，同样是一项预期收益为负的投资，它与恐惧有关，人们害怕灾难和破产。在前景理论中，用倒S形的权重函数来解释购买彩票和保险的行为。这表明非线性的权重函数可能是由情绪引起的。

如果诸如购买彩票和保险这样的活动含有很强的情绪成分，那么在情绪丰富的情形下人们可能预期权重函数的倒S形状会比情绪反应较少时更明显（即更不像线性）。

在一项著名的实验中，尤韦尔·罗滕施特赖奇和克里斯托弗·赫西伊发现了证明这一观点的证据。假设一半参与实验的学生在约见并亲吻自己最爱的影星（确定的）和获得 50 美元（确定的）之间做选择。另一半学生在 1% 的机会赢得 50 美元的彩票和 1% 的机会约见并亲吻自己最爱的影星之间做选择。在确定性选择的条件下，70% 的人选择 50 美元现金，而在不确定性选择的条件下 65% 的人选择亲吻机会。在充满情绪的情境（比如亲吻明星这一奖励）中，上述结果可以用线性程度更低的（更加"弯曲"的）倒 S 形权重函数来解释。事实上，权重函数越弯曲意味着小概率事件被赋予的权重越大，它促使人们偏爱亲吻的机会。彩票销售人员似乎理解这一点，因为他们不倾向于在广告中展示一位拿着一箱现金的中奖者。相反，他们用跑车和南海日光浴来描绘中奖者。

在第 10 章，关注重点将是情绪影响个体投资者金融决策的方式，强调两种行为：第一种行为是处置效应，即人们持有亏损资产却卖掉赢利资产的倾向。第二种其实是两种相关联的行为，一是赌场资金效应，即在投资获利之后人们倾向于承担更多风险；二是盈亏平衡效应，即投资结果糟糕的时候人们倾向于承担更多风险。这两种效应明显的共同点是随着财富量的改变，人们愿意承担更多风险。值得注意的是，这两种效应都包含了相互矛盾的前景理论和情绪解释。考虑到前景理论和情绪之间的关系，这一点也许不足为奇。第 10 章中我们还将考虑市场情绪是否会影响价格。当某人拥有积极的处置效应时（因为赢得体育比赛或者天气令人舒适），是否存在承担更多风险的倾向？总体风险厌恶程度较低是否会拉升价格？整个股票市场层面的赌场资金效应以相似的方式起作用：价格上涨营造出欢乐气氛，降低风险厌恶程度，导致更高的价格。以相似的方式，系统性悲观（相关但方向相反的理由）可能会降低整体股价水平。

再往后看，在第 14 章中我们考虑整体股价层面的几个难题。其一是股票溢价之谜，即当人们客观考虑不同的风险时，相对于固定收益投资，比如债券，股票投资的收益比理论上应该获得的收益高得多。有人曾提出一种以损失厌恶为依据解释。情绪理论为损失厌恶提供了一种可能的基础，因为人们可能十分害怕未知的事物。在第 16 章我们讨论企业经理人是否受情绪影响。事实上，存在一些证据表明情感影响投资项目的选择。最后，在第 20 章中我们关注交易员，他通过积累经验不断提升自己的交易技术。**神经金融学**（neurofinance）对技术是如何发展的这个问题提供了新的见解，比如交易技术。神经金融学是一个新兴的快速成长的领域，它运用神经技术检验人们在做金融决策时大脑是如何运转的。

本章要点

1. 普通的情绪包括愤怒、轻视、厌恶、恐惧、快乐、伤心、后悔和惊讶。
2. 6种可观测的特征可以将情绪与其他心理状态区分开来：认知先行、意向对象、生理激发、生理表现、效价、行动倾向。
3. 情绪的早期研究关注于自主反应能否定义情绪以及大脑是怎样处理信息的。
4. 最近，理论学家认识到进化是决定情绪的一种重要因素。情绪有利于跨文化和跨种族的信息传递。
5. 科学家可以将人体机能与特定的大脑区域联系起来。
6. 大脑将人脑和其他脊椎动物的脑区分开来。规划未来的能力是人类至关重要的一项优势。
7. 没有情绪决策实际上会遭受不利影响。菲尼亚斯·盖奇的情况提供了一个显著的基于事实的例子。
8. 当时间很紧迫时，情绪促使我们做出决策。
9. 情绪可以帮助我们做出更好的决策，因为它们能让我们更好地评估信息。
10. 个人的成功不仅取决于智商，也取决于情绪智力。
11. 情绪和认知是相互依存的，就像思维与身体相互影响一样。
12. 虽然我们并不总能选择自己的情绪，但是我们可以控制他们的程度。

问题与讨论

1. 区别下列概念和术语：
   (1) IQ 和 EQ。
   (2) 心情和情绪。
   (3) 人脑和其他动物的脑。
   (4) 菲尼亚斯和埃里奥特。
2. 你在考虑自己管理自己的钱而不信任一个投资顾问。有人指出情绪智力可能和投资知识一样重要。你同意吗？请讨论。
3. 想象一下你中了1 000万美元的大奖。你感到的原始情绪是什么（注意7种原始情绪一般包括愤怒、轻视、厌恶、恐惧、快乐、伤心和吃惊）？描述它们的特征，包括用于定义情绪的6种特征。确保可观测性。
4. 你的同学认为在决策时情绪和推理是完全分离的影响因素。你同意吗？请讨论。
5. 假设你是一位股权共同基金经理。考虑所有你可能选入资产组合的所有股票。情绪会怎样优化你的决策过程？

注 释

1. Elster, J., 1998, "Emotions and economic theory," *Journal of Economic Literature* 36(1), 47–74.
2. The structure of this bipolar scale is disputed by psychologists. For example, some argue that positive and negative feelings are reciprocal, so an increase in positivity is a decrease in negativity. See Russell, J. A., 1979, "Affective space is bipolar," *Journal of Personality and Social Psychology* 37, 345–356. Others, however, argue that positive and negative feelings are independent factors. See Diener, E. and R. A. Emmons, "The independence of positive and negative affect," *Journal of Personality and Social Psychology* 47, 1105–1117. Despite the continued debate over the structure of experiences, the bipolar characterization is generally accepted.
3. Frijda, N. H., 1986, *The Emotions* (Cambridge University Press, Cambridge).
4. In Chapters 11 and 12 we will consider social forces in depth.
5. Seligman, M. E. P., and M. Csikszentmihalyi, 2000, "Positive psychology: An introduction," *American Psychologist* 55, 5–14.
6. Frijda, N. H., 2000, "The psychologists' point of view," in M. Lewis, and J. M. Haviland-Jones, eds., *Handbook of Emotions* (Guilford Press, New York).
7. James, W., 1884, "What is an emotion?" *Mind* 9, 188–205.
8. Ibid., p. 190.
9. Cannon, W. B., 1927, "The James-Lange theory of emotions: A critical examination and alternative theory," *American Journal of Psychology* 39, 106–124.
10. LeDoux, J., 1996, *The Emotional Brain* (Simon and Schuster, New York).
11. Schachter, S., and J. E. Singer, 1962, "Cognitive, social, and physiological determinants of emotional state," *Psychological Review* 69, 379–399; and Schachter, S., and J. E. Singer, 1979, "Comments on Maslach and Marshall-Zimbardo experiments," *Journal of Personality and Social Psychology* 17, 989–995.
12. Zajonc, R., 1980, "Feeling and thinking: Preferences need no inferences," *American Psychologist* 35, 151–175.
13. Darwin, C., 1859, *The Origin of Species by Means of Natural Selection; Or, the Preservation of Favored Races in the Struggle for Life* (Collier, New York).
14. Darwin, C., 1872, *The Expression of the Emotions in Man and Animals*, (University of Chicago Press, Chicago).
15. Plutchik, R., 1980, *Emotion: A Psychoevolutionary Synthesis* (Harper and Row, New York).
16. See Goleman, D., 2006, *Social Intelligence* (Bantam Books, New York), for a good review.
17. Dimburg, U., and M. Thunberg, 2000, "Rapid facial reactions to emotional facial expression," *Scandinavian Journal of Psychology* 39, 39–46.
18. Hasson, U., Y. Nir, I. Levy, G. Fuhrmann, and R. Malach, 2004, "Intersubject synchronization of cortical activity during natural vision," *Science* 303(5664), 1634–1640.
19. Butler, E. A., B. Egloff, F. H. Wilhelm, N. C. Smith, E. A. Erickson, and J. J. Gross, 2003, "The social consequences of expressive suppression," *Emotion* 3, 48–67.
20. Weiten, W., 2005, *Psychology: Themes and Variations*, 6th ed. (Wadsworth/Thomson Learning, Belmont, California).
21. Ekman, P., et al., 1987, "Universal and cultural differences in the judgments of facial expressions of emotion," *Journal of Personality and Social Psychology* 53(4), 712–717.
22. According to Elster, J., 1998, "Emotions and economic theory," *Journal of Economic Literature* 36(1), 47–74, the seven primary emotions include anger, contempt, disgust, fear, happiness, sadness, and surprise.
23. As we will discuss elsewhere in the book, fMRI technology is now being used to provide insight into economic and financial decision-making.
24. Damasio, A. R., 1994, *Descartes' Error: Emotion, Reason, and the Human Brain* (Putnam, New York).
25. Gilbert, D., 2006, *Stumbling on Happiness* (Knopf Canada, Toronto).
26. See Damasio, A. R., 1994, *Descartes' Error: Emotion, Reason, and the Human Brain* (Putnam, New York); and LeDoux, J., 1996, *The Emotional Brain: The Mysterious Underpinnings of Emotional Life* (Simon & Schuster, New York).
27. For additional discussion of emotion and decision-making, see Elster, J., 1998, "Emotions and economic theory," *Journal of*

Economic Literature 36(1), 47–74; and Hermalin, B., and A. M. Isen, 2000, "The effect of affect on economic and strategic decision making," Johnson Graduate School of Management, Working paper.

28 Rolls, E. T., 1980, *The Brain and Emotion* (Oxford University, Oxford).
29 For a good review of emotional intelligence, see Goleman, D., 1995, *Emotional Intelligence* (Bantam, New York). It is possible to argue that EQ is as important as (financial) IQ when it comes to the decision whether one is better off managing one's money or enlisting the (costly) aid of experts. See Deaves, R., 2006, *What Kind of an Investor Are You?* (Insomniac Press, Toronto, Canada.)
30 For additional discussion of how psychologists and economists think about emotion and decision-making, see Ackert, L. F., B. K. Church, and R. Deaves, 2003, "Emotion and financial markets," *Federal Reserve Bank of Atlanta Economic Review*, Second Quarter, 33–41.
31 See Frank, R. H., 1988, *Passions within Reason* (Norton, New York); and LeDoux, J., 1996, *The Emotional Brain: The Mysterious Underpinnings of Emotional Life* (Simon & Schuster, New York).
32 Wade, C., and C. Tavris, 2006, *Psychology*, 8th ed. (Pearson Prentice Hall, Upper Saddle River, New Jersey).
33 The bear picture is an original drawing by Moira M. Church.
34 The pictures are original drawings by Moira M. Church.

投资者行为

第 8 章　启发式及其偏差对金融决策的启示

第 9 章　金融决策过度自信的含义

第 10 章　个人投资者和情绪的力量

第 8 章 启发式及其偏差对金融决策的启示

 引　言

我们在第 5 章中讲述过启发式常常是省时省力的决策机制，但有时这一机制会将投资者引入歧途。在本章和后续章节中，我们讨论启发式对投资者、将来的退休者、分析师和经理人行为以及对市场结果的潜在影响。本章的重点是分析启发式是怎样影响投资者的金融决策的，对将来的退休者投资决策的影响的研究将在第 17 章中进行考察。

在 8.1 节，我们处理由"熟悉"这一心理因素导致的金融决策。"熟悉"的一种表现是本地偏好，即对国内和本地市场的过度投资倾向。虽然对身边项目的投资可能是因为信息优势，但是这不是全部的答案。与本地偏好相近的是投资于自己工作的公司或者是听说过的品牌。在 8.2 节，我们考察由代表性偏差引起的行为决策。对可预测性的高估倾向使得投资者认为选择好的企业就是好的投资。这和近因效应结合在一起使得投资者相信近期表现好的股票会是好投资。而可得性偏差使人们的投资过度集中于可以轻易获取信息的股票上。在 8.3 节，我们指出锚定使人们受到暗示的过度影响，而不再依赖于自己的观念和经验进行决策，这通过房地产价值的专业视角案例来进行说明。

8.1　熟悉导致的金融行为

8.1.1　本地偏差

国内市场上绝大多数比例的证券由本国投资者持有，虽然这情况正慢慢发生改

变。美国投资者主要持有美国证券，日本投资者主要持有日本证券，英国投资者主要持有英国证券等。肯尼恩·弗伦奇和詹姆斯·波特巴论证了这个规律。[1] 参考表 8-1 中第一列的数据：全球最大的 6 个资本市场中，1989 年美国占全球总市值的 47.8%，日本占 26.5%，英国占 13.8%，法国占 4.3%，德国占 3.8%，加拿大占 3.8%。[2] 但是，一个典型的美国投资者持有 93.8% 的美国股票，而日本投资者持有 98.1% 的日本股票，英国投资者持有 82% 的英国股票。[3] 显然，本国投资者过多投资本国市场，这被称作**本地偏差**（home bias）。

表 8-1　从国际投资者预估国家权重　　　　　　　　　　　　　　　　　　　　（%）

	市场价值比重	美国投资者	日本投资者	英国投资者
美国	47.8	93.8	1.3	5.9
日本	26.5	3.1	98.1	4.8
英国	13.8	1.1	0.2	82.0
法国	4.3	0.5	0.1	3.2
德国	3.8	0.5	0.1	3.5
加拿大	3.8	0.1	0.1	0.6

资料来源：French, K. R., and J. M. Poterba, 1991, "Investor diversification and international equity markets," *American Economic Review* 81, 222-226.

本地偏好与通过国际投资分散风险获得收益的想法相矛盾。[4] 特别是各个国家股票市场之间相关性并不高，[5] 这更能获得分散投资带来的益处。在表 8-1 中，1975~1985 年，平均的两国相关系数为 0.502，充分说明了分散投资的能带来的潜在收益。

对投资者为什么持有较多的本国证券的一个解释是，相比于国外市场，他们对本国市场更乐观。弗伦奇和波特巴使用预期效用最大化的方法和不同市场相关性的历史数据，估计了为获得与现实较一致的资产配置习惯，投资者所需要的预期市场收益率水平，表 8-2 报告了他们的结果。为了与美国投资者过多持有本国证券相一致，美国市场的预期收益将比表现第二好的加拿大市场高出 80 个基点。日本投资者则相信他们的市场将比第二好市场收益高出 280 个基点，而对英国投资者来说，这个值为 430个基点。很明显，这些信念相互矛盾、过度乐观，至少三组投资者中的两组是这样的。第 9 章将对金融决策中的过度乐观倾向进行重点考察。

表 8-2　实际投资组合的隐含预期收益　　　　　　　　　　　　　　　　　　　（%）

	美国投资者	日本投资者	英国投资者
美国	5.5	3.1	4.4
日本	3.2	6.6	3.8
英国	4.5	3.8	9.6

(续)

	美国投资者	日本投资者	英国投资者
法国	4.3	3.4	5.3
德国	3.6	3.0	4.8
加拿大	4.7	3.0	4.0

资料来源：French, K. R., and J. M. Poterba, 1991, "Investor diversification and international equity markets," American Economic Review 81, 222-226.

另一种本土偏差的行为方面解释与人们寻求舒适和熟悉的习惯有关。正如第5章中所讨论的，人们喜欢自己熟悉的事物。美国投资者对美国股票和美国市场更熟悉，所以更愿意多投资美国市场。同样，这一论据对其他国家的投资者也适用。[6]

虽然行为学在解释与有效市场明显违背的现象时具有自己的优势，但理性解释依然存在。国际投资缺乏吸引力可能是因为制度障碍，如对资本流动的限制、交易成本和税负的不同等，然而弗伦奇和波特巴的研究否定了这些解释。虽然曾经有段时间存在显著的资本流动的限制，但是在他们开始进行研究的时候，这一限制已经不再成立了。对交易成本方面的差异而言，如果某国的交易成本低于他国，那么投资会流入该国，因为人们会更偏好于低交易成本的国家，但是实际上没有发现这一情况。另外，对绝大多数投资者而言，本国投资和国外投资的税负水平差别很小。

8.1.2 距离、文化和语言

用制度差别来解释投资者不乐于投资外国市场并不是那么有说服力，因为即使在国内市场上，投资者也倾向于投资本地股票。古·休伯曼报告了这种国内市场的本地偏好。[7] 在1984年，美国电话电报公司被法院判决分拆为7家小公司。这些公司按照区域划分。例如，南方贝尔提供美国南部市场的服务。如果人们喜欢熟悉的事物，我们预计某些子公司的用户将较多持有该公司的股票。分拆以后的情况确实是这样的。虽然我们经常听到要买本地股票的说法，但是从风险分散化的角度考虑，明智的选择是减少持有本地股票。如果你居住的区域经济形势恶化，那么本地企业的股票表现和本地工人的就业前景都会变差。如果你在本地工作并投资于本地企业，从技术角度看，你的两个收入来源高度相关。投资分散理论告诉我们应该使得不同的收入来源尽量不相关。正是这个原因，投资者最好投资于其他地方的电话公司。

一个与此相联系的研究是马克·格林布拉特和马蒂·基洛哈朱（Matti Keloharju）将"熟悉"偏好扩展到语言和文化上面。[8] 芬兰有两种官方语言：芬兰语和瑞典语。[9] 企业年报通常使用芬兰语或同时使用两种语言，在极少数情况下才会有报告仅仅使用瑞典语。在控制其他因素之后，作者发现芬兰语投资者喜欢使用芬兰语公告的企业，瑞典语投资者喜欢使用瑞典语公告的企业，而使用双语的企业都位于两组投资者偏好的中间。有趣的是，文化也有关系。作者区分公司的总裁是芬兰人还是瑞典人，控制语言的影响后，芬兰语投资者偏好芬兰语总裁，瑞典与投资者偏好瑞典语总裁。结果很明确："熟悉"偏好在各种层面上影响投资决定。[10]而且，有证据表明即使是机构投资者也不能避免这种倾向。[11]

8.1.3　本地投资和信息优势

对投资者偏好于本地市场（不管是偏好国内投资或者是偏好离家近的投资）的一种解释是：投资者可能拥有**信息优势**（information advantage），或者他们觉得自己有优势。较近的地理距离似乎能够提高监管能力，更易获得内部信息。乔舒亚·科沃尔和托拜厄斯·莫斯科维茨研究共同基金管理人的行为，证实了这一点。[12]他们的研究首先发现与本地偏好一致，基金管理人倾向于本地投资，他们喜欢投资总部距离自己100英里之内的企业。他们指出基金管理人平均来看投资于离自己比较近的企业的比重明显超过应该有的比重。更进一步，本地偏好受企业规模、杠杆水平和产品流通便捷程度影响，规模小、杠杆率高和那些产品不易进行国际贸易的企业来说，本土偏好的影响更多。

一个本土投资的理性动机是对冲需要。如果你以本地价格消费本地商品，那么用本地投资对冲将是有益的。如果本地产品仅仅在本地销售，那么就应该对这一"本地价格"进行分析，一个典型的例子是理发服务。[13]如果你购买一家本地理发企业的股票，那么未来理发消费风险就得到了完美的对冲。研究发现产品不进行国际贸易的企业有着更严重的本地投资偏好，而这与对冲需求一致。

由于本地信息优势对规模小、高杠杆率的企业更明显，规模和杠杆率暗示了一种基于信息不对称的解释。为检验这一点，科沃尔和莫斯科维茨探究本地偏好是否会带来基金业绩的改善。前文提到过，多数研究发现平均而言共同基金经理风险调整后的收益率水平无法持续击败市场基准收益率。[14]但是这两位研究者发现本地投资的收益十分可观。基金管理人平均每年在本地投资上多赚2.67%，而没有进行本地投资的基金表现要差3%。而且他们发现挑选股票技高一筹的基金更倾向于持有较多本地股票。普通散户是否也能利用这一信息优势？这方面的证据显示，本地投资比例更高的股票组合具有较高的收益率，这种效应会持续几个月之久，说明本地信息优势确实带来了超额收益。在一些研究中，有证据表明散户利用了这种机会。[15]与基金管理人一样，散户投资者的数据显示本地投资比外地投资的年收益率表现要高3.2%。

8.1.4　投资于雇主单位或者知道的品牌企业

有大量的证据表明投资者对熟悉的品牌企业和自己工作的企业投资过多。最初，劳拉·弗里登和阿万尼德哈·萨布拉赫曼亚姆分析了企业品牌质量和品牌熟悉度的问卷数据，判断这些特征是否会影响投资者的偏好。[16]为回答这个问题，他们将机构持股和这些因素联系起来。较高的机构持股比例意味着较低的散户持股比例。他们发现机构持股比例与品牌认知度显著负相关，但是与品牌质量的关系不明确。这意味着散户投资者对品牌认知度比较高的企业股票需求较高，这与需求舒适和熟悉的心理效应一致。

而且，两位作者指出品牌认知度与企业的信息透明度有关。他们建立一个模型，投资者会对发布更多信息的企业投资更多。因此在这一背景下，"熟悉"的公司自然会带来信息优势。

对于过度投资于被雇佣单位的行为，虽然也可以使用熟悉或者信息优势来解释，但是投资者的这种偏好程度已经严重超出了信息优势所能解释的范围。许多"雇员类投资者"将自身财富投资于雇主单位的比重实在是太高，忽视了分散化所能带来的潜在好处。[17]这部分内容将在第17章作进一步的讨论。

8.2　代表性启发式偏差引起的金融行为

有证据表明代表性启发式及其相关偏差会导致不适当的投资决策。如果一家企业的管理水平良好，形象正面，赢利一直增长，似乎很明显这就是一家好企业。当然，学金融的学生更了解这一点，在对企业的估值中会预测未来现金流并使用适当的风险调整折现率将其折算为现值。从理论上说，所有前面提到的好公司特征，都应该反映在对未来现金流的估算和风险调整折算率中，即这些特征都应该已经包含在股价之中。换句话说，好的企业会卖一个好的价格，差的企业价格会低一点。一旦市场完成调整，就没有任何理由再偏好好的企业，或者偏好差的企业。很显然，认为好的企业代表好的投资是错误的，然而大多数人确实是这样想的。更进一步，有效市场认为超额收益是不可预测的。但是我们发现人们有高估可预测性的倾向。在某种程度上说，存在这样一种倾向：将过去的成功（即过去实现的高收益）与未来可能的收益联系起来。

8.2.1 好公司与好投资

赫什·谢弗兰(Hersh Shefrin)和迈尔·斯塔特曼(Meir Statman)的研究提供了很有说服力的证据。[18]据他们报告,《财富》杂志每几年会就企业的特征对企业高管进行问卷调查。[19]这些高管要对自己企业在下列各项行业中的地位打分,分值从代表最差的0到代表最好的10:管理质量、产品或服务质量、创新能力、长期投资价值、财务健康水平、吸引开发和留住优秀人才的能力、对社区和环境的社会责任、运用公司资产的能力。虽然《财富》杂志将这些特征的平均得分作为企业质量的指标,但因为82%的受访者认为管理质量是企业质量最重要的特征,两位研究者选取它作为企业质量的代理变量。

表8-3报告了作者的回归结果。第一组结果告诉我们管理质量(测度公司质量)与长期投资价值(测度股票好坏)之间是高度相关的:第一组回归的结果显示两者之间的相关系数为0.93(R^2的平方根),即企业高管认为好的企业就是好的投资。前面讨论过,企业的任何特征都不应该与股票收益有关系:所有关于企业质量的信息已经反映在股票价格之中,所以在事前无论好公司还是坏公司来看都是相同的投资机会。

表8-3 投资价值与管理质量的回归分析

常数	Log(规模)	Log(B/M)	管理质量	N	Adj. R^2
因变量:价值作为长期投资					
-0.79			1.03	311	0.86
(5.13)			(43.95)		
-0.86	0.15	-0.11	0.85	257	0.89
(4.48)	(7.53)	(2.63)	(31.69)		
因变量:管理质量					
3.71	0.36			270	0.23
(11.32)	(9.02)				
6.16		-0.75		257	0.26
(79.02)		(9.46)			
4.64	0.21	-0.57		257	0.31
(13.72)	(4.60)	(6.60)			

资料来源:Shefrin, H., and M. Statman, 1995, "Making sense of beta, size, and book-to market," *Journal of Portfolio Management* 21(2), 26-34.

接下来第二组的三个回归结果显示企业的两个特征,规模和账面价值比与管理质量具有很强的相关关系,特别是大企业和低账面市值比企业(被视为成长性企业)被视为好企业。这并不奇怪,大公司之所以能够长大是因为本身比较优秀,而成长本身来自于公司的质量。

回到第一组的第二个回归中。在这个回归中因变量为长期投资价值,自变量为企业规模、账面市值比和管理质量。前面说过这些变量影响人们的投资价值决策。从这个回归中看到,即使控制了规模和账面市值比对管理质量的影响,规模和账面市值比仍然对投资价值有着独立的影响。大的企业和高成长性企业被视为好的投资对象。换句话说,大型的成长企业代表了好的投资。有趣的是,第4章中已经指出实证结果完全相反:小型的价值型企业具有超常收益。人们在这种情况下使用代表性启发式可能导致了小公司效应和价值股效应。[20]

有相关研究发现公司形象会影响股票对人们的吸引力。正如前面讨论的,正面的企业形象会被视为一个好的企业特征,它对现金流和成长性的影响已经包含在股票价格之中。在一项实验中,与企业形象相关但与投资价值无关的信息披露给参与者,[21]即使控制了产业联系和财务数据等与价值相关的因素,实验参与者依然更喜欢投资于具有正面形象的企业而不是负面形象的企业。[22]如果企业的形象会有这种影响,那么可以预期企业的品牌认知度也会这样。前面的例子中没有关于企业品牌认知的证据,一旦考虑企业的品牌认知,散户投资者会增加他们对该股票的需求。[23]

8.2.2 追逐赢者

有研究表明投资者会选择历史表现优异的股票和投资基金。在他们看来,过去的投资表现能代表未来的投资表现。这种代表性启发式常被叫做近因效应。**趋势跟随**(trend-following)或**动量投资**(momentum chasing)策略流行了很长一段时间,而且长期以来都是技术分析的核心策略。[24]一份来自于美国个体投资者协会的调查问卷指出如果近期股票市场上涨,大部分人会对股票行情看涨。[25]对共同基金而言,优秀的历史收益率表现会吸引大量的投资资金流入。[26]

趋势跟随是一种国际现象。日本的情况显示有新个人投资者加入的股票是历史表现优异的股票。[27]在加拿大,对自己管理退休金的工人的调查结果显示,他们倾向于正反馈交易而不是逆向投资策略。[28]更具体地,问卷中要求受访者重新配置他们的退休金,投资于两只股票。其中一只股票过去5年内的平均收益水平为5%,另一只股票过去5年的平均收益水平为15%,而且分析师预测这两只股票未来5年的回报率都是10%。这种对未来的预期是中性的,投资应该平均分散在两只股票上。正反馈交易者将在第二只股票上投资超过50%,逆向投资者则在第一只股票上投资超过50%。

图 8-1 显示对赢者股票和输者股票投资的频率分布。63.8%的受访者是正反馈交易的，11.6%的受访者是逆向交易的。

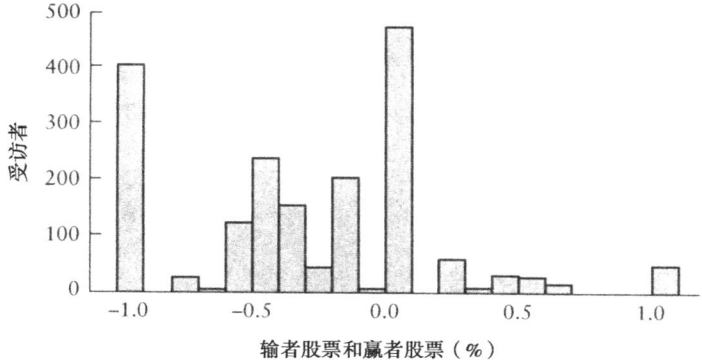

图 8-1 加拿大投资者持有的赢者股票和输者股票所占比的频率分布

资料来源：Deaves, R., 2005, "Flawed self-directed retirement account decision-making and its implications," *Canadian Investment Review* (Spring), 6-15.

施洛莫·贝纳特齐（Shlomo Benartzi）研究了401(k)计划中对公司股票的投资是否存在正反馈倾向。[29]他将这些退休计划根据股票过去10年的收益率表现划分为五组。他发现表现最好这一组企业的雇员将他们40%的可支配资金投资于公司股票，对应的表现最差的企业则对公司股票投资10%。那么这种动量策略对投资者有作用吗？不幸的是，在组合形成后的一年里，投资最多资金于公司股票的雇员比投资最少的雇员少赚6.77%。

那么有没有证据能支持流行的动量策略带来正收益呢？答案既有肯定的也有否定的。证据表明经风险调整的收益与过去3~6个月的收益正相关。[30]对于3年或者更长的时间来说（如贝纳特齐论文和加拿大的调查问卷中），证据支持反转效应或者是收益率负相关。[31]最后，在第13章我们提出能够解释中期动量效应和长期反转效应的行为模型。

8.2.3 易得性偏差和注意力吸引

在第5章中，我们看到某类事件的信息越容易获得，那么人们常常认为这种事件发生的可能性比较大。例如，对暴力事件的报道会提高人们对遭受暴力侵害可能性的估计。布拉德·巴伯和特伦斯·奥迪安研究了信息的易获得性对投资行为的影响。[32]他们指出注意力是一种稀缺资源，面对大量可能的投资机会，散户投资者的交易倾向于集中在信息容易获得的股票上。注意力吸引可以以三种方式来替代：对股票的新闻报道，不寻常的高交易量，极端的收益率。新闻可能是正面的，也可能是负面的。由于个人投资者很少卖空股票而且通常仅持有少量股票，因此坏消息会被忽略，好消息会促使购买股票。因此，两位研究者发现新信息倾向于使得个人投资者净买入股票。另外，机构投资者受这种影响的可能性很小，他们的研究工作覆盖了大部分甚至是全部的股票，不再需要外部因素的推动。事实上，两位作者的实证结果也支持这些观点。

8.3 锚定在容易获得的暗示上

在第 5 章中，我们举了这个例子，参与实验者被要求估计某个不确定的数量，他们的估计锚定在明显不相关的数字上。当潜在的锚定对象看起来具有经济含义时，锚定更容易发生。

8.3.1 对房地产估值的实验研究

格雷戈里·诺思克拉夫特和玛格丽特·尼尔研究了在房地产估价时是否存在锚定。[33] 随机选取的两组房地产经纪人被带入一个房子并对其进行估价。他们的行走路线和信息都是相同的，包括房子的标价。两组唯一的不同之处是第一组给出的标价是 65 900 美元，第二组的标价在 83 900~180 000 美元之间。假设你就是其中一名代理人。由于在估价时肯定存在不确定性，虽然你可以完全使用自己过去的经验来估价，不必考虑那个标价，但是并不奇怪人们会受那个标价的影响。事实上，标价不断变化，而且有着策略意义。

最终，第一组的平均估价为 67 811 美元，而第二组的平均估价为 75 190 美元。这些数据显示在表 8-4 中。如果我们将两个数据的中间值(71 500.50 美元)作为真实值的最佳估计，那么两个估计值之间的差距达到 10%。很明显，这些代理人锚定在显示给他们的标价上，而事实上只有不到 25% 的代理人认为自己考虑了标价。可以认为这些代理人的估价机制如下

$$\text{估价} = a \times \text{个人估价} + (1 - a) \times \text{标价} \tag{8-1}$$

只有那些完全忽视标价的才会将 a 设定为 1。从事后来看，第一组人的 $a = 0.34$，说明标价影响很大；第二组人的 $a = 0.7$。我们也可以计算两组的 a 相等的时候的估价，此时 $a = 0.59$，估价为 69 136.43 美元，此时标价对这些房地产代理人的估价依然有重要影响。

表 8-4　房地产中介的标价和估价

标价和估价	美元数据
低标价	65 900.00
低估价	67 811.00
价格	71 500.50
高估价	75 190.00
高标价	83 900.00

资料来源：Northcraft, G. B., and M. A. Neale, 1987, "Experts, amateurs and real estate: An anchoring-and-adjustment perspective on property pricing decisions," *Organizational Behavior and Human Decision Processes* 39, 84-97.

没有理由认为锚定倾向在其他经济或金融领域中不存在，锚定事实上很常见。我们所有的人都锚定在市场价格之上。这有理性的一面，因为市场价格是市场参与者的共同估价。不幸的是，如果所有的人都锚定在市场价格上，任何一个初始值，即使偏离合理值，都会影响最终的市场价格。例如，1999 年网络股的股价泡沫。只有很少的人怀疑这么高的价格，更多的人则在为这个价格辩解。他们是否深受市场价格锚定的影响呢？这个锚是否被对基本面价值一无所知的部分投资者放弃了呢？回想起来，这似乎是很重要的一方面。

8.3.2　锚定、羊群行为和分析师

因为锚定和**羊群行为**（herding）密切相关，在这里简单说明一下羊群行为。羊群行为本身具有社会层面的因素，将在第 12 章详细展开讨论。在房地产估价的例子中，如果某个代理人被告知另一个代理人的估价，那么这个代理人的估价会趋向于被告知的估价，即使考虑标价的影响，这一点也是成立的。这就是羊群行为或者从众行为的例子。

职业金融分析师公布估价、预测赢利、提出买卖建议，这一过程中也经常出现锚定和羊群行为。我们简要地判断一下分析师是否有锚定和羊群行为。观测是否有锚定存在的一种方法是看分析师是否缓慢修正自己最初的观点判断。在第 13 章中我们指出这些行为可能是几种市场异象的原因。如果受其他分析师的推荐或者赢利预测影响，那么分析师群体可能存在羊群行为。有研究结果表明分析师在修正建议推荐有着从众行为。[34] 赢利估计的情况比较复杂，有人认为存在羊群效应，有人认为是"逆羊群效应"，即行为举动与别人故意相反。[35] 例如，最近的一项英国数据的研究发现分析师的赢利预测存在羊群行为，但是另一项使用德国数据的研究发现情况恰恰相反。[36] 如果从众行为比较安全、比较容易，那么羊群行为是有意义的。当然，如果你认为自己

掌握了别人没有的私人信息，或者你期望自己能够脱颖而出取得好的职业生涯，"逆羊群效应"也可能是合理的。

本章要点

1. 人们喜欢就近投资，具体的表现形式包括本地偏差、国内市场中就近投资于本地市场、对自身语言和文化的偏好。
2. 对本地偏好的一个解释是人们追求熟悉事物带来的舒适感。
3. 另一种对本地偏好的解释是信息优势，货币基金管理人和个体投资者就近投资带来超额收益支持这一观点。
4. 代表性偏差导致投资者相信好的企业就是好的投资，虽然好的公司特征已经反应在股票价格之中。
5. 由于近因效应，投资者追逐近期表现好的股票和基金。有证据表明，在3~12个月的期间内，存在动量效应，但是在3~5年的较长期间内，存在反转效应。
6. 投资者倾向于购买被大量新闻报道的股票，这反映了易得性偏差。
7. 对锚定的研究发现房地产估值受标价的锚定影响。

问题与讨论

1. 区别下列概念和术语：
   (1) 好公司和好股票。
   (2) 动量策略和反转策略。
   (3) 国际分散化和国内分散化。
   (4) 锚定效应和羊群效应。
2. 用长期投资价值（LTIV）对企业规模（S）、账面价值比（B/M）和管理质量（MQ）进行回归，下面是回归系数（都是显著的）

   $$LTIV = -0.86 + 0.15\log(S) - 0.11\log(B/M) + 0.85MQ$$

   讨论从这个回归结果中我们能学到什么？（节选自 Shefrin, H., and M. Statman, 1995, "Making sense of beta, size, and book-to-market," *Journal of Finance* 56, 1747-1764）。
3. 讨论对本土偏好的信息优势角度解释。
4. 在加拿大有两种官方语言：英语和法语。总部在魁北克的企业使用法语作为官方语言，但是其他地方的企业官方语言为英语。那么是不是魁北克人倾向于多投资魁北克的企业，其他地方居民倾向于多投资非魁北克企业？你是否认为投资者会看重CEO使用的第一语言？解释你的回答。
5. 锚定在金融市场十分常见，举几个例子。

注释

1. French, K. R., and J. M. Poterba, 1991, "Investor diversification and international equity markets," *American Economic Review* 81, 222–226.
2. In this context, the "world" is comprised of these six countries.
3. French and Poterba report that the domestic ownership share of the U.S. market was 92.2%; the domestic ownership share of the Japanese market was 95.7%; and the domestic ownership share of the U.K. market was 92.0%. See French, K. R., and J. M. Poterba, 1991, "Investor diversification and international equity markets," *American Economic Review* 81, 222–226.
4. See, for example, Solnik, B., 1974, "An equilibrium model of the international capital market," *Journal of Economic Theory* 8, 500–524.
5. Correlations between national markets have been rising as the world's economy becomes more integrated. Moreover, in times of rising global volatility, correlations rise. See Longin, F., and B. Solnik, 1995, "Is the correlation in international equity returns constant: 1960-1990?" *Journal of International Money and Finance* 14(1), 3–26; and Karolyi, G. A., and R. M. Stulz, 1996, "Why do markets move together? An investigation of U.S.-Japan stock return comovements," *Journal of Finance* 51(3), 951–986.
6. Experimental evidence corroborates the importance of familiarity in decision-making. Home bias may arise because individuals are more comfortable with domestic companies, regardless of differences in information or knowledge. See Ackert, L. F., B. K. Church, J. Tompkins, and P. Zhang, 2005, "What's in a name? An experimental examination of investment behavior," *Review of Finance* 9, 281–304; and Ackert, L. F., and B. K. Church, 2009, "Home bias: Taking comfort in what you know?" *International Journal of Behavioural Accounting and Finance*, forthcoming.
7. Huberman, G., 2001, "Familiarity breeds investment," *Review of Financial Studies* 14, 659–680.
8. Grinblatt, M., and M. Keloharju, 2001, "How distance, language, and culture influence stockholdings and trades," *Journal of Finance* 56, 1053–1073.
9. While Finnish speakers make up 93% of the population versus 6% for Swedish speakers, Swedish speakers hold 23% of household shareowner wealth.
10. This play on words is from the title of Huberman, G., 2001, "Familiarity breeds investment," *Review of Financial Studies* 14, 659–680.
11. Visibility, proxied by media coverage (Falkenstein, E. G., 1996, "Preferences for stock characteristics as revealed by mutual fund portfolio holdings," *Journal of Finance* 51, 111–135) or analyst coverage (Ackert, L. F., and G. Athanassakos, 2001, "Visibility, institutional preferences and agency considerations," *Journal of Psychology and Financial Markets* 2(4), 201–209), leads to increased levels of institutional investment.
12. See Coval, J. D., and T. J. Moskowitz, 1999, "Home bias at home: Local equity preference in domestic portfolios," *Journal of Finance* 54, 145–166; and Coval, J. D., and T. J. Moskowitz, 2001, "The geography of investment: Informed trading and asset prices," *Journal of Political Economy* 109, 811–841.
13. One way to "import" haircuts is to have a haircut while traveling in a low-wage country.
14. See, for example, Malkiel, B. G., 1995, "Returns from investing in equity mutual funds 1971 to 1991," *Journal of Finance* 50, 549–572.
15. See Ivkovic, Z., and S. Weisbenner, 2005, "Local does as local is: Information content of the geography of individual investors' common stock investments," *Journal of Finance* 60, 267–306.
16. Frieder, L., and A. Subrahmanyam, 2005, "Brand perceptions and the market for common stock," *Journal of Financial and Quantitative Analysis* 40, 57–85.
17. Benartzi, S., 2001, "Excessive extrapolation and the allocation of 401(k) accounts to company stock," *Journal of Finance* 56, 1747–1764.
18. Shefrin, H., and M. Statman, 1995, "Making sense of beta, size, and book-to-market," *Journal of Portfolio Management* 21(2), 26–34.
19. While we have said that we will look at the behavior of corporate managers later in the

book, here we examine their views as *investors*.
20 Many would argue that this is true on a risk-adjusted basis, while others would counter that these factors are in fact risk factors (more on this debate later in the book).
21 Ackert, L. F., and B. K. Church, 2006, "Firm image and individual investment decisions," *Journal of Behavioral Finance* 7(3), 155–167.
22 Firm image is associated with positive affect, which is discussed in Chapter 10.
23 See Frieder, L., and A. Subrahmanyam, 2005, "Brand perceptions and the market for common stock," *Journal of Financial and Quantitative Analysis* 40, 57–85, for details.
24 See, for example, Covel, M., 2004. *Trend Following: How Great Traders Make Millions in Up and Down Markets* (Financial Times Prentice Hall, London, U.K.).
25 See De Bondt, W. F. M., 1998, "A portrait of the individual investor," *European Economic Review* 42, 831–844, for details.
26 See, for example, Sirri, E. R., and P. Tufano, 1998, "Costly search and mutual fund flows," *Journal of Finance* 53, 1589–1622.
27 Kim, K. A., and J. R. Nofsinger, 2002, "The behavior and performance of individual investors in Japan," Working paper.
28 These workers have "defined contribution" (DC) pensions. See Deaves, R., 2005, "Flawed self-directed retirement account decision-making and its implications," *Canadian Investment Review* (Spring), 6–15.
29 Benartzi, S., 2001, "Excessive extrapolation and the allocation of 401(k) accounts to company stock," *Journal of Finance* 56, 1747–1764.
30 Jegadeesh, N., and S. Titman, 1993, "Returns to buying winners and selling losers: Implications for stock market efficiency," *Journal of Finance* 48, 65–91. On long-term returns and the joint hypothesis problem, see Loughran, T., and J. R. Ritter, 2000, "Uniformly least powerful tests of market efficiency," *Journal of Financial Economics* 55, 361–389.
31 De Bondt, W. F. M., and R. Thaler, 1985, "Does the stock market overreact?" *Journal of Finance* 40, 793–807.
32 Barber, B., and T. Odean, 2008, "All that glitters: The effect of attention and news on the buying behavior of individual and institutional investors," *Review of Financial Studies* 21(2), 785–818.
33 Northcraft, G. B., and M. A. Neale, 1987, "Experts, amateurs and real estate: An anchoring-and-adjustment perspective on property pricing decisions," *Organizational Behavior and Human Decision Processes* 39, 84–97.
34 Welch, I., 2000, "Herding among security analysts," *Journal of Financial Economics* 58, 369–396; and Jegadeesh, N., and W. Kim, 2007, "Do analysts herd? An analysis of recommendations and market reactions," Working paper.
35 See, for example, Chen, Q., and W. Jiang, 2006, "Analysts' weighting of private and public information," *Review of Financial Studies* 19, 319–355.
36 De Bondt, W. F. M., and W. P. Forbes, 1999, "Herding in analyst earnings forecasts: Evidence from the United Kingdom," *European Financial Management* 5, 143–163; and Aretz, K., M. Naujoks, A. Kerl, and A. Walter, 2007, "Do German security analysts herd?" Working paper.

第 9 章　金融决策过度自信的含义

引　言

正如我们在第5章看到的那样，在社会中过度自信是个灾难。在本章中，我们将阐述这种行为倾向对金融决策过程的影响程度。和之前的章节一样，我们对投资者和其他市场参与者进行了集中考察。之后，我们将在第16章考虑企业和公司的经理们是如何受过度自信影响的。在第13章，过度自信在试图解释各种市场异象的模型中被看作起着举足轻重作用的因素。

在9.1节，各种过度自信的表现和过度交易是有关联的。我们从一个简单的模型开始展示过度自信和交易之间的关系，接着我们转向其在自然发生的市场、调查和实验中的相关证据。在9.2节，我们转到有关过度自信的人群和过度自信的动态发展上，某些人群（比如男人）容易表现出较强的过度自信。进一步而言，我们会研究过度自信是否可以经由过去的市场经验得以把握理解。在9.3节，我们将考察过度自信和投资分散化不足以及过量风险承担之间的关联证据。在9.4节，我们概要地呈现一些分析师表现出过度乐观的证据。这种行为倾向可能不只是由于心理因素造成的，我们将在第12章中重温这部分内容，并对投资行为进行解释。

9.1　过度自信和过度交易

有证据显示投资者的过度自信会导致过度交易。通过理论模型建构，我们可以得出这个结论。为展示这些模型的洞察力，我们从一个简单的联系过度自信和交易行为的模型开始。

9.1.1 过度自信的交易者：一个简单的模型

考虑对某一特殊证券的需求，在个人的层面，需求将会是投资者对证券价值（内在价值）估计的一个函数。如果投资者相信证券的价值超过了市场价格，那么他将比价格被认为是公平的时候更多持有这一证券。假设投资者在证券价格和价值相等时所要持有的证券份额为q_n（中性），[1]如果价值超过价格，投资者将要持有多于q_n的份额。另外，如果价值低于价格，投资者将会持有少于q_n的份额。

不同投资者之间的区别在于他们对价格偏离估计价值时的不同反应。为了弄明白不同的价格如何影响人们的持有量，我们从一个价值评估机制开始讨论。首先，假设存在很多的投资者，大家都是价格接受者。[2]进一步，我们假设投资者在评估价值时会使用两类信息，他们自己的观点（事前价值）和市场价格（等于所有投资者观点的加权平均），那么有如下

$$v_i = a_i v_i^* + (1 - a_i)p, \quad 0 \leq a_i \leq 1 \tag{9-1}$$

式中，v_i为投资者i的事后价值估计；v_i^*为投资者的事前价值估计；p为市场价格；a_i为投资者之事前对市场价格赋予的权重。a_i越大，则投资者就会对自己的观点赋予越大的权重。因为价格p已经反映了大部分投资者的看法，任何略高于0的a_i值将意味着过度自信，而且相对于较低的值而言，越高的值就意味着更大的过度自信。这里，我们对过度自信的本意是错误校准，也就是对某人的信息（或观点）精准地过高评估。在这里自我感觉良好效应，也就是认为自己对价值的评估会比市场上其他参与者的判断更准确的心理可能有着影响。

考虑一下式9-1如何融入股票的需求中，假设需求曲线可以写成如下

$$q_i = q_n + \theta(v_i - p), \theta > 0 \tag{9-2}$$

式中，q_i为投资者i的需求；θ为事后价格评估和价格之间差异的敏感系数。[3]把式（9-1）代入式（9-2）并加以简化，得出

$$q_i = q_n + \theta a_i(v_i^* - p) \tag{9-3}$$

接下来对q_i取p的偏导数

$$\partial q_i / \partial p = -\theta a_i \tag{9-4}$$

投资者的过度自信水平（a_i）越高，则相应的需求变化主要体现在价格的变动上。当a_i接近于1时，$\partial q_i/\partial p$就会越发靠近$-\theta$。另外，当a_i趋近于0时，价格变动会导致需求的小幅变动。

按照惯例画出需求曲线，价格 p 作为 y 轴，数量 q 作为 x 轴。采用这种方法，投资者过度自信水平(a_i)越高，则需求曲线就会越平坦。随着 a_i 趋近于0，需求曲线变得接近于垂直。图9-1展示了三位投资者的情况，他们对某一给定证券的需求曲线被绘制为 $D1_{PC}$、$D2_{LOC}$、$D3_{HOC}$，这里"PC"指的是"正确校准"，"LOC"指的是"低自信"，而"HOC"则指"高自信"。如前所讨论的，在这种背景下一个过度自信的投资者是那种持很强的信念认为自己有能力可以非常准确地进行证券定价。这三位投资者在一些方面是相似的，他们都对问题中的证券加以分析并得到相同的事前价值估计，这在图9-1中被指定为 v_0。因此，均衡的价格（以及所有的事后价值估计）也都是 v_0，而这也就是为什么这三条个人需求曲线交汇于 (q_n, v_0)。

其中一位投资者（他的需求曲线是 $D1_{PC}$）有垂直的需求曲线，对他而言，$a_1 = 0$。另外两位投资者有负斜率的需求曲线，这意味着较低的价格将增加需求，较高的价格将降低需求。对这两位投资者而言，a_i 是正的，但要注意 $a_3 > a_2$，当投资者2关注于自己的观点时，投资者3会更加关注自己的观点。因为投资者3比投资者2更加容易受到价格变化的影响，所以相对而言，他有更高程度的过度自信，他较少地把权重放在市场价格上而把更多的信任放在自己的事前估计上。由此，当市场价格上升时，投资者3相对于投资者2会过多地调低需求。类似的，当市场价格下跌时，投资者3也会比投资者2更多地增加自己的证券需求。

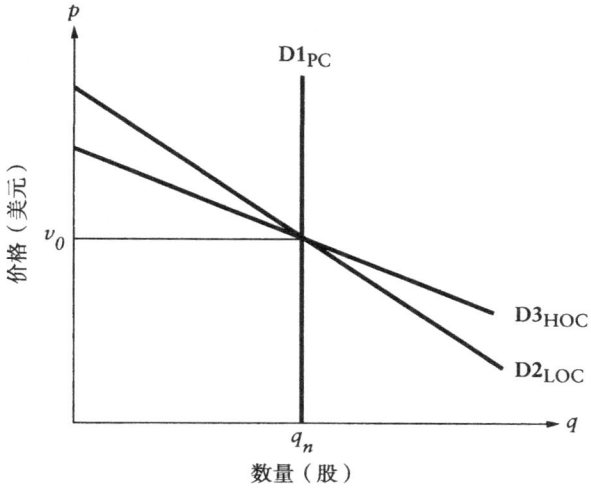

图9-1　以过度自信为函数的证券需求

我们可以用这个框架阐明过度自信对交易和波动率的影响，为此，我们将假设有300股待售($Q = 300$)，我们假设三位投资者的需求曲线如下

$$q_1 = 100（投资者1）\qquad(9\text{-}5)$$

$$p = 20 - 0.1 \times q_2 (\text{投资者} 2) \quad (9\text{-}6)$$

$$p = 15 - 0.05 \times q_3 (\text{投资者} 3) \quad (9\text{-}7)$$

注意到更自信的交易者会有一个更平坦且价格变动更灵敏的需求曲线[也就是说式(9-6)的斜率要小于式(9-7)]。在图9-2中展示了总需求和总供给曲线,证券的总供给是300股,总需求是对所有个人投资者需求曲线的水平加总。在20美元或以上,投资者1需要100股并且没有其他投资者对此价格感兴趣;在15~20美元之间,投资者1继续需求100股,而投资者2现在随着价格的下跌则有了正的股票需求;在更低的价格下,所有的投资者都有正的需求。总供给和总需求在10美元价格处交汇,这在图9-2中为$v_0 = p$和$q_n = q_1 = q_2 = q_3 = 100$。

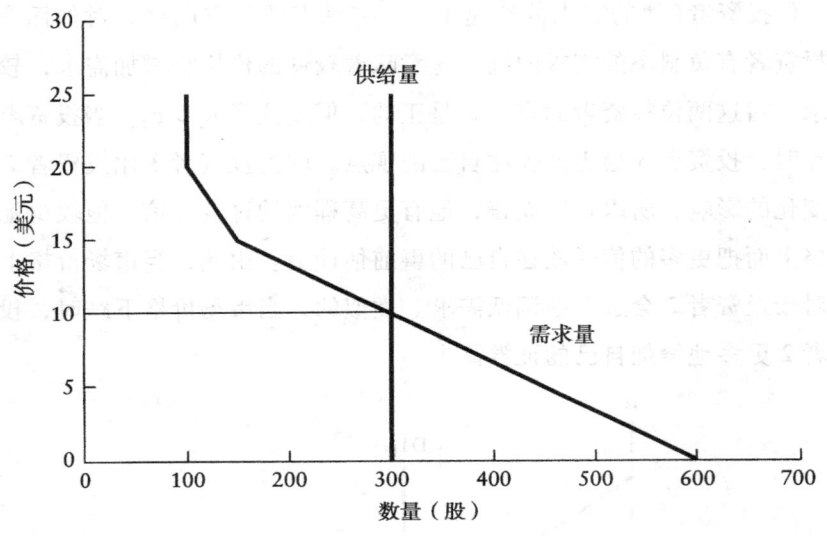

图9-2 总需求和总供给

投资者会不时地重估他们自己的证券事前价值,在新闻材料出现时多数人也是这么做的。为简化这个例子,我们假设一位投资者对某一股票经过彻底的二次分析后改变了价值估计函数,具体而言,假设投资者2认为证券变得更有价值。我们通过平行移动投资者2的需求曲线上升5美元使得上述想法得以实现,这时投资者的新需求曲线为

$$p = 25 - 0.1 \times q_2 (\text{投资者} 2 - \text{场景} 1) \quad (9\text{-}8)$$

注意到我们称呼这种环境为场景1。图9-3展示了总需求曲线经过修正后的形状,不必吃惊,此时总需求曲线上移了,新的均衡价格为11.67美元。这表明尽管另两位投资者仍然相信这只股票应该卖10美元,而第三位投资者却认为15美元是合理的,但均衡价格却是三位投资者价值评估的加权平均。

为了考察过度自信的作用,我们将再次通过增加投资者之一的自信水平(同时保

持所有交易者 $v_0 = 10$ 美元的初始水平不变),并由此产生场景2,如下所示

$$p = 15 - 0.05 \times q_2 (\text{投资者} 2 - \text{场景} 2) \tag{9-9}$$

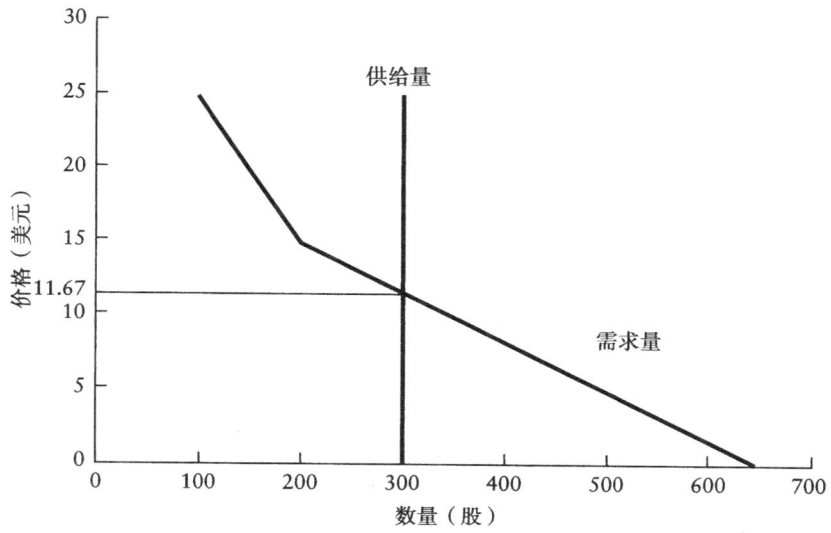

图 9-3　价值重估后的市场均衡(场景1)

现在投资者2和投资者3有相同的需求曲线,这意味着他们都有相同的(高)自信水平。图9-4展示了因为所有的投资者仍然在初始的时候相信证券的价值是10美元,所以跟之前一样,10美元也是初始的均衡价格。

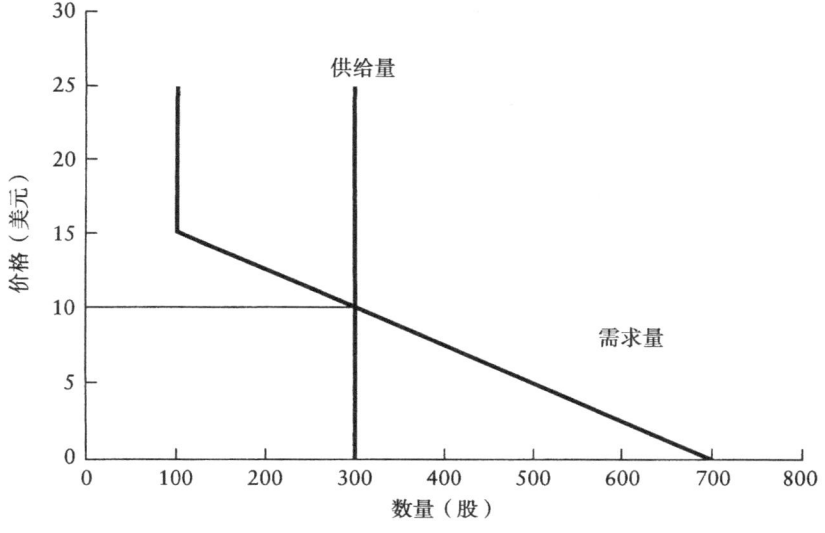

图 9-4　总需求和总供给(场景2)

但如果我们考虑情景3,结合情景1和情景2,投资者2既比以前有更高程度的过度自信水平,同时他增加价值估计5美元,那么显然新的需求曲线是

$$p = 20 - 0.05 \times q_2 (投资者2 - 场景3) \tag{9-10}$$

图9-5表明价格上升到12.5美元，这并不让人吃惊。注意到因为投资者有着更极端的观点，比以前更加自信且更愿意以自己的看法作为交易的基础，所以这次价格上升高得多。价格依旧是这三个价值评估的加权平均，但是因为更多的交易意愿，带有极端看法的投资者对价格施加了更大的影响。

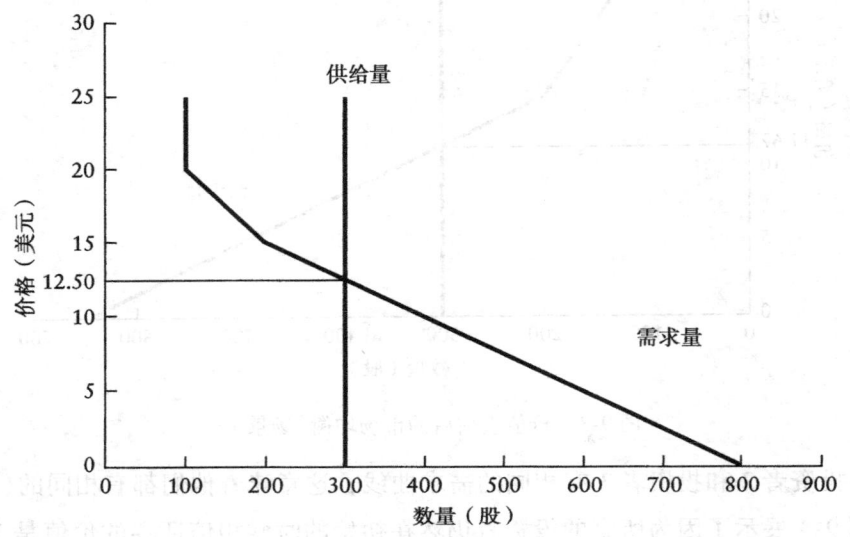

图9-5 价值重估后的市场均衡(场景3)

很显然，可以证明负的价值重估将以同样的方式起作用，只不过作用的方向相反。第一个教训是波动率会随着过度自信而增加。当其中一位交易者过于自信时，那么相同的价值重估会导致较大的价格变化。

第二个教训是过度自信引起较大量的交易活动，包括更大的市场成交量。假设所有的投资者开始时持有100股(起始条件)，在场景1时，投资者2变得更乐观，那么他将增持到133.33股，而这由投资者3售出的33.33股提供。对比场景3，在此情况下，投资者2增持到150股，他净买入50股，这由投资者3售出的50股所提供。所以，越高的自信就联系着越多的交易量。

这个模型仅具有介绍的意义，却是与严格的理论模型相一致。例如，特伦斯·奥迪安提出一个模型，在其中投资者接收到关于股票市场未来价值的噪声信号。[4] 当投资者意识到他们的信息和观点不是那么完美时，他们会高估自己的估计能力。换句话说，他们在错误校准的意义上是过于自信的。与这里展示的过度自信的例子一致，可以从奥迪安的模型中得出几个预测：①随着过度自信的增加，交易量预计也将增加；②价格波动率随着过度自信的增加而增加；③过度自信侵蚀了价格信号的质量，这意味着他们准确估计价值的可能性降低；④过度自信的交易者比那些校准恰当的人拥有较低的期望效用。第三个预测是基于这样的事实：如果有问题的交易者拥有充足的资本并且过度自信，那么他们有时会对分散的观点赋以不适当的权重。第四个教训是因为相对于那些进行恰当校准的人，过度自信的投资者承担了更多的风险暴露。

9.1.2 现实的证据

这些推断会从现实得到证据加以巩固吗？布拉德·巴伯和特伦斯·奥迪安通过检验1991~1996年超过60 000名美国折扣券商的投资者的交易历史来考察个人投资者的表现。[5] 他们的目的在于看看这些投资者的交易操作是不是能够提高投资组合的表现。例如，假设你卖了一只股票并用进款去买另一只股票，为此产生了200美元的交易成本费用。只有在你期待会产生一个较高的资产组合回报时——至少高得可以抵消交易成本费用，这个交易才会符合逻辑。实际上，个人投资者的交易规模巨大，巴伯和奥迪安在他们的研究中发现，平均而言，投资者投资组合的年度换手率达75%。这意味着，对一个典型的持有100 000美元的投资者，他在某一给定年份中的股票交易量为75 000美元。

巴伯和奥迪安以投资组合的交易量为标准，把个人投资者样本分成了五等分组。具体而言，交易量最小的20%投资者被指派到第一个五分位组，接下来的交易最少的20%被指派到第二个五分位组，以此类推到第五个五分位组，就是那些交易量最多的投资者。把所有这些统一起来看，那些交易量最少的投资者每月仅仅换手0.19%——每年低于3%；那些交易量最高的投资者每月的换手率超过了21.49%——每年高于300%。参看图9-6，我们可以看到每一个五分位组投资者的每月的毛平均收益和净平均收益（减掉交易成本费用）。因为整个市场处于牛市，对所有的五分位组而言（无论毛平均收益和净平均收益），在此期间（即使那些交易过量的投资者）的都表现不错。

所有这些交易都是值得的吗？它是基于有效信息还是基于"有效信息"的错觉呢？对图9-6的审视，表明尽管额外的交易确实导致了毛收益的一些改善，但是净收益却降低了。换句话说，绝大多数的交易没有带来利润。巴伯和奥迪安的研究结果表明交易可能是基于错误判断而非准确的信息。尽管不能说明过度自信是毫无疑问的罪魁祸首，但是这一观点显然很有道理。

尽管图9-6基于原始回报，但高的收益率可能是高风险所需的风险补偿。如果一位投资者仅仅因为风险承担而得以实现较高的平均收益，这并不意味着任何有效的股票挑选技巧。巴伯和奥迪安研究了风险调整后的收益，他们的结果跟图9-6很相似。对所有的投资者而言，风险调后的净年收益（考虑交易成本费用、买卖价差和不同的风险)低于市场收益 3.00%。交易量最多的 20% 投资者的年收益率低于市场收益(也是经风险调整的)大约 10%。

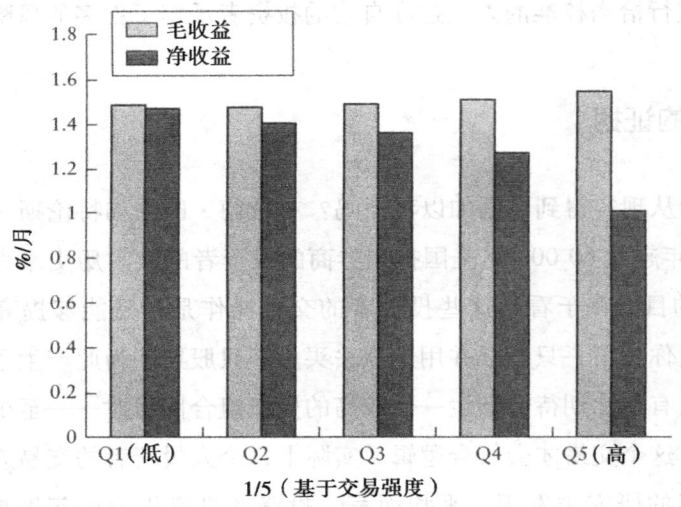

图 9-6 不同交易倾向组的毛收益和净收益

资料来源：Barber, B., and T. Odean, 2000, "Trading is hazardous to your wealth: The common stock investment performance of individual investors," *Journal of Finance* 55, 773-806.

9.1.3 问卷调查和实验室的证据

尽管前述巴伯和奥迪安的研究是很重要的，但有一个不可避免的缺陷。因为一般没有关于个人(或者市场)心理方面测度数据，这项研究很难清晰的用市场数据探究过度自信和交易行为的潜在关联。

新的研究试图解决这个问题，例如，马库斯·格拉泽(Markus Glaser)和马丁·韦伯(Martin Weber)结合了自然数据和从调查中引申出的信息。[6] 利用在线佣金账户的数据，同时还有这些投资者对在线问题回复的心理测量数据，他们把各种交易行为的度量与一些过度自信的测度联系起来。尽管有实际证据表明那些最易有自我感觉良好效应的投资者交易更频繁，但并没有发现基于校准的过度自信投资者与交易过度之间有类似联系。[7]

一个相似的研究是马克·格林布拉特和马蒂·基洛哈朱基于芬兰股票的交易数据检验了交易行为是否和过度自信以及**感觉诉求**(sensation seeking)相关。[8] 感觉诉求是指一个人的性格特征，它的四个维度分别是刺激和探险(就是说寻求刺激甚至危险行为的愿望)；经历诉求(也就是说寻求一个崭新、开心甚至是违法之经历的愿望)；失控(也就是摆脱社会约束的行为)；易于无聊(不喜欢重复经历)。[9] 我们有理由认为那些具有较强的感觉诉求的人更倾向过度交易，因为交易这一过程和新的投资组合会带来新奇感。在 Grinblatt-Keloharju 的研究中,他们选择个人获得的超速驾驶罚单数作为感觉诉求的代理变量。当然,这可能仅仅抓住了感觉诉求的刺激和探险维度。另一个过度自信的测度是基于芬兰男性强制兵役入伍时的心理测验,尽管具体细节不是公开可得的,但是这一测度似乎更接近于自我感觉良好效应。研究结果发现在样本中交易频率与过度自信和感觉诉求是正相关的。

在一个实验中,布鲁诺·比埃斯(Bruno Biais)、丹尼斯·希尔顿(Denis Hilton)、卡琳娜·梅瑞厄(Karine Mazurier)和塞巴斯蒂安·波格特(Sebastien Pouget)考虑了两种心理特征的影响,分别是基于校准的过度自信和**自我控制**(self-monitoring),即倾向于融入社会并且恰当调整其行为的特征。[10]这两个指标都是在学生进行具体交易之前进行的测度,他们发现过度自信并没有导致交易强度的显著提升,却显著地减少了利润。相反,强的自我控制能力却赚得了更多的利润。

在另一个实验中,研究者们探究了交易行为(成交次数)与基于错误校准的过度自信、自我感觉良好效应以及控制幻觉之间的联系。[11]他们所用方法的新奇之处在于其实验设计引致过度自信的交易者认为他们的信息要比其他人的信息更有价值。在之前的实验中,私人信息要么在信息质量上无差异,要么即使质量有差异,但是信息却是随机出现的。他们采用特定的方法和分析手段,通过从市场中提取信息,并引致投资者形成自己的投资习惯。

参考表9-1,具体情况:①他们发现错误校准和自我感觉良好效应会导致更多的交易,而控制幻觉却并没有显著的效应;②探究了过度自信测量方法以外的其他决定因素。年岁较大的(p-value = 0.016)且具有金融教育背景的(p-value = 0.003)的投资者交易较少。另一方面,那些有实际交易经验的并认为交易过程轻松愉快的投资者有着更高的成交量(p-value = 0.023)。[12]

表9-1 交易行为对过度自信度量和人口变量的回归

自变量	规范1	规范2
常数	-8.854	43.908
	(0.509)	(0.026)
CBO	49.673	40.499
	(0.008)	(0.023)
BTA	1.008	0.700
	(0.027)	(0.164)
IoC	-2.611	
	(0.152)	
AGE		-1.818
		(0.016)
EDUC		-0.794
		(0.003)

(续)

自变量	规范1	规范2
EXP		16.454
		(0.023)
修正 R^2	13.8%	27.5%
	(9.5%)	(18.5%)

资料来源：Deaves, R., E. Lüders, and G. Y. Luo, 2008, "An experimental test of the impact of overconfidence and gender on trading activity," Forthcoming in *Review of Finance*.

9.2 人口统计和动态

9.2.1 金融领域中的性别和过度自信

回忆一下第5章，男人一般比女人更加过度自信，这也会在金融领域中得以显现吗？答案看起来是对的。巴伯和奥迪安利用本章中之前讨论过的数据，探究了性别在投资决策环境中的作用。[13]他们的报告显示，就平均而言，男性比女性会多交易45%，这就引发了较高的交易成本。尽管两者都因过度交易而降低了他们的净回报，但男性会比女性多出0.94%。单身男性和单身女性的差别更加明显，男性会比女性多交易67%，由此会比女性多减少1.44%的净回报。

另一些研究对比了男女投资经理和男女商科学生，发现性别、交易行为和过度自信之间仅仅存在很微小的差别。[14]一个可能的原因是金融和经商常常被看作男人的事情，但却吸引着那些相对较为自信的女性。[15]

9.2.2 市场参与者过度自信的动态过程

尽管之前绝大多数的讨论集中于散户投资者，但却毫无理由认为那些精明的投资者，甚至那些正确认识到自己水平有限的投资者，会不存在这些问题。在金融市场领域，市场参与者经常被拜访讨教如何进行分析预测。例如，分析师和投资经理会预测公司收入和赢利，经济学家会预测GDP和股票市场的水平。正如在本章稍后讨论的那样，因为证券分析师自身存在利益方面的冲突，那么人们往往要对他们的预测持怀疑态度。然而，对于仅仅追求α（即超额收益率）的货币基金经理来说，不存在这种利益冲突，所以这一论断也不成立。显然，对宏观经济或整个市场进行预测的分析人员来说这也是不成立的。

以专业人员作为研究对象的一个优势是他们经常进行公开预测，这提出了一个问题：专业人员会从错误中不断学习并在一段时间之后对自己的知识水平形成准确的认知吗？动态的过度自信很明显是一个重要的话题。如果人们能清晰地回忆自己的成功和失败，那么他们应该逐渐趋向正确的看法，这种看法看似符合逻辑，经验与智慧紧密相连。但是，因为过度自信的普遍性和长期性使得能够消除它的力量很弱，认知失调有时促使我们忘记不愉快或偏离我们的本意的事物。[16]而且，如前所述，自我归因偏差会使我们不仅润色也会清晰保留对成功的记忆；事后聪明偏差使我们理想化我们在过去的记忆和信念；证实偏差倾向于寻找证据以忽视矛盾并迎合先前的信念，这三种偏差也产生相应的影响。[17]严格的有效市场观点认为愚弄自己的投资者最终会从市场中消失，但也有人对这一看法持怀疑态度。[18]

过度自信的动态过程在几个理论模型中被阐述，在西蒙·格维斯和奥迪安的多期设定中，过去的成功通过自我归因偏差而加强了过度自信，而过去的失败则会降低过度自信。[19]一个推论是那些在自己的领域中的成功人士会比那些刚刚进入市场的人更自信，即使最后人们的真正的知识水平会通过实践展现出来。

专业人士是否过度自信的研究结论含混不清。一项针对期货市场的研究结论没有发现存在和交易行为有联系的成本。[20]由此，作者推断这些交易者并不过度自信。另外，他们发现那些纪律松散的交易者相比于其他人较少成功，并推断认为纪律松散或许是因为过度自信而忽视了新的公开信息。

另一份研究对德国市场参与者的预测数据进行了研究。[21]这些人要求对DAX（德国法兰克福指数）的未来值和90%的置信水平进行预测，这些人有着惊人的过度自信。然而，他们的动态行为却看起来更像是受理性因素而非自我归因偏差支配的，因为回复者在预测成功后缩小了预测的置信区间，在预测失败时却放宽了预测的置信区间。同时，这个研究发现市场经验使得过度自信变得更加严重，这与"对过度自信进行学习"和自我归因的观点相一致。对此，一个可能的解释是经验是一把双刃剑。因为我们不断从经历中形成对自身能力水平的新认知，那些连续取得成功（好运气），从而在金融市场中存活下来的人通常通过自我归因偏差提高了他们的过度自信水平。

从历史收益率水平和过度自信的变化之间的联系出发，之后有研究结果表明，过度自信随着整体股票市场的上涨而增加。这也与我们的猜测一致，因为好的历史行情会产生许多市场成功者。之前的证据，即滞后市场回报率与交易量（过度自信的代理变量）之间的正联系，都是这一倾向间接的表现。[22]

9.3 分散化不足和承担过多风险

另一个可能与过度自信有关的投资错误是分散化不足倾向。这可以由前述的模型展示——**分散不足**(underdiversified)的人收到好/坏消息时会过快地高估/低估证券,由此导致不充分的多样化结果。另一个因素是,绝大多数散户,缺少时间来分析大量的证券而仅仅对几只股票进行分析。只要认为已经从这几只股票中挑选出了胜者,他们就很满足了。毕竟,如果他们很确定某只股票是好投资,为什么还要稀释并投资于自己并未研究的那些股票组合呢?

一项考察了超过 3 000 名美国个人资产组合的研究发现,大部分个人并未持有股票。[23] 对于那些持有股票(超过 600 人)的个人来说,其股票组合中股票数目的中位数仅为 1。而且仅大约 5% 的家庭持有 10 只股票或更多。绝大多数的证据说明为了实现合理水平的分散化,所持股票数目最好超过 10 只(最好分布于经济的不同部门)。显然,许多投资者的投资分散化程度不足。

威廉·戈茨曼和阿洛克·库玛尔试图确认哪类投资者最容易分散不足。[24] 毫不奇怪,他们发现在那些对金融谙熟的人当中分散化不足问题较轻,而且分散化随着收入、财富和年龄的增加而增加。那些交易量最大的投资者也更可能是分散化最不足的投资者,这可能是因为过度自信是交易过度和分散化不足的背后驱动力。那些对价格趋势比较敏感和更容易受到本土偏差影响的投资者也有着较严重的投资分散不足问题,而这也成为投资经验不足的一个标签。

和投资分散化不足相联系的是过度的风险承担,这实际上也是同义反复,分散不足等价于对那些不存在确切高回报证券的过多投资。当然,这种做法是希望能发现被低估的证券。

处置效应使得人们坚持持有表现结果很差的证券并最终遭受重大损失,尽管常常和后悔联系起来,处置效应有时也和过度自信有着密切联系。一个过度自信的交易者,过分地固执于自己的信念,贬低推动价格下跌的公共信息,所以坚定持有并承担了过多的风险暴露。实际上有证据表明期货交易者中存在这种行为。日中失利的交易者会增加自己的风险头寸,而接下来的表现会更差。[25]

9.4 过度乐观主义和分析师

大量的研究结果发现分析师倾向于对他们正在研究覆盖的公司的表现过度乐

观,在美国和其他国家这一问题同样存在。[26]尽管在第 12 章我们会对这一问题重新讨论,为了做好铺垫工作,请看表 9-2 中 7 国集团国家的证券分析师意见在推荐买入、买入、持有、卖出和推荐卖出这些建议中的分布。[27]很明显,分析师更多地建议买入而非卖出。在美国,这种倾向最显著,买入/卖出意见在当时的比例是 52%/3%。在德国,这种倾向最不显著,买入/卖出意见比例是 39%/20%。我们以后会澄清的是,尽管过度乐观是一种解释,另一种则是因为要为迎合潜在的发行者而引致的利益冲突。

表 9-2   1993~2002 年 7 国集团国家的建议分布   (%)

	强力买入	买入	持有	卖出/强力卖出
美国	28.6	33.6	34.5	3.3
英国	24.3	22.3	41.7	11.8
加拿大	29.4	28.6	29.9	12.1
法国	24.7	28.3	31.1	15.9
德国	18.3	20.3	41.5	19.9
意大利	19.2	20.0	47.1	13.6
日本	23.6	22.4	35.7	18.3

资料来源: Jegadeesh, N., and W. Kim, 2006, "Value of analyst recommendations: International evidence," *Journal of Financial Markets* 9, 274-309.

本章要点

1. 过度自信的投资者比其他人更加肯定他们的价值估计,并因此而过度交易。
2. 剔除交易成本后的较差的净收益率表现和过度交易有着联系,通过调查问卷和实验研究人们证实了过度自信与过度交易之间的联系。
3. 尽管经验和表现反馈允许一个人了解自己的真实能力,但是自我归因偏差、事后聪明偏差和证实偏差却加重了过度自信。
4. 过度自信的投资者分散化投资不足。
5. 很大程度上,因为分散化投资不足,过度自信的投资者更容易承担过多的风险暴露头寸。
6. 分析师是过度乐观的,他们的过度乐观并不全是心理原因造成的。

问题与讨论

1. 区别下列概念和术语:
   (1) 针对过度自信和交易行为之间关系的间接和直接的检验。
   (2) 感觉诉求和过度自信。
   (3) 分散化不足和过度交易。
   (4) 静态和动态的过度自信。

2. 考虑两位投资者（A 和 B）具有如下的股票需求曲线

   A：$p = 100 - q$
   B：$p = 150 - 2q$

   (1) 在价格为 50 美元的时候，A 和 B 会购买多少？

   (2) 如果价格跌至 30 美元，谁会增加他的持有？请解释。

   (3) 基于此，哪位投资者看起来更加过度自信。

3. 讨论哪些证据（请用自然发生数据、问卷调查数据和实验研究数据）说明了过度自信、交易行为和资产组合表现之间的关系。

4. 哪些证据表明人们的投资分散化不足？为什么会发生？在股票投资组合中哪些是进行高水平分散化投资的最简单方法。

5. 研究表明证券市场预测者也会过度自信，他们会从失误中学习吗？请讨论。

注释

1 To simplify the presentation, we are assuming that all investors have the same net wealth and are equally well diversified.
2 While in the example that follows there are only three investors, this is done to keep the calculations simple.
3 Assumed to be equal across investors, θ will be higher the greater an investor's willingness to expose himself to diversifiable risk to pursue excess returns.
4 See Odean, T., 1998, "Volume, volatility, price and profit when all traders are above average," *Journal of Finance* 53, 1887–1934. Some other key theoretical papers include Daniel, K., D. Hirshleifer, and A. Subrahmanyam, 1998, "Investor psychology and security market under- and overreactions," *Journal of Finance* 53, 1839–85; Daniel, K., D. Hirshleifer, and A. Subrahmanyam, 2001, "Overconfidence, arbitrage, and equilibrium asset pricing," *Journal of Finance* 56, 921–965; Benos, A. V., 1998, "Aggressiveness and survival of overconfident traders," *Journal of Financial Markets* 1, 353–383; and Kyle, A. S., and F. A. Wang, 1997, "Speculation duopoly with agreement to disagree: Can overconfidence survive the market test?" *Journal of Finance* 55, 2073–2090.
5 Barber, B., and T. Odean, 2000, "Trading is hazardous to your wealth: The common stock investment performance of individual investors," *Journal of Finance* 55, 773–806.
6 Glaser, M., and M. Weber, 2007, "Overconfidence and trading volume," *Geneva Risk and Insurance Review* 32, 1–36.
7 Their overconfidence measures were in fact weakly correlated, suggesting that different constructs were perhaps being measured. For corroborating evidence, see Kirchler, E., and B. Maciejovsky, 2002, "Simultaneous over- and under-confidence: Evidence from experimental asset markets," *Journal of Risk and Uncertainty* 25, 65–85. It has also been found that sensation seekers trade more often (Grinblatt, M., and M. Keloharju, 2008, "Sensation seeking, overconfidence, and trading activity," Working paper). Other work relates trading activity to a feeling of "competence," which is argued to be tantamount to a feeling of being better than average (Graham, J. R., C. R. Harvey, and H. Huang, 2006, "Investor competence, trading frequency, and home bias," Working paper).
8 Grinblatt, M., and M. Keloharju, 2008, "Sensation seeking, overconfidence and trading activity," Working paper.
9 For sensation seeking, see Zuckerman, M., 1971, "Dimensions of sensation seeking," *Journal of Consulting and Clinical Psychology* 36, 45–52.

10 Biais, B., D. Hilton, K. Mazurier, and S. Pouget, 2005, "Judgemental overconfidence, self-monitoring, and trading performance in an experimental financial market," *Review of Economic Studies* 72, 287–312.

11 See Deaves, R., E. Lüders, and G. Y. Luo, 2008, "An experimental test of the impact of overconfidence and gender on trading activity," *Review of Finance,* forthcoming. Recall that illusion of control is the belief that people have more control over events (like picking the right stock) than can objectively be true.

12 This could be related to the finding that investors who feel more competent trade more often. See Graham, J. R., C. R. Harvey, and H. Huang, 2006, "Investor competence, trading frequency, and home bias," Working paper.

13 Barber, B., and T. Odean, 2001, "Boys will be boys: Gender, overconfidence, and common stock investment," *Quarterly Journal of Economics* 116, 261–292.

14 See Atkinson, S. M., S. B. Baird, and M. B. Frye, 2001, "Do female mutual fund managers manage differently?" *Journal of Financial Research* 26, 1–18; and Deaves, R., E. Lüders, and G. Y. Luo, 2008, "An experimental test of the impact of overconfidence and gender on trading activity," *Review of Finance,* forthcoming.

15 See Nekby, L., P. S. Thoursie, and L. Vahtrik, 2007, "Gender and self-selection into a competitive environment: Are women more overconfident than men?" Working paper.

16 See Plous, S., 1993, *The Psychology of Judgment and Decision-making* (McGraw-Hill, New York).

17 Forsythe, R., F. Nelson, G. Neumann, and J. Wright, 1992, "Anatomy of an experimental political stock market," *American Economic Review* 82, 1142–1161.

18 Hirshleifer, D., and G. Y. Luo, 2001, "On the survival of overconfident traders in a competitive security market," *Journal of Financial Markets* 4, 73–84.

19 Gervais, S., and T. Odean, 2001, "Learning to be overconfident," *Review of Financial Studies* 14, 1–27. Also see the models of Daniel, K., D. Hirshleifer, and A. Subrahmanyam, 1998, "Investor psychology and security market under- and overreactions," *Journal of Finance* 53, 1839–1885; and Daniel, K., D. Hirshleifer, and A. Subrahmanyam, 2001, "Overconfidence, arbitrage, and equilibrium asset pricing," *Journal of Finance* 56, 921–965.

20 Locke, P. R., and S. C. Mann, 2005, "Professional trader discipline and trade disposition," *Journal of Financial Economics* 76, 401–444.

21 Deaves, R., E. Lüders, and M. Schröder, 2008, "The dynamics of overconfidence: Evidence from stock market forecasters," Working paper.

22 See Statman, M., S. Thorley, and K. Vorkink, 2006, "Investor overconfidence and trading volume," *Review of Financial Studies* 19, 1531–1565. As for whether individual investors adjust volume more in response to market returns or own-portfolio returns, the evidence is that those who keep track of their own portfolios are more influenced by the latter, while those less aware are more likely to be influenced by market returns. For details, see Glaser, M., and M. Weber, 2009, "Which past returns affect trading volume?" *Journal of Financial Markets* 12(1), 1–31.

23 Kelly, M., 1995, "All their eggs in one basket: Portfolio diversification of U.S. households," *Journal of Economic Behavior and Organization* 27, 87–96.

24 Goetzmann, W. N., and A. Kumar, 2005, "Equity portfolio diversification," *Review of Finance* 12, 433–463.

25 See Coval, J. D., and T. Shumway, 2005, "Do behavioral biases affect prices?" *Journal of Finance* 60, 1–34; and Locke, P. R., and S. C. Mann, 2005, "Professional trader discipline and trade disposition," *Journal of Financial Economics* 76, 401–444.

26 See, for example, Carleton, W. T., C. R. Chen, and T. L. Steiner, 1998, "Optimism biases among brokerage and non-brokerage firms' equity recommendations: Agency costs in the investment industry," *Financial Management* 27, 17–30.

27 See Jegadeesh, N., and W. Kim, 2006, "Value of analyst recommendations: International evidence," *Journal of Financial Markets* 9, 274–309.

第10章 个人投资者和情绪的力量

引 言

市场的波动一般归因于投资者的情绪,然而如何从产生市场结果的基本面中区分情绪的影响却并不容易。在第7章我们考虑了情绪的基础,我们得知情绪包括认知、心理和演化几方面,情绪被论证到在平静的时候有助于而不是阻碍决策。本章我们将考察情绪的各个方面如何在金融领域影响个人的决策行为。

本章从10.1节的心情对个人投资者的决策影响开始,我们将看到刻画投资者的心情和风险态度之间的相互联系是不容易的。在10.2节,考虑两种引起很多关注的情绪:自豪和后悔。研究证实这两种情绪对投资者的行为具有重要的影响。10.3节集中考察了处置效应,一种能够由情绪加以解释的投资者行为。经验证据显示人们倾向于过快地卖掉表现良好的股票,而持有表现较差的股票又太久。尽管传统上可以用前景理论加以合理化,然而理论和实验证据表明通过情绪可以进行更好的解释。在10.4节,讨论赌场资金效应,这个名字得自于赌博者赢钱后会增加对风险的投注,而加大投注是因为赌徒投注的资金是从庄家那里赢来的钱。对比赛选手行为时的表现进行研究发现,即使在规模很大的赌博中都存在赌场资金效应。在10.5节,考虑人们对某种情况的评价或者对其他人的印象,会如何影响金融决策。

10.1 投资者的心情能代表市场境况吗

毫无疑问,在畅销书《非理性繁荣》中,经济学家罗伯特·希勒谈到20世纪90年代的股市时认为"投资者投资时的情绪状态是导致牛市最重要的一个因素"。[1] 交易者情绪的变化会转化成市场的情绪并进而搅动市场吗？这是个有趣的问题。一些近期的研究认为那些看上去反常的金融行为能够由情绪加以解释。

有这方面研究的一些例子，一份研究利用来自于26个国际证券交易所的数据论证了清晨阳光带来的好心情会导致较高的股票回报，阳光充足的白天会使人们更加乐观，因此接下来会更有可能购买股票。[2] 其他的研究者报告了当交易者的睡眠模式由于夏时制时钟变化而被打乱时股票市场会下跌。[3] 第三份近期的研究显示足球比赛结果与投资者的情绪是强相关的，在世界杯淘汰赛失利后，这些失利国家的市场显著下跌了。[4]

这些关于人们情绪对股票市场定价影响的总量研究是否为个人行为转化为市场结果的明显证据？这还是有争议的。例如，即使人们在阳光充足的日子里会非理性的乐观，但是这必然意味着出去买股票吗？你会吗？即使人们在阳光充足的日子里确实冲出去买股票，正如理论和实验证据显示的那样，当把人们的行为刻画为非理性时，市场的行为可以跟理性的定价相一致。[5]

尽管在更本质的讨论上还不是很清楚有无一个刻画人们的情绪和风险态度的简单方法。如我们在第1章探讨的那样，风险态度因为会影响个人对资产价值的定价而显得很重要。如果情绪的变动使得风险规避程度变化，那么人们对股票的意愿支付也会发生变化。当一个人在情绪低落时，他会更加冒险还是相反？答案可能依赖于背景和个人的性格。例如，一些人会在非常不好的心情下采取一些冒险的行为，比如鲁莽的驾车或者酗酒。而另一些人则会在心情不好的日子里比平常不愿冒险而且会躲避其他人。尤其在金融背景下，这些事实并未提供令人信服的证据表明高涨的情绪会导致风险规避程度降低，或者低落的心情会导致风险规避的增加。

一些研究表明开心的人会更加乐观并会认为好事情会更有可能发生。[6] 但与此同时，另一些有关决策的研究显示了即使人们在开心的时候会对赢得一场赌博的概率表示乐观，但是这些人却很少真去参加赌博。[7] 换句话说，他们开心的时候却变得更加风险规避。当你心情很好时，因为不想破坏你的好心情，所以你不太可能去赌博。总之，尚不清楚积极和消极的情绪状态如何转化成风险态度以及接下来引起市场定价的转变。

除了把市场的波动归因于情绪的变动之外，一些研究者把由于白天的变短引起的低落情绪和市场周期联系起来。[8] 正如情绪对风险选择影响的证据那样，关于风险态度和情绪低落之间联系的证据并未有明确的说法。临床上的情绪低落显然和简单的糟糕心情是不一样的，情绪低落有一定的生理基础，即使没有认知上的评估也会发生。现今心理学家关于情绪低落的观点是认为其由脑电流的改变而引起的。[9] 一个人即使没有化学激素失衡也会在某些情况下（比如工作面试时）自然地感受到紧张，但是情绪低落的人却会长期感到紧张。一些研究者质疑紧张或情绪低落在解释风险替代选择时的重要性。[10]另外一些人总结认为风险规避和情绪低落是相关的，但是情绪低落的症状和风险规避的相关性却源于紧张和低落之间的相关性。[11]因此，情绪低落和风险态度之间有何联系的这个基本问题也是悬而未决的。[12]尽管一个情绪低落的人没有理由地逃离任何风险看上去是很不理性的，但一个焦虑的人对安全的选择是非常理性的行为。在得出确定的结论之前我们需要进一步的研究，正如我们将在第20章讨论的那样，神经科学方面的研究对我们熟悉人类大脑的工作机理起着重要的作用。

10.2 自豪和后悔

尽管断言我们理解每一个影响决策的因素为时过早，但一些情绪尤其是自豪和后悔却被证明对理解人们的金融决策具有作用。**后悔**（regret）显然是消极的情绪，你可能后悔一个糟糕的投资决策并期望能有一个不同的选择。如果你把事实告诉你的配偶、朋友或同事，那么会加大你的消极感受。**自豪**（pride）是后悔的另一面，如果你在一次交易大赚的情况下即使谈话被冷落也不会有太多介意。

心理学家和经济学家认识到后悔和自豪对金融决策的重要影响，研究者认为人们会极力避免出现后悔这种感觉。[13]重要的是，自豪和后悔的影响并不对称，看起来人们对消极的情绪——后悔有着强烈的抵触。

研究者发现期望效用理论的一些预测并没有被实验证据所支持，这导致在不确定条件下的替代理论的发展，前景理论是其中最流行的一个。正如我们在第3章讨论的那样，前景理论的核心是人们有时会寻求冒险，这分别发生在有关赌博的损失区域和获胜区域。后悔和自豪是这两种倾向背后的风险寻求表现吗？

或许正是因为在损失区域而变得风险偏好，投资者想避免失败带来的后悔情绪，所以就自然地偏离了他们的风险规避本能。至于彩票效应，无论是因为股票的长期跟踪还是因为进行了一些研究而发现一只毛坯钻石股，这是一个低概率的大赚，你会认为是你克服了所有的困难而得的，你因此可以向朋友炫耀你的精明，这会给你带来自豪感和让你更加冒险。无论事实如何，很显然自豪和后悔是能有效影响人们金融决策的情绪。现在我们就考虑一下具体的金融行为并研究情绪是否可以解释观测到的现象。

10.3 处置效应

研究者认识到投资者会过早地卖掉表现良好的股票而持有赔钱的股票又太久。[14]

可能你在其他地方也观察到了这种行为，甚或你自己也有经历。你曾听过有人表达过类似的感叹，例如："这只股票确实上涨了，所以我最好现在就卖掉它以赚点钱？"或者，假设你自己在想："我已经在这只股票上赔了钱，但是我不能现在就卖掉，因为说不定某天会涨回来呢？"这种卖掉胜者而持有败者的倾向就叫处置效应。

10.3.1 经验证据

我们从近期记录处置效应存在的经验证据开始。例如，特伦斯·奥迪安研究了1987~1993年的10 000个折扣经纪账户的将近100 000次的交易记录数据，这里细致地记录了个人投资者中胜者卖掉而败者持有的倾向。[15] 为了区分胜者和失利者，我们需要一个参照点。和前景理论一致，奥迪安利用了每只证券的购买价格（或者在多重交易下的平均购买价格）。面临的一个问题是在牛市中许多股票都会是赚钱的，所以很自然赚钱的股票就会比赔钱的卖得多。奥迪安通过关注赚（赔）钱的卖出比率和赚（赔）钱的卖出机会之间的比较，解决了上述的问题，具体而言他计算了获利套现的比例（PGR）

$$PGR = \frac{已实现收益}{已实现收益 + 账面收益} \quad (10\text{-}1)$$

例如，在一个账户中有胜者卖出时，你把这个和所有可能的胜者卖出比较一下。账面收益包括任何可以赚钱的售出。类似的，亏损套现的比例（PLR）计算如下

$$PLR = \frac{已实现损失}{已实现损失 + 账面收益} \quad (10\text{-}2)$$

为了对这些个体投资者胜者卖掉而败者持有的倾向提出解释，奥迪安检验了获利套现的比例大于亏损套现的比例这一假设。

表10-1 已实现的收益（PGR）与亏损（PLR）总体比率　　　（%）

	全年	12月	1~11月
PLR	0.098	0.128	0.094
PGR	0.148	0.108	0.152
差异	−0.050	0.020	−0.058
t-统计	−35	4.3	−38

资料来源：Odean, T., 1998, "Are investors reluctant to realize their losses?" in *Journal of Finance* 53(5), 1775-1798. © 1998 Wiley Publishing, Inc. This material is used by permission of John Wiley & Sons, Inc.

从表10-1看出，综合所有投资者的账户后发现，全年中获利卖出的倾向明显比亏损卖出的倾向高（PGR > PLR）。需要重点注意的是因为税收原因投资者更愿意失利时卖股票，而并不是在赚钱时。因为正的税率会对赢利的套现产生一定的税负，投资

者会推迟赢利的实现；相反，在失利时，却急于实现亏损以此减少自己的税负。表10-1中的第二列数据显示尽管一些投资者明白税收问题的存在但是处置效应依然存在。因为税收原因，投资者应该最愿意在12月对亏损的股票进行卖出，事实也正是如此。但在其余的11个月（第三列的数值），处置效应居主导地位。

为了解释这些观察现象，奥迪安考虑了几种可能的理性解释。首先，资产组合的重新平衡意味着那些由于失利而账户总值低于胜者的投资者需要增加其头寸以恢复自己的投资配置。奥迪安考察了这个后发现这并不是值得重视的偏差。其次，可能投资者认为在将来出现损失的股票表现会好于出现赢利的股票，也就是第4章中讨论的长期反转趋势。不幸的是，投资者把他们的时间搞错了，他们卖掉了中期而非长期来看的胜者，却持有了中期而非长期来看的失利者，恰好与他们应该做的相反。实际上，在未来的一年后，奥迪安发现经风险调整后卖掉的赢家股票收益率超过持有的败者股票收益率达到3.41%。研究者正是因为这个原因有时才会说胜者卖掉太快而失利者持有又太久的。

10.3.2 前景理论作为处置效应的一个解释

赫什·谢弗林和迈尔·斯塔特曼最先试图解释为什么会观测到处置效应。[16]他们的解释分成两种类型：前景理论（和心理账户）以及后悔规避（和自我控制问题）。尽管没有证据排除这两种解释可能的共同作用，但是相比于后悔情绪，谢弗林和斯塔特曼更强调前景理论这种解释，之后许多评论者就采纳了这条思路。然而根据接下来的近期研究表明情绪可能是更加重要的因素。

首先我们从前景理论开始解释。考虑图10-1，它显示了假定之前结果一致的前提下，根据前景理论，收益和损失是如何表现的。股票A和B遭受损失，而C和D则获得了获益。这些收益与失利怎样影响投资者你？经过一次较大的获利后（D），你转移到价值方程的风险规避部分，只有财富的巨大反转才会使得你再恢复如初。另外，经历过一次大的失利后（A），你会转到价值方程的风险寻求部分，同样，你也不可能很快的移回到你的参照点处。这意味着如果你是失利者，你会比胜者有更低程度的风险规避，因此你更可能会持有这些股票。

为什么不进行税收互换（因为税收原因而同时购买和售出两只相似的股票）来减少税收支付呢？利用税收互换，投资者可以在不改变资产组合风险暴露的情形下，卖掉赔钱股票的同时买进另一只相似风险的股票从而实现税收方面的收益。尽管这个策略看似合理，但如果投资者利用心理账户分别进行股票判断的话，税收互换会实现账户的亏损。但正如我们所看到的那样，许多人很难做到这点。

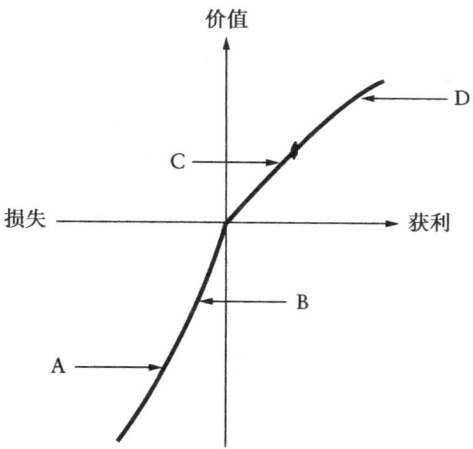

图 10-1　获利、损失和前景理论价值函数

因为后悔厌恶的原因很难终止亏损的账户，谢弗林和斯塔特曼论证到投资者因为担心引起后悔情绪而推迟卖出亏损股票，而在另外，自豪（或欣喜）的愿望会导致赢利的套现。当终止一个亏损的股票时，因为一旦做了错误的（事后）投资决策，投资者会感到后悔，而如果这样的决策其结果是获利的话，他会因此而自豪。至于自我控制，该理论论证到即使投资者常常知道他们在做错事，但他们却很难控制住自己犯错这一行为。

10.3.3　另一个可能的解释

尼克拉斯·巴伯瑞斯（Nicholas Barberis）和熊伟（Wei Xiong）最近重新审视了一下前景理论对处置效应的解释。[17]注意到前述的论证并不是很严谨，他们采取了一个更加严格的理论视角。这些研究者总结认为如果依赖于假定的模型参数，投资者隐含的行为将会很容易和前景理论所言的正好相反。他们论证认为前景理论问题在于没有考虑购买股票的最初决定。

在一个两期的 Barberis-Xiong 模型中，由卡内曼和特沃斯基提出的参数化前景理论模型的预测行为总是和前景理论所应该做出的相反。给出如下的简单例子，在损失厌恶情况下需要高的股票预期回报。否则，投资者一开始就不会持有它。比如说一只股票价格 50 美元，上涨和下跌的概率相等。损失厌恶的系数为 2（λ=2），处于卡内曼和特沃斯基的邻域中，意味着投资者仅仅会在下期的可能损失为 5 美元或更低的情况下才会在一开始想要持有这只股票。现在来考虑一下，持有这只股票或者发生损失或者赢利后，将会发生什么。

在他们的模型中，对于一开始表现良好的股票，即使在最恶劣的情况下——下期就要下跌，投资者也将会去抢头寸并因此而导致股票逆转。另外，如果一只股票开始表现得很差，那么即使在最好的情形下股票也会被放弃并进而导致它们的逆转。假设股票开始的时候表现良好，增值到 60 美元。因为获利 10 美元后接下来的损失会带走一般的赢利，投资者会质疑持股的份额。这是因为价值方程在收益的定义域里是轻微的凹函数，这样投资接近于风险中性。相反，假设在第一期跌至 45 美元，那就损失了 5 美元，如果股票价值上涨的话这仅仅需要每股的一半份额就可以使投资者回到初始位置。这表明了一个部分的流动性，投资者只买了半只股票。简而言之，这意味着结果跟处置效应相反。在前景理论下，投资者乐于在获利时增持而赔钱时会卖掉股票。

10.3.4 实验证据

近期由芭芭拉·萨默斯(Barbara Summers)和达琳·达克斯伯里(Darren Duxbury)所做的实验表明相较于前景理论他们更偏好使用情绪去解释处置效应。[18]他们的实验依据是个人对他们投资的选择。假设你没有其他选择必须坐下来去观察你的股票表现，当然这不符合现实情况。当你拥有的一只股票表现很差时，你经历了失望；当股票良好时，你经历了高兴。如果是你自己选择了这些股票，有理由相信你将经历情绪的大起大落——在赔钱时，你会很后悔（比失望要强）；在赚钱时，你会经历惊喜（比高兴要强）。为产生与处置效应相一致的行为，萨默斯和达克斯伯里的这两个假设是必须的。

为了分离不同的情绪反应，萨默斯和达克斯伯里基于参与者的现在的股票头寸控制所提供给被试的选择，给了每一位参与者一幅单一股票的图片，有些组的股票是上涨的而有些则是下跌的，接着允许参与者卖掉其中一部分或全部。在第一种处置情况下，受试者被告知他们从亲属那边继承了这股票。在第二种情况下，有一个被试自由持有股票的前期阶段。如果和情绪无关的前景理论是处置效应的原因，那么没有个人因素的投资选择（第一种情况）仅仅因为赚钱和赔钱的经历就会导致处置效应。但实验结果不支持这一论断。而第二种情况投资者的选择却揭示了处置效应的存在，也就是说获利套现比损失套现的可能性更大（统计显著性小于 1%）。萨默斯和达克斯伯里总结出处置效应的前提是投资者对投资结果的关注，而这也强调了情绪在理解投资选择中的重要性。

另一份由马丁·韦伯和柯林·卡默勒所做的研究中也记录了处置效应的存在。[19] 有趣的是，投资者会在一种情况下每期结束时都卖掉所持股票，不管他们的偏好如何。当股票自动被售卖时，处置效应是温和的。这个发现与情绪在交易者的选择中作用一致，因为当他们每期开始更新自己的股票时，后悔和大喜的负面情绪受到抑制。

10.4 赌场资金效应

接下来，我们转到另一个路径依赖的行为。路径依赖意味着人们的决策受到之前发生事情的影响。理查德·泰勒和埃里克·约翰逊提供了关于个人行为是如何受到先前得利与失利影响的证据。[20] 事前获利后，人们会对预想的风险变得开放起来。这个观测的行为被称为赌场资金效应，暗指最近赢钱的赌场赌博人员会更愿意冒险。而失利后的情况却不甚明了。一方面，人们看起来尝试进行平衡，所以一个之前遭受损失的人会去冒险以求收支平衡。这个观测的行为被称为收支平衡效应。另一方面，之前失利的教训也会使得风险规避加强，这被称为**蛇咬效应**(snake-bit effect)。

10.4.1 赌场资金效应的证据

第一个决策路径依赖的证据来自于用学生作为被试的实验调查，所以这一结果是否适用于高风险的金融决策是值得质疑的。为了清除这个质疑，一些研究者专门考虑一些竞赛参与者的决策，借此鉴别在风险很大时的决策行为。

一份近期由蒂里·波斯特、马丁 J. 范登阿瑟姆、吉多·巴尔特森和理查德·泰勒所做的研究检查了流行游戏节目"成交还是不成交"。这个节目 2002 年首先在荷兰开播，接下来在包括德国、墨西哥、西班牙和美国等国家播出。这一游戏的赌金很大，在荷兰从 0.01～5 000 000 欧元。但是各国游戏的具体规则不一样，但都有一个基本的规则：每一个参赛者面前摆放着 26 只箱子，每只箱子里暗藏着一份票据。参赛者首先选择一只箱子，这只箱子在她挑选其他 6 只箱子并查看其中的票据时会一直关着。接下来，一个"银行支票"会提供给这个参赛者。如果她接受，那么就会得到这一确定支付并结束游戏。反之，参赛者没有与银行发生"交易"。参赛者继续再选 5 只箱子查看内容，银行会提供另一份支票。游戏会持续直到参赛者与银行发生"交易"，或者以参赛者最终拿走所选箱子中的支付结束。尽管无法被准确预测，银行支票一般会开始时很低，随着时间而上升，当低支付（高支付）箱子打开时就会增加(减少)。

研究者发现之前的发生事情对决策有着重要影响。当低支付箱子被打开时,参赛者会更加冒险了。这与赌场资金效应一致,因为低的支付被排除了,相应的接下来期望的赢取就会很高,那么参赛者感觉会获利。另外,当高价值的箱子打开时,参赛者就赢钱的期望而言感觉发生了损失。与收支平衡效应相一致,参赛者的决策反映了递减的风险规避,并且他们对有希望能实现收支平衡的冒险会更加偏好。重要的是,底线在于期望财富的变动,无论其符号如何,都会显著增加投资者的风险偏好。

10.4.2 前景理论和序贯决策

一些关于获利和失利的行为看起来和前景理论相矛盾,赌场资金效应表明最初的赢利后会减少风险规避,而前景理论不这么认为。但是要注意的是赌场资金效应与前景理论不相一致在于前景理论用来描述一次性的赌博。回忆一下第3章讨论的统一与分散效应。在统一的情形下,投资者会对几个赌博结果综合考虑,而分散则会使得投资者对每一次赌博都分开来考虑。赌场资金效应最好被看作统一多于分散情形下的序贯赌博的证据,而不是前景理论的替代。如果一个人大获其利后统一思考,就会从价值函数的损失规避节点很安全地进行转移,进而变得不那么风险规避。考察情绪问题时,自豪和后悔取决于其是怎样被分类的,即是需要考虑增量部分还是进行综合考察。

泰勒和约翰逊提供的证据洞见了个人是如何序贯决策的,人们并不一定对不同的赌博进行综合决策。另一些研究者也记录了赌场资金效应对个人行为的影响。[21] 心理和决策方面的研究也增加了人们对金融理论的理解,例如在尼古拉斯·巴伯瑞斯、黄明和坦诺·桑托斯的模型中,投资者从消费和财富变动中获得效用。在传统的模型中,人们仅仅关注消费。[22] 在这个扩展中,损失规避的投资者对财富的减少敏感重于财富的增加,在此之前的投资结果就会影响之后的投资行为。股票价格上升后,因为之前的赢利能缓冲将来出现的损失,人们的风险规避会降低,而股票价格下跌后人们会更关注未来的损失而使得风险规避增加起来。所以,巴伯瑞斯、黄明和桑托斯的模型预测到金融市场上赌场资金效应的存在使得股票价格波动很大。价格上涨后,投资者有了赢利的缓冲使得在购入股票时不再那么在意风险。事实上,和在这个模型中的运用一样,金融理论中期望理论的嵌入正在逐渐增多。

尽管有这些进展,我们对市场环境下序贯行为的理解看起来还不是彻底的。个人的行为是如何转化成市场环境的？一个近来包括序贯决策的市场实验提供了些许见解。[23]交易之前给这些交易者较多的收入会促使其购买更多的资产，由此市场价格会显著上涨。实际上，在整个三期的市场中价格持续走高。正如赌场资金效应预测的那样，如果之前的获利抵消了接下来的亏损，人们会在突然有钱后变得很少风险规避。观察的现实表明投资者并不总是在财富进一步增加后会更多购入股票。没有证据表明当开盘时的利好行情会使人们更加冒险。结果显示财富的绝对水平对接下来的行为具有决定性作用，所以财富的变化对交易的影响不大。这个观察可能是因为专业的交易员经过了很正规的训练（也就是说，很少受前景理论影响，也很少受情绪影响）。实际上，我们需要更多的工作以使得我们可以理解市场的动态过程以及个人行为是如何适应或者影响市场结果的。[24]

10.5 情感

截至目前，我们讨论了情绪（尤其是后悔）对金融决策的影响。情绪反应的产生也可能是因为我们每天日常经历的刺激。一个人的情感判断是其对刺激的感知，例如，设想你自己正在为你的公司在谈判，设想一下你突然对其他的谈判者很厌恶，你会猜测一下谈判结果可能会受你的感知而影响吗？情感指的是刺激的质量，反映了一个人对此的印象和评估。从认知角度而言，一个人的感知包括感觉反应，所以判断和决策与这个人的特征有关。

一些心理学家论证到人们的想法由包括感知和符号所代表的影像构成。[25]这些影像由正面的或者负面的感觉与生理（或身体）状态联系在一起。在神经层面，生理的标志源于经历，而经历搭建了一个经历和心理状态（例如开心或不开心）之间联系的桥梁。实际上，情感反应是身体不同状态的认知表现，大脑利用情绪去解读特定环境。人们会乐于接受那些正面标志的刺激而刻意回避那些负面的。一个人很容易把握情感反应，因为反应是一个去评价正面刺激和负面刺激的简单方法，这也提供了一个方便有效的决策办法。[26]

一些研究检验了情感在金融决策中的角色，在第16章，我们会讨论经理层是怎样被影响的。情感在市场中也有用，例如，一些人讨论了市场形象和真实市场之间关系，实验结果表明实验参与者对一个工厂的行业属性的主观印象决定了其对这家工作的投资意愿。[27]另一些实验也揭示了企业形象对投资者的投资决策具有显著的影响。[28]

将来，我们会看到更多的有关情感在金融决策中作用的研究。心理学家相信即使没有认知评价的情感反应也会影响判断和决策，但是我们对这些影响如何和现实结合尚未有准确的理解。29 除此之外，心理学家表明当情感反应和认知评价带来冲突时，情绪方面会对行为具有决定性的影响。30 但是，如果我们想理解为什么某一种特殊力量具有决定性的作用，那么就不得不更多地学习。

本章要点

1. 一些研究者认为投资者的情绪会转化成市场的情绪，接下来，就会影响市场结果。在我们还没有完全明白情绪和风险态度之间关系的情况下，这些结论需要谨慎地加以解读。
2. 许多证据显示自豪和后悔这两个情绪对个人金融决策有显著影响。
3. 根据处置效应，人们会在赢利时过早售卖，而在亏损时会持有过久。经验证据记录了这种倾向。
4. 处置效应传统上由前景理论加以解释，因为价值函数的形态，失利的投资者会有更低的风险规避程度，所以他们会更有可能去持有这些股票。
5. 近来的理论争论和实验证据显示较低的风险规避程度上因为"后悔"这一情绪，这提供了处置效应的一个较好解释。
6. 根据赌场资金效应，投资者在获利之后会变得不那么风险规避。
7. 失利后，蛇咬效应（人们会更不可能冒险）和收支平衡效应（人们会更加冒险）在不同的方向上运转，而后者一般居于主导地位。
8. 决策的路径依赖表明人们有时会整合序贯赌博，这通过对大型游戏中的游戏参与者的决策研究而得以证实。
9. 情感反映了一个人对刺激的印象和评估。因为人们对事物的看法和情感经历有关，情感对决策过程有着重要影响。

问题与讨论

1. 区别下列概念和术语：
   (1) 后悔和失望。
   (2) 赌场资金效应和收支平衡效应。
   (3) 情感（名词）和感觉（动词）。
   (4) 坏的情绪和情绪低落。
2. 在房地产市场，价格和交易量有正向的相关关系。当房地产市场过热时，许多房屋以售者的出价甚至更高的价格成交。在低落时，房屋却在价格低于理性期望的情形下许久不能售出。怎样解释这个现象？
3. 许多投资银行有着自营交易，也就是从商业银行借钱进行金融证券的头寸交易。为了弥补某一部门赢利的下滑，赢利部门的交易员会更主动地参与自营交易。你认为这是否是明智的？
4. 因为我热爱的一支球队在昨晚的比赛中失利了，造成我早晨起来时情绪很低落。接着我又不得不排队等一份咖啡。天又下雨了，而我把伞忘在车厢里了。最后我来到办公室时，我发现我自己的一只股票正在跌落，于是我卖了这只股票。这个证据显示了情绪会转至市场吗？

5. "成交还是不成交"的研究发现了路径依赖的什么方面？赌博的整合还是分散又能告诉我们什么？

注释

1. Shiller, R. J., 2000, *Irrational Exuberance* (Princeton University Press, Princeton, New Jersey), p. 57.
2. Hirshleifer, D., and T. Shumway, 2003, "Good day sunshine: Stock returns and the weather," *Journal of Finance* 58(3), 1009–1032.
3. Kamstra, M. J., L. A. Kramer, and M. D. Levi, 2002, "Losing sleep at the market: The daylight saving anomaly," *American Economic Review* 90(4), 1005–1011.
4. Edmans, A., D. Garcia, and O. Norli, 2007, "Sports sentiment and stock returns," *Journal of Finance* 62(4), 1967–1998.
5. Ackert, L. F., and B. K. Church, 2001, "The effects of subject pool and design experience on rationality in experimental asset markets," *Journal of Psychology and Financial Markets* 2(1), 6–28; Jamal, K., and S. Sunder, 1996, "Bayesian equilibrium in double auctions populated by biased heuristic traders," *Journal of Economic Behavior and Organization* 31(2), 273–291; Jamal, K., and S. Sunder, 2001, "Why do biased heuristics approximate Bayes' rule in double auctions?" *Journal of Economic Behavior and Organization* 46(4), 431–435; and Chen, S.-H., and C.-H. Yeh, 2002, "On the emergent properties of artificial stock markets: The efficient markets hypothesis and the rational expectations hypothesis," *Journal of Economic Behavior and Organization* 49(2), 217–239.
6. Wright, W. F., and G. H. Bower, 1992, "Mood effects on subjective probability assessment," *Organizational Behavior and Human Decision Processes* 52, 276–291.
7. Isen, A. M., T. E. Nygren, and F. G. Ashby, 1988, "Influence of positive affect on the subjective utility of gains and losses: It is just not worth the risk," *Journal of Personality and Social Psychology* 55, 710–717.
8. Kamstra, M. J., L. A. Kramer, and M. D. Levi, 2003, "Winter blues: A SAD stock market cycle," *American Economic Review* 93(1), 324–343.
9. LeDoux, J., 2002, *Synaptic Self: How Our Brains Become Who We Are* (Simon & Schuster, New York).
10. Hockey, G. R. J., A. J. Maule, P. J. Clough, and L. Bdzola, 2000, "Effects of negative mood states on risk in everyday decision making," *Cognition and Emotion* 14(6), 823–856.
11. Eisenberg, A. E., J. Baron, and M. E. P. Seligman, 1998, "Individual differences in risk aversion and anxiety," University of Pennsylvania working paper.
12. Note that many decision-making studies are based on hypothetical questions and decisions are not motivated financially. In some cases, measures of depressive symptoms are based on student surveys given in a college course. The actual incidence of clinically diagnosed depression in a sample may be unknown. Interpretation of the results becomes even more difficult because some researchers find that anxiety and sadness have distinct influences on behavior. In one study, gamblers who are sad prefer high-risk options, whereas gamblers who are anxious prefer low-risk options. See Raghunathan, R., and M. T. Pham, 1999, "All negative moods are not equal: Motivational influences of anxiety and sadness on decision making," *Organizational Behavior and Human Decision Processes* 79(1), 56–77.
13. See Kahneman, D., and A. Tversky, 1979, "Prospect theory: An analysis of decision under risk," *Econometrica* 47(2), 263–291; and Thaler, R., 1980, "Toward a positive theory of consumer choice," *Journal of Economic Behavior and Organization* 1(1), 39–60.

14 See, for example, Ferris, S. P., R. A. Haugen, and A. K. Makhija, 1988, "Predicting contemporary volume with historic volume at differential price levels: Evidence supporting the disposition effect," *Journal of Finance* 43(3), 677–697.

15 Odean, T., 1998, "Are investors reluctant to realize their losses?" *Journal of Finance* 53(5), 1775–1798.

16 Shefrin, H., and M. Statman, 1985, "The disposition to sell winners too early and ride losers too long: Theory and evidence," *Journal of Finance* 40(3), 777–792.

17 Barberis, N., and W. Xiong, 2006, "What drives the disposition effect? An analysis of a long-standing preference-based explanation," NBER Working paper number 12397.

18 Summers, B., and D. Duxbury, 2007, "Unraveling the disposition effect: The role of prospect theory and emotions," Working paper.

19 Weber, M., and C. F. Camerer, 1998, "The disposition effect in securities trading: An experimental analysis," *Journal of Economic Behavior and Organization* 33(2), 167–184.

20 Thaler, R. H., and E. J. Johnson, 1990, "Gambling with the house money and trying to break even: The effects of prior outcomes on risky choice," *Management Science* 36(6), 643–660.

21 Battalio, R. C., J. H. Kagel, and K. Jiranyakul, 1990, "Testing between alternative models of choice under uncertainty: Some initial results," *Journal of Risk and Uncertainty* 3(1), 25–50; and Gertner, R., 1993, "Game shows and economic behavior: Risk-taking on 'Card sharks'," *Quarterly Journal of Economics* 108(2), 507–521.

22 Barberis, N., M. Huang, and T. Santos, 2001, "Prospect theory and asset prices," *Quarterly Journal of Economics* 116(1), 1–53.

23 Ackert, L. F., N. Charupat, B. K. Church, and R. Deaves, 2006, "An experimental examination of the house money effect in a multi-period setting," *Experimental Economics* 9, 5–16.

24 One recent study suggests that the house money effect may explain observed patterns in index option implied volatilities. The author reports that prior gains may mitigate fear of loss. See Low, C., 2004, "The fear and exuberance from implied volatility of S&P 100 index options," *Journal of Business* 77(3), 527–546.

25 Damasio, A. R., 1994, *Descartes' Error: Emotion, Reason, and the Human Brain* (Putnam, New York); and Charlton, B., 2000, *Psychiatry and the Human Condition* (Radcliffe Medical Press, Oxford).

26 Finucane, M. L., A. Alhakami, P. Slovic, and S. M. Johnson, 2000, "The affect heuristic in judgments of risks and benefits," *Journal of Behavioral Decision Making* 13(1), 1–17.

27 MacGregor, D. G., P. Slovic, D. Dreman, and M. Berry, 2000, "Imagery, affect, and financial judgment," *Journal of Psychology and Financial Markets* 1(2), 104–110.

28 Ackert, L. F., and B. K. Church, 2006, "Firm image and individual investments decisions," *Journal of Behavioral Finance* 7(3), 155–167.

29 See Zajonc, R. B., 1980, "Feeling and thinking; Preferences need no inferences," *American Psychologist* 35(2), 151–175; and Zajonc, R. B., 1984, "On the primacy of affect," *American Psychologist* 39, 117–123.

30 Nesse, R. M., and R. Klaas, 1994, "Risk perception by patients with anxiety disorders," *Journal of Nervous and Mental Disease* 182(8), 465–470; and Rolls, E. T., 1999, *The Brain and Emotion* (Oxford University Press, Oxford).

第四篇 PART4

社会力量

第 11 章　社会力量：利己还是利他

第 12 章　社会力量：一家美国公司的倒闭

第 11 章 社会力量：利己还是利他

 引 言

"经济人"（homo economicus）是一个理性的自利决策者。本书前面的章节描述了在金融中成为理性决策者的"经济人"含义，也举出了几个例子显示理性并不总是最准确的假设。近期关于我们如何进行决策又有一项重要发现——人们的行为并不是完全基于物质层面的自利。本章将考察社会利益怎样影响人们做决策的证据。因为人的自利假设是绝大多数金融理论和实践的核心，本章我们考察**其他方面偏好**（other-regarding preference），例如，公平和互惠。

本章 11.1 节以经济中人的"概念定义"作为开始。在 11.2 节，我们描述一项研究人们的公平、互惠和信任倾向的实验，这部分也汇报了不同的社会文化产生影响的证据。即使名誉已经不起作用，并且也没有机会报复他人，人们依然经常表现出互惠互利。在 11.3 节，在审视人们拥有其他方面偏好的证据之后，我们展示了两个例子来说明因忽视社会影响而导致的关于重要金融问题的错误结论。尤其是，我们考虑了市场中社会力量和竞争之间的关系，以及最优合同的设计。在 11.4 节，我们考虑社会压力。在 11.5 节，我们看到情绪和社会行为联系在一起。在 11.6 节，将讨论人们对社会力量的反应是人们的大脑在进化过程中自然形成的。

11.1 理性经济人

在金融理论中描述的决策者是理性和自利的。这种"经济人"的看法一般归于 19 世纪的经济学家约翰·斯图尔特·穆勒（John Stuart Mill），尽管他实际上并没有用过

这个词。[1] 如穆勒所说，经济学是[2]：

> ……并不把人类所有的本性看作为社会力量修饰的结果，社会中的人类全部行为也如此。经济学仅仅把人看作想拥有财富，并且具有判断达到此目的各种方法的相对效率的能力。经济学仅仅预测了为追求财富而导致相应结果的社会环境，除了那些可以被看作对人们追求财富具有永久伤害性的因素外，比如，厌恶劳动、沉溺于现在的享乐等，它抽象掉了人们的其他激情和需求。

注意到尽管人们想积累财富，但穆勒的论证却使得劳动被极小化了。穆勒也认识到其他动机也可能是重要的，但是与此同时，他却只想包括那些"永久伤害性"的因素。为了理论发展，穆勒认识到如果包括大量的因素将使模型变得不确定。如果一个模型不能提供预测或对实际决策的方向具有指导作用，那它就是没有用的。用穆勒的话说，如果经济学要成为一门科学，那么"实际的规则必须能够建立在此基础上"。[3]

尽管穆勒在经济体系中对经济人排除了"社会中人类的全部行为"的定义，但是并没有取消对社会的任何作用。他的大量工作集中于制度的重要作用，例如，他批评爱尔兰的农场租赁体系，因为他认为这样会使得农场主丧失努力工作的激情。

近期的证据显示人们并不仅仅关注货币激励。所以，我们的理论中的"认为人仅仅为了占有和消费财富"的看法可能太狭隘。[4] 对人类行为动机的更深刻研究，对我们理解金融决策是至关重要的。

11.2 公平、互惠和信任

绝大多数人都会赞同公平是我们这个社会所欣赏的价值。与此同时，人们在金融市场中很少会接受公平是很重要的这一说法。然而，近些年来，一些研究者争论说公平、互惠和信任对商业交易是至关重要的。在最基础的层次上，信任是经济有效运转的前提。我们可以在合同上明确每笔交易的每一个细节和个人的交易，但是请考虑相应的成本。如果我们相信其他人也会公平的作为，交易成本会大幅降低。实际上，研究显示大量的人，即使那些彼此不认识而且不会再次相见的人也会公平对待并且信任其他人。[5] 一个日常公平和信任的例子是在饭店中给小费的实例，只要服务还不错，我们通常会给服务员小费。

小费并不是必须的，但绝大多数消费者都会认为小费是应该的，另外，服务员也会从心底认为顾客对他们的工作是认可的。[6]

11.2.1 最后通牒和独裁博弈

考虑一个假想的实验，其中你和其他一位不知姓名的同学在一起。尽管这个情景是假设的，但就像真实的美元赌注一样，你们两个分一笔钱，试着回答如下的问题。

博弈 1：

一半的参与者在房间 A 进行实验，另一半在房间 B。在房间 A 的参与者将随机地和房间 B 的某人配对，但是没有一人认识其他人。给房间 A 的参与者（建议者）10 美元，他们有权分配 10 美元中的一部分给房间 B 的随机配对参与者（回应者）。房间 A 的参与者可以分送 0 美元、1 美元、2 美元、3 美元、4 美元、5 美元、6 美元、7 美元、8 美元、9 美元或 10 美元。房间 B 的参与者可以选择保留别人送的美元，这样房间 A 的人的提议就实现了。或者，房间 B 的参与者可以拒绝，这样两个人谁都收不到一分钱。

如果你是房间 A 的提议者，那么你会送给你的同伴多少钱呢？记住你可以送给房间 B 的参与者 0～10 美元，而房间 B 的参与者可以接受你的提议，也可以拒绝，但这样你们两个就会一无所获。如果其他的参与者接受了你送的 x 美元，那么你就会留有 $(10-x)$ 美元。

送给房间 B 参与者的数额：_____

这叫**最后通牒博弈**（ultimatum game），传统的经济理论预测一个自利的回应者会接受任何正值的数额。[7] 在之前的例子中，提议者认识到这一预测后，将会提议尽可能小的数额——1 美元。

你的选择会和其他的那些同学相似吗？平均而言，分配的数额会稍多于最低可能的数额。可能是因为他们会预期到回应者将会报复这个他们认为是不公平的提议，进而拒绝它。在不同国家的不同类型参与者的许多实验中，回应者将有大约一半的次数会拒绝少于建议者 20% 禀赋（在我们的例子中是 2 美元）的提议。[8]

最后通牒博弈看起来与自利假设有两方面的不一致：首先，与最大化利益相反，回应者会拒绝正的数额。其次，建议者的行为显示了公正，因为平均而言，他们会比最低数额的提议多一些。这第二个结论有些欠佳，因为提议者可能会预期到回应者的报复而采取了策略性行为。

还有一个博弈用来区分公平和策略。再考虑一个假想的实验，其中你和其他一位不知姓名的同学分一笔钱。尽管这个情景是假设的，就像真实的美元赌注一样，那么试着回答如下的问题。

博弈 2：

一半的参与者在房间 A 完成实验，另一半在房间 B。在房间 A 的参与者将随机地和房间 B 的某人配对，但是没有一人认识其他人。房间 A 的参与者可以分送 0 美元、1 美元、2 美元、3 美元、4 美元、5 美元、6 美元、7 美元、8 美元、9 美元或 10 美元。这样房间 A 的人提议的分法就结束了。

你是房间 A 的提议者，你会送给你的同伴多少钱呢？记住你可以送给房间 B 的参与者 0～10 美元，如果你送了 x 美元，那么你就会留有 $(10-x)$ 美元。

送给房间 B 参与者的数额：_____

因为房间 B 的回应者没有做任何决策，所以这叫**独裁者博弈**(dictator game)。这很显然，如果不关注于公平的话，那么提议者就不会给钱。记住：这里游戏者的姓名要严格保密以使名誉不起任何作用。[9]

图 11-1 显示了这些典型的结论并且比较了最后通牒和独裁者博弈。提议者的禀赋在这个特殊的博弈中是 5 美元，这和我们之前描述的 10 美元禀赋不一样。图 11-1 中的横轴显示了送给回应者/接收者的美元数额，纵轴显示了每一美元提议数额的百分比。如果在最后通牒的博弈中公平是唯一驱动提议者的因素，那么分布将会是相似的。图 11-1 说明并不是这么回事，最后通牒博弈的提议数额显然比独裁者博弈更加

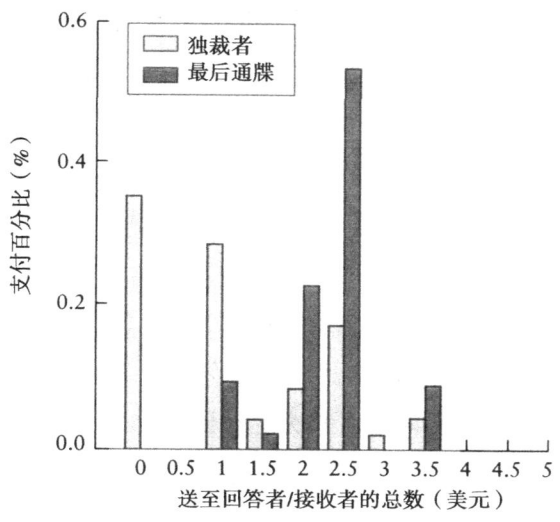

图 11-1 在最后通牒和独裁者博弈中提议方的支付

注：在博弈中提议者的禀赋是 5 美元。横轴表示发送到回答者/接收者的金额，纵轴表示支付百分比。

资料来源：Reprinted from Games and Economic Behavior, Vol 6, Issue 3, Forsythe, R., J. L. Horowitz, N. E. Savin, and M. Sefton, "Fairness in simple bargaining experiments," 347-369. © May 1994. With permission from Elsevier.

集中于偏右的分布。在最后通牒博弈中的人们会更加慷慨。在独裁者博弈中，36% 的参与者没有提议任何数额的钱，而在最后通牒博弈中，所有的参与者都提议了正的数额。

独裁者博弈的结果显示公正并不是唯一的驱动因素，和在最后通牒博弈中观测到的慷慨一样，我们仍然认为许多人很重视公平。注意到如果 36% 的独裁者没给任何钱，64% 的人把钱给了他们并不认识并且将来未必会有再见面机会的人。提议者很容易保有这笔钱，而且没有任何机会遭到报复、惩罚或者名誉的损失。在最后通牒的博弈中大约 20% 的回应者会愿意给出自己的收入使得对手感觉不公平而遭到报复。

11.2.2 信任博弈

独裁者博弈可以认为是纯粹的利他主义，而另一个博弈，名叫**信任博弈**（trust game），测度了信任和互惠互利。[10] 如前，就像真实的美元赌注一样，请试着回答下述假设问题。

博弈 3：

一半的参与者在房间 A 完成实验，另一半在房间 B。在房间 A 的参与者（投资者）将随机地和房间 B 的某人（受托人）配对，给每个房间的参与者 10 美元，投资者可以有机会把 10 美元中的任何部分分给随机配对的房间 B 的参与者，房间 A 的参与者可以分送 0 美元、1 美元、2 美元、3 美元、4 美元、5 美元、6 美元、7 美元、8 美元、9 美元或 10 美元。

送到房间 B 的每一美元被增加了 3 倍。房间 B 的参与者决定把多少钱返回房间 A 以及自己留有多少。房间 B 的参与者可以送回任何数量的美元金额——从 0 美元到 3 倍于从房间 A 收到的美元。

你是房间 A 的投资者，那么你会送给你在房间 B 的同伴多少钱呢？记住你可以送给房间 B 的参与者从 0 美元到 10 美元，如果你送出了 x 美元，受托人会收到 $3x$ 美元而你留有 $(10-x)$ 美元。受托人接下来决定返给你的美元数额（y 美元）。受托人可以返给你从 0 美元到 $3x$ 美元。你的全部赢钱将会是你最初的所有加上受托人返回的或者 $(10-x)$ 美元 $+y$ 美元。

送给房间 B 参与者的数额：_____

这叫信任博弈，因为它测度了房间 A 的参与者是怎样相信房间 B 的受托人的。它也叫作投资博弈，因为房间 A 的参与者投资了 x 美元给房间 B 的参与者。

理论上，房间 B 里的受托者如果是纯粹的自利那么他不会返回一分钱（y 美元 $=0$）。房间 A 的投资者预测到房间 B 参与者的这个动机后就不会给他一分钱（x 美元 $=0$）。但是注意到，如果投资者相信受托人的话，就会获利很多。没有信任，博弈全部的收益是 20 美元（$10+10$），这是因为每一个参与者会保有自己的 10 美元。在完全信任的情况下，全部的收益将会是 40 美元（$10×3+10$），这是因为委托人会把其 10 美元都送出，接下来就会乘以 3。如果有了信任，所有的游戏者的情况都会潜在地得到改善。

尽管有时结果会有变动，但投资者会把他们的一半禀赋给受托人。送出去的数额代表了房间 A 里的人信任他人的水平，房间 B 返回少于他们从投资者那里收到的（$y<x$），所以信任并不会给许多投资者带来回报。

图 11-2 表现了信任博弈的结果。在这个博弈中，两个游戏者最初都会收到 10 美元，在某些情形下投资者送出的数额会乘以 3（$M-3x$），而在某些情况下为 6 倍（$M-6x$）。房间 A 中的大多数人（44 人中的 33 人）会把至少一半的初始禀赋送到房间 B，平

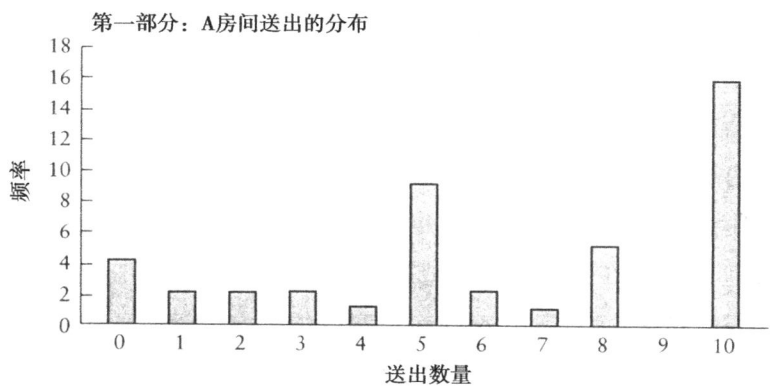

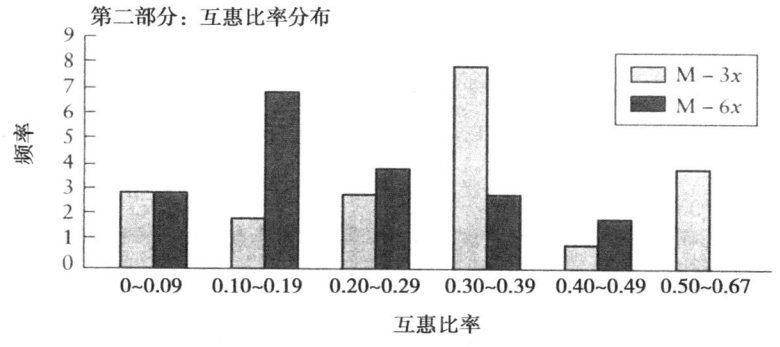

图 11-2　信任博弈中投资者和回应者的行为

注：所有人均抵 10 美元。第一部分显示投资者每一美元的频率，第二部分显示互惠的分布。

资料来源：Ackert, L. F., B. K. Church, and S. Davis, 2006, "Social distance and reciprocity," Working paper, Kennesaw State University.

均被送的数额是6美元，但是从图11-2中可以看出不同人之间是不一样的。互惠被定义为房间B的参与者分享自己的数额（也就是送给他的数额之倍数）给投资者的数额。在大多数时候，互惠的比率少于50%，这意味着房间B的参与者保留多于其返回的。实际上，许多投资者的收益少于付出，由此信任并不必然能从这个博弈中获益。

信任和互惠对商业交易具有重要的意义，正如这个博弈所示，没有了信任很多潜在的交易好处将不会存在。

11.2.3 谁更公平

本章部分证据显示人们在意公平，表现互惠互利，并且信任别人。但是我们也看到了这在人们之间会有很大的差别，我们能说公平是所有人共有的特质吗？

许多研究检验了是否某些人更加易于社会化自己的行为，但是结论却是非常复杂的，考虑到文化、性别或者教育背景，并没有一个确定的结论。一个看起来具有持久影响的因素是年龄，至少对很小的孩童是这样的。小朋友倾向于更加自利，但随着他们长大，他们会变得更具社会观念。[11]

尽管个人的品性看起来会起作用，但是不同文化的实验结果显示社会行为和经济组织之间存在紧密的联系。针对居住在秘鲁亚马孙的马奇根加人的实验给出了惊人的结论。[12]马奇根加人生活在自己的家庭或扩展的家庭组中。他们以打猎和捕鱼为生，进行刀耕火种式的农业生产活动。交换在家庭单位之内进行，家庭之外的合作很少。所以，你可以想象他们的文化和日常生活与那些城市里大学生是完全不一样的。和其他文献研究比对，在实验中发现马奇根加人更不慷慨。

这是一个例外，还是说明了文化的强烈差别？一个研究小组试图解答这个问题。[13]他们区别了不同文化的小组并且派了研究者去做实验，其中包括最后通牒博弈。尽管学生提议者会把他们42%~48%的禀赋送给回应者，但是在不同文化背景实验中的差别很大，会拿出他们禀赋的25%~57%。回应者的行为也比之前的观察要有更多的差异。正如图11-3所示，提议为零在一些组中很罕见，但在某些组中却很普遍。少于20%禀赋的"低提议"，在一些人群中并没有被拒绝。即使超过禀赋50%的提议（大多数情况下会认为很公平）也会在其他的组中遭到拒绝。

尽管这项研究还在继续，但是看起来亲社会行为与人们的日常生活的确有重要的关系。尽管个体统计学差异的作用不大，但是实验发现，经济组织和市场一体化的程度有着重要影响。在金融中我们通常认为当人们是自利的时候市场会更好地发挥作用，但是跨文化的研究结果与此相悖。在交易比较活跃的文化中，实验中的参与者会更加慷慨地进行提议，或许将来更进一步的研究可以帮助我们更好地理解这种影响的具体方式。换句话说，人们是因为人际间的交换而更加亲社会的，还是因为他们亲社会而更易于交换？这项研究对我们理解金融市场的作用具有重要的意义。

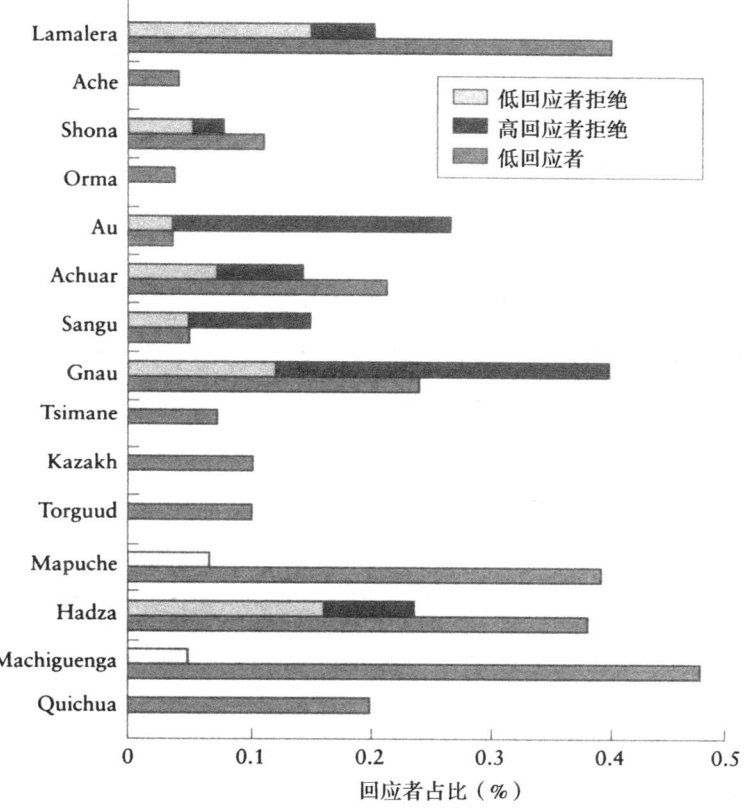

图 11-3　在最后通牒博弈中的回应者对提议份额的拒绝

资料来源：Henrich, J., 2000, "Does culture matter in economic behavior? Ultimatum game bargaining among the Machiguenga of the Peruvian Amazon," *American Economic Review* 90(4), 973-979. © 2000 American Economic Review. Reproduced with the permission of the publisher and the author.

11.3　社会影响的作用

在本章前面我们指出证据表明人们并不是仅被自利驱动。现在，你也许正在想我们为什么会关心这个问题。在第 12 章中，我们会提供金融中社会力量起作用的一些例子。为了说明你应该关心这些，这里我们提供了两个例子，它们显示了在金融领域中公平和社会偏好的重要作用。我们首先考虑一下社会偏好如何影响市场竞争以及最优的合同设计。第 2 章中我们认识到市场有效性和金融中的有关代理人和委托人之间的合作是非常关键的。[14]

11.3.1 市场中的竞争

按照这里描述的博弈一些人可以被看作是自利的，另一些人表现出互惠互利且更加关注公平。近来的研究表明如果我们忽视了公平的影响就不能明白竞争是如何影响市场价格的。实际上，由厄斯·菲施巴彻（Urs Fischbacher）、克里斯蒂娜·冯（Christina Fong）和厄恩斯特·弗尔（Ernst Fehr）所做的研究报告显示，仅仅改变一个市场上竞争者的数目就能对市场结果带来显著的改变。[15]

为了理解这个问题，考虑如下修正的最后通牒博弈，它和普通的最后通牒博弈一样，但不同的是回应者的数目从 1 个增加到 2 个或者 5 个，且他们之间彼此进行竞争。提议者给出他的建议数额，接着回应者会决定是接受还是拒绝这个提议。如果有多于一人接受了，那么其中一人会被随机地选择得到提议者的提供数额。如果只有一个回应者接受，他将得到这个提议的数额，如果所有的回应者都拒绝，那么所有人都一无所获。

这个修正的最后通牒博弈类似于商品市场上只有一个卖者（提议者）和多个竞争的买者（回应者）。市场中的每个人都知道这个商品对其他人的价值，所以卖者会把价格定在最高的支付意愿上（这对所有的买者都一样）。在这个博弈中如果是完全自利的卖者和买者，那么卖者会拿走交易中的所有收益。为对此进行说明，考虑一个双人博弈，如果两者都是自利的，卖者会把价格定在买者所能支付的最高数额，因为如果价格少了一分钱的话买者就会得以改善，而如果卖者价格定在高于卖者所能支付的数额上再多一分钱的话，买者就会拒绝这个提议。

因为提议者收获了所有交易的所得，那么这个博弈中增加的竞争应该对结果没有影响。换句话说，因为自利的卖者和买者关系，而卖者早已把价格设在尽可能高的水平，这样买者之间的竞争不会影响价格。买者之间的竞争并没有给卖者更多的力量。

然而菲施巴彻、冯和弗尔发现竞争对市场具有很大的影响。在有一个买者的情况下，买者收到了交易好处的 41%，但对两个买者而言，交易的买者仅仅收获 19% 的交易好处。回忆一下在多个买者的情况下只有一个人会随机地被选择交易。在 5 个买者的情况下，交易的买者收到了 14% 的交易好处。图 11-4 显示了三组博弈 20 期的平均接受的提议数额：BG（双边或两人博弈）、RC2（两个竞争的回应者）和 RC5（5 个竞争的回应者）。平均的提议数额看起来随着时间并没有改变且成交保持不变。

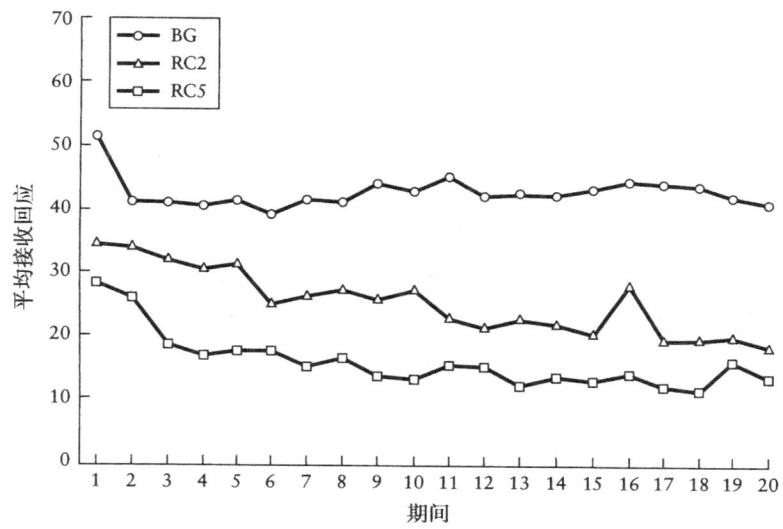

图 11-4 三组 20 期的平均接受提议数额：BG（双边或两人博弈）、RC2（两个竞争的回应者）和 RC5（5 个竞争的回应者）

资料来源：Fischbacher, U., C. M. Fong and E. Fehr. 2003, "Fairness, errors and the power of competition," in Institute for Empirical Research in Economics, University of Zurich, Working paper number 133. © 2003 University of Zurich.

尽管这些结果与纯粹的自利交易者不一致，公平和互惠互利能够解释为什么回应者的份额随着竞争的增加而减少。再回到两人的最后通牒博弈，提议者会尽可能地把提议数额压低，因为提议者预期回应者会拒绝较低的提议，所以这个提议不会很接近于零。[16] 回应者知道自己可以通过拒绝提议来惩罚一个被认为是不公平的提议。在多于一个回应者的情况下，因为他不能确定其他人是不是也会拒绝较低的提议，所以一个回应者想报复不公平的提议者并不会取得成功。在较多的竞争者的情况下，其中一个回应者可能会很自利并接受正的提议数额。即使通常情况下互惠互利的回应者也会因为其他回应者的自利而接受较低的提议数额。

这些结果显示当人们关注公平时，竞争对市场结果具有重要的影响。另一份由弗尔和菲施巴彻所作的研究表明，在某种情况下关注公平会决定市场的结果。[17] 所以，我们不能忽视公平作为市场中一个潜在重要因素的作用。

11.3.2 激励与合同设计

在第 2 章中我们认识到合同设计在联系委托人和代理人之间的重要性。一家工厂的厂长想要提出一项激励措施使工人可以更加努力地工作。股东想要设计一个合同使得经理们有动力去最大化所有者的利益而不是推卸责任。实验研究显示，工人在面对慷慨或公平的工资时的努力程度比自利代理人模型的预测高。然而正如我们在最后通牒的博弈中看到的那样，在人们中间会有较大的差异。一些人会做出自利选择并且会最小化自己的努力程度，而大部分人会表现出互惠互利。

自然出现一个问题：我们可以对那些自利的人通过设计显性激励的合同来提供更好的激励吗？例如，如果工人没有达到最低水平的努力，工人将会受到惩罚。这些物质激励会导致额外的努力水平，而这比由互惠互利引致的努力水平要高。另外，工人可能会认为这些显性的激励是不信任的标志。

弗尔和西蒙·加克特(Simon Gächter)设计了一个实验来检验这些问题。[18]在他们的博弈中，雇主给工人提供工资并要求一个指定的努力水平。在一个组中(TT 或信任组)明示了要求的努力水平，但并不是非常严格，在另一组(IT 或激励组)，雇主能够开除偷懒的工人，所以存在显性激励机制。

图 11-5 显示了工人在不同租金情况下的真实努力水平，"租金"测度工人的工资减去努力的成本后的所得。图 11-5 中每个柱上面的数字显示了对每组而言在每一个区间上的合同百分比。例如，在 IT 组中的 21% 的合同提供了 0%～5% 的租金。排除最低的工资之外，工人选择的平均努力水平会比显性激励要低。结果显示由公平和互惠互利产生的和物质激励引发的动机之间的紧张关系。工人可能会对显性激励做出怀有敌意的反应。

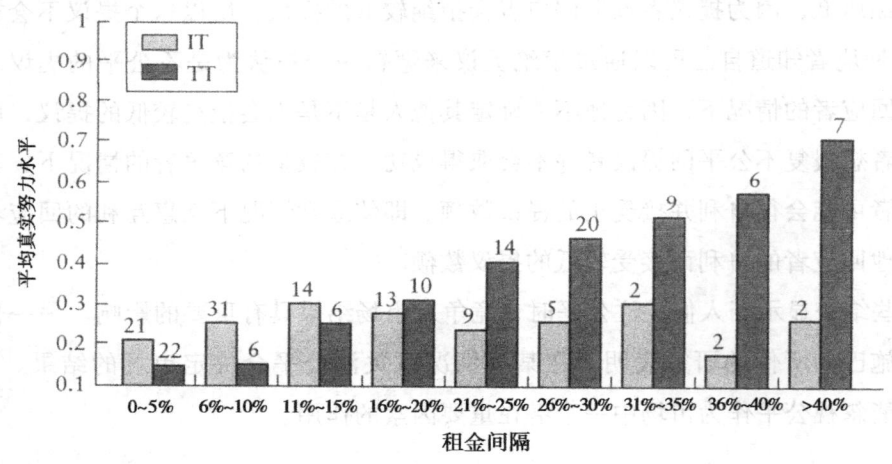

图 11-5　不同租金情况下的平均真实努力水平

资料来源：Fehr, E. and S. Gächter. 2001, "Do incentive contracts crowd out voluntary cooperation?" in University of Southern California Law School, Center in Law, Economics and Organization Research Paper Series Number C01-3, 2001, 23. © 2001 USC Gould School of Law.

委托-代理模型显示了最佳的合同应该包括所有可以证实和测度的表现。这个研究对为什么我们可以观察到最优的不完全雇用合同提供了些许见解，业绩激励或许产生了预期之外的影响。[19]

11.4 遵从

本章我们提出了社会利益影响人们决策的证据。因为在绝大多数的金融理论中自利的人居于中心地位，所以我们关注像公平和互惠互利这类偏好。当然其他的社会力量也会影响人类的行为，这里我们主要考察遵从行为，这是我们都很熟悉的一种人类行为。当人们屈服于真实或假想的社会压力时就会出现"遵从"。在第 12 章，我们会考察两个关于遵从如何影响人类行为并引起我们显著兴趣的经验证据：由专业分析师导致的羊群效应和公司董事会的最优组成。

11.4.1 遵从的检验

心理学家对遵从的研究有了一段时间，以下是一个关于遵从力量的经典例子。

博弈 4：

考虑图 11-6 的直线并确定 A、B 和 C 这三条线段中哪一条和图中第一条线段同样长。跟第一条线段相同长度的线段是_____

看起来答案显然是 C，这是真的吗？如果你在一个有 8 个大学生的房间中且大家都说答案是线段 A 的话你又会如何回答呢？研究者 Solomon Asch 发现学生参与者在 1/3 的情况下会遵从一个错误的绝大多数的看法。3/4 的学生会至少遵从一次。[20] Asch 的实验被重复了许多次，因为遵从的程度随着时间而变。心理学家认为遵从是社会规则和文化的反映。[21]

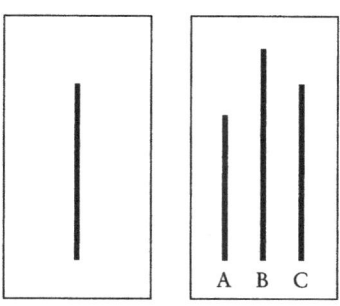

图 11-6 Asch 的线段

一个遵从的极端形式是**集体思维**(groupthink)[22],集体思维可以在外来影响隔绝的情况下发生在小团体中。集体成员可以在一开始的时候思考得比较相似,他们强调忠诚而打压异议。这个群体可能会忽视相关的信息而认为他们自己是绝对正确的。一个近来归因于集体思维的灾难性结果的例子是"哥伦比亚"号的爆炸。[23]美国宇航局曾被一个小组警告过飞船有安全问题。然而美国宇航局却赶走了这个小组9个成员中的5个,并继续原来的发射计划,结果"哥伦比亚"号上所有7个宇航员都因此而身亡了。

幸运的是集体思维具有警告信号且可以被防止。如果你是这组中的成员之一,忽视警告,惩罚异议者,或者看起来似乎正确,但你并不会这样做。实际上鼓励人们表达自己的看法,尤其是与绝大多数不一致的观点,是很好的想法。

尽管我们没有在日常生活中遇到集体思维,我们会观察到在我们中间以及我们和其他人之间出现遵从行为的程度。人们倾向于根据周围人对自己的评价来描述自己。[24]例如,一个职业金融分析师会基于参照组中分析师的行为来进行决策。如果金融决策者在决策之前考虑别人的行为,我们将会观察到羊群效应。在金融出版物中,羊群效应有着负面的含义,但是如果认为别人的消息是正确的,那么羊群效应未必不是一件好事。[25]

11.4.2 遵从权威

心理学家斯坦利·米尔格拉姆(Stanley Milgram)在20世纪60年代进行了一些在知名的遵从实验。在实验中,米尔格拉姆制造了一个据称可以通过开关实现0~450V电压电击的盒子。电压的标签从"轻度电击"到最后一个标签"XXX"。受试者认为他们正在参与一项关于惩罚和学习的实验,但是米尔格拉姆却借此检验对权威的遵从。每一个参与者被定义为"教师"的角色,而"学生"却是个真正的演员。电线连接着这个电盒和学生,但实际上学生只在电盒被传递的情况下才行动。当教师进行电击时,学生会假装承受很大的痛苦。

当学生回答问题错误时,你认为会有多少人会电击惩罚他呢?如果因为实验组织者的头衔和职业服装带来的权威感,以及知道实验参与者获得了报酬,那么你的答案会发生改变吗?

在米尔格拉姆的原始研究中,每一个受试者实施对学生的惩罚电击,也有实验的几个变种研究考察了对行为的不同方面的影响。在第一个变种下,教师(参与者)不能看到学生(演员),也不能听到学生对电击的言语反应。学生的反应显示在一个信号箱上，但是在 300 V 的情况下，教师能够听到学生敲打墙面以示抗议。在 315 V 的情况下，盒子上没了回应并且敲打也停止了。令人很吃惊的是，40 个受试中的 26 个人实施了最大可能的电击。尽管许多教师明显很抗拒，但是他们继续实施了电击。这里是一个参与者在减小额外的电击时的评论[26]：

> 我在想他正试图交流，他在敲击……电击这个人是不公平的……这些是可怕的电压。我认为这是很不人道的……哦，我不能再继续了。不，这是不正确的。这是一个实验的地狱。这个人在那儿正受罪呢。不，我不想再继续了。这太疯狂了。

米尔格拉姆的实验在不同的人群中被重复了许多次。许多受试者表现了驱动行为的忠实遵从，在这个房间中有人不遵从、实验安排者离开房间、教师和学生处于同一房间中、实验人员给出自相矛盾指令的情况下，参与者更有可能违背设计的实验意愿。

11.5 社会行为和情绪

在第 7 章中我们讨论了情绪和脑电波，请记住功能磁共振成像（FMRI）技术允许我们在不同的时段中看到大脑中的哪一部分在运作。通过利用功能磁共振成像技术，越来越多的证据显示情绪和社会交往联系紧密。大多数的研究属于**社会神经科学**（social neuroscience）领域，这门科学研究"社会大脑"，即当我们跟其他人交往时的神经电流运作过程。[27]

功能磁共振成像技术在最后通牒的博弈中被用来调查认知和情绪过程。[28]正如我们在本章前面讨论的那样，带来正收益的提议被拒绝，由此损害了双方的利益，最后通牒博弈看起来有时和纯粹自利是不一致的。这可能是因为觉察到公平被违背了。当我们感觉我们自己正被不公平对待时，愤怒就会很自然地由此引发。在第 7 章，我们看到尽管大脑边缘系统是情绪的基础位置，但前脑却是理性思维的关键部位。当最后通牒的参与者通过功能磁共振成像技术扫描时，明显的不公平会引发前脑（理性思考：这是符合我自己私利的，我该不该接受呢）和边缘系统（情绪：我正和他处于公平位置，尽管我需要付出代价）的活动。当不公平的提议被拒绝时，在大脑边缘系统的这个行为就会被观察到，这使得大脑哪个部位会赢得这个争论变得清晰起来。

11.6 社会行为和进化

人们愿意遵从的原因是什么？为什么许多人并不一定需要做到公平时，他们会想要公平呢？可能是进化使得人们偏好于合作和进行平等的交易互换。[29] 可能实际上我们仅仅是表现得比较社会化。亲社会的组群会因为进化会比不亲社会的组群表现得更好，这样就会偏好互惠行为。假设如果我们的社会中每一个人总是基于自己的私利行事，那么遵从将会鼓励合作行为。

证据显示其他方面的偏好会影响人们的行为。当我们想要推断和政策建议时，将有许多因素影响行为，而我们的模型不可能包括每一件事。正如穆勒所说，"因为没有两个个体完全相同，除非在某些特殊情况下需要考虑的话，没有一般的信条会永远正确"[30]。现今的研究者认为社会影响很重要，我们必须考虑它。在第 12 章，我们将看到社会力量是如何引起安然公司的倒闭以及相关的巨大后果。

本章要点

1. "经济人"会最大化自己的利益并做出理性的决策。
2. 实际上，人们常常会在交易中会表现得慷慨、公平和合作。
3. 互惠互利和信任因为可以减少成本而对商业交易具有重要意义。
4. 亲社会的行为在很多人中有很大的差异，一些人是公平的，而另一些人则被私利所驱使。
5. 我们不能基于观察到的特性去预测谁会表现得亲社会，但是在不同的文化中存在显著的差异。
6. 即使仅有一部分人会有公平的行为，但依然会对市场价格造成影响。
7. 因为如果认为别人对其不信任，他们会做出负面反应。劳动合同中的显性业绩激励可能产生和预期相反的结果。
8. 人们常常会屈从社会压力而遵从社会中大部分人的行为规范。
9. 研究者分析了做决策时人的大脑活跃的部位，并得出结论认为情绪和社会行为联系在一起。
10. 因为群组成员合作时会偏好亲社会行为，所以群组的绩效会更好。

问题与讨论

1. 区别下列概念和术语：
   (1) 独裁博弈和最后通牒博弈。
   (2) 遵从和集体思维。
   (3) 经济人和真实的人。

2. 讨论下列所述的含义：有明显的证据显示，在独裁博弈中的提议者会关注公平，这是因为他们会给回应者更多的钱。

3. 1962年，美国总统肯尼迪在面对古巴导弹危机决定如何行动时，采取了一项具体的行动以避免集体思维的弊端。做一下自己的研究，写几段文字评估下这些步骤和它们的有效性。

4. 你的公司在一个较大的欧洲城市附近建了一个工厂。你是管理团队中的一员，负责设计提升员工工作努力水平的劳动合同。你会把哪些考虑因素带到你的团队中？如果你的工厂坐落于一个待发展中的偏远村庄时，那么你的答案会有所改变吗？

5. 在线拍卖网站 eBay 很成功地吸引了成千上万的买者和卖者。在这些不见面的交易中，交易的双方的互信值得关注。eBay 采取了反馈这项行动来提升信任，为什么这会是重要和有效的？

注释

1 For a more detailed review of the origin and meaning of the term *homo economicus*, see Persky, J., 1995, "Retrospectives: The ethology of *homo economicus*," *Journal of Economic Perspectives* 9(2) (Spring), 221–231.

2 Mill, J. S., 1874, *Essays on Some Unsettled Questions of Political Economy*, 2nd ed. reprinted 1968 (Augustus M. Kelley Publishers, New York), pp. 137–138.

3 Ibid., p. 124.

4 Ibid., p. 138.

5 For one of the early arguments that fairness is an important consideration in economic decision-making, see Kahneman, D., J. L. Knetsch, and R. H. Thaler, 1986, "Fairness and the assumptions of economics," *Journal of Business* 59(4), S285–S300.

6 Many researchers have examined why tipping is common practice. See, for example, Azar, O. H., 2007, "The social norm of tipping: A review," *Journal of Applied Social Psychology* 37(2), 380–402.

7 Early ultimatum games were reported by Guth, W., R. Schmittberger, and B. Schwarze, 1982, "An experimental analysis of ultimatum bargaining," *Journal of Economic Behavior and Organization* 3(4), 367–388.

8 For in-depth results regarding cross-cultural tests of fairness, see Henrich, J., R. Boyd, S. Bowles, C. Camerer, E. Fehr, and H. Gintis, eds., 2004, *Foundations of Human Sociality* (Oxford University Press, Oxford, UK).

9 Forsythe, R., J. L. Horowitz, N.E. Savin, and M. Sefton, 1994, "Fairness in simple bargaining experiments," *Games and Economic Behavior* 6, 347–369.

10 For an experiment that separates trust from altruism and reciprocity, see Cox, J. C., 2004, "How to identify trust and reciprocity," *Games and Economic Behavior* 46, 260–281.

11 A comprehensive review of the literature is presented by Camerer, C. F., 2003, *Behavioral Game Theory: Experiments in Strategic Interaction* (Russell Sage Foundation, New York).

12 See Henrich, J., R. Boyd, S. Bowles, C. Camerer, E. Fehr, and H. Gintis, eds., 2004, *Foundations of Human Sociality* (Oxford University Press, Oxford, UK), p. 21.

13 Ibid.

14 These two examples are adapted from Fehr, E., and U. Fischbacher, 2002, "Why social preferences matter—The impact of non-selfish motives on competition, cooperation, and incentives," *The Economic Journal* 112, C1–C33.

15 See Fischbacher, U., C. M. Fong, and E. Fehr, 2003, "Fairness, errors, and the power of competition," Institute for Empirical Research in Economics, University of Zurich, Working paper no. 133.

16 Notice in the example that the price is the proposer's endowment less that amount offered (i.e., it is what the responder gets to keep).
17 See Fehr, E., and U. Fischbacher, 2002, "Why social preferences matter—The impact of non-selfish motives on competition, cooperation, and incentives," *The Economic Journal* 112, C1–C33. In their example, the enforceability of contracts is critical.
18 Fehr, E., and S. Gächter, 2001, "Do incentive contracts crowd out voluntary cooperation?" University of Southern California Law School, Center for Law, Economics and Organization Research Paper Series No. C01-3.
19 Others have also argued that close supervision of employees can lead to resentment and hostility toward the employer. See Akerlof, G. A., and R. E. Kranton, 2008, "Identity, supervision, and work groups," *American Economic Review* 98(2), 212–217.
20 Asch, S., 1955, "Opinions and social pressure," *Scientific American*, 31–35; and Asch, S., 1956, "Studies of independence and conformity: A minority of one against a unanimous majority," *Psychological Monographs* 70(9).
21 Bond, R., and P. B. Smith, 1996, "Culture and conformity: A meta-analysis of studies using Asch's line judgment task," *Psychological Bulletin* 119, 111–137.
22 Janis, I. L., 1982, *Groupthink: Psychological Studies of Policy Decisions and Fiascoes*, 2nd ed. (Houghton-Mifflin, Boston).
23 Ferraris, C., and R. Carveth, 2003, "NASA and the Columbia disaster: Decision-making by Groupthink?" Proceedings of the 2003 Association for Business Communication Annual Convention.
24 Psychologist Leon Festinger proposed social comparison theory in which people look outside themselves to evaluate their worth. See Festinger, L., 1954, "A theory of social comparison processes," *Human Relations* 7(2), 117–140.
25 A model of rational herding behavior is proposed by Banerjee, A. V., "A simple model of herd behavior," *Quarterly Journal of Economics* 107(3), 797–817.
26 Milgram, S., 1974, *Obedience to Authority: An Experimental View* (Harper & Row, New York), p. 32.
27 Goleman, D., 2006, *Social Intelligence: The New Science of Human Relationships* (Bantam Books, New York).
28 Sanfey, A. G., J. K. Rilling, J. A. Aronson, L. E. Nystrom, and J. D. Cohen, 2003, "The neural basis of economic decision-making in the ultimatum game," *Science* 300, 1755–1758.
29 See Gintis, H., S. Bowles, R. Boyd, and E. Fehr, 2005, *Moral Sentiments and Material Interests: The Foundations of Cooperation in Economic Life* (MIT Press, Cambridge, Massachusetts).
30 Mill, J. S., 1874, *Essays on Some Unsettled Questions of Political Economy*, 2nd ed. reprinted 1968 (Augustus M. Kelley Publishers, New York), p. 146.

第 12 章　社会力量：一家美国公司的倒闭

引　言

投资者在 20 世纪 90 年代见证了一些公司股票价格的快速上涨。因为价格看起来与基本面因素无关，许多人认为很有理由说这是"新经济"。论证的理由是世界经济结构由于互联网革命而发生了根本性的变化，这使得长期经济增长得以实现。正如许多事情看上去过于美好一样，开始于 2000 年的经济下滑使得人们的脑子终于变得清醒，想法也趋于实际。

一些经历过惊人增长的企业也经历了更加令人吃惊的业绩跌落，一家涨跌特别出名的公司是安然。2000 年 12 月，安然的市场资本值超过了 600 亿美元，《福布斯》杂志认为其是美国最有创意的大公司。[1] 而仅仅在一年之后的 2001 年 12 月，这家公司却申请了破产保护。本章集中考察安然公司倒闭过程中两组重要的社会力量：公司的董事会以及研究安然公司的金融分析师。

12.1 节讨论为什么在全世界范围内会盛行公司制形式，我们对最优的董事会规模和组成、管理者的激励结构和补偿机制进行了考察。在 12.2 节，我们会对作为信息中介的金融分析师进行研究，包括他们的表现和行为。在 12.3 节，我们注意力集中于安然公司股价的涨跌，管理者、金融分析师和其他人员的行为也在考察之列。在 12.4 节，我们会注意到在一个组织中保有身份的重要性以及社会影响的潜在迷惑作用。

12.1　公司董事会

就规模而言，企业的所有制形式很重要。什么样的所有制形式是好的呢？公司

(corporation)是独立于其创立者或所有者的法人实体。公司的生命不是有限的，它的所有权可以轻易地被转移。尽管一个公司可以被起诉，但是它的股份所有者只担负有限责任而仅会失去其投资。在1819年，首席大法官约翰·马绍尔这样描述了公司制[2]：

> 公司是人造的产物，看不见，摸不着，仅在法律考虑中存在。作为仅是法律的产物，它只拥有宪章所赋予的财产，无论这些宪章是明示的，还是作为它的存在而附带着。这些是为了达到最优影响那些创造他的事物而存在的。如果允许表述这其中最重要的话，那就要数公司的不朽和个性化了；产权，借此使得许多人的永续接任被看作同一个人，而公司也会像一个人那样行动。这使得公司能够管理自己的事物，掌握自己的产权，而没有了恼人的繁杂和危险，以及有了永久可以使得公司得以转手这样的必备条件。它首要的是为了人们的永续生计，接下来公司被创造出来并运行，使其具备了上述的品质和能力。通过这些手段，个人的永续接力使得其具备了提升某种目标的能力，而这就像是一个不朽的个人一样。

尽管实际上我们都知道没有一家公司会真正的不朽，但潜在的不朽是公司一个重要的优势。尽管快200年了，法官的讲话限制了国家干预公司事务的能力，其观点依然有着重要影响。

当然，尽管国家干预公司的能力有限，但是公司却有内部和外部的约束。在美国，也许最大的外部力量是**证券交易委员会**（Securities and Exchange Commission, SEC）。证券交易委员会是在1934年的证券交易法下成立的，其目的是"保护投资者，维护公平、有序和有效的市场，促进资本形成"。[3] 在内部，公司由董事会掌控。在我们转向讨论社会力量如何影响董事会成员的决策之前，我们会考虑一下为什么需要董事会以及董事会的最优结构。

12.1.1 公司董事会的好处

在理想的情况下，董事会会建议和忠告执行者并且会对经理层进行纪律约束。董事会制度在全球都很普遍，并不仅仅是单纯的美国现象。尽管董事会由法律授权，但是许多董事会在这些法规问世之前就已存在了，所以董事会的存在肯定有经济方面的原因。在第2章我们考虑过存在于经理层（代理人）和股东（委托人）之间的代理问题，董事会可能是减少经理层和股东之间利益冲突的一个办法。[4]

因为现在许多公司的规模很大，并且股东人数众多，所以很难对经理层进行有效的直接监管。一些股东甚至会推脱监管的责任，而依赖其他人对经理层的监管。这种推脱常常被称作**搭便车问题**（free rider problem）。而且普通的股东可能缺少完全明白复杂商业交易的必要知识、技能和信息。董事会对管理层的监管可能是代理问题的一个有效解决办法。[5] 如果股东相信董事会，他们就可以通过对公司的投资而表明自己的信任。

研究者们曾经研究了是否有最优的董事会规模和组成能够提升监管效率和对在董事会中对股东的信任。一些人认为小的董事会要比大的董事会要好，董事会规模很大时，董事们会倾向于较少参与到企业的管理当中并且由此带来代理问题。例如，一些董事会对其他的董事免费搭车。经验证据和理论是一致的，相比大的董事会而言，小的董事会更加有效且会增加企业的价值。[6] 然而近期的一些理论证据表明，最优的董事会规模依赖于企业的个体特征，包括股东维权的水平。[7]

那么董事会的组成呢？大多数的董事会由**内部人**（insiders）和**外部人**（outsiders）构成。内部董事是公司的经理层或者公司的执行者，而外部董事却不是雇员。内部董事的优点包括他们的特殊权利，可以获得公司的具体企业信息、对公司的直接服务和对公司经营活动的专业了解。外部董事的优点包括他们广泛的背景、独立的价值判断以及股东身份。[8] 利用真实的横截面企业数据，在关于企业表现和外部董事的比例之间联系的研究中发现了董事会组成和公司的表现有关的些许证据。

12.1.2　外部董事

近些年来的公司丑闻出现之后，确保董事会成员绝大部分是外部董事的政策受到欢迎，然而直到最近却少有证据表明这是正确的。对董事会构成和企业经营表现的经验检验是很难的，因为独立性本质上是不可观测的。任何不是公司雇员的人就真的会和企业的经理层以及执行者们完全独立吗？如果我们的 CEO 和独立董事成员是普林斯顿大学的室友那会怎样呢？如果他们周末在一起打网球又会怎样呢？如果这个独立董事也是一个 CEO，而我们的 CEO 是另一家公司独立董事的话，那又怎样呢？

研究人员在很难区分感兴趣的变量时，实验研究方法就会特别有用。一个近期的研究检查了在实验设置下董事会中内部董事和外部董事发生冲突时的投票行为。[9] 董事会构成包括和公司所有者利益一致的不知情外部人以及和所有者利益不是很一致的知情内部人。证据显示外部董事占主导的董事会常常会形成和所有者利益一致的结果。而且，这个研究表明小的董事会决策会更加有效。

12.1.3 这是一个很小的世界

现今普遍的看法是公司的董事会中外部董事应该占多数,并且如前所述,实验证据支持了这个看法。但即使组成中大部分是外部董事的董事会有时也会不顾企业所有者的利益,这可能是因为原本认为是独立的董事实际上却不是。总之,这是一个很小的世界。

你可能听说过下面这种说法,任何两个人都能够经由6个人的链条而联系在一起或者说是"六度分离"。[10]这个传说并不是纯粹的神话,心理学家米尔格拉姆进行了实地实验,并有总结说两个随机挑选的人可以由惊人短的链条连接起来。[11]他发现任何两个美国人可能用五六个人的链条连接起来。

公司董事的世界甚至更小,许多董事会是相互联系的,这意味着会有董事会成员的相互重叠。一份近期的对服务于几百个美国最大公司的几千个董事的研究发现董事们仅仅由4.3个人就可以联系起来。[12]一个链接意味着两个董事服务于同一个董事会,如果董事会每月碰面一次,那么在一个董事会讨论的想法(或一个谣言)就会在仅仅6个月内传到97%的美国大公司的董事会。

在此,很自然的就要问董事会成员之间的联系是否跟社会关系有关,比如说俱乐部或者学校?例如,我们观察到的董事之间的较短的连接链条是不是跟他们中绝大多数的人都是从常春藤毕业有关?并且如果董事们是紧密联系在一起的,那么要考虑是不是企业的业绩会因此而遭受损失。也可能社会网络可以更好的识别优质的董事。近期的研究检验了社会网络如何影响公司的治理。[13]这个研究基于一个1992~2003年在法国的有关执行者和董事的独特数据集,在法国有易被确认的商业精英,这可以更好地测度社会网络。作者总结认为相互联系的CEO会任命朋友作为董事,结果就是没有效率的执行者在位很久。

12.1.4 董事、补偿和自利

公司董事的小世界意味着管理的创新会很快得以传播。这也意味着经理层可能会对扩散很敏感,而不管这种行为会增加还是减少这家企业的价值。

公司董事会最重要的一个决定就是制订CEO的补偿计划。董事会的任务就是监督经理层,其中的一个方法就是把对经理层的激励和股东的利益联系起来。大众媒体和股东对高层执行者的工资过高因而减少了股东福利之事表达了关注。在2006年,

500家美国最大公司的CEO平均工资达1 520万美元，这比2005年上涨了38%。[14]社会力量能对执行者们飞速上涨的补偿有所作用吗？

假设这样一个情况，你是一家公司的董事，你的朋友苏珊是CEO。董事会间是有紧密联系的，苏珊恰好也是你担任CEO的公司的董事。当你考虑她的补偿计划时你会考虑苏珊公司的股东，或者因为下周你的董事会要决定你的补偿计划而考虑最大化苏珊的收入吗？

也请考虑这种情况，你的熟人基思是第三家公司的CEO。他正在布局董事会人员的提名以此来替换那些已经结束了任期的人。你认为如果基思觉得你可能会赞同他的看法而更有可能会考虑提名你吗？记住董事资格无论从个人名誉还是金钱而言都很重要。一家知名企业的董事会成员对你的简历来说是一款很不错的条目，可以使你在社交聚会场合发表较好的演说。大公司的董事可以赚得成千上万的美元。[15]

在一些情况下，董事们明目张胆地罔顾自己的责任，而置自己的利益于股东之前就是纯粹的自私自利了。然而，也可能的是这些人把自己看作仅仅需要尝试进行合作。他们可能意识到在他们评估表现或合适的补偿水平时没有必要完全诚实，与此同时，他们不认为自己是不诚实的。研究显示人们会经常撒一些自认为"善意的谎言"。[16]人们为了塑造别人给他们的印象有时会善意地撒谎。这些善意的谎言如果真的抹平了社会问题就可以看作有益的，但问题是这些小谎言往往会成为有害的欺骗。

12.1.5　董事和忠诚

也可能董事们容易出现错位的忠诚。忠诚被人们所看重，在商业关系中尤其具有价值。因为倾向于服从，董事们会跟CEO站在一起。[17]回忆一下我们在第11章报告的米尔格拉姆做的实验，[18]在这些实验中别人错误地回答了问题的话，受试者被要求给这些人电击。很吃惊的是，每一个参与者都会实施一些电击。这些实验对权威的力量提供了令人信服的证据。当权威要求行动时，人们有时会违背他们的良心。

如果董事易于盲目跟从CEO的话，忠诚就会在董事会中有重要的结果。从研究中我们知道忠诚的影响可以通过鼓励不同的观点、分散的董事会构成以及真正的独立董事加以减轻。除此之外，可以鼓励董事会在CEO不在场的情况下碰面。注意到这些实践也可以使得董事会避免了在第11章所讨论的集体思维的弊端。

12.2　分析师

正如我们在接下来所讨论的那样，在近期的公司丑闻之后，公司董事会的行为正遭受许多质疑，金融分析师也受到了大量的关注。在本节，我们考虑一下金融分析师在金融系统中的重要作用以及他们可能会受到的社会力量的影响。在第8章和第9章中，我们简要地提及分析师易于受羊群效应影响（尽管有时会表现出反羊群的行为），他们的赢利预测和建议经常过于乐观。本节我们分析金融分析师的行为和作用。

12.2.1 职业证券分析师们做什么

证券分析师（security analysts）是信息的中介。通过他们的专业技能，分析师对大量信息进行分析并提供投资的相关建议，这对投资者而言是有价值的。分析师从金融状态、贸易表现、媒体、公司执行者的谈话以及其他内部人士等方面考虑金融信息。在一些情况下，他们会就一只股票是否应该购买提出建议，但建议是离散化的。例如，他们的建议会遵从这些：推荐买入、买入、持有、卖出和推荐卖出。分析师也会就未来的表现作出预测，包括赢利水平和公司增长率。这些预测能帮助投资者更好地评价一家企业的前景。

有三种类型的职业分析师，**卖方分析师**（sell-side analysist）是典型的由经纪人、交易者和投资银行雇用的。他们的报告经常被用来吸引针对某家企业的投资银行业务。**买方分析师**（buy-side analyst）通常由大的货币基金管理公司，包括共同和套利基金以及保险公司。他们是为内部服务的。**独立分析师**（independent analysist），这些分析师不属于任何大的投资或货币基金公司，他们提供独立的研究，他们的公司通过收费来赚钱。

12.2.2 证券分析师们的表现

许多科学研究调查了分析师们的收入预测和建议的性质。正如之前讨论的那样，证据显示分析师们过分乐观。[19]因为买方分析师的报告不对外公开，所以我们关注于卖方和独立分析师。职业分析师不是应该提供最准确的预测吗？如果他们只关注提供最小误差的预测，答案就会很显然，然而激励因素却很复杂。

一个明显的利益冲突揭示了卖方分析师乐观的可能来源，研究机构的分析师们想要通过乐观的预测来增加公司的收入，尤其是因为他们并不直接对公司收入有贡献。乐观的预测不仅可以帮助投资银行售卖其持有的股票，也会吸引那些将来需要投资银行服务的企业。经验证据和利益冲突具有真实影响的想法是一致的。如果投资分析师的公司和一家企业有投资银行业务关系的话，那么分析师的预测会比没有和这家企业有投资银行业务联系的分析师的预测要乐观得多。[20]而且,由附属承销商推荐的投资股票会比不是附属承销商的推荐股票表现得差很多。[21]即使雇用独立研究机构也会存在利益冲突,管理层是关于一家封闭的公司的重要信息来源,[22]一个低的赢利预测或卖出的建议会关上信息流的渠道。[23]

12.2.3 分析师们是否有羊群效应

除了刚刚描述的利益冲突之外,分析师们的行为可能会受到社会力量的影响。和普通人一样,证券分析师不想表现得过于突出,特别是当某家公司的表现具有很小的不确定时。研究显示一家公司有较大的不确定时就会很少出现盲从,这时分析师不会过于乐观。然而,当不确定很严重时,分析师会较少担心自己的名声问题因而敢于发布乐观的预测。[24]

如果分析师想避免脱颖而出,这意味着他们也会从众吗?在投资者中的羊群效应,或者行为的收敛,常常被视作市场价格大幅波动的解释。因为专业分析师是重要的信息中介,他们中的非理性羊群行为将会引起市场关注。通常而言,人们受制于羊群效应的力量。尽管我们也想把这种倾向看做是仅仅会影响那些年轻人或没有经验的人,但很少有人争论他们从来不会屈从去模仿别人。当然了,羊群效应看起来只不过是人们有了相似信息的结果。如果每一个人都知道某一个比附近其他餐馆都要好的餐馆的话,那么排长队的情况很快就会出现了。

或者因为有成本的信息获取会导致羊群行为,人们会有不同的信息,要决定选择哪些是有成本的。所以如果某天在一个新的城市中看到许多人去了一家餐馆,即使你听说临街的下一家更好,你也会加入这个长队中。大多数人仅会在此就餐一顿,不顾你自己的信息而遵循其他人的行为可能就是理性的,这被称作**社会学习**(social learning)。[25]

作为普通人,分析师们也是社会学习者,这也可以解释分析师们的预测都是有偏的。在一个近期的理论模型中,低能力的分析师发布的预测并没有完全反映他们的私人信息。[26]在此模型中,当高能力和低能力的分析师同时发布预测时,低能力分析师的预测会比他们完全使用私人信息更温和。当分析师们序贯发布预测时,低能力的分析师会忽视自己的信息而模仿别人的行为。在同步或序贯发布预测的情形,低能力的分析师会阻止自己的信息以避免影响投资者对其能力的评估。低能力的分析师想要被视作是高能力的,这种情况叫理性的羊群行为。

正如第8章讨论的那样,尽管许多经验证据与分析师中的羊群效应一致,却仍有其他证据显示分析师有时会违反羊群效应(当他们关注自己的职业生涯时,他们想要自己有所作为）。在12.3节，我们会转向安然公司，将要看到的是，董事们和分析师在这场崩溃中起了首要的作用。

12.3 安然公司

在当时，安然公司的破产是美国最大的破产案件，时至今日依然为仅次于世通公司破产的全美第二大破产案件。在第9章，我们讨论了过度自信如何对决策有着显著恶劣的影响。安然公司领导的傲慢很出名，而且具有无与伦比的嚣张气焰。显然这家公司的执行人员就是木偶，但是其他人如何呢？在本节，我们会考虑一下社会力量如何影响董事会的成员和金融分析师。首先，我们提供一些有关这家公司背景的信息。[27]

12.3.1 安然公司的运营和股票表现

安然公司于1985年由肯尼思·雷通过兼并几家天然气管道公司而建立。在那时，天然气市场正因市场解除管制并建立了很大的管道网络，安然公司因此而受益。为了能够继续自己的扩张路径，这家公司进入了天然气市场并且也在其他市场中应用了自己的商业模式。这个模型允许能源的买者和卖者管理风险，表面上看起来很成功，但却少有人会怀疑或调查助长公司业绩的交易活动。

在2000年的最高峰时，安然公司的股票每股成交价为90.75美元。在公司2001年申请破产时，每只股票只值0.25美元。股东遭受了巨大的损失，许多雇员利用自己的退休金账户对安然大量投资，结果却造成了惨痛的损失。

图12-1中显示了安然公司1990~2001年相比于标准普尔500指数的股票价格。为了比较方便，图中标准普尔500指数的价值都除以10了。图12-1看起来并没有显示出2001年之前的安然公司股票价格表现得特别出众。正如我们在第14章讨论那样，那时的市场整体上是牛市，就今天回想起来而言，这个牛市很有可能是资产泡沫造成的。

另一些公司业绩测度也许可以提示投资者终止对安然公司不同凡响业绩的信任。除了股票价格之外，常见的业绩测度是市盈率。图12-2展示了安然公司的市盈率，以及对比的标准普尔500指数。在2000年年底时，安然公司的市盈率高达68，即使当时的标准普尔也要高达37，但是相比较安然公司而言却仍然低了许多。显然，投资者乐意付出高价以换取安然公司股票带来的收益。这是因为这家公司未来的业绩会很出众吗？或者，是因为他们所选择的经营管理和金融信息的汇报方法吗？如果市场要恰如其分的评价一家公司的前景,那么报告的透明化就是非常重要的了。证据显示安然公司的管理层致力于很多有问题的账务问题,我们将描述一下这些问题中的两个以表明投资者是如何被欺骗的。

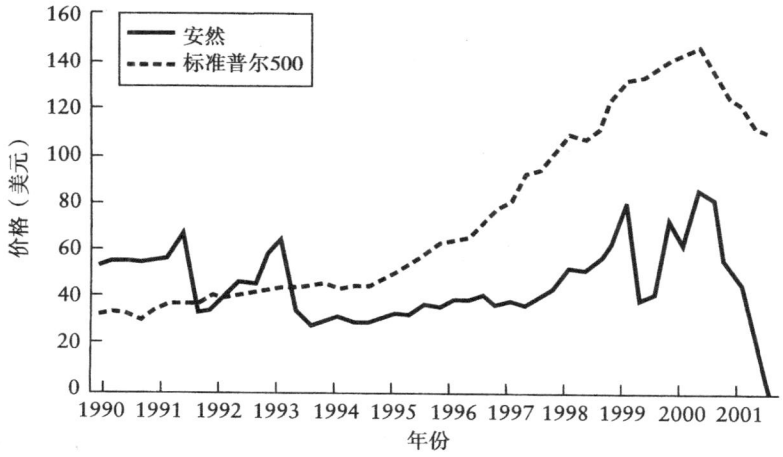

图 12-1　安然公司股票相比标准普尔 500 的表现

资料来源:Enron data are from the *Standard and Poor's Stock Guide* Data for the S&P 500 index are from Shiller's Web site:http//www. econ. yale. edu/~shiller/data. htm. All data are end of quarter.

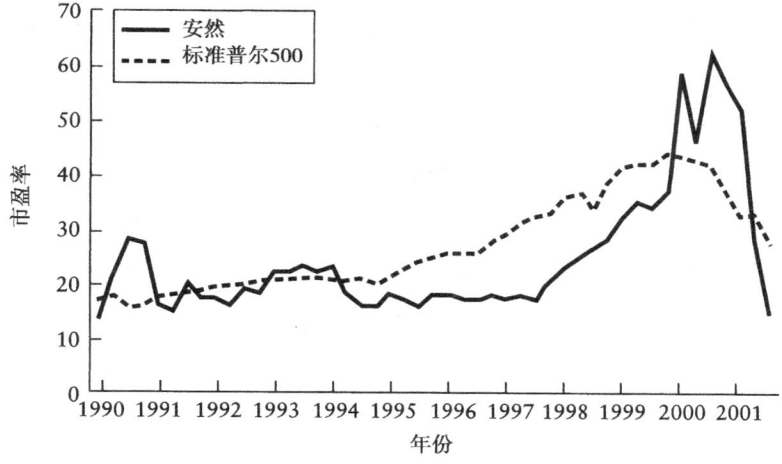

图 12-2　安然公司股票市盈率相比标准普尔 500 指数

资料来源:Enron data are from the *Standard and Poor's Stock Guide* Data for the S&P 500 index are from Shiller's Web site:http//www. econ. yale. edu/~shiller/data. htm. All data are end of quarter.

安然公司事实上制造了上百个特殊目的实体(SPE),其中一些用来躲避国外收入的税收,另一些则用来隐藏财务负债。一个特殊目的实体由安然公司发起却由独立的第三方进行财务审核。在现在的会计法规中,只要一个独立团体持有这家特殊目的实体股份的 3% 就不需要安然公司合并它们的金融状况。安然公司利用巨额债务来支撑特殊目的实体的业务，而它们的初始资产就是安然公司的股票。当股票价格上涨时，一切看起来都很好。但注意到股东并不了解安然背负的巨额债务。当股价下跌时，这些特殊目的实体就会资不抵债，安然公司则被迫接管这些债务。

一家特殊目的实体的结构是非常复杂的，一个简单的例子就会使人们很好地明白管理层所玩的花招。[28] 假设你买了一辆跑车，但是你的妻子却为此不开心。不仅因为车速快会使驾车危险，而且跑车很费油。总之看起来你做了错事，为了使你的妻子开心，你告诉你的妻子说你以6万美元的价格把它卖给了你的朋友约翰，是你买时的两倍价钱，你使约翰相信买这辆车很值，而且约翰从来不是一个聪明人。然而你忘了提醒你妻子的是你借给约翰6万美元来买这辆车。除非出现什么奇迹使得这辆车的价格上涨，否则你可能将会被迫填补一个大的损失。假设你妻子就是股东，你认为如果细节都是透明的话，她还会很认可这个生意决定吗？注意到大多数人认为你遗漏信息是不应该做的事，但你却没有撒谎或违反法律。

关于安然公司另一个值得注意的地方是公允价值会计。如果市场价值很容易观察，市场计价会计方法下公司价值会很容易估计。在某些情况下，当市场价值不可得时，资产价值可以基于一个模型进行估计。当然，尽管经理层被期望要求进行理性的估计，但所有的模型都需要有输入变量，看起来安然公司的执行者选择了去描绘那些最美好的图景。例如，当企业将进入长期的合同时，未来的现金流被估计并且被认为是当前的收入。

百视达影业公司的交易提供了一个鲜明的例子。2000年7月19日，安然公司和百视达影业公司通过安然公司的智能网络签了一个20年的合约来进行需求视频发行（video on demand，VOD）。他们把自己的目标制定得很高，计划显示在年底时会在美国多个市场引进娱乐需求。尽管对此项计划的潜在赢利有较差的考虑，安然公司仍然认为自己会有1.1亿美元的利润。有趣的是，百视达影业公司并不认为此项交易会有任何赢利。在2001年3月，百视达影业公司和安然公司的合同正式解除。在2001年10月，安然公司不得冲销早先的利润。

事后，至少安然公司的财务报表很容易看出疑问。为什么董事或职业金融分析师没有注意到安然的公告呢？

12.3.2 董事

看起来似乎安然公司的董事对经理层的监督仅仅是按需签章。他们是一个高收入的群体，2000年时，董事会成员的平均服务补偿为38万美元，这在全美是最高的。[29]

安然公司的董事会是在监管经理层还是在取悦管理层呢？

董事会出了什么问题？在本章前面我们论证到董事会成员中的大多数是外部人员。此时，安然公司的董事会中有两名 CEO 和 15 名外部董事。我们知道这些外部的董事会成员尽管被定义为外部的，虽然他们有丰富的经验和出色的专业知识，但我们不能肯定的是他们是否真的独立。这说明董事会由绝大多数的外部董事构成的标准仅仅看起来是得到了满足。[30]

董事会的另一个特征浮出水面了，董事会规模过大了，研究显示在许多情况下，因为董事们可以更多地介入公司事务中，因而小规模的董事会更好。事后得知，这些董事并没有特别参与或质疑管理层的问题。例如，安然公司的审计委员会，这其中包括外部董事，每次只对包括重要条款日程约见安排短短的 85 分钟。[31]

最后，董事们没有可以不受惩罚而脱身的。他们的名声有了污点，恐怕再也不能得以恢复。2005 年，10 个董事同意股东诉讼所提出的解决方案。[32] 尽管董事会通常都会由企业支付的保险加以保护，但实际上这次他们却不得不从自己的口袋里拿出 1 300 万美元去赔偿。外部董事对董事会而言，很难评判私利、忠诚和集体思维对董事行为的影响程度，但可以肯定的是这些行为的力量确实起了作用。对今后的研究而言，很难区分和测度这些因素对决策影响的冲击。

12.3.3 分析师

分析师们应该警告投资者有关安然公司的问题吗？在导致公司破产的调查期间，分析师们持续地对安然公司表示乐观。他们或者接受经理层的辩解，或者没有质疑他们。实际上，即使证券委员会开始调查安然公司的利益冲突之后，分析师的平均推荐依然是买入。[33] 尽管我们不能直接检验这一点，但是证据却显示分析师存在利益冲突。因为由安然公司可以产生大量的投资银行费用，所以分析师会提供乐观的业绩预测。即使那些和安然公司现时没有业务的投资银行分析师们也会为了将来的业务关系而受制于利益冲突。而且，分析师也想和经理层保持良好关系，以便能有通畅的信息渠道。

自从 20 世纪 90 年代的互联网公司兴起开始，卖方分析师受到了极大的关注。证券交易委员会执行了《公平信息披露法案》(Regulation Fair Disclosure，Reg FD) 以防止上市公司向投资者选择性披露信息。根据这个法规，企业必须向所有的投资者同时披露信息，无论投资者投资的多少。之后在 2002 年，为了回应例如安然公司破产之类的公司丑闻，美国国会签署了《萨班斯－奥克斯利法案》(Sarbanes-Oxley Act，SOX)，法案中有一条要求是在研究部门和投资银行建立隔离机制，目的在于提升公众对分析师所汇报研究的信任。

12.3.4 在安然公司倒闭中的其他参与人

董事和分析师并不是在安然公司倒闭中受到责备的唯一参与者。在互联网公司股票疯狂上涨时，投资者看起来只关注于短期收益。执行者看起来也很关注短期，可能是因为他们补偿方案的很大部分是股票期权。正如第 15 章所讨论的那样，如果投资者是非理性的，经理便可以利用职务上的便利从股票价格中获利，且采取迎合这些投资者的具体行动。

而且安然的审计者安达信公司过早接受了安然的商业模式和财务方法。金融交易很复杂，但即便如此，审计者的责任在于获得必要的专业水平且提出相应的疑问。可能安达信的伙伴们因赚取的巨额费用而忽视了这些。[34] 2000 年安达信从安然公司那里赚取了 2 500 万美元的审计费和 2 700 万美元的咨询费。[35] 在 2002 年时，根据其粉饰有关安然公司的文件的事实，安达信公司被指证有碍司法公正，因此这家公司被自动取消了财务会计从业证书。尽管事实上，在 2005 年最高法院推翻了对安达信公司的判决，但自此这家公司基本不再可能东山再起了。

12.3.5 组织文化和个体性格

每个人都爱安然公司，包括它的员工、投资者、董事会成员和分析师。[36] 即使损失在增加，许多分析师和投资者人对这家公司依然保持乐观。如下是 2001 年 12 月发表的新闻报道[37]：

> 瑞士信贷第一波士顿的柯特·劳纳先生长期以来一直都是这家公司的捍卫者，偶尔他会在金融媒体上发表研究报告来反驳安然公司的关键故事。星期一，他写道：他对安然公司的合伙人和财务披露仍然存在疑问，但是他依旧对安然公司的业务和运营前景表示信心，最终其股票价格会反弹。
>
> 在近些年，华尔街的研究者们压倒性——批评的说是盲目地对安然公司的乐观，即使他们意识到自己并没有明白其带来飞速上涨利润的复杂金融交易到底是什么。现在，安然公司汇报了其最复杂交易的剧烈损失，这是许多华尔街的人无法计算出来的。

这家公司有其独特的企业文化，安然公司的员工对其很忠诚，他们认为自己的公司是不可战胜的。在本章前面，我们讨论了忠诚带来的噩梦。忠诚于一个组织会比忠诚于一个人更危险。根据米尔格拉姆的说法：

> 每个人都拥有或多或少的有助于抑制不受阻碍而去破坏他人之冲动的良心。但是当他把自己融入一个组织结构时，一个新的存在取代了自立的个人，它不受个人的道德约束，释放了人们的禁忌，而只关心权威的制裁。[38]

从安然公司的倒闭而显现的一个重要教训就是任何组织中的任何人都要保持独立的个性。无论你是董事会的一员、提供企业信息的分析师、员工，还是股东，很重要的是要对情况进行独立评估，以避免被社会力量所驱使。

本章要点

1. 公司的董事会作为一家公司内部的监督者，通过提供管理建议和对经理层进行监督而服务于公司。
2. 一个小规模且大部分都是外部董事的董事会被认为更有效。
3. 当董事会成员自私或陷入错误的忠诚时，问题就会出现。
4. 金融分析师因为是金融市场上的信息中介，所以是市场上的重要一员。
5. 金融分析师会受利益冲突的影响而把最大利益放在自己身上而不是为投资者考虑。
6. 安然公司的破产显示了某些社会力量对理解这家大的美国公司的丑陋倒闭有着重要的作用。

问题与讨论

1. 区别下列概念和术语：
   （1）顺从和忠诚。
   （2）小的善意谎言和合作。
   （3）羊群效应和社会学习。
   （4）外部董事和独立的董事会成员。
2. 讨论下列陈述的含义：内部董事因为可以更好地理解公司的业务过程，所以应该在董事会中占多数比例。
3. 你的公司专注于复杂的电子产品，并且成长很快，你现在正在合并公司。即使公司合并之后，大多数的公司股票都由创立者持有，这其中包括了你。你的同事建议组成一个全由外部董事组成的董事会。他很关注这些年耸人听闻的公司丑闻。你会同意他的建议吗？请解释。
4. 请描述一下三种类型的金融分析师并且确认具体雇用每种类型的企业。
5. 发生在2002年的世通公司倒闭是美国最大公司破产案件。它的外部董事如同安然公司那样，自掏腰包来处理证券诉讼。尽管世通公司的董事们没有在明目张胆的财务欺诈中扮演积极的角色，但是他们却因为自己其他的选择而受到批评。研究一下世通公司的破产事件以及董事会所扮演的角色。你认为他们最大的错误是什么？

注 释

1. Stein, N., October 2, 2000, "Global most admired: The world's most admired companies," *Fortune* 142(7), pp. 182–186.
2. *Trustees of Dartmouth College v. Woodward*, 17 U.S. 518 (1819), p. 636.
3. See http://www.sec.gov/about/whatwedo.shtml (accessed on November 25, 2008).
4. For an examination of corporate governance from an agency perspective, see Marnet, O., 2005, "Behavior and rationality in corporate governance," *Journal of Economic Issues* 39(3), 613–632.
5. It is argued that boards are a market solution to the agency problem between managers and shareholders that has arisen endogenously. See Hermalin, B. E., and M. S. Weisbach, 2003, "Boards of directors as an endogenously determined institution: A survey of the economic literature," *Federal Reserve Bank of New York Economic Policy Review* (April), 7–26.
6. Yermack, D., 1996, "Higher market valuations of companies with a small board of directors," *Journal of Financial Economics* 40(2), 185–211.
7. Noe, T. H., M. J. Rebello, and R. Sonti, 2007, "Activists, raiders, and directors: Opportunism and the balance of corporate power," Social Science Research Network working paper 1102902.
8. For an in-depth discussion of corporate boards, see Vance, S. C., 1983, *Corporate Leadership: Boards, Directors, and Strategy* (McGraw-Hill, New York).
9. See Gillette, A. B., T. H. Noe, and M. J. Rebello, 2003, "Corporate board composition, protocols, and voting behavior: Experimental evidence," *Journal of Finance* 58(5), 1997–2032.
10. You may have heard of the game "Six Degrees of Kevin Bacon" in which players attempt to link actors by six or fewer links.
11. Milgram, S., 1967, "The small world problem," *Psychology Today* 1, 60–67.
12. Davis, G. F., M. Yoo, and W. E. Baker, 2003, "The small world of the American corporate elite, 1982–2001," *Strategic Organization* 1(3) (August), 301–326.
13. Kramarz, F., and D. Thesmar, 2006, "Social networks in the boardroom," IZA Discussion Paper No. 1940 (January).
14. Forbes.com, May 3, 2007, "Special report: CEO compensation."
15. Estimates of median compensation for board members of the top 100 NYSE and NASDAQ firms as of March 31, 2006 were $199,448 and $232,035. See Frederic W., Cook & Co., Inc., 2006, "Director compensation: NASDAQ 100 vs. NYSE 100," October.
16. Experimental research suggests that people tell lies to impact the impressions others have of them. See Ackert, L. F., B. K. Church, X. J. Kuang, and L. Qi, 2007, "White lies: Why bother?" Georgia Tech working paper.
17. Morck, R., 2004, "Behavioral finance in corporate governance—Independent directors and non-executive chairs," National Bureau of Economic Research working paper 10644.
18. Milgram, S., 1974, *Obedience to Authority: An Experimental View* (Harper & Row, New York).
19. Schipper, K., 1991, "Commentary on analysts' forecasts," *Accounting Horizons* 5 (December), 105–121.
20. Dugar, A., and S. Nathan, 1995, "The effect of investment banking relationships on financial analysts' earnings forecasts and investment recommendations," *Contemporary Accounting Research* 12(1), 131–160.
21. Michaely, R., and K. L. Womack, 1999, "Conflict of interest and the credibility of underwriter analyst recommendations," *Review of Financial Studies* 12(4) (July), 653–686.

22 Access to management may not be as important as it was in the past due to the passage of Regulation FD, which is discussed later in this chapter.
23 Francis, J., and D. Philbrick, 1993, "Analysts' decisions as products of a multi-task environment," *Journal of Accounting Research* 31(2), 216–230.
24 Ackert, L. F., and G. Athanassakos, 1997, "Prior uncertainty, analyst bias, and subsequent abnormal returns," *Journal of Financial Research* 20(2), 263–273.
25 Bikhchandani, S., D. Hirshleifer, and I. Welch, 1998, "Learning from the behavior of others: Conformity, fads, and informational cascades," *Journal of Economic Perspectives* 12(3) (Summer), 151–170.
26 See Trueman, B., 1994, "Analyst forecasts and herding behavior," *Review of Financial Studies* 7(1), 97–124. For an experimental examination of herding among analysts, see Ackert, L. F., B. K. Church, and K. Ely, 2009, "Biases in individual forecasts: Experimental evidence," *Journal of Behavioral Finance* 9(2), 53–61; and for a comprehensive review of the literature, see Hirshleifer, D., and S. H. Teoh, 2003, "Herd behavior and cascading in capital markets: A review and synthesis," *European Financial Management* 9(1), 25–66.
27 For a comprehensive discussion of the Enron bankruptcy, see Benston, G. J., and A. L. Hartgraves, 2002, "Enron: What happened and what we can learn from it," *Journal of Accounting and Public Policy* 21(2), 105–127; and Healy, P. M., and K. G. Palepu, 2003, "The fall of Enron," *Journal of Economic Perspectives* 17(2) (Spring), 3–26.
28 This example was suggested in the following editorial: *Wall Street Journal Europe*, August 23, 2002, "The Enron and Tyco Cleanups," Review and Outlook (editorial), p. A8.
29 Abelson, R., December 16, 2001, "Enron board comes under a storm of criticism," *New York Times*, p. BU4.
30 On the qualifications of the boards, see Zandstra, G., 2002, "Enron, board governance, and moral failings," *Corporate Governance* 2(2), 16–19.
31 Healy, P. M., and K. G. Palepu, 2003, "The fall of Enron," *Journal of Economic Perspectives* 17(2) (Spring), 3–26.
32 Smith, R. and J. Weil, January 10, 2005, "Ex-Enron directors reach settlement," *Wall Street Journal*, WSJ.com.
33 Healy, P. M., and K. G. Palepu, 2003, "The fall of Enron," *Journal of Economic Perspectives* 17(2) (Spring), 3–26.
34 Of course, many factors influence auditors' decisions. For example, auditors with longer tenure are better able to detect fraud. See Fairchild, R. J., 2007, "Does audit tenure lead to more fraud? A game-theoretic approach," Social Science Research Network working paper 993400.
35 Benston, G. J., and A. L. Hartgraves, 2002, "Enron: What happened and what we can learn from it," *Journal of Accounting and Public Policy* 21(2), 105–127; and Healy, P. M., and K. G. Palepu, 2003, "The fall of Enron," *Journal of Economic Perspectives* 17(2) (Spring), 3–26.
36 Compelling accounts of the Enron story are provided by Eichenwald, K., 2005, *Conspiracy of Fools: A True Story* (Broadway Books, New York); and McLean, B., and P. Elkind, 2004, *The Smartest Guys in the Room: The Amazing Rise and Scandalous Fall of Enron* (Penguin Books, New York).
37 Craig, S., and J. Weil, October 26, 2001, "Most analysts remain plugged in to Enron," Heard on the Street, *Wall Street Journal*, page C1.
38 Milgram S., 1974, *Obedience to Authority: An Experimental View* (Harper & Row, New York), page 188.

第五篇 PART5

市场中的结果

第13章　市场异象的行为解释

第14章　行为因素能否解释股票市场之谜

第13章 市场异象的行为解释

 引 言

异象的定义为：那些和市场有效性不一致且无法用标准模型解释的经验证据。在第4章中，我们对一些关键的异象进行了回顾，包括：①小公司效应；②赢利公告的迟滞反应；③价值股与成长股；④动量效应和反转效应。本章主要尝试对最后三个异象进行解释。虽然对小公司效应一般不从行为金融因素着手进行解释，但因为这一效应在法玛—弗伦奇三因素模型中起着关键作用，而它又是常用的风险调整工具。因此，我们也把小公司效应认为是关键异象之一。

在13.1节，我们对赢利公告滞后和价值股回报优于成长股的倾向进行解释；在13.2节，我们对动量效应和反转效应提出三个可能的行为金融解释；正如我们在第4章所讨论的，市场有效性的检验包含两方面，即市场确实无效和我们采用了不恰当的风险调整方法（或两者都有），因此在13.3节，我们考察其他的风险调整方法是否能对这些异象进行解释。

13.1 赢利公告、价值股和成长股

13.1.1 什么造成了股票市场对赢利公告的滞后反应

那些出乎意料的赢利公告，不管是异常得好还是异常得差，总是只会部分反映在价格之中，因此会出现一定时间的迟滞反应。对这一现象的可能解释是投资者和分析

师锚定于公司近期的赢利而对新信息反应不足。价值线分析师的季度赢利预测误差与之前三阶的预测误差呈正相关，也说明了新信息反应不足的可能。[1] 和这一行为金融学解释一致，研究发现主要是中小投资者（即不成熟的投资者）采取的投资行为导致了对赢利公告的迟滞反应。[2]

和短期内反应不足同时出现的还有长期内的反应过度。P/E 比率是市场上对赢利期望的一个较好测度，高 P/E 比率反映了未来赢利高增速的预期，而低的 P/E 比率反映了未来赢利低增速的预期。美国市场 1999 年年底的 P/E 比率分布相当分散，10 分位数为 7.4，90 分位数为 53.9。[3] 投资分析师关于赢利预测也有类似程度的分散，对 5 年期赢利增长率预测分布的 10 分位数和 90 分位数分别是 8.9% 和 40%。但事实上很少有企业能保持长期高速成长，增速的均值反转才是更普遍的现象。[4]

分析师的预测除了过于分散之外，有时会表现得过于乐观。[5] 之前章节我们讨论了乐观的心理学解释，但还可以从代理人角度进行解释。在实施信息公平披露条例之前，公司管理层在披露信息过程中有一定的自主性，因此，那些和公司有良好关系的分析师能更早得到相关信息。[6] 在这种情况下，分析师在获得内幕信息的同时做出有偏差的预测或许反而是最优的（最小化期望预测误差的标准差）。[7] 另一个委托代理方面的解释是有研究发现，当分析师所在公司与被评级公司有承销业务联系时，分析师更倾向于做出乐观的估计。[8]

13.1.2 什么带来了价值股的优势

正如我们看到的，历史经验表明价值类股票带来的回报超越了成长类股票。约瑟夫·拉康尼肖克、安德雷·史雷弗和罗伯特·维舍考察了剔除风险因素（我们下面将要谈到）之外的可能解释。[9] 关于个人及机构投资者在比较成长股和价值股时会过于迷醉成长股的高速增长，他们提出了四个答案。前面两个是判断失误，而个人投资者更倾向于犯这类错误。

（1）投资者犯了判断错误，把股票历史的高速增长过度推延至将来，这就是所谓的期望误差假说。

（2）由于"典型"影响的原因，投资者可能认为投资于好公司必然就是好的投资。[10]

其后两个解释是出于委托代理方面的考虑。他们认为虽然机构投资者拥有更多信息，但出于个人职业方面的顾虑，他们会避开价值类股票。

（3）因为股东把针对有稳定赢利及快速成长的公司的投资视作谨慎的投资，所以机构投资者为了展现其作为代理人的谨慎，会避开那些失宠的价值类股票。[11]

(4)出于个人职业方面的顾虑，机构投资者的考核期限很短，因此不愿偏向某一特定投资策略而出现统调误差。而价值投资有时则需要采用特定的投资策略，并且在一定时间之后才能实现回报。从这一角度来说，价值投资是有风险的。

上述四个可能都是造成这一现象的原因，但人们一般都把注意力放在第一个上面，即期望误差假说。从成长类股票的视角而言，直觉就是市场对好消息反应过度（或许是在开始的反应不足之后）。尽管为反映好消息股票价格出现上涨，但却上涨得过头了（与基本面比较），因此之后必然会出现一定程度的回调，这导致了其后成长类股票的低回报率。对那些坏消息导致的价值股而言，股价又跌了太多，因此肯定会反弹上来。这又使得这种成长类股票将来能带来不俗的收益率。

已经有详细的证据表明价值类优势投资是一般性的异象，并且特别指向期望误差假说。比如说当依据分析师的赢利增长率预测构建投资组合时，高增长率预测组的收益显著低于低增长率预测组的收益。[12]而且，高预测组在赢利公布窗口期（3天）内的收益率大幅低于低预测组的收益率。从另外角度来说，经由账面市值比排序得到的投资组合类别在赢利公布窗口期内也有可预测的投资回报。[13]即账面市值比最高分组构建的投资组合收益率在其后几年的窗口期内高于最低分组构建的投资组合的收益率。虽然价值类—成长类组合收益率差异随后有一定程度的缩小，但在5年或更长时间内，这一差异仍然在经济意义和统计意义上显著。

另外如果我们假设内部人比外部人具有信息优势时，那么当股票价格进入价值投资区域时内部人将频繁买入。[14]这一投资机会不被轻易消除的原因是噪声交易者的存在，即股票价格的错误定价有可能会出现更大的偏离。[15]和这一行为解释一致的是，价格波动性更大（因此定价错误有更大可能性出现恶化）的股票账面市值比效应也越严重。[16]同一研究还发现若某一股票的投资者更不老练，那么这一股票的账面市值比效应也更显著。

13.2 动量效应与反转效应

之前我们谈及存在中期而言的动量效应和长期而言的反转效应。把这些结合起来看就是投资者一开始反应不足，之后又反应过度。大体上同时我们在赢利公告文献中看到了反应不足，在价值投资文献中看到了反应过度以及之后的反转。在本章后面的部分，我们将提出几个关于动量效应和反转效应解释的行为金融模型。

第一个模型由肯特·丹尼尔、戴维·赫什利弗、阿瓦奈德哈·萨布拉哈马尼亚姆提出，通过引入过度自信情绪对反转效应进行了简洁的解释；[17]第二个由马克·格林布拉特、韩兵提出，通过引入前景理论、心理账户和处置效应对动量效应进行了解释[18]；第三个由尼古拉斯·巴伯瑞斯、安德雷·史雷弗、罗伯特·维舍提出，通过锚定效应和代表性启发同时解释了动量效应和反转效应。[19]

13.2.1　DHS 模型及对反转效应的解释

DHS 模型是 Daniel-Hirshleifer-Subrahmanyam 模型的简称，它是基于过度自信的投资者高估自身私有信息准确性的模型，这导致了价格的序列负相关，即反转效应。这里我们提供一个模型的精简版本。[20]假设存在一个世界，其中一类风险中性的交易者拥有关于证券价值的私有信息，但这一类投资者过度自信于他们私有信息的准确性，另外还可能有对信息无偏理解的交易者，如果存在，他们将仅仅是价格接受方。

首先我们假设在 $t=0$ 期是处于均衡；在 $t=1$ 期出现一个私人噪声信号（我们可以认为是知情投资者通过分析得出关于证券真实价值的部分信息）；$t=2$ 期人们正式得知证券的真实价值。在 $t=1$ 期私人信号完整的表达式为

$$s_1 = \theta + \varepsilon \tag{13-1}$$

式中，θ 为零均值 σ_θ^2 方差代表证券真实价值变动的随机变量。因为存在零均值 σ_ε^2 方差的噪声项 ε，所以真实价值只能被部分观察到。过度自信是指知情交易者高估了自身私人信息的准确性，推断时使用 σ_C^2 而不是 σ_ε^2，并且有 $\sigma_C^2 < \sigma_\varepsilon^2$。因为我们假设交易者均为风险中性，那么在 $t=1$ 期的价格即为条件于信号 s_1 随机变量 θ 的期望值。在 $t=2$ 期，证券的真实价值体现为价格。

考察在 $t=1$ 期的价格，关键是把信息从噪声中分离。显然，若 σ_ε^2 相对于 σ_θ^2 较小，那么有理由认为信号主要反映的是真实价值的变动，相反若 σ_ε^2 相对于 σ_θ^2 较大，那么信号则主要是噪声。前者情况下应以 s_1 为参考调整估值，而后者情况下估值则不应该变化太多。更正式的表达式可写为

$$p_1 = \frac{\sigma_\theta^2}{(\sigma_\theta^2 + \sigma_\varepsilon^2)}(\theta + \varepsilon) \tag{13-2}$$

式中，p_1 为 $t=1$ 期证券的价格。另一方面，过度自信的投资者认为自己的信号误差小于实际值，鉴于此其对 $t=1$ 期的估值为

$$p_1 = \frac{\sigma_\theta^2}{(\sigma_\theta^2 + \sigma_C^2)}(\theta + \varepsilon) \tag{13-3}$$

由于 $\sigma_C^2 < \sigma_\varepsilon^2$，比之理性情况下，价格被信号影响过度。

图 13-1 中的例子说明了这对价格意味着什么。假设 $\theta = 2$、$\sigma_\theta^2 = \sigma_\varepsilon^2 = 1$、$\sigma_C^2 = 0.5$，我们考虑两种情况：$\varepsilon = 2.5$（情况 1）和 $\varepsilon = 1.5$（情况 2）。实线是过度自信交易者决定的价格路径。虚线则是当不存在过度自信交易者时价格路径。

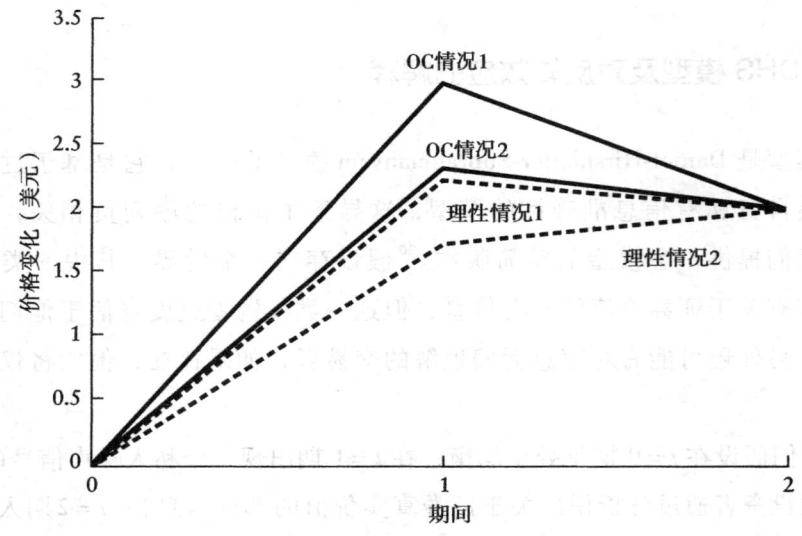

图 13-1 基于 DHS 模型的模拟

首先是情况 1，即使是理性条件下的价格也高于均衡价格，为 2.25。这是因为 $\sigma_\theta^2 = \sigma_\varepsilon^2$，那么根据式（13-2）认为信号的一半为真实信息（$s_1/2 = (2 + 2.5)/2 = 2.25$）是合理的。然而过度自信的投资者认为 s_1 的更大一部分为真实信息，由此给出了更高的价格。再考虑情况 2，此时理性价格略低于均衡价格，为 1.75。读者将会注意到，当信号的一半为真实信息，另一半为噪声，也即通常情况下的情形时，理性价格将会迅速实现为均衡价格。在情况 2 下过度自信投资者的价格依然反应过度，将价格推高至 2.33。当噪声项相对于真实信息足够小时，即使是过度自信投资者依然会得出低于均衡值的价格。但一般而言，他们将反应过度，使得之后的反转成为必然。

DHS 模型提供了些可校验的假设。比如管理层会在他们认为公司股票被高估之时发行股份，被认为是低估之时回购股票，而在第 15 章的证据则支持了这些假设。

13.2.2 GH 模型及对动量效应的解释

正如之前所说的，GH 模型（Grinblatt-Han 模型）是基于前景理论、心理账户和处置效应。简而言之，因为投资者受参照点影响，其需求曲线反映了股票最近表现，而获利时卖出过快和损失时卖出过迟这一倾向导致了对好（坏）消息的迟滞反应。

为了对此模型有个直观性的了解，首先参看图13-2，图中为标准前景理论的价值函数。让我们回忆价值函数在收益区域的凹性（和风险规避相一致），在损失区域的凸性（与风险偏好相一致），两者中间的扭结即为参考点。另外回想和心理账户及封闭账户相联系的关于分账和归账的讨论。我们假设投资者把不同的证券视作分离的投机（不是从投资组合视角，而是逐一审视单个的证券）。如果某一证券从购买之日起获利，它将沿着前景理论价值线上行（至C、D），相反如果蒙受损失，则将沿着价值线下行（至A、B）。我们的论点是越远离风险寻求区域，投机再进入这一区域的可能性就越低，因此D比之C，或C比之B，或B比之A，风险厌恶程度均要更高。这表明对于遭受资本损失的证券其需求将更高（而且损失越大，需求也越大），对于获得资本利得的证券其需求将减少（利得越多，需求也越高）。这是在处置效应下的一个可能解释，并且是GH模型的关键。

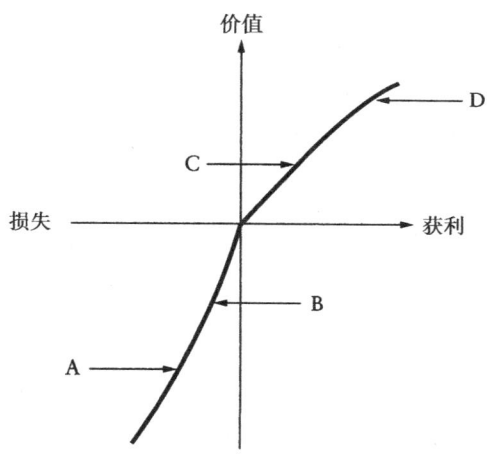

图 13-2　前景理论价值函数和处置效应

考虑 GH 模型中的证券，其内在价值为 f_t，只有当相关信息 ε_t 出现时才发生变动，并遵循随机游走

$$f_{t+1} = f_t + \varepsilon_{t+1} \tag{13-4}$$

需求来自于两组投资者：理性投资者（R）和受到前景理论及心理账户影响的投资者（PT/MA）。第一组需求函数为

$$D(R)_t = 1 + b(f_t - p_t) \tag{13-5}$$

式中，$D(R)_t$ 为理性投资者在 t 时刻的需求函数；p_t 为 t 时刻的价格。$b > 0$ 为需求函数的斜率，当股票的价值超过价格时，理性投资者的需求将增加。[21] PT/MA 投资者的需求为市场总需求的第二组

$$D(PT/MA)_t = 1 + b(f_t - p_t) + \lambda(ref_t - p_t) \tag{13-6}$$

式中，$D(PT/MA)_t$ 为受到前景理论及心理账户影响的投资者的需求；ref_t 为参考点；$\lambda > 0$ 反映了资本损益对 PT/MA 投资者的相对重要性。当 $ref_t > p_t$ 时，因为是处于风险寻求区域，所以需求增加。如果 PT/MA 投资者占总投资者数的 $\mu\%$，那么我们将两组需求加总，将供给规范化为 1 单位，市场出清下的均衡价格为

$$p_t = wf_t + (1-w)ref_t, \qquad w = \frac{1}{1+\mu\lambda} \tag{13-7}$$

即市场价格是真实价值和参考点的加权。对新信息的反应不足很显然，如果说从一个均衡点出发（$f_t = p_t = ref_t$），好消息推高了价值，价格将同方向变动，但由于参考点的存在其变动受到抑制（如下面所展现的，缓慢得多），只有经过一段时间之后价格才到达正确水平，这即是动量效应。并且 PT/MA 投资者占比越多（μ 更大），资本损益部分作用更大（λ 更大），那么参考点影响更强，反应不足也越严重。

我们此处的参考点应该认为是所有 PT/MA 投资者的平均参考点，并且随着交易的进行而变动。比如说某一特定投资者以 5 美元的价格买了股票（他的参考点是 5 美元），后来股票价格涨至 7 美元，此时资本利得为 2 美元，但参考点依然是 5 美元。假设他因需要现金而以 7 美元的价格将股票卖出给另一 PT/MA 投资者，此时的参考点为买入价格即 7 美元（而不再是前一投资者的 5 美元）。因此，随着交易的进行，参考点向市场价格趋近，假设以 v 为调整速度，参考点的调整函数为

$$ref_{t+1} = vp_t + (1-v)ref_t \tag{13-8}$$

显然 v 和股票的换手率相联系。

下面的例子有助于大家理解。假设我们在 $t = 0$ 期处于均衡状态，$f_t = p_t = ref_t = 1$ 美元，然后在 $t = 1$ 期的一个特大利好导致价值翻番至 2 美元。同时 $\mu = 0.5$，$\lambda = 2$。图 13-3 演示了其后 24 个月（至 $t = 25$）价格及参考点的演进路径。价格不断趋近于真实价值，但由于 PT/MA 投资者固执于变动缓慢的参考点，只能是逐渐逼近。读者必然发觉现实生活中不可能存在如此"干净的"动量效应，这是因为经常出现影响 f_t 的新信息。

易得在任意时点的期望收益率（R_t）为

$$E_t(R_{t+1}) = (1-w)v\frac{p_t - ref_t}{p_t} \tag{13-9}$$

注意，我们假设不存在股利分配，因此期望收益完全来自于资本利得。v 越大则期望收益越高，因为更快的调整速度表明价格能变化更快。低 w（高 μ 和高 λ）则意味着价格将有更大的变化幅度，由此带来更高的收益。更引人注意的是投资者平均未实现资本利得 $\left(\dfrac{p_t - ref_t}{p_t}\right)$ 越高，收益率也越高。在图 13-3 中即是 p_t 和 ref_t 线之间不断缩减

的缺口,缩减的同时正收益率也在不断减小。[22]

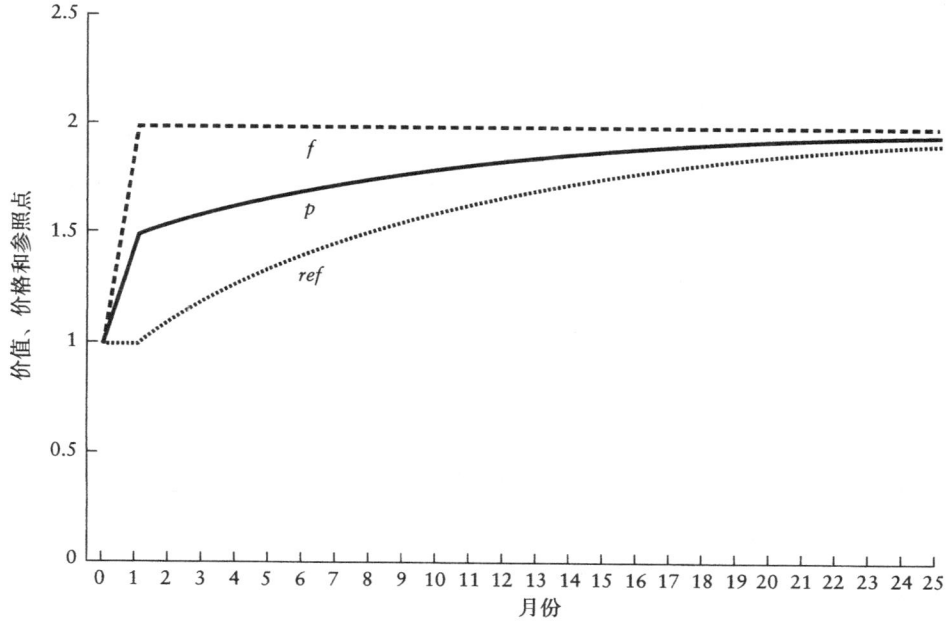

图 13-3 基于 GH 模型的模拟

式(13-9)中很重要的一点是并没有将未来期望收益率和历史收益率(动量)直接联系起来。但此模型和标准的动量效应依旧有密切联系,因为股票的未实现资本利得和历史收益率高度相关。但是这依然表明资本利得比之历史收益率能更好地预测未来期望收益率。的确,格林布拉特和韩兵也证实了这一点:当控制住 PT/MA 处置效应时,以历史收益率为基础的动量效应不再存在。但是 GH 模型最大的问题是它仅仅解释了动量效应,而不含反转效应。因此我们讨论最后一个模型,它同时解释了这两者。

13.2.3 BSV 模型及对动量效应和反转效应的解释

在第 5 章中我们讲了一对夫妇出去野餐的故事。他们首先锚定于不会下雨的信念,但之后新信息(乌云)出现,他们改变了想法,认为下雨迫在眉睫。一开始,他们展现锚定效应,之后又低估代表性变异的概率。BSV(Barberis-Shleifer-Vishney)模型即是考虑投资者粗枝大叶的校准,即非黑即白的模式。模型表明投资者一开始低估,之后又高估小概率事件发生的可能性,或者我们可以说投资者"缓慢过度反应"。[23]

有证据表明公司赢利变动很类似于随机游走,即历史的赢利增速无助于预测未来的赢利增速。[24]我们假设赢利(n_t)遵循随机游走过程

$$n_{t+1} = n_t + \varepsilon_{t+1} \tag{13-10}$$

简单起见我们假设赢利变动,$\varepsilon_{t+1} = n_{t+1} - n_t$ 有等概率可能性为 $+y$ 和 $-y$,而投资者只进行粗校准,认为股票处于两个可以转换的区域中。在区域1,赢利被认为是均值反转,即当期若赢利增加(减少),那么下一期赢利变动将有更大可能性为减少(增加)。正式而言是指给定当期的赢利增加(下降),那么下期赢利同方向变动的概率(π_L)就比较小。相反在区域2,若当期赢利增加(减少),那么下一期赢利变动有更大的可能性(π_H)依然为增加(减少),即赢利变动具有持续性。注意有 $\pi_L < \pi_H$。模型还需要包括区域之间转移的概率。我们假设给定处于区域1($s_t = 1$)时,下期转移进入区域2的概率为 λ_1;给定处于区域2($s_t = 2$)时,下期转移进入区域1的概率为 λ_2。在任意时间点,投资者均必须推测事件是处于哪个区域之中,他们推断的概率也随着事件的不断发生而变动。一系列赢利的改变(如 $+y, -y, +y, -y$)将导致人们认为事件正处于区域1中,而一系列相同的赢利变化(如 $+y, +y, +y$ 或 $-y, -y, -y$)则会使人们认为事件处于区域2中。

如果 t 和 $t+1$ 期赢利变化为同一方向,那么模型处于区域1的推算概率可写为

$$q_{t+1} = \frac{[(1-\lambda_1)q_t + \lambda_2(1-q_t)]\pi_L}{[(1-\lambda_1)q_t + \lambda_2(1-q_t)]\pi_L + [\lambda_1 q_t + (1-\lambda_2)(1-q_t)]\pi_H} \tag{13-11}$$

而且我们可证明 $q_{t+1} < q_t$,即在赢利发生连续变动之后我们处于区域1的可能性降低了。如果 t 和 $t+1$ 期赢利变化方向相反,那么处于区域1的推算概率为

$$q_{t+1} = \frac{[(1-\lambda_1)q_t + \lambda_2(1-q_t)](1-\pi_L)}{[(1-\lambda_1)q_t + \lambda_2(1-q_t)](1-\pi_L) + [\lambda_1 q_t + (1-\lambda_2)(1-q_t)](1-\pi_H)} \tag{13-12}$$

此时我们可证明 $q_{t+1} > q_t$,即当发生赢利变动反转之后我们有更大的可能性处于区域1。图13-4中画出了区域1推算概率的变动情况,此处我们假设 $\pi_H = 3/4$,$\pi_L = 1/3$,$\lambda_1 = 0.1$,$\lambda_2 = 0.3$,注意 q_t 在正负号变换之后上升,在正负号持续之后下降。

下面考虑股票的估值,我们假设所有的赢利都以红利的形式发放给投资者,那么采用标准的股利贴现模型,价值为

$$p_t = \frac{E_t d_{t+1}}{(1+R)^1} + \frac{E_t d_{t+2}}{(1+R)^2} + \frac{E_t d_{t+3}}{(1+R)^3} + \cdots \tag{13-13}$$

式中,p_t 为 t 时刻的价格;d_t 为 t 时刻的股利;R 为贴现因子。如果投资者正确认识到赢利为一随机游走,那么式13-13即为年金公式并可写为

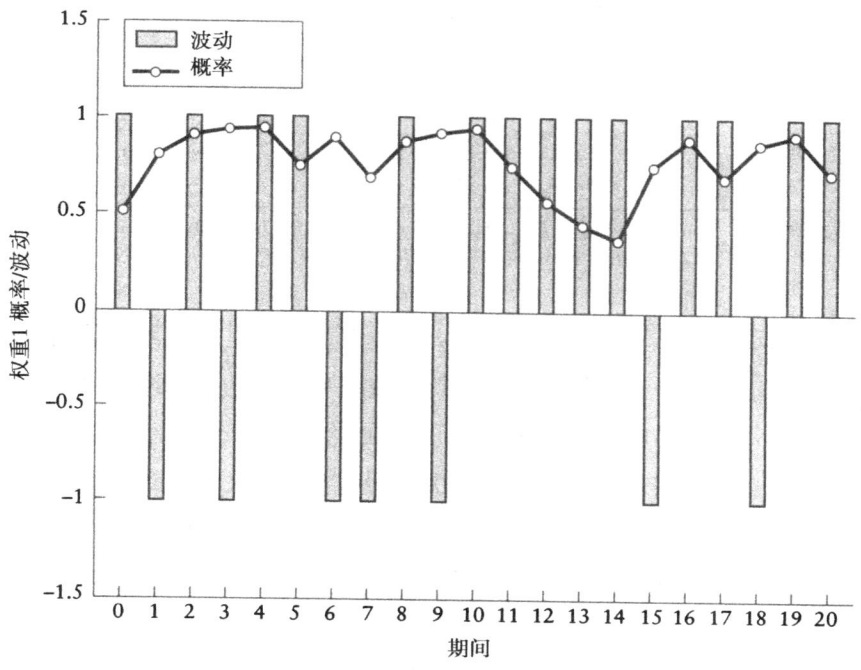

图 13-4 基于 BSV 模型的模拟

资料来源：Barberis, N., A. Shleifer, and R. Vishny, 1998, "A model of investor sentiment," *Journal of Financial Economics* 49, 307-344.

$$p_t = \frac{n_t}{R} \tag{13-14}$$

我们可算得在 BSV 模型中的价格为

$$p_t = \frac{n_t}{R} + k_t \varepsilon_t \tag{13-15}$$

k_t 为关于 q_t 的复杂函数，并且当 q_t 高于一定值时，k_t 为负，当此时出现一个正（负）的赢利变动时，价格虽然往同一方向变动，但却变动幅度不足——反应不足；当 q_t 低于一定值时，k_t 为正，此时在正（负）的赢利变动时第二项系数为正（负）——反应过度。因此模型能产生经验证据中所观察到的反应过度和反应不足现象。

随后进行了模拟来看是否能产生在历史数据中观察到的特征。采用我们上文中的参数值，并人工构建了 6 年期，2 000 个公司的赢利及股价数据。[25] 我们想观察到的是在新信息出现之后的反应不足，以及在一系列相似信息之后的反应过度。对于样本中的每 n 年（$n=1,2,3,4$），我们构建两个投资组合，一个为连续 n 年出现好信息的公司组合，另一个为连续 n 年出现坏信息的公司组合。表 13-1 中第一列为连续好信息组合与连续坏信息组合的收益率之差，结果也正如我们所预想的，一开始股价持续上涨（下跌），之后则是对这一趋势的纠正。

表 13-1 基于 BSV 模型收益和回报排序的模拟回报

持有期	收益排序	回报排序
1 年	0.039 1	0.028 0
2 年	0.013 1	0.010 2
3 年	-0.007 2	-0.009 4
4 年	-0.030 9	-0.018 1

资料来源：Reprinted from the Journal of Financial Economics, Vol 49, Issue 3, Barberis, N., A. Shleifer, and R. Vishny, "A model of investor sentiment," pp. 307-44, © September 1998. With permission from Elsevier.

但文献中的动量和反转效应是基于历史收益率，而不是历史赢利数据。为了探查模型能否解释这些结果，文章作者对基于历史收益率构建的投资组合收益率之差也进行了模拟。基于每一年的收益率对公司分层，在表 13-1 中第二列为收益率最高层级与最低层级在下一年度的差异。和前面所引用的动量效应文献一致，我们看到了中期（1 年和 2 年）意义上的持续性和长期（3 年和 4 年）意义上的反转。

同时模型能产生和价值股、成长股相一致的结果，因为模型中没有会计过程（因此没有公司账面价值），文章作者考察以 P/E 比率构建分层并计算最高比率和最低比率之后的收益率之差。结果这一差异为 4.35%。因此大体而言，这一模型能同时解释赢利漂移、动量效应、反转效应以及价值股—成长股效应。

13.3 异象的理性投资者解释

虽然发现了这些异象，但我们无法断言市场是无效的。因为关于这些异象的解释事实上也有些是和理性投资者及市场有效性是一致的。我们已经谈到过数据挖掘，即当我们观察足够长时间时，"数据将符合趋势"。[26] 然而一些持久性的异象，如动量效应和价值溢价在各个时间段、不同市场中均有发现，极大地动摇了这一反驳。另外有可能是探查某一异象的计算方法有瑕疵，这使得异象的发现仅仅为幻觉。关于这一点的争论技术性很强，我们在此处不展开。不过对于大部分的异象，这一论点是站不住脚的，[27] 人们攻击的主要是不合理的风险调整方法。

13.3.1 不合理的风险调整

正如之前所提及的，所有关于市场有效性的检验究其本质都是联合假设检验。具体而言包括：①市场有效性；②专门的风险调整模型。早期对于市场有效性的检验只需要考虑市场风险或贝塔风险（如 CAPM）。假设某一研究拒绝了市场有效性假说，但这是针对联合假设的拒绝。这意味着或者市场非有效，或者我们使用了错误的资产定价模型（我们采用了错误的风险调整方法），或者两者同时存在。因为我们可能忽视了额外的风险部分，所以检验拒绝不能带来一清二楚的结果。

虽然和市场、定价无关，但下面赌博的例子能很好地说明联合假说问题。人们去一家赌场玩老虎机，其宣称的"回报率"为 -2%，即每 1 美元的赌资，能收回 98 美分，基本上所有的玩家都知道这并不是一个很好的投资，但非货币方面的因素（如和朋友出去消遣、发横财的美梦）使得这是值得的。虽然大部分人在输钱，但偶尔的幸运儿也会让这一行为看上去是有意义的。如果实际的期望回报更低，比如为 -5%，这有可能是因为赌博机的安装设定并不正确，或者是赌场方在欺诈消费者。

如果在此处进行有效性检验，那么原假设将会被拒绝。因为隐含模型的"定价"为 -2%，和实际观察到的 5% 损失不一致。但假设随着时间过去，人们通过自身的经历或口耳相传得以了解并形成新的判断，从这一角度来说他们将调整自己期望收益至 -5%。或许因为这一收益率仍然可能是有吸引力的（宣传的 -2% 是非常优厚的收益），或者因为喜欢这家赌场的气氛，人们依然会光顾这家赌场。此时在赌客期望损失为 5% 的市场是有效的。这说明了市场非有效性的偏离可能是暂时的。

但此时来了个聪明的经济学家决定查看赌场是否"市场有效"，他使用了这家赌场的经营收益作为样本，注意到赌场宣称的收益率为 -2% 并将其作为检验基准，如果样本数据足够充分，那么他将拒绝市场有效性假设。但事实是并不是市场非有效，而是他所使用的均衡模型有错误。

尤金·法玛和肯尼斯·弗伦奇在 1992 年一篇对金融学术界造成不小冲击的著名文章中发现，CAPM 模型在最新的数据中（1963～1990 年）似乎不再有效。[28] CAPM 模型认为只有证券的市场风险暴露，即贝塔才会被定价，其他部分均不会对期望收益率产生影响。但文章作者的研究认为："简而言之，我们的检验并不支持 CAPM 模型关于股票平均收益率和市场贝塔值正相关的预测。"他们继续得出公司规模及股票的账面市值比能解释股票收益的结论，"如果资产是理性定价的，那我们的结果表明股票风险是多维的。其中一维由公司规模代表，另外一维由普通股账面价值和市场价值的比值代表"。这就是问题症结所在。除去统计方面的因素，这一异象或者反映了某种投资者误差，或是不合理的风险校准方法的结果。随后法玛和弗伦奇表明如果控制住规模和账面市值比构建的投资组合，那么市场超额收益率能很好地解释股票收益率的变动。从这一点出发，他们提出"规模和账面市值比是股票收益率风险的重要影响因素"。这就是著名的法玛—弗伦奇三因素模型。

13.3.2 法玛—弗伦奇三因素模型

根据**法玛—弗伦奇三因素模型**(Fama-French three-factor model),超额回报率不仅仅是经市场风险调整,而且还需要经和规模、账面市值比相联系的风险调整算得。如果某一股票或投资组合不存在超额回报,那么下面回归方程中的阿尔法(α^i)应该为零

$$R_t^i - R_{f,t} = \alpha^i + \beta_1^i(R_{m,t} - R_{f,t}) + \beta_2^i SML_t + \beta_3^i HML_t + \varepsilon_t^i \tag{13-16}$$

式中,在 t 时刻证券或投资组合 i 的收益率为 R_t^i;无风险利率为 $R_{f,t}$;市场收益率为 $R_{m,t}$;规模因素为 SML_t;账面市值比因素为 HML_t;对这三个风险因素的敏感性分别为 β_1^i,β_2^i 和 β_3^i。[29]

这是一个受到广泛争论的模型,有些认为它合理地反映了广为所知的风险来源,有些则质疑它将投资者非理性误差转换至风险因素,是一个做作的模型。[30]论争可以变得非常有技术性,我们此处就不再展开。一个问题是什么导致了法玛—弗伦奇模型第二、第三个风险因素,法玛和弗伦奇认为是"破产风险"在不同侧面的反映,但这些困境中的股票在熊市中也并未有显著不好的表现。[31]但不管怎么样,即使那些认为风险背后是非理性因素的人也认为这是一个实用的评价专业投资者投资表现的调整方法。我们将在第19章中再讨论法玛—弗伦奇三因素模型。

13.3.3 动量效应的解释

法玛—弗伦奇三因素模型无法解释动量效应,这一点即使法玛和弗伦奇也都承认。[32]但人们依然提出了关于动量效应的风险方面解释。比如有些研究将动量效应和经济周期、市场状态联系起来,争论说不可分散的宏观经济风险可以解释动量效应的大部分。[33]如果这些确实是风险的反映,那么经其恰当调整之后可以大幅降低历史收益率的解释能力。[34]

最近的动量效应的理性修正认为一个简单的时变不确定贝塔的 CAPM 模型能解释这一异象。[35]当市场表现好时,投资者通过贝叶斯推断,向上修正遭受利好冲击股票的贝塔值,向下修正遭受利空冲击股票的贝塔值。因此其后的动量效应"收益"可能是尚未被解释风险的反映。

13.3.4 市场有效性的暂时偏离及适应性市场假说

有可能市场暂时是无效的，但当足够多的套利者构思出如何通过这一无效性获利时，定价偏差将逐渐消失。沿着这一思路，正如我们下面在第 19 章所讨论的，有证据表明小公司效应正不断减轻。安德雷·史雷弗、罗伯特·维舍、约瑟夫·拉康尼肖克在 1994 年的文章中提出价值投资优势是否会最终消除，写道：[36]

> 或许伴随着成熟的量化投资策略这一趋势，即基于市场表现而不是个体股票的选择构建投资组合，人们将增加对于价值类股票的需求，从而减轻热门股票选择偏好这一委托代理问题。当然这种大的变化不会在一瞬间发生，股票市场的时间序列数据和跨国数据均表明导致价值类股票高收益的行为和机构因素是广泛和长时期存在的。

确实，在这篇文章发表之后不久，即在数年的成长类组合表现显著优于价值类组合后，这一效应在新千年出现了强劲的反弹。[37] 鉴于成长类股票的额外收益很大程度上是由人们的行为方式带来的，而在这方面人们的习惯改变一向很缓慢，我们有理由相信这一效应将更为持久（比如说相比于没有行为原因解释的小公司效应）。在第 19 章中我们还会谈到这一话题。

异象的出现和消失（以及之后的循环）和**适应性预期**（adaptive markets hypothesis）理论一致，这一理论由安德鲁·洛在最近提出，他认为异象波动的周期性和市场演化进程相关。[38] 由于信念错误和有限套利导致的异象在足够长时间内和竞争性力量的作用下都将逐渐消失，而那些和现实不一致的信念也都将改变并适应新环境。反之当这些套利力量由于某些原因在市场上缺失时，人的本性将占据市场主导并导致套利机会的出现。

本章要点

1. 公告后赢利变动的漂移似乎受投资者和分析师锚定的影响。
2. 价值股溢价很有可能是由行为方面因素和机构的委托代理问题同时导致的。
3. 已经提出了一系列的理论模型来解释动量效应和反转效应。
4. DHS 模型基于过度自信解释了反转效应；GH 模型基于前景理论、心理账户和处置效应解释了动量效应；BSV 模型基于锚定效应和代表性启发同时解释了动量效应和反转效应。
5. 许多经验证据能和这些模型很好的

契合。

6. 另一个观点是在识别这些异象的研究中风险的解释是错误的,风险经正确调整之后将使得这些异象仅仅是某些风险的溢价。

7. 法玛—弗伦奇三因素模型在市场风险之外还包括了账面市值比和规模因素作为风险调整工具。

8. 在法玛—弗伦奇三因素模型中,价值指标是风险因素而非异象。但有人怀疑对价值指标更大程度的暴露是否确实代表了额外的风险。

9. 还没有风险调整方法能非常让人信服地解释动量效应。

问题与讨论

1. 区别下列概念和术语:
   (1) 动量效应和反转效应。
   (2) BSV 模型中的均值反转和持续。
   (3) 规模因素和账面价值比因素。
   (4) (对异象) 基于风险的解释和行为解释。

2. 直觉性解释 (而非技术性解释) BSV 模型中为什么连续两期相同方向的赢利变化,相比于赢利变化方向的改变,会让人们认为更有可能是处于区域 1 (均值反转) 中。

3. 在 DHS 模型例子的两种情况下,即使理性投资者也在其中一种情况下出现过度反应。请评论为什么。

4. 还是在 DHS 模型中,假设 $\theta = 1$、$\sigma_\theta^2 = 1$、$\sigma_\varepsilon^2 = 2$;$\sigma_C^2 = 1$ 以及 $s_1 = 2$。描述并评论过度自信投资者和理性投资者所各自决定的价格路径。

5. 动量效应是市场有效性支持者最难以解释的异象。请解释。

注 释

1 Abarbanell, J. S., and V. L. Bernard, 1992, "Tests of analysts' overreaction/underreaction to earnings information as an explanation for anomalous stock price behavior," *Journal of Finance* 47, 1181–1207.

2 Battalio, R. H, and R. R. Mendenhall, 2005, "Earnings expectations, investor trade size, and anomalous returns around earnings announcements," *Journal of Financial Economics* 77, 289–319.

3 Chan, L. K. C., J. Karceski, and J. Lakonishok, 2003, "The level and persistence of growth rates," *Journal of Finance* 58, 643–684.

4 Ibid.

5 As an example, see ibid.

6 On August 15, 2000, the U.S. Securities and Exchange Commission (SEC) adopted Regulation FD (Fair Disclosure) to address the selective disclosure of information by publicly traded companies and other issuers. Regulation FD stipulates that when an issuer discloses material nonpublic information to certain individuals or entities (e.g., securities market professionals, such as stock analysts, or holders of the issuer's securities who may well trade on the basis of the information), the issuer must make public the disclosure of that information. In this way, the new rule aims to promote full and fair disclosure.

7 Lim, T., 2001, "Rationality and analysts' forecast bias," *Journal of Finance* 56, 369–385.

8 Chen, Q., and W. Jiang, 2006, "Analysts' weighting of private and public information," *Review of Financial Studies* 19, 319–355.

9 Lakonishok, J., A. Shleifer, and R. Vishny, 1994, "Contrarian investment, extrapolation and risk," *Journal of Finance* 49, 1541–1578.

10 Related to this is the positive affect generated by successful growth companies that was discussed in Chapter 10. See MacGregor, D. G., P. Slovic, D. Dreman, and M. Berry, 2000, "Imagery, affect, and financial judgment," *Journal of Psychology and Financial Markets* 1 (no. 2), 104–110.

11 See Lakonishok, J., A. Shleifer, and R. W. Vishny, 1992, "The structure and performance of the money management industry," *Brookings Papers on Economic Activity: Microeconomics* 339–391; and Del Guercio, D., 1996, "The distorting effects of the prudent-man laws on institutional equity investments," *Journal of Financial Economics* 40, 31–62.

12 LaPorta, R., 1996, "Expectations and the cross-section of stock returns," *Journal of Finance* 51, 1715–1742.

13 LaPorta, R., J. Lakonishok, A. Shleifer, and R. Vishny, 1997, "Good news for value stocks: Further evidence on market efficiency," *Journal of Finance* 52, 859–874.

14 Rozeff, M. S., and M. A. Zaman, 1998, "Overreaction and insider trading: Evidence from growth and value portfolios," *Journal of Finance* 53, 701–716.

15 See Shleifer, A., and R. Vishny, 1997, "The limits of arbitrage," *Journal of Finance* 52, 35–55, for a discussion.

16 Ali, A., L.-S. Hwang, and M. A. Trombley, 2003, "Arbitrage risk and the book-to-market anomaly," *Journal of Financial Economics* 69, 355–373.

17 Daniel, K., D. Hirshleifer, and A. Subrahmanyam, 1998, "Investor psychology and security market under- and overreactions," *Journal of Finance* 53, 1839–1885.

18 Grinblatt, M., and B. Han, 2004, "Prospect theory, mental accounting and momentum," *Journal of Financial Economics* 78, 311–339.

19 Barberis, N., A. Shleifer, and R. Vishny, 1998, "A model of investor sentiment," *Journal of Financial Economics* 49, 307–344.

20 In the same paper, Daniel, Hirshleifer and Subrahmanyam extend their model by recognizing self-attribution bias. This induces momentum in addition to reversal. The model we present is a scaled-down version of their simple model (without self-attribution bias).

21 It is also necessary to assume limits to arbitrage.

22 In the steady state the expected return is zero.

23 This phrase appears in Haugen, R. A., 1999, *The New Finance: The Case against Efficient Markets*, 2nd ed. (Prentice Hall, Upper Saddle River, New Jersey).

24 See Chan, L. K. C., J. Karceski, and J. Lakonishok, 2003, "The level and persistence of growth rates," *Journal of Finance* 58, 643–684, for a discussion.

25 The authors acknowledge certain limitations in their simulation. For example, for tractability, earnings and prices can go negative (but only the range where this is impossible is allowed).

26 See Conrad, J., M. Cooper, and G. Kaul, 2003, "Value vs. glamour," *Journal of Finance* 58, 1969–1996, who attempt to quantify the potential impact of data snooping.

27 See Kothari, S. P., J. Shanken, and R. G. Sloan, 1995, "Another look at the cross-section of expected stock returns," *Journal of Finance* 50, 157–184; Chan, L. K. C., N. Jegadeesh, and J. Lakonishok, 1995, "Evaluating the performance of value vs. glamour stocks: The impact of selection bias," *Journal of Financial Economics* 38, 269–296; Conrad, J., and G. Kaul, 1993, "Long-term market overreaction or biases in computed returns?" *Journal of Finance* 48, 39–63; Conrad, J., and G. Kaul, 1998, "An anatomy of trading strategies," *Review of Financial Studies* 11, 489–519; and Jegadeesh, N., and S. Titman, 2002, "Cross-sectional and time-series determinants of momentum returns," *Review of Financial Studies* 15, 143–157.

28 Fama, E. F., and K. R. French, 1992, "The cross-section of expected stock returns," *Journal of Finance* 47, 427–465.

29 See Fama, E. F., and K. R. French, 1993, "Common risk factors in the returns on stocks and bonds," *Journal of Financial Economics* 33, 3–56; and Fama, E. F., and K. R. French, 1996, "Multifactor explanations of asset pricing anomalies," *Journal of Finance* 51, 55–84.

30 For two takes on the debate, see chapter 1 of Shleifer, A., 2000, *Inefficient Markets: An Introduction to Behavioral Finance* (Oxford University Press, Oxford, U.K.); and Brav, A., J. B. Heaton, and A. Rosenberg, 2004, "The rational-behavioral debate in financial economics," *Journal of Economic Methodology* 11, 393–409.

31 See Lakonishok, J., A. Shleifer, and R. Vishny, 1994, "Contrarian investment, extrapolation and risk," *Journal of Finance* 49, 1541–1578; and Chan, K. C., and N. Chen, 1991, "Structural and return characteristics of small and large firms," *Journal of Finance* 46, 1467–1484.

32 Note that many momentum studies use the three-factor model as a risk-adjustment model and it has no appreciable impact on results. See, for example, Cooper, M., Jr., R. C. Gutierrez, and A. Hameed, 2004, "Market states and momentum," *Journal of Finance* 59, 1345–1365. Without any real backing for momentum being a risk factor, one can tack on momentum as a fourth factor, as in Carhart, M. M., 1997, "On persistence in mutual fund performance," *Journal of Finance* 52, 57–82.

33 Chordia, T., and L. Shivakumar, 2002, "Momentum, business cycle, and time-varying expected returns," *Journal of Finance* 57, 985–1020.

34 Nevertheless, Cooper, M., Jr., R. C. Gutierrez, and A. Hameed, 2004, "Market states and momentum," *Journal of Finance* 59, 1345–1365, counter that the Chordia and Shivakumar results do not survive common screens to control for microstructure-induced biases. Cooper, Gutierrez, and Hameed also show that momentum profits exist exclusively after up-market states. They argue that this finding is consistent with the model of Daniel, K., D. Hirshleifer, and A. Subrahmanyam, 1998, "Investor psychology and security market under- and overreactions," *Journal of Finance* 53, 1839–1885, because overconfidence is positively correlated with market performance. See Statman, M., S. Thorley, and K. Vorkink, 2006, "Investor overconfidence and trading volume," *Review of Financial Studies* 19, 1531–1565; and Deaves, R., E. Lüders, and M. Schröder, 2008, "The dynamics of overconfidence: Evidence from stock market forecasters," Working paper.

35 Wang, K. Q., 2005, "Why does the CAPM fail to explain momentum?" Working paper.

36 Lakonishok, J., A. Shleifer, and R. Vishny, 1994, "Contrarian investment, extrapolation and risk," *Journal of Finance* 49, 1541–1578.

37 Chan, L. K. C., and J. Lakonishok, 2004, "Value and growth investing: A review and update," *Financial Analysts Journal* 60 (Jan/Feb), 71 (16 pages).

38 See Lo, A. W., 2004, "The adaptive markets hypothesis: Market efficiency from an evolutionary perspective," Working paper; and Lo, A. W., 2005, "Reconciling efficient markets with behavioral finance: The adaptive markets hypothesis," Working paper.

第 14 章 行为因素能否解释股票市场之谜

 引 言

在第 13 章中,我们论证了行为方面因素能解释个体股票的部分定价异象。在那里我们采用的是分类截面(或者单一股票)分析方法。如果把市场中所有股票的价值加总,那我们就得到股票市场的总市值。正如存在分类截面异象一样,总股票市场也存在难以解释的谜题。在本章中我们考察行为因素能否解答这些谜题。

我们主要关注三类谜题:股票溢价之谜、资产泡沫、过度波动性。在 14.1 节,讨论股票市场溢价,即虽然股票市场比固定收益市场更具风险并理应获得风险补偿,但从数据来看,期望效用理论显然难以解释观察到的两个市场收益率的巨大差异。在 14.2 节,考察估值过度和市场泡沫,并以 400 年前欧洲的郁金香狂热和 20 世纪 90 年代后期全球股票市场的科技互联网泡沫为例出发。若考察美国,虽然整个股票市场有可能出现大幅偏离基本面价值的情形,但市值高估主要发生在科技互联网类股票上面。关于现实世界数据的一个矛盾是我们无法断言某一阶段估值是过度的,因其能准确控制相关因素,在 14.3 节,我们通过实验资产市场考察分析资产泡沫产生的条件。在 14.4 节,我们考察行为金融能否解释包括泡沫在内的市场过度估值。在 14.5 节,我们研究股票市场展现的波动性过度之谜。这一谜题一直也是学者们所关注的焦点,但直到 2009 年年初,股票市值的快速下跌以及伴随出现的市场剧烈波动,人们对它的兴趣更大了。

14.1 股票溢价之谜

14.1.1 股票市场溢价

在拉吉尼什·梅拉和爱德华·普雷斯科特令人信服的提出**股票溢价之谜**(equity

premium puzzle)¹后,许多学者已经对其进行了研究。股票溢价是指总体股票市场与固定收益证券组合之间的期望收益率之差。因为无法观测到期望收益率,所以一般用历史平均收益率计算。由此股票溢价有许多种类:计算方法是几何平均还是算术平均、所使用的样本是什么、股票市场和固定收益证券具体使用什么指代。² 这些并没有一致的答案,因此使用不同方法计算市场溢价并作比较是有意义的。

杰里米·西格尔在他的畅销书《股市长线法宝》(*Stocks for the Long Run*)中提供了关于股票溢价对财富影响的图片。³ 他的数据优点是最早上溯到 1802 年,结束于 1997 年,因为时间跨度很长,这一图片现在依然很有说服力。图 14-1 问了这样的问题:如果你在 1802 年开始投资并持有某一资产类别 1 美元,那么在 1997 年你(准确来说是你的子孙)拥有多少财富。资产类别包括美国的股票、债券、短期国库券、黄金。1 美元的股票投资能为耐心的投资者带来惊人的超过 700 万美元收益,债券市场和国库券市场则略多于 10 500 美元和 3 500 美元。当然 1802 年的 1 美元购买力要强于现在的 1 美元,图中也画出了物价(以消费物价指数作为代表,CPI)的上升以作比较。

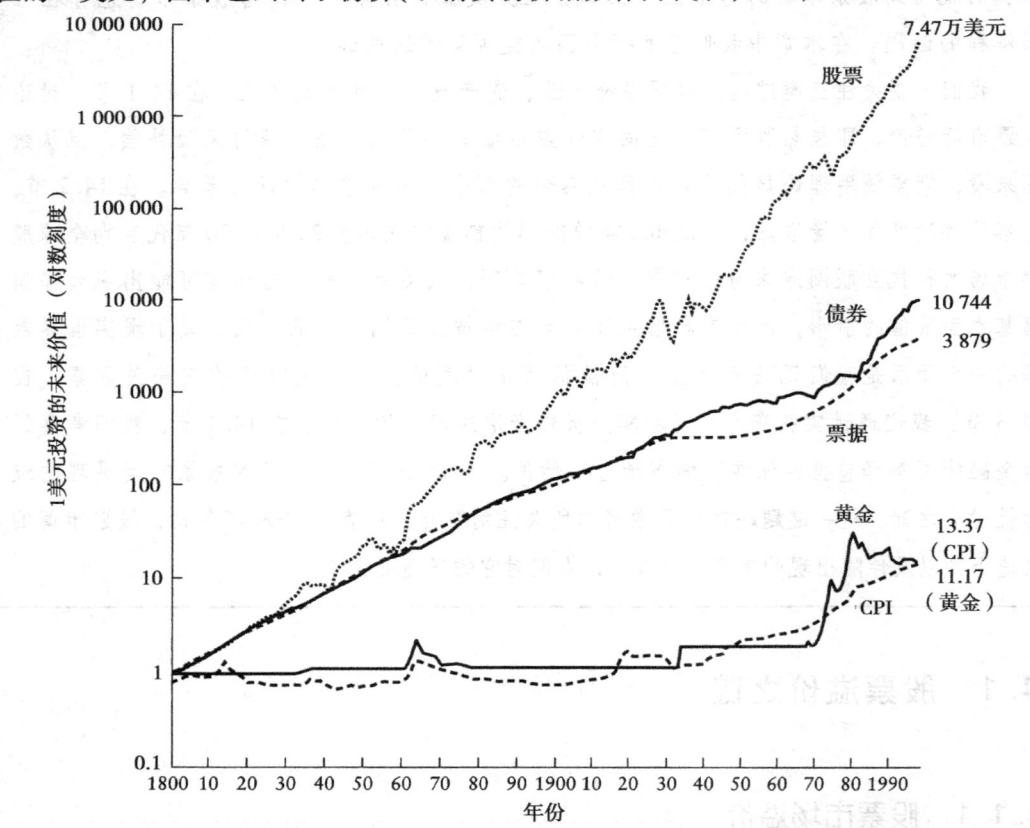

图 14-1 将 1802 年的 1 美元投资于不同的资产类别的未来价值(含义值)

资料来源:Siegel, J. J. From "The Future Value of an 1802 Dollar Invested in Different Assett Classes (in nominal terms)," in *Stocks for the Long Run* 2nd Edition (McGraw Hill, New York, New York), 1998. © 1998 by McGraw-Hill, Inc. All rights reserved. Reproduced by permission.

为了消除价格变化因素，图14-2基于实际回报率（不变美元价格）重新表述了图14-1的内容。股票收益有了一定的减少，但仍超过550 000美元，相对来说债券和国库券不足1 000美元，而黄金的收益还不足1美元（对于某些人这可能是很惊奇的事情）。

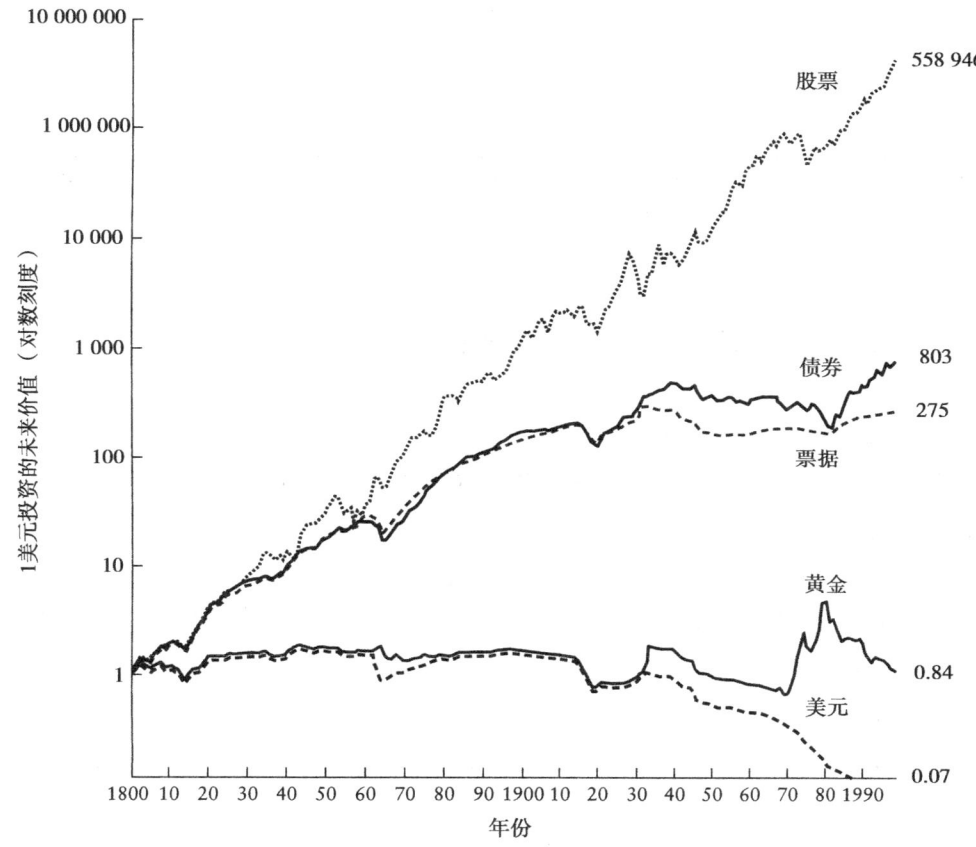

图14-2 将1802年的1美元投资于不同的资产类别的未来价值（实际值）

资料来源：Siegel, J. J. From "The Future Value of an 1802 Dollar Invested in Different Assett Classes (in nominal terms)," in *Stocks for the Long Run* 2nd Edition, 1998 (McGraw Hill, New York, New York), 1998. © 1998 by McGraw-Hill, Inc. All rights reserved. Reproduced by permission.

在表14-1中所有收益率均被转换成平均（年度）收益率，并计算出全样本和三个相同长度子区间的收益率。首先是股票市场，从表中来看收益率相当稳定，相对保守的几何收益率长期平均区间为6.6%～7.2%。债券市场和国库券市场的收益率区间分别为2%～4.8%和0.6%～5.1%。全样本最小的股票溢价为3.5%（股票和债券市场的几何收益率）。对于从1926年开始的最近这一区间来说，溢价为5.2%。

表 14-1　股票、债券、票据的平均实际收益　　　　　　　　　　（%）

	1802~1997 年	1802~1870 年	1871~1925 年	1926~1997 年
股票（几何）	7.0	7.0	6.6	7.2
股票（算术）	8.5	8.3	7.9	9.2
债券（几何）	3.5	4.8	3.7	2.0
债券（算术）	3.8	5.1	3.9	2.6
票据（几何）	2.9	5.1	3.2	0.6
票据（算术）	3.1	5.4	3.3	0.7

资料来源：Siegel, J. J. From "Average Real Returns(in %) on Stocks, Bonds and Bills," in *Stocks for the Long Run* 2nd Edition, 1998 (McGraw Hill, New York, New York), 1998. © 1998 by McGraw-Hill, Inc. Allrights reserved. Reproduced by permission.

14.1.2　股票市场溢价何以成为一个谜题

股票市场溢价是否真是谜题？毕竟股票风险更大，因此也需要更高的回报率。之所以这是一个难以解释的谜题，是因为如果期望效用理论成立，为解释这一溢价我们需要一个非常高的风险厌恶水平。从不同角度可以看出这一点。首先，梅拉和普雷斯科特表明合理的风险厌恶水平下风险溢价仅为 0.1%。其次，在第 1 章中讨论过效用函数，常用的对数效用函数的衡量投资者风险厌恶程度的**相对风险厌恶系数**(coefficient of relative risk aversion)为 1.0。[4] 更高的数值表明更大的风险厌恶。为了能产生观察到的股票溢价，我们的相对风险厌恶系数需要达到惊人的 30。再次，我们可以通过游戏与确定性等价进行说明。对于下面的游戏：P1(0.50，50 000 美元，100 000 美元)，需要多少钱 x 美元的确定性等价才能使得人们无差异于这一游戏。对于风险厌恶系数为 30 的人，x 为 51 209 美元。[5] 这显然不是人们常有的风险厌恶程度。

14.1.3　什么能解释这一谜题

有许多关于股票市场溢价谜题解释的论战，一些基于理性投资者分析，一些则更倾向于通过行为角度进行解释。幸存者偏差属于第一种。[6] 为了详细地进行解释，考虑下面运动方面的例子。在高尔夫锦标赛中，选手一般分组比赛两轮，之后每一组内累计得分最低的选手(按预先给定的淘汰率)继续进入第三、第四轮比赛。[7] 四轮总分最低的晋级选手获得锦标赛冠军。让我们假设一个统计学家试图评价所有参赛选手的表现。但他在锦标赛结束时刻才出现并计算所有幸存选手平均的每轮成绩，显然这一结果向下有偏差。为了能更清楚地说明这一点，我们进行下面的简单实验。我们对100个选手的高尔夫锦标赛进行模拟，每个选手水平相同，每一轮的发挥也相互独立，即不存在"热手效应"。假定选手杆数分布为均值71，标准差3。在两轮之后我们让最好成绩的一半选手（包括平手）晋级并继续后两轮，其他选手则淘汰出局。所有晋级选手的四轮平均成绩为70.1，略低于均值。相反前面两轮比赛100名选手全体成绩则为70.9，与均值分布非常接近。因此，一个合格的研究者不该犯这种对幸存样本进行统计的错误。

考虑股票市场溢价谜题，斯蒂芬·布朗、威廉·戈茨曼、斯蒂芬·罗斯考察了各国股票市场的历史表现。[8] 在20世纪初期存在36个国家的股票市场，由于战争或国有化期间有超过一半的国家发生过交易中断。这些事件往往导致投资者巨大的财富损失，如果我们仅仅考虑一直有连续交易历史的股票市场，上面高尔夫比赛的例子告诉我们由于幸存者偏差导致统计所得的平均市场回报率将会向上有偏差。

在行为角度方面也有两个主要的解释。一个是基于投资者模糊厌恶。股票市场溢价表明投资者风险厌恶程度之高难以理解，但如果投资者同时是风险厌恶者和模糊厌恶者呢？很可能的情况是投资者不仅仅不知道收益率分布中抽取的随机数是什么，而且他们还不知道收益率分布的具体参数又是什么。这和我们的问卷调查中出现事前股票市场溢价水平预测不一致相吻合，即我们不清楚收益率分布的均值。[9] 在这种情况下，"实际风险厌恶水平"将增加。[10] 在适当的模糊厌恶（不确定性厌恶）程度和风险厌恶程度下，我们能得出5%左右的股票市场溢价水平。

第二种股票市场溢价的行为解释是基于损失厌恶和心理账户，由施洛莫·本阿齐和理查德·泰勒提出。[11] 对损失厌恶投资者而言，同样程度的损失和获益情况下损失带来的痛苦更甚。第3章中的分段幂函数是常用的前景理论价值函数，此处我们也使用它进行分析，其中 v 为价值，z 为财富变动

$$v(z) = \begin{cases} z^\alpha & 0 < \alpha < 1 & \text{当} \quad z \geq 0 \\ -\lambda(-z)^\beta & \lambda > 1, 0 < \beta < 1 & \text{当} \quad z < 0 \end{cases} \quad (14\text{-}1)$$

这一价值函数在正域为风险规避（$0 < \alpha < 1$），在负域为风险偏好（$0 < \beta < 1$）和损失厌恶（$\lambda > 1$）。我们的研究重点是损失厌恶，因此假设 $\alpha = \beta = 1$，那么我们有如下"扭结"线性函数

$$v(w) = \begin{cases} z & \text{当} \quad z \geq 0 \\ \lambda z & \lambda > 1 \quad \text{当} \quad z < 0 \end{cases} \quad (14\text{-}2)$$

这一函数说明人们在参考点之外均为风险中性。下面我们假设 $\lambda = 2.5$。[12]前景理论的另一个复杂之处是加权函数，但我们此处继续进行简化并假设和期望效用理论类似，加权和概率相等。

模型中还包括心理账户，即将信息分门别类进行块状处理。因为人们加总信息的过程和信息最后的评价直接相关，这一概念非常重要。当人们持有投资组合时，短时间的注意力不集中是很正常的，他们不会非常仔细地关注精确损失和收益。从这一点来说，投资组合的收益变化在短期而言实际上是集中考察的。但人们会周期性仔细检查投资组合并分析其损失和收益情况。一旦注意到发生了损失或收益，用心理账户的术语来说就是人们会"将其损益记账"，从这一点而言，人们把过去和将来进行分账处理。因为讨厌遭受损失，人们会在事前构建投资组合的时候就避免那些有高概率出现负收益率的组合。

考虑下面的游戏：P2(0.50, 200 美元, −100 美元)。价值函数如上的人是偏好这一游戏还是偏好什么都不发生？把这一游戏设想成有可能出现获利 200 美元或损失 100 美元的投资，即期望回报为 50 美元，这个收益是否值得冒险？如果投资是一次性的，答案是不参与，因为这一投资的价值为零

$$V(P2) = 0.50(200) + 0.50(2.5(-100)) = -25 \qquad (14\text{-}3)$$

但如果游戏进行两次并在之后才仔细考察收益，此时可能的结果为 25% 概率出现 400 美元的收益，50% 概率出现 100 美元的收益，25% 概率出现 200 美元的损失。首先注意到两轮游戏的结果为：P3(0.25, 0.50; 400 美元, 100 美元, −200 美元)。其中前两个数字为和前两个财富变化（分号右侧）相联系的概率，剩下的概率即和第三个财富变化相联系。那么 P3 的投资价值为

$$V(P3) = 0.25(400) + 0.50(100) + 0.25(2.5(-100)) = 25 \qquad (14\text{-}4)$$

注意此时发生损失的可能性只有之前的一半（25% 和 50%）。虽然投资者依然是损失厌恶，但是当每两轮才进行损益考察时，投资者就更愿意承担风险并接受这一投资。这也即投资者每两个周期审视其账户一次。

让我们回到股票市场溢价这一问题，本阿齐和泰勒认为观察到的高市场溢价水平是由于人们厌恶风险和过于频繁的审视其账户损益而导致的。有多频繁？答案是大概在一年左右，也就是人们通常仔细审查财富账户的频率。大部分人都是为了退休而作长期投资，这意味在期末（长期或退休时刻）的损失才是真损失，但人们会忍不住的过早审查账户并且讨厌看到损失。就本质而言是指人们不愿意接受短期的损失，即使这些损失从长期来看不产生影响。这一非最优化的行为被称为**短视的损失厌恶**（myopic loss aversion）。虽然本阿齐和泰勒通过短视的损失厌恶不能完全解

释股票市场溢价，但有证据表明人们确实受到这一行为方式的影响。比如，最近的证据表明相较于普通学生，芝加哥交易所的职业交易员更明显表现出短视的损失厌恶。[13]

14.2 现实世界的泡沫

股票价格有时可能和公司被预期和观测的表现完全无关。在第12章中，我们讨论了社会力量，特别是董事会和金融分析家影响下的安然破产事件。通过在这一时期所心甘情愿支付的高股价，投资者也起着重要作用。20世纪90年代被估值过度的公司当然不是只有安然一家，成分中科技类股票占重要部分的纳斯达克综合指数在1999年3月10日收于2 406.00点，一年之后，在2000年3月10日，这一指数翻番并最高收于5 048.62。[14]之后则是急跌至2002年10月9日的1 114.11点。从那时起虽然偶尔也有短暂的反弹，指数依然下探到了3 000点。众多客观观察家均同意在2000年早期不少科技互联网股票的估值高得离谱。如果这是事实的话，那么市场为何会犯这么大一个错误？

14.2.1 郁金香狂热

科技互联网股票泡沫当然不是第一个出现的价格泡沫。**泡沫**(bubble)或投机泡沫是指高价格的产生更多是由于投资者的热情而不是经济基本面方面的原因。注意泡沫必须是事后定义的——某一时点泡沫破裂，价格向下调整，有时调整过程非常迅速。有意思的是后视偏差也经常出现，即投资者会说他们早就知道存在价格泡沫，但为什么他们还会参与进去并且在许多时候遭受巨大损失？

理性难以解释的极端价格在历史上反复出现。最著名的一个例子就是1630年的郁金香泡沫，或者说郁金香狂热。郁金香在西欧16世纪时第一次出现。[15]对郁金香的热衷始于贵族阶层，之后普通中产阶级也加入进来，对稀罕的郁金香一掷千金。郁金香的需求每一年都在增加，特别是在荷兰和德国地区。到了1630年，仅仅为了方便郁金香的交易，许多城市如雨后春笋般设立了郁金香交易所。此时针对郁金香的赌博和投机大行其道，财富被大量积累而又瞬间失去。众多令人惊奇的人们如何愿意用实际商品和财富去换取一个少见的郁金香球茎的故事被记录下来。比如，有人愿意为了一朵稀罕的郁金香球茎倾家荡产付出如下[16]：

(单位：弗罗林)

2 拉斯特小麦[17]	448
4 拉斯特黑麦	558
4 头牛	480
8 头猪	240
12 头羊	120
2 桶葡萄酒	70
4 发酵桶啤酒[18]	32
2 发酵桶黄油	192
1 000 份奶酪	120
1 张床	100
1 套衣服	80
1 个银质茶杯	60
总计	**2 500**

注意每一项的单位都是荷兰的货币弗罗林，直到 2002 年欧元才替代其成为荷兰的本位币。

看起来一笔巨大的财富被用来交换单个郁金香球茎，那么郁金香疯狂是否就是投机泡沫？从事后来看大部分人都认为那时人们的行为是非理性的。但他们当时究竟在想什么？我们永远不可能得到得到答案，但一个常用的解释是人们之所以花高价买郁金香是认为能以更高的价格卖出。根据**博傻理论**(greater fool theory)，虽然你认为某一资产价格过高了，但你依然买入，因为你认为会有个更傻的人出更高的价格买走——或许你的决定是不明智的，但会存在"更傻"的人。因此即使可能知道郁金香球茎不值 2 500 弗罗林，但很可能有人会出更高的价格将其买走。

我们不应该这么快就得出人们非理性的结论，关于郁金香狂热或许还有其他的解释。[19]郁金香有许多品种、色彩类别，或许有可能真是稀罕之物。人们高价购入一个球茎相比于艺术收藏家为一幅画花费百万美元之巨就更不理性？[20]我们今天看来当时的价格可能觉得很离谱，但那时的高估价或许正是其时历史上人们偏好的反映。而价格的突然下跌则是由于人们偏好突然的转变，这一解释虽然可能性很小，但却也不是全无可能。

14.2.2 科技互联网泡沫

我们接下来考察科技互联网泡沫。虽然科技类和互联网类的股票因其过高的估值而臭名昭著，但市场依旧在投资者的欢呼雀跃中屡创新高。现在人们普遍认为 2000 年早期股市的高市值是由投资者的非理性所导致的。[21]其中最有说服力的证据来自于罗伯特·席勒。他认为"非理性繁荣"能很好地说明 20 世纪 90 年代后期市场的情绪。²² 这一说法首先由美联储主席格林斯潘在 1996 年 12 月 5 日的一次演讲中提及，股市似乎对此当即做出下跌反应，或许是因为人们认为股市可能存在高估现象。但这一下跌是很短暂的：美国股市继续上扬，并于 2000 年早期达到高峰。²³

图 14-3 中画出了 1871 年 1 月～2008 年 8 月的标准普尔 500 指数实际价格和收益走势。标准普尔 500 指数以 500 个大公司为篮子，以市值为权重进行加权，是一个常用的美国股票市场基准。因为我们需要控制住经济体系中价格一般性的上涨，名义数据经过了消费者物价指数（CPI）的调整。在我们进行分析之前，注意到图 14-3 中 2008 年美国股市的险峻急跌，此轮下跌主要发生在 2008 年 8 月后，我们在章末将对此进行详细说明。

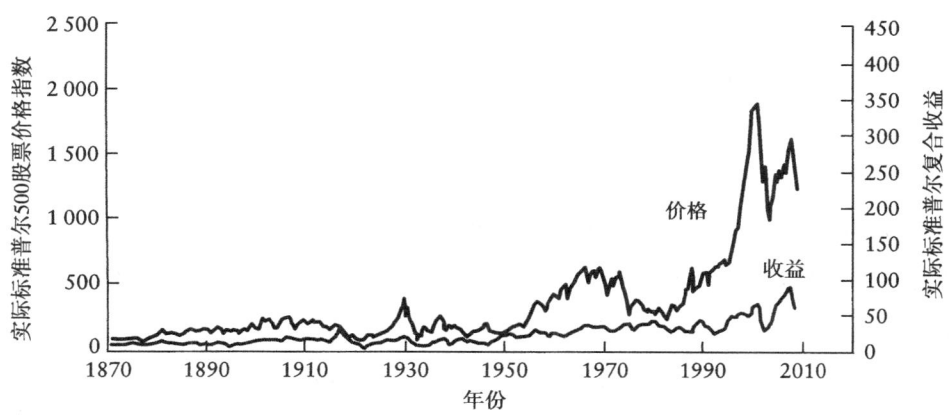

图 14-3　标准普尔 500 股票价格和收益

资料来源：Shiller, Robert. From "Figure 1: Real S&P 500 Stock Prices and Earnings," in http://www.econ.yale.edu/~shiller/data.htm © 2008 International Center for Finance at Yale School of Management. Reproduced by permission.

图 14-3 给了我们历史上股票市值的长期变动。尽管 20 世纪 90 年代后期的股票价格之高史无前例，但很重要的一点是我们必须控制赢利因素。仔细观察我们可以发现图中赢利的上升也发生在同一时期，但这一增长又是否能充分说明股价的高涨？为了纠正这一点，我们考察图 14-4，图中画出来标准普尔 500 指数的市盈率（P/E）曲线。因为这一指标说明投资者愿意为每一单位赢利支付多少，它能让我们洞悉市场是如何为股票定价。在第 12 章中我们曾用这一比率分析了安然公司的股票表现。图中我们可以看到几个值得注意的高峰，包括 1929 年 9 月的 32.6，这是 20 世纪 20 年代牛市的最高点，之后市场则是一泻千里，至 1932 年股票市值跌幅超过 80%。历史上另外两个惊人的高峰分别是 1901 年和 1966 年，股市的大跌也都随之而来。然而，1999 年 44.2 的市盈率高度依然是前所未有。

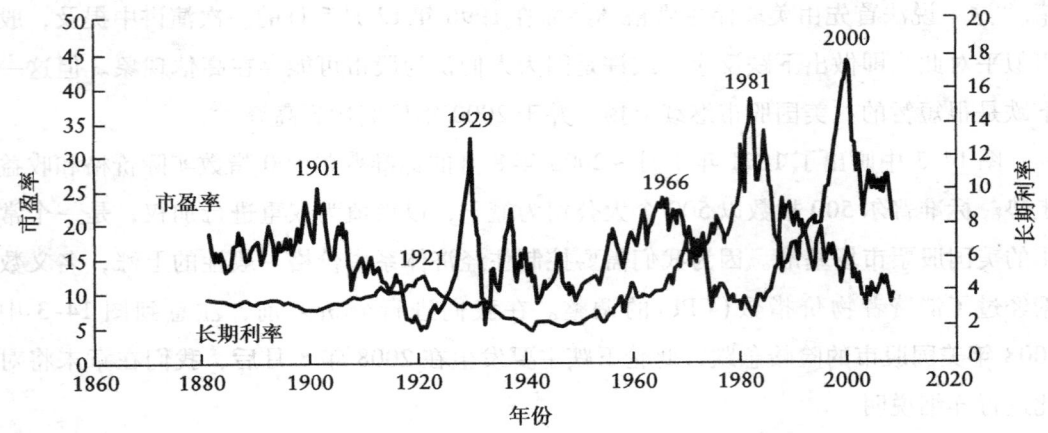

图 14-4 标准普尔 500 市盈率

资料来源：Shiller, Robert. From "Figure 3: Real S&P 500 Stock Prices and Earnings," in http://www.econ.yale.edu/~shiller/data.htm © 2008 International Center for Finance at Yale School of Management. Reproduced by permission.

投资者 1999 年又是如何相信他们正为股票支付合理的高价？许多人声称个人计算机（特别是通过互联网）的"新时代"将会极大的带来未来赢利和效率的提升。在第 4 章中我们讨论过投资者观点对股票估值的重要影响。虽然公司的当前赢利可能不是高股价的基础，当投资者用可能认为随着互联网带来的科技进步，未来的赢利增长将会持续处于高位。席勒论证了互联网、在线交易导致的便利和 24 小时连续营业是解释这一泡沫的重要因素。[24]

和往常一样，我们不能草率的关闭理性解释之门。2000 年的一篇论文总结说："根据所选择的参数和足够高的赢利增速，互联网类股票的高股价可能是理性的结果。"[25] 用另外的话来说，或许在那时"新时代"的观点是可信的。

在 20 世纪 90 年代格林斯潘和席勒是仅有对股市高估值持怀疑态度的人吗？投资者信心测度是一个聪明的做法。依据我们之前的讨论框架，同一问题的问法不同，人们的答案很可能也不同。从 1989 年起，席勒和耶鲁大学的投资者行为项目组开始对投资者的看法进行问卷调查。[26] 其中一个问题如下：

美国股票市场的价格相较于其基本面或类似可比较的投资价值是：

请在数字上选择

1. 太低　　　2. 太高　　　3. 差不多合理　　　4. 无法确定

信心指数由选择 1、3（股价太低或差不多合理）占选择 1、2、3 的比例构建。并且同时对个人投资者和机构投资者分别构建了这一指数。

图14-5中可以看出，1989～1999年个人投资者和机构投资者的市场信心是下降的。有意思的是信心的低点出现在1999年，只有31%的个人投资者和29%的机构投资者认为市场没有被高估，也就是69%的个人投资者和71%的机构投资者认为股票价格过高，显然许多人怀疑当时市场存在市值高估现象。在2000年早期股票市场达到高点之后这一信心指数的下降趋势得到逆转，并且不久就恢复到20世纪90年代早期的信心水平。投资者信心指数从2003～2008年中期虽然也有上下起伏，但总体而言还是相对稳定的。

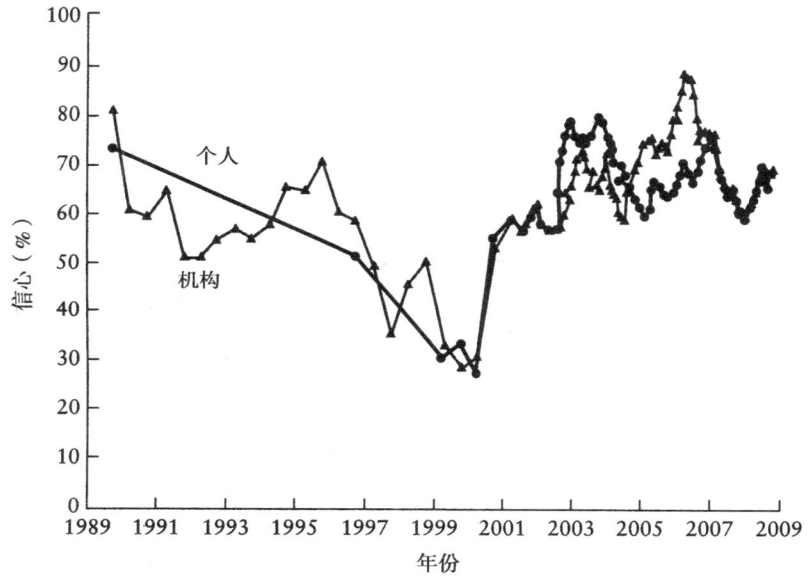

图14-5 席勒估值信心指数

资料来源：Shiller, Robert. From "Valuation Confidence Index," in http://icf.som.yale.edu/Confidence.Index/ValueIndex.shtml. © 2008 International Center for Finance at Yale School of Management. Reproduced by permission.

这一证据表明许多投资者认为在20世纪90年代后期股票价格过高了。但或许那些在股价不断上涨过程中依然买入的投资者受到了博傻理论的影响，因为认为其他人会花更高的价格将其买走，他们愿意以显然不值的价格买入某一股票。为了确定哪些重要因素能帮助我们理解泡沫为什么会产生，下面我们通过实验金融进行研究。

14.3 实验泡沫市场

我们整本书中都贯穿了这一个事实，许多实验使人们改变了对金融决策过程的看法。实验资产市场为我们理解市场的运作提供了新的角度。最费解的一个发现就是在某一特定、简单结构市场中,价格有上升远超其基本面价值并随后出现突然崩溃的趋势。在这一节我们对泡沫市场实验进行分析并梳理。

14.3.1 泡沫市场的实验设计

第一个发现实验资产市场中存在泡沫的报告由弗农·史密斯、格里·苏查内克、阿灵顿·威廉于1988年发表。[27]最令人惊奇的是在实验机制非常简单,证券内在价值一目了然的市场中泡沫依然存在。这和现实中证券内在价值从来难以确定这一事实不符。从那时起,许多研究复制了他们的实验并深入考察了减缓、加速泡沫形成的因素。

在一个典型的**泡沫市场设计**(bubbles market design)中,实验主体对某一资产进行有限期交易。资产在每一期末支付股利,股利分布已知并且每期都相同。如果假设风险中性,那么我们很容易通过交易剩余期限乘以每期期望股利得出资产的内在价值。

我们考察一个泡沫实验的例子,股利分布如表14-2所示。[28]我们暂时先考虑标准资产,之后再考虑彩票资产。资产每5分钟进行一期交易,共12期。如果你第一期买入一单位并持有至实验结束,你将获得12次股利支付。每期股利的期望值能通过股利乘以相应概率并相加算得

$$0.48 \times 0.50 + 0.048 \times 0.90 + 0.04 \times 1.20 = 0.72 \qquad (14\text{-}5)$$

鉴于不清楚之后每期股利的确切值,在第一期时你愿意为一单位资产支付什么价格?如果是风险中性,价格为每期的期望股利(0.72)乘以12期,即8.64美元。这即是在第一期资产的内在价格,之后每期资产的内在价格也可以通过将剩余期数乘以0.72类似算出。如果投资者为风险厌恶,为了补偿其承担的风险,资产的内在价值将会略低。

表14-2 股利分布

	资产股利分布			股利期望价值	第1期价值
概率	0.48	0.48	0.04		
标准资产股利	0.50	0.90	1.20	0.72	8.64
彩票资产股利	0.00	0.00	18.00		

注:第一期价值是每期期望股利在交易期(12)内的累加值。
资料来源:This is Panel B of Table 1 from Ackert, L. F., N. Charupat, B. K. Church, and R. Deaves, 2006, "Margin, short selling, and lotteries in experimental asset markets," *Southern Economic Journal* 73 (2), p. 424.

图14-6中画出了泡沫市场中价格的典型走势。实线是每期的内在价值,从第一

期的8.64美元开始,每期降低0.72美元。虚线则是四个不同泡沫市场交易里面价格中位数的走势。注意到虚线的模式都是类似的,通常第一期的价格低于内在价格,之后迅速上升并高于由期望股利带来的内在价值。可能是因为一开始处于不熟练的交易状态,实验主体初始的风险厌恶导致了第一期的低成交价格。图中有些泡沫具有相当强的持续性,但当越来越近趋近实验结束时,所有的价格都急跌回归至内在价值。

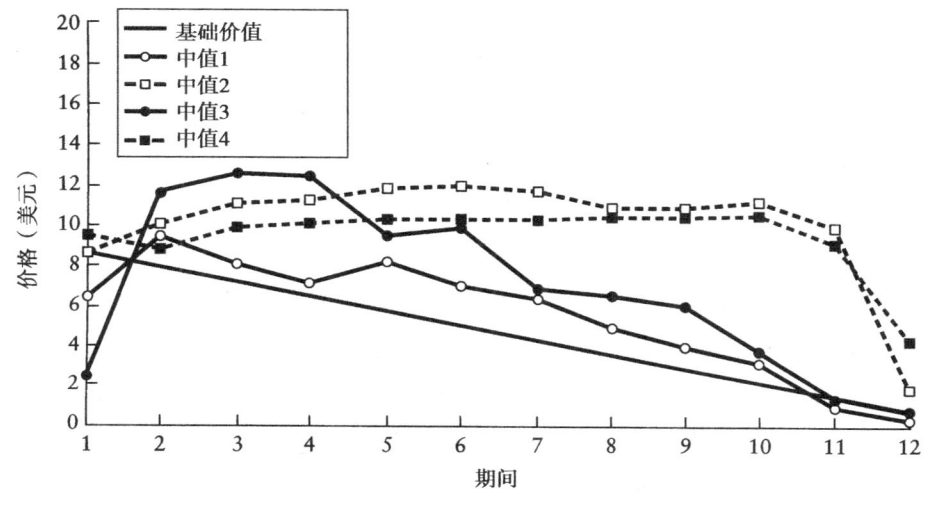

图14-6 实验资产市场中的泡沫

资料来源:Ackert. L. F., N. Charupat, B. K. Church, and R. Deaves, 2006, " Margin, short selling, and lotteries in exper-imental asser markets," *Southern Economic Journal* 73(2), p. 427.

14.3.2 从这些实验中我们能学到什么

虽然实验泡沫市场非常简单,而且显而易见没有包含复杂现实市场(如东京证券交易所、伦敦证券交易所和纽约证券交易所)的所有重要方面,我们仍能从中学到泡沫是如何产生的。重要的是,当交易者更为老练,比如掌握更多金融知识、有过实验泡沫市场的经历时,价格泡沫程度将更为轻微并且消除得也更快。[29]这很符合直觉。正如我们将在第20章中讨论的,专业知识包括经历和知识的各个方面。拥有金融知识、有过交易经历的投资者对资产的定价更为接近其经济价值。另外,重要的是即使只有部分投资者老练的时候,价格对内在价值的偏离也将变小。[30]因此为了实现证券定价的有效性,我们不要求所有交易者是知识丰富和经历丰富的。

在有些实验中,为了确定是否定价在不同资产之间存在差异,两种资产被同时进行交易。如表14-2中,一次实验中包括两类资产:标准资产和**彩票资产**(lottery asset)。第二类资产被称为彩票资产是因为其支付结构类似于一个小的彩票。在大多数情况下支付为零，但有4%的可能会得到18美元的大额支付。虽然这两种资产的期望收益完全一样，但在实验中人们愿意为彩票资产支付更高的价格。这表明人们可能存在概率判断误差。和前景理论权重函数一致，人们高估小概率事件发生可能性。[31]另外一个可能的解释是投机或赌徒心理也影响人们愿意花多少钱进行资产购买。对于彩票资产支付更多是因为在交易过程中赌徒式的兴奋使得人们更愿意承担风险。

市场中存在大量的流动性似乎对投机和泡沫形成起着火上浇油的作用。[32]这类似于赌场资金效应。为了对泡沫产生过程中投机和赌博因素进行考察，一个实验限制交易者或者仅仅是资产的买入方，或者仅仅是资产的卖出方。[33]即使这一机制消除了投机的可能，泡沫仍然经常出现。研究者由此认为对于泡沫形成而言投机不一定是必须的，关键在于人们的非理性行为。其他研究考察非理性的某一特殊形式。比如有一篇论文研究发现了泡沫市场定价过程中泡沫出现的频率（以及程度）和概率判断误差存在与否相联系。[34]同时文章发现投机在定价过程中起着重要作用。

在投资者专业性、概率权重和投机之外，研究者发现市场的管理模式对于定价有着重要影响。比如，对卖空的限制将会促进泡沫的形成，因为那些乐观态度的人会成为定价的主体力量。[35]悲观并持有资产的投资者能简单地进行抛售，但因为卖空限制那些悲观而不持有资产的投资者却无法进行操作以表明他们对资产价格的态度。当无法卖空时，由于不能反映整体市场的观点，市值有可能会被提升至很高的水平。因此政策制定者必须小心，增加对交易的限制反而损害了市场的有效性。

14.4 行为金融和市场定价

行为金融帮助我们理解人们是如何进行市场定价的，包括郁金香市场、股票市场、实验资产市场等。市场投资者和学界尽力基于可观测变量来解释资产定价，但有证据清楚表明人性面在定价过程中扮演着重要角色。正如席勒所指出"对投机性资产的投资从来都是一种社会行为"。[36]在第11章和第12章中我们讨论了社会因素如何影响投资者、管理层和其他人的行为决策，在本章中我们发现资产价格也可能受到一系列行为因素的影响，包括时尚、社会风气（包括风险态度）以及最简单的后见之明的投资者非理性。

行为金融学的一个难点是将人们做决定的过程和市场结合起来。在第10章中我们研究了这样了一个模型，在BHS的模型中，投资者为损失厌恶，因此事前的投资结果对事后的投资决策产生影响。[37]股票价格上升带来收益能成为潜在损失的缓冲，投资者的风险厌恶程度将减轻；股票价格下降则会让投资者更关注未来的损失，风险厌恶程度因此增加。总的结果就是股票市场更大的波动性。投资者风险态度的变化将对资产估值和价格变化产生重要影响，我们在下面一节讨论市场波动性问题。

14.5 过度波动性

14.5.1 价格是不是变化过度了

除了市场的估值水平有时难以解释之外，股票市场似乎也波动过于剧烈了。研究表明股票市场的波动性仅有部分能归因于新信息的出现，也就是说，市场存在**过度波动**(excessive volatility)。戴维·卡特勒、詹姆斯·波特巴、拉里·萨默斯提出强有力的证据证明了这一点。[38]他们对1980年之前50年大的新闻事件和大的股票价格波动进行了检查。首先，他们翻看了主要的新闻事件(通过纽约时报的报道)并确定这些事件是否导致之后的股市波动。比如说当日本在1941年12月8日偷袭珍珠港时，美国股市下跌了4.37%，这很容易理解。由于不同总统候选人经济施政纲领的差异，我们同样可以预计总统选举结果会对市场产生显著影响。但当约翰逊击败戈德华特当选美国总统时，因为人们早已猜到这一压倒性胜利，市场则表现平静(走高0.05%)。

卡特勒、波特巴和萨默斯也查看了最大的50个股市市值波动情况，并试图将其和现实世界的信息联系起来。虽然在许多情况下这很容易，但有时很难找到市场剧烈波动的现实原因。比如在1946年9月3日，股票市场下跌了6.73%(这是第四大价格变化)，《纽约时报》写道："这一下跌没有基本面的原因。"

14.5.2 过度波动性的证明

由席勒提出的一个新颖的不等式关系改变了人们对于总体股票市场有效性的看法。[39]第2章中的股票现值模型认为股票的当前价格是未来所有股利的贴现。虽然我们需要形成未来股利的期望，当如果我们知道最终支付的股利情况呢？席勒把实际股利(而不是未来股利的期望)的现值称为"事后理性股票价格"，因为这是未来股利已知时的价格。根据该理论，股票今天的价格就是基于所有可得信息的事后理性预期最优预测。鉴于这一看法，席勒推导出在市场有效性成立条件下的一个不等式，即股票价格的标准差以事后理性股价标准差为上限。股票价格是事后理性股价的期望，而后者将因新信息的出现而波动(当股价确定时的可得新信息)，股票价格的波动性将更小。

席勒使用了图14-3中的标准普尔500实际股指检验了这一不等式。他利用股利的长期增长率用以计算事后股票理性价格。图14-7展现了令人惊讶的事实，其中实线为观测到的标准普尔500指数p，虚线为事后理性股票价格p^*。图14-3中准确无误地说明股票价格的波动性过大，无法通过未来股利的贴现值进行解释。席勒的不等式表明p的波动性应小于p^*的波动性，但从我们估计过程中的参数出发，过去100年中股票价格的波动超出5~13倍之多。股利支付如此平稳，股票价格又为何会有这么大的波动性？

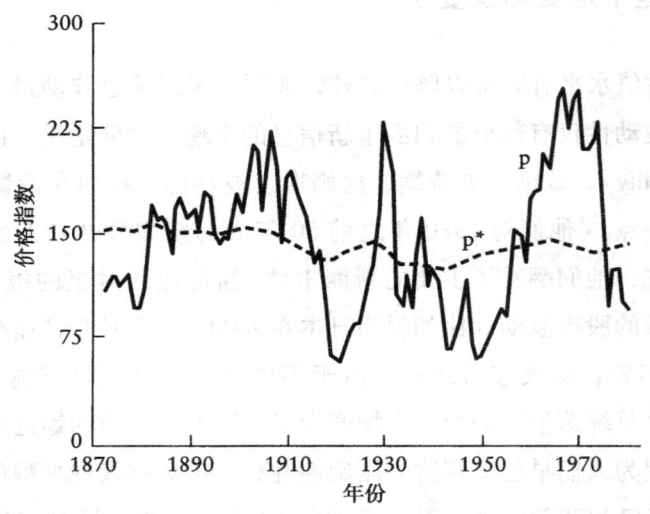

图14-7　席勒的波动比较

资料来源：Shiller, Robert J. "Do stock prices move too much to be justified by subsequent changes in dividends?" American Economic Review 71(3), p. 422. © American Economic Review. Reproduced with permission of the publisher and the author.

14.5.3　波动性过度的解释

虽然人们对风险资产（股票）如何通过市场定价已经略有研究，但在席勒的论文发表之后人们普遍都觉得股票市场让人更迷惑了。尽管学者提出了股票市场波动性的各种解释，[40]但主流观点依然认为市场完全是过度波动。

研究者在理解波动性的模式方面做了许多的工作。一个注意到的现象是在市场崩溃之后股市波动性有增加的倾向。而且，近些年来纳斯达克指数波动性远高于标准普尔500指数波动性。除了纳斯达克指数和标准普尔500指数的波动性在1987年股灾、科技互联网泡沫以及1998~2001年调整过程中发生跳跃之外，研究还表明两者波动性之比有随时间变化出现上升这一趋势。[41] 这并不奇怪，因为是否属于高科技行业是这一时期最能解释股市高波动性的因素。

14.5.4 波动性预测和 2008 年的高峰

投资者市场情绪的一个常用测度是由芝加哥期权交易所(CBOE)提供的**隐含波动性指数**(implied volatility index, VIX)[42]，通常又称为恐慌指数，通过当前期权价格计算投资者对未来股票市场波动率的期望。因为经由标准普尔500指数的期权交易价格算出，所以被称为"隐含"测度。在投资者担忧市场出现下跌这一不确定性时，VIX 指数将会上升。

从图 14-8 可以看出，历史上 VIX 指数围绕其长期均值在 20 左右波动。在 2008 年以前，VIX 的最大值为发生于 1998 年 10 月 8 日的 46，当时亚洲金融危机扩散至俄罗斯并对许多大的对冲基金造成冲击，其中长期资本管理公司在 1998 年损失巨大。在当年的最后几个月中，人们不确定金融危机到底会扩散至什么程度。虽然在 1998 年的不确定水平很高，但在 2008 年面前却黯然失色。在 2008 年秋天，VIX 指数于 2008 年 11 月 20 日上升至史无前例的高度 81。我们下面分析 2008 年秋天的市场情况。

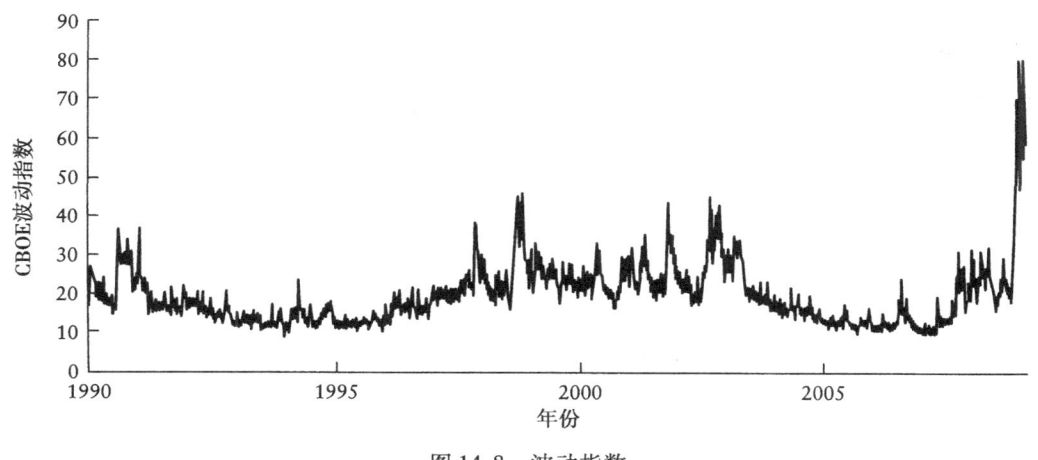

图 14-8　波动指数

资料来源：From "CBOE Volatility Index," in http://www.cboe.com/micro/vix/historical.aspx. Copyright © 1995~2009 Chicago Board Options Exchange, Incorporated. All rights reserved.

14.6　2008 年的股市

是什么导致了这一史无前例的波动性？我们首先回顾一下引起这一波动高峰的经

济和市场事件。在 2007 年夏天，金融市场发生流动性危机并导致美联储和欧洲央行向市场注入流动性。众多大的金融机构持有大量按揭贷款证券并错误判断了所面临的风险，随后陷入困境。有人认为导致此次危机的一个原因是美国市场按揭条款的松动以及零首付按揭的盛行。此外，对于借款人的违约概率也并没有经过应有的仔细测算。[43] 许多贷款经过混合、证券化后出售给投资者（或由商业银行和投资银行自己持有）。如果定价基于错误的假设，如违约风险的错误设定，那这些创新将会使持有这些证券化资产的金融机构和投资者处于极大危险之中。在 2006 年美国房价掉头向下之后，住房市场出现了大量的清算和赎回。[44] 以按揭贷款为基础的证券价格突然出现大幅下挫，导致持有这些产品的机构的市值剧烈下降，破产清算迫在眉睫。

在 2008 年 9 月，事情变化到了紧要关头，在其中一周时间内（9 月 15 日至 9 月 19 日）就发生了如下诸多事件。

- 雷曼兄弟提出破产保护和美林同意被美国银行收购，美国最大的投资银行中有两家同一天消失于历史舞台。
- 不久前还是全球最大市值的保险公司 AIG 处于破产边缘，而被迫向美国政府移交大部分股权以换取现金注入并接受一揽子方案。
- 剩下的两家独立的大型投资银行，摩根士丹利和高盛，遭遇了认为它们已经濒临绝境的卖空者的猛烈攻击。
- 在该周最后一天，美国政府宣布了 7 000 亿美元的不良资产救助计划，金融机构账面上的不良资产将由美国政府购买以消除其风险暴露。

为了让大家对这些事件的重要性能有所了解，引用一家媒体当时的报道（带有一定的夸张成分）[45]：

> 对于整整一代人来说，华尔街都被其他世界认为是能力、效率和透明的典范。但现在，整个国家虚肿的银行体系处于破产边缘。财政部和美联储 1 万亿美元的救助计划则正努力阻止这一事件发生，这一代价是如此高昂，整个国家都有可能由此被拖入深渊。

令人惊奇的是或许受到救助计划的支撑，当周股市并没有下跌。但其后迅速恶化，图 14-9 画出了从 2007 年年底至 2008 年 11 月 20 日（VIX 指数高点）标准普尔 500 指数的变化。从 2008 年 9 月 19 日～11 月 20 日，标准普尔 500 市值下跌了 40%，数以万亿的财富由此蒸发。从 2007 年年底算起，标准普尔 500 市值则累计下跌了 49%。

全球市场也出现了类似程度的下跌（表 14-3）。比如以本币计，日本下跌 43%，英国下跌33%，加拿大下跌38%，法国下跌44%，德国下跌42%，意大利下跌50%，俄罗斯下跌67%，澳大利亚下跌47%，印度下跌53%，阿根廷下跌50%，巴西下跌42%，墨西哥下跌24%。此外和大部分危机时刻发生的一样，2008年美元相对于其他大部分货币升值，因此如果以美元计价，那么各国的股市跌幅将更大。

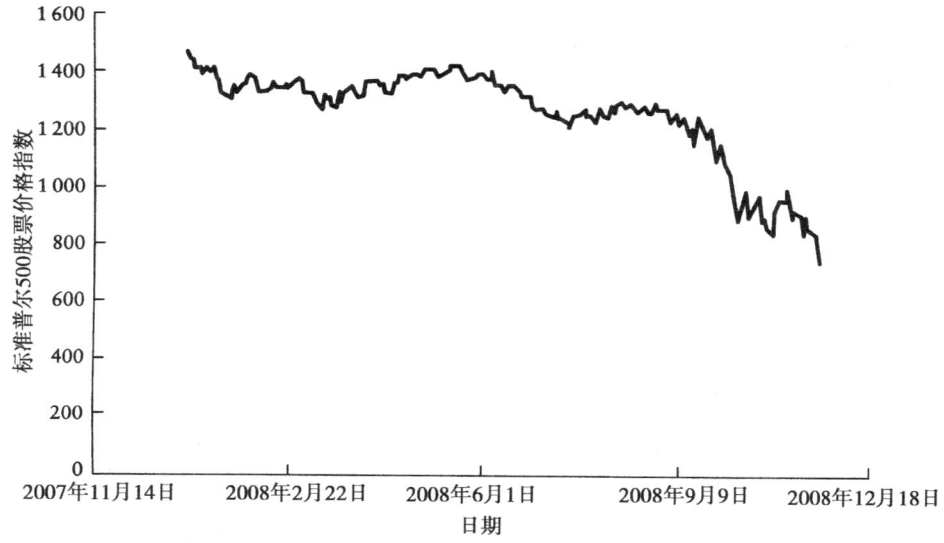

图14-9　2007年12月31日～2008年11月20日标准普尔500指数

表14-3　2008年部分国家或地区市场指数下跌百分比　　　　（%）

国家或地区	当地货币	美元
美国（道琼斯）	36	36
美国（标准普尔500）	41	41
日本	43	29
英国	33	51
加拿大	38	50
法国	44	46
德国	42	43
意大利	50	52
荷兰	53	55
西班牙	42	43
捷克	52	54
波兰	51	59
俄罗斯	67	72
瑞士	36	30

(续)

国家或地区	当地货币	美元
土耳其	52	63
澳大利亚	47	57
中国香港	49	48
印度	53	62
韩国	41	56
泰国	48	50
阿根廷	50	54
巴西	42	57
墨西哥	24	39
埃及	59	59
以色列	53	52
南非	27	47

注：所有国家的股利除外。

资料来源：Data adapted from "Economic and Financial Indicators," in The Economist Magazine, January 3, 2009, p. 76. © 2009 The Economist Magazine.

是什么导致了这一股市大跌？我们认为是基本面和心理因素的结合。从基本面而言，雷曼兄弟的破产使得金融机构不再相互信任，这导致了严重的流动性危机。此外美国国会推出巨额资产救助计划时的犹豫引起了"谁在负责"的信心危机，并且人们很快意识到马上来临的衰退将会严重而深刻。

正如 VIX 指数清楚表明的，当市场下跌时，股市波动性急剧增大。在标准普尔 500 指数跌去 40% 的 44 个交易日中，14 个交易日的波幅超过了 5% 或更高。有意思的是，最大的两个价格变化都是上涨带来的，分别是 10.8% 和 11.6%。

我们再考虑这一市场衰退时期的行为因素。历史上没有基本面支撑的大的价格变动屡见不鲜。最近的这次金融危机中我们就见到了许多。正如本章早些讨论的 BHS 模型中，市场向下调整之后人们的风险厌恶程度上升，这又加剧了市场的下跌。除此之外，对市场风险增加的察觉在最近数月似乎也很普遍。许多金融机构投资了即使他们自身都对其都难以准确定价的证券。而且，虽然赎回率有所回升，但人们担忧的是经济还没有见底。市场究竟是对违约风险增加做出反应，还是只预测到风险的增加？

现在试图对这一事件做出清晰的解释可能为时过早。市场下跌中有多少应归于基本面，又有多少是过度反应？为何市场波动性有如此剧烈的上升？这一增加的市场波动性是否会持续下去？我们无法断言最近观测到的股票价格和波动性为非理性，但显然也很难用基本面变化的理性因素来解释它。有些人问目前的 VIX 指数 40 是不是反映了 VIX 指数 20 时候的波动性，即市场波动性有了永久性的提高。[46] 然而我们仍然能从这一时期中的市场表现中学到重要的一课——金融市场随时可能发生让我们惊讶的变化。

本章要点

1. 股票市场溢价是股票市场与债务市场期望收益率之差。因为产生观测到的市场溢价水平需要非常高的风味厌恶程度，这一溢价成为一个谜题。
2. 失效的观察值将会随时间从样本中消失，存活者偏差将得到有偏差的结果。这或许是造成股票市场溢价的原因。
3. 损失厌恶、心理账户和所谓短视的损失厌恶能解释为什么投资者对于股票需要高的风险溢价。
4. 当市场高价更多是基于投资者的热情而非经济基本面时，我们就认为出现了投机性泡沫。
5. 在各个市场中均能观察到价格泡沫。比如在郁金香狂热时期，人们用大量的金钱和商品去换取郁金香球茎。
6. 根据博傻理论，人们对某一资产的购买是认为有人会出更高的价格将其买走。
7. 20 世纪 90 年代的美国股市似乎与由经济基本面决定的价值有很大偏离，其中科技类股票偏离最为严重。
8. 美联储前主席格林斯潘用"非理性繁荣"这一词形容 20 世纪 90 年代的美国股票市场。
9. 通过"新时代"这一论点，人们为高水平市盈率股市阶段正名。
10. 问卷调查结果表明大部分个人和机构投资者都认为 1999 年的股票市场是被高估的。
11. 在实验泡沫市场中，资产在固定的一段时期内进行交易，并且交易者很容易算出资产的期望真实价值。
12. 实验中的价格一般都虚高至基本价值之上，然后在临近实验结束之时泡沫破灭。
13. 如果部分交易者知识丰富且经历丰富、市场中资金不多、允许卖空，那么市场泡沫能得到一定程度的缓和。
14. 概率判断误差和投机会促进价格泡沫的产生。
15. 未来股利支付无法解释股票市场价格的高波动性。
16. 科技类公司的股票波动性更大，并且股票市场的波动性以及标准普尔 500 和纳斯达克市场波动性差异也在增大。
17. VIX 或恐慌指数通过期权价格测算投资者对未来股票市场的期望波动率。在最近几个月中，VIX 指数上升到了史无前例的高度。

18. 从 2007 年开始，市场出现了严重的流动性危机。潜在的原因包括如金融机构巨大的风险暴露头寸、宽松的贷款行为以及对信贷高违约风险的察觉。

问题与讨论

1. 区别下列概念和术语：
   (1) 确定性等价和游戏。
   (2) 损失厌恶和短视的损失厌恶。
   (3) 投机性价格泡沫和事后理性股票价格。
   (4) 博傻理论和投机。

2. 在以查尔斯·庞斯命名的庞氏游戏中，通过之后参与者的投入而非真实经营带来的收入支付投资者的利润。除非有无限增多的投资者进行投入，那么庞氏游戏终归是要失败的。庞氏游戏和资产价格泡沫的差别是什么？

3. 某人有两种投资选择：①购买股票基金，有等概率情形出现 40% 和 −20% 的收益率；②购买债券基金，也是等概率情形出现 5% 和 0% 的收益率。假设两只基金之间的收益相互独立，并且每年的收益也相互独立。初始投资组合的价值为 1 美元（当然使用其他的初始价值不影响最后的答案）。另外假设价值函数为线性并如下所示：
$$v(z) = z; \ z > 0$$
$$v(z) = 3z; z < 0$$
   (1) 如果投资者每年都审视投资结果，他将更偏好哪只基金？每两年呢？
   (2) 上面答案如何能帮助我们理解股票溢价谜题？

4. 在现实世界的泡沫产生的可能性方面，实验泡沫市场教会了我们什么？这一研究的局限性又是什么？

5. 你认为股票价格波动过度了吗？请仔细解释你所说的"波动性"和"过度"这两个概念。

注 释

1. Mehra, R., and E. C. Prescott, 1985, "The equity premium: A puzzle," *Journal of Monetary Economics* 15(2), 145–161.
2. The arithmetic average return is the simple average over a period of time, whereas the geometric average return is the average compounded return.
3. Siegel, J. J., 1998, *Stocks for the Long Run*, 2nd ed. (McGraw Hill, New York).
4. The coefficient of relative risk aversion $(R(w))$ is calculated as $-wu''(w)/u'(w)$. For the logarithmic utility function, $R(w) = -w(-w^{-2})/w^{-1} = 1.0$. See Hirshleifer, J., and J. G. Riley, 1992, *The Analytics of Uncertainty and Information* (Cambridge University Press, Cambridge), p. 86.
5. This example is provided by Mankiw, N. G., and S. P. Zeldes, 1991, "The consumption of stockholders and nonstockholders," *Journal of Financial Economics* 29(1), 97–112.
6. For other possible explanations, see Cornell, B., 1999, *The Equity Risk Premium: The Long-run Future of the Stock Market* (John Wiley & Sons, New York).

7 For example, in the U.S. Open, the top 60 players (plus ties, plus those within 10 shots of the lead) continue on to play rounds 3 and 4.
8 Brown, S. J., W. N. Goetzmann, and S. A. Ross, 1995, "Survival," *Journal of Finance* 50, 853–873.
9 A survey among financial economists reported a high level of variability in estimates of the equity premium. See Welch, I., 2000, "Views of financial economists on the equity premium and on professional controversies," *Journal of Business* 73, 501–538.
10 Maenhout, P, 2004, "Robust portfolio rules and asset pricing," *Review of Financial Studies* 17, 951–983.
11 Benartzi, S., and R. H. Thaler, 1995, "Myopic loss aversion and the equity premium puzzle," *Quarterly Journal of Economics* 110(1), 73–92.
12 This example is provided by Benartzi, S., and R. H. Thaler, 1995, "Myopic loss aversion and the equity premium puzzle," *Quarterly Journal of Economics* 110(1) 73–92.
13 Haigh, M. S., and J. A. List, 2005, "Do professional traders exhibit myopic loss aversion? An experimental analysis," *Journal of Finance* 60(1), 523–534.
14 Nasdaq index data is available at: http://finance.yahoo.com (accessed on December 5, 2008).
15 For a detailed account of the tulip and other manias, see Mackay, C., 1841, *Extraordinary Popular Delusions and the Madness of Crowds* (Bentley, London).
16 Ibid., p. 91. Florins are commonly called guilders.
17 A "last" is a unit of capacity for grain equivalent to 80 bushels.
18 A "tun" is a large cask holding in volume the equivalent of 252 gallons.
19 This interpretation is suggested in Shiller, R. J., 2000, *Irrational Exuberance* (Princeton University Press, Princeton, New Jersey), p. 178.
20 For example, a painting by Henri Matisse recently sold for $33.6 million, significantly higher that its highest value estimate of $20 million. See Crow, K., and L. A. E. Schuker, "Best of the art blog: Auctions," *Wall Street Journal*, November 10, 2007, p. W2.
21 Stock prices can also experience periods of undervaluation. For example, investors may undervalue stocks when inflation is high. See Ritter, J. R., and R. S. Warr, 2002, "The decline of inflation and the bull markets of 1982–1999," *Journal of Financial and Quantitative Analysis* 37(1), 29–61.
22 See Shiller, R. J., 1990, *Market Volatility* (MIT Press, Cambridge, Massachusetts); and Shiller, R. J., 2000, *Irrational Exuberance* (Princeton University Press, Princeton, New Jersey); and Shiller's Web site at: http://www.econ.yale.edu/~shiller (accessed on December 5, 2008).
23 The Dow reached its 2000 high on January 14, 2000; the Nasdaq on March 10, 2000; and the S&P 500 on March 24, 2000.
24 Shiller, R. J., 2000, *Irrational Exuberance* (Princeton University Press, Princeton, New Jersey).
25 See Schwartz, E. S., and M. Moon, 2000, "Rational pricing of Internet companies," *Financial Analysts Journal* 56(3), 62–75.
26 See http://icf.som.yale.edu/Confidence.Index/ (accessed on December 5, 2008).
27 Smith, V. L., G. L. Suchanek, and A. W. Williams, 1988, "Bubbles, crashes, and endogenous expectations in experimental spot asset markets," *Econometrica* 56(5), 1119–1151.
28 These dividend distributions are from Ackert, L. F., N. Charupat, B. K. Church, and R. Deaves, 2006, "Margin, short selling, and lotteries in experimental asset markets," *Southern Economic Journal* 73(2), 419–436.
29 Ackert, L. F., and B. K. Church, 2001, "The effects of subject pool and design experience on rationality in experimental asset markets," *The Journal of Psychology and Financial Markets* 2(1), 6–28.
30 Ibid.; and Dufwenberg, M., T. Lindqvist, and E. Moore, 2005, "Bubbles and experience: An experiment," *American Economic Review* 95(5), 1731–1737.
31 In a recent model of security pricing, investors who can be described using cumulative prospect theory overprice an asset whose returns are positively skewed (like the lottery asset described in the chapter), as compared to the price suggested under expected utility theory. See Barberis, N., and M. Huang, 2008, "Stocks as lotteries: The implications of probability weighting for security prices," *American Economic Review* 98(5), 2066–2100.
32 Caginalp, G., D. Porter, and V. Smith, 2001,

"Financial bubbles: Excess cash, momentum, and incomplete information," *Journal of Psychology and Financial Markets* 2(2), 80–99.

33. Lei, V., C. Noussair, and C. Plott, 2001, "Nonspeculative bubbles in experimental asset markets: Lack of common knowledge of rationality vs. actual irrationality," *Econometrica* 69(4), 831–859.

34. Ackert, L. F., N. Charupat, R. Deaves, and B. D. Kluger, "Probability judgment error and speculation in laboratory asset market bubbles," *Journal of Financial and Quantitative Analysis*, forthcoming.

35. Ackert, L. F., N. Charupat, B. K. Church, and R. Deaves, 2006, "Margin, short selling, and lotteries in experimental asset markets," *Southern Economic Journal* 73(2), 419–436; and Haruvy, E. and C. Noussair, 2006, "The effect of short selling on bubbles and crashes in experimental spot asset markets," *Journal of Finance* 61(3), 1119–1157.

36. Shiller, R. J., 1984, "Stock prices and social dynamics," *Brookings Papers on Economic Activity* 2, 457–498.

37. Barberis, N., M. Huang, and T. Santos, 2001, "Prospect theory and asset prices," *Quarterly Journal of Economics* 116(1), 1–53.

38. Cutler, D. M., J. M. Poterba, and L. H. Summers, 1989, "What moves stock prices?" *Journal of Portfolio Management* 15(3), 4–12.

39. Shiller, R. J., 1981, "Do stock prices move too much to be justified by subsequent changes in dividends?" *American Economic Review* 71(3), 421–436.

40. See Ackert, L. F., and B. F. Smith, 1993, "Stock price volatility, ordinary dividends, and other cash flows to shareholders," *Journal of Finance* 48(4), 1147–1160. This research shows that stock prices are not too volatile when cash flows to shareholders are defined broadly to include cash distributions through share repurchases and takeovers.

41. Schwert, G. W., 1990, "Stock volatility and the crash of '87," *Review of Financial Studies* 3(1), 77–102; and Schwert, G. W., 2002, "Stock volatility in the new millennium: How wacky is the Nasdaq?" *Journal of Monetary Economics* 49(1), 3–26.

42. For details on the construction of the VIX, see Whaley, R. E., 2000, "The investor fear gauge," *Journal of Portfolio Management* 26(3), 12–17.

43. On the effect of liberal lending practices and failure of due diligence, see Bajaj, V., and L. Story, February 12, 2008, "Mortgage crisis spreads past subprime loans," *New York Times*.

44. On the increases in foreclosures, see Mortgage Bankers Association, December 6, 2007, "Delinquencies and foreclosures increase in latest MBA national delinquency survey."

45. *Report on Business, Globe and Mail*, September 20, 2008.

46. Gongloff, M., December 1, 2008, "For the VIX, 40 looks like it's the new 20," *Wall Street Journal*, C1.

第六篇 PART6

公司金融

第15章　理性经理层和非理性投资者

第16章　行为公司金融和经理层决策

第15章 理性经理层和非理性投资者

 引 言

在公司金融的设定中,行为金融产生影响有两种可能的原因:第一,与投资者、金融市场参与者(在第8~10章中所描述的)一样,经理层受到有限认知、过度自信以及情绪影响的限制而并非是完全理性。第二,有时理性的经理层会利用非理性投资者创造的估值错误。这就是本章的主题。

在继续之前,我们后文中"理性经理层和非理性投资者分析方法"是基于如下两点:①由于套利受限,非理性投资者会对价格造成冲击;②经理层有判断估值是否错误的能力,并进行相应市场操作。我们在文章其他部分已经花不少篇幅谈过第一点,我们此处需要对第二点做些说明。[1] 逻辑上而言,投资者和经理层之间存在信息不对称,毕竟经理层属于内部人。另外经理层所受约束更少,比如如果投资者认为某公司股票估值过高,但不持有公司股票和卖空限制或许使得他无法有效利用这一机会,而在市场高估公司股票时,经理层相反能进行增发操作。

在15.1节中,我们逐步引入一个模型,其中包含占据主导地位的经理层和在短期和长期目标中摇摆的非理性投资者,经理层面临的冲突是为股东考虑还是为自己考虑、最大化公司内在价值还是迎合非理性投资者的偏好。结果表明经理层追求自己的狭隘利益而不为股东利益着想,即通过迎合投资者偏好最大化股票价格而非公司价值。在15.2节中,我们提出几个迎合的例子,比如修改公司名称以增加对投资者的吸引力,迎合股利支付模式偏好。股东的长期利益则能通过当公司股票价格高估时发行新股票(低估时赎回股票)来调和,和这些迎合倾向一致的经验证据将被提及。在15.3节中,我们考察投资者非理性的政策影响,并与经理层非理性的政策影响进行比较。

15.1 经理层目标和定价错误

15.1.1 一个简单的说明模型

马尔科姆·贝克(Malcolm Baker)、理查德·鲁巴克(Richard Ruback)、杰弗里·沃格勒(Jeffery Wurgler)探索并构建了一个当存在潜在定价错误时,经理层如何在三个相互冲突的目标中权衡的模型。[2]在我们此处的简化版本中,和传统一致,经理层首先理性最大化未来现金流的贴现值,基本价值为

$$f(K,d) - K \tag{15-1}$$

式中,K 为投资;d 为股利;f 为凹函数和 K 的增函数,即标准产出函数。[3]为简单起见,我们将资本的成本标准化为 1,股利进入产出函数是因为其在税收体制下的非中性。

经理层第二个目标是最大化当前股票价格与价值之差。这一目标通过迎合投资者各种无关股票(理性)价值的偏好实现。暂时性定价错误(股票价格减去股票价值)为 δ,影响因素包括产出函数的两个部分(以及另外两个因素)

$$\delta(K,d,e,x) \tag{15-2}$$

因为投资者可能认为特定形式的投资(比如 20 世纪 90 年代的信息技术)产生的价值高于实际能产生的[4],所以 K 在函数中出现,而无正当理由的投资显然会成本高昂,因此经理层必须在最大化理性价值($f-K$)和迎合(最大化 δ)中进行权衡。对于股利支付,如果某些投资者群体偏好于某一股利支付模式(高股利支付、低股利支付、不支付股利),而市场上又不存在足够多的公司以满足这些偏好,那么经理层将会改变股利支付政策以迎合投资者偏好。第三个因素 e 是公司增发股票的潜在比例,因为经理层在定价错误时期新发股票能潜在的修正这一估值错误,由此对 δ 产生影响。比如当公司市值被高估了,那么经理层在此时高价发行股票,卖出压力能减轻股票定价错误的程度。最后,x 是指示变量,当经理层采用某一措施以吸引投资者时,变量值为 1。[5]为简单起见,我们假设这些措施的成本很小,如会计陈述的变化、盈余管理、公司更名(稍后将详细介绍)。[6]

经理层的第三个目标是利用当前的股价错误为股东长期利益服务。这通过股价高估时发行股票和股价低估时赎回股票实现。[7]这些对原始股东有利的措施显然是以新股东的利益为代价实现的。[8]通过增发 e 比例的公司股票,原始股东能获利

$$e\delta(K,e,d,x) \tag{15-3}$$

将三个目标放一起则为如下经理层的最优化问题

$$\max_{K,e,d,x} \lambda[f(K,d) - K + e\delta(K,e,d,x)] + (1-\lambda)\delta(K,e,d,x) \tag{15-4}$$

式中 $0 < \lambda < 1$ 代表经理层的远见。[9]如果经理层短视（$\lambda \to 0$），那么最优化问题变为

$$\max_{K,e,d,x} \delta(K,e,d,x) \tag{15-5}$$

在这种情况下，经理层"拿了钱就跑"，并仅仅考虑短期的迎合。但幸运的是基于经理层的声誉考虑和合理设计的合约约束，通常不会出现这种情形。[10]如果经理人会长远考虑（$\lambda \to 1$），那么最优化问题变为

$$\max_{K,e,d,x} f(K,d) - K + e\delta(K,e,d,x) \tag{15-6}$$

此时经理层只会出于股东的长期利益而进行迎合，比如进行增发和赎回，其他方面的迎合则不进入经理层的考虑。

15.1.2 一阶条件

对于连续控制变量 (K,e,d) 的一阶条件分别如下

$$f_K = 1 - \left(e + \frac{1-\lambda}{\lambda}\right)\delta_K \tag{15-7}$$

$$\delta = -\left(e + \frac{1-\lambda}{\lambda}\right)\delta_e \tag{15-8}$$

$$-f_d = \left(e + \frac{1-\lambda}{\lambda}\right)\delta_d \tag{15-9}$$

第一个条件表明在最优处投资的边际产出等于成本减去迎合带来的收益，包括融资的市场择时和短期利益两方面。第二个条件将经理层增发股票时机选择能力和融资联系起来。此处两个目标是相互冲突的，股票高估时的融资能为股东长期利益带来好处，但由此带来的定价错误消除不利于实现经理层的第二个短期目标，因此最优会是这两者的平衡。第三个最优条件是关于股利支付。因为股东必须支付个人所得税这一税制问题，股利对于真实价值影响是未知的。投资者如果想股利政策发生有利的变化，必须权衡于真实价值影响和迎合带来的收益，其中收益包括市场融资择时和个人股利偏好两方面。

考虑当经理层近视时，投资继续与否无关投资项目的实际NPV，而仅仅和能否推高股票价格（相对于股票价值）有关。此时股利政策将完全基于投资者的短期偏好而定。[11]

对于示性变量 x，经理层将比较采用和不采用措施情况下的定价偏离水平。如果

下式成立

$$\delta(K,e,d,x=1) > \delta(K,e,d,x=0) \qquad (15\text{-}10)$$

措施将会得到采用。因为此时不管是从短期的迎合角度还是长期投资者的增发股票立场来看，采用这一措施都是有利的。

下面我们将更仔细地审视各种证据，考察经理层是否确实能利用投资者的非理性为自身的短期利益和股东的长期利益服务。在 15.2 节，我们首先讲述利用投资者非理性的几个值得注意且非常有意思的例子。

15.2 经理层利用定价错误的例子

15.2.1 变更公司名称

一个成本很低的迎合例子是修改公司名称以增加对投资者的吸引力。虽然市场知道产品的名称不会影响公司真实价值，但有证据表明投资者尽管投入的是真金白银，相比于普通的消费者操作会更谨慎，仍然会受这一措施迷惑。在第 10 章中，我们曾经讨论过正面情感，即某些行业能吸引更多的正面情感激励，由此带来更多的投资。虽然经理层不能自由调整公司运营所在行业——公司建立者在创设公司的时候肯定是基于其他方面的考虑挑选，因此很难见到经理层为了引致正面情感刺激而进入某一全新行业，但更改公司名称就容易多了。

迈克尔·库珀（Michael Cooper）、俄林·迪米特洛夫（Orlin Dimitrov）、拉哈温得拉·劳（Raghavendra Rau）就这一点研究了在 20 世纪 90 年代互联网泡沫时期更改公司名称为".com"的潮流。他们的样本包含了 1998 年 6～7 月发生更名的 147 家公司。奇妙的是，这些公司的股价都出现了上涨（很多时候是大幅上涨），即使公司的实际运营和互联网只有很小的关联或没有关联。[12] 一个惊人的例子就是 Computer Literacy, Inc.，以基于方便顾客记住公司网址的理由公司名称被更改为 Fatbrain.com，公告前一天消息被泄露至互联网聊天室后公司股价大涨 33%。尽管不可思议，研究者发现 10 天公告窗口期内".com"效应导致了 74% 的平均累计超额收益率。

更值得注意的或许是，在互联网泡沫开始崩溃后公司依然可通过剥离".com"相关的名称而实现超额收益。[13] 在 2000 年 8 月至 2001 年 9 月期间，剥离".com"名称的公司能实现 70% 的超额收益。

15.2.2 解释股利支付政策

股利支付在完美市场中是与政策无关的。详细而言,莫迪利亚尼—米勒(Modigliani-Miller)股利无关定理表明如果不存在税收,无交易成本和信息不对称,同时公司融资、投资政策不变,那么公司的股利支付政策无关,即不影响公司价值。[14]

让我们分析一下为什么会这样。假设一家公司当前以股利的形式将自由现金流分红,但它现在考虑取消现金股利。[15]如果某一投资者想要10%的现金股利,而公司按照自身的计划安排取消了现金股利发放,那么投资者可以进行**自制股利**(home-made dividends)。这一方法是相较于获得公司的现金分红,投资者通过卖出部分股票并以这部分现金收益对其自身等量"分红"。相类似,如果投资者持有支付现金股利的股票但不想获得现金分红,他们自动将现金股利进行再投资即能消除这些现金支付。如果不存在交易成本和税收,投资者实际上能随意"设定"股票的现金分红率。

但由于某些原因的存在,现实世界比上面的模型复杂多了,比如税收和交易成本导致的市场摩擦。正因为这些市场摩擦才使经理层尽力维持投资者想要的股利政策的稳定性,并且仅仅会在不得已的情况下才削减股利支付。[16]

有证据表明经理层将股利政策作为迎合投资者的工具使用。[17]为了证明这一点,首先让我们考察股利支付模式是如何随时间变化的。法玛和弗伦奇集中分析了1972~1999年纽交所、AMEX和纳斯达克的上市公司情况,研究发现在大部分时间分红公司的比例是下降的。[18]在1973年,上市的非金融、非公用事业企业中有52.8%进行分红,之后逐步上升至1978年66.5%的高点,再之后这一比例下降至1999年的20.8%。股利支付公司比例变动的一个可能原因是总体公司的特征发生了变化,即以不支付股利为特征的公司在总样本中的比例上升导致了这一趋势。确实,法玛和弗伦奇推断这个原因能解释市场支付股利倾向减少的一半。大的、赢利能力强的、投资机会少的公司倾向于现金分红,而期间新上市的许多企业是小的、赢利能力尚不充分、有很多投资机会的公司。比如20世纪70年代的新上市公司普遍赢利能力很强(新上市群体的平均赢利为账面价值的17.8%,而全体上市公司这一比例也不过13.7%),而到1993~1998年,新上市公司的这一比例仅为2.1%(全体上市公司则为11.3%)。

我们所关心的正是没有被解释的另外一半,正是这一半反映了控制住公司特征时分红倾向降低的趋势。贝克和沃格勒认为迎合动机是最好的解释,证据是基于所谓**股利溢价**(dividend premium)的时间变化。[19]衡量这一溢价指标的一个方法是市场上分红公司和非分红公司的平均市值账面价值比差异。他们考察了分红与否的决定是不是和这一溢价的时间变化相关。从图15-1可以看出，股利溢价能预测上市公司分红的比例。股利溢价的上升表明投资者对分红公司偏好上升，分红公司的比例也随之上升。另一方面股利溢价的下降则反映了投资者对分红公司的偏好降低，分红公司的比例也随之下降。

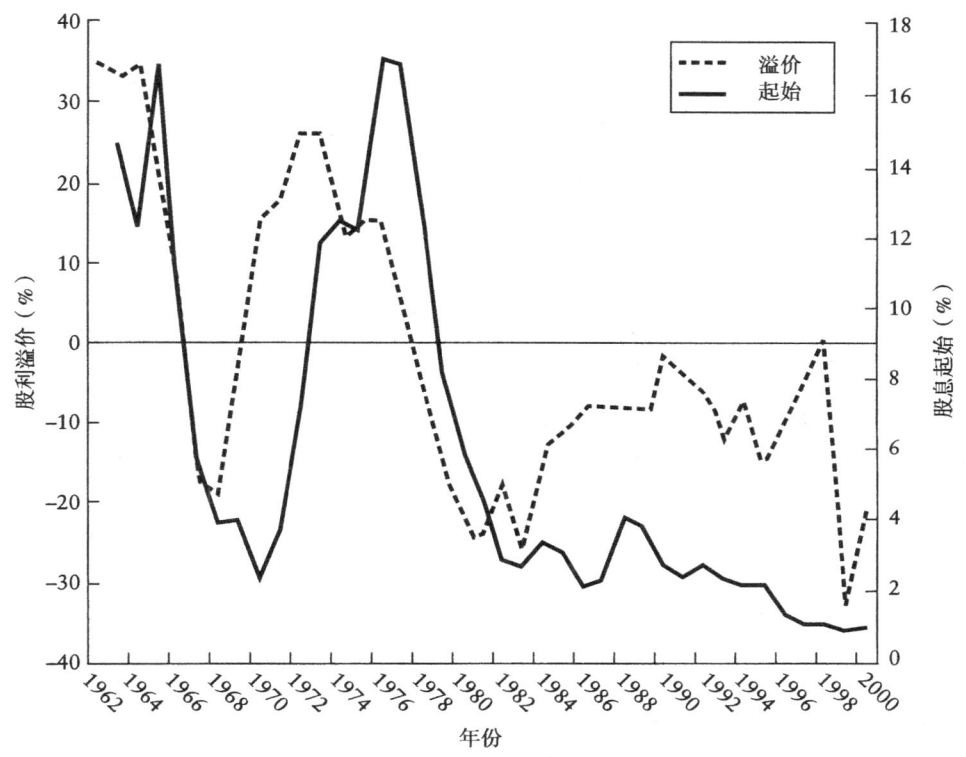

图15-1 股利溢价和引发速率

资料来源：Baker, M., and J. Wurgler, 2004, "Appearing and disappearing dividends," *Journal of Financial Economics* 73, 271-288.

此外，他们说明了近期的四个不同的股利支付趋势：20世纪60年代中期倾向支付股利的趋势；之后趋势下降并于1969年进入负区域；随后从1970年趋势上升进入正区域直至1977年；最后是一直持续到今天的**分红消失**(disappearing dividends)时期。值得注意的是每一次趋势的变化都伴随着股利溢价的波动。[20]

就表面而言，有两种可能性能解释这些股利支付趋势：①公司在适应投资者对股利政策的理性偏好（或不偏好）；②公司在迎合投资者对股利的情绪变化。早期的研究中因期权定价理论而成名的费舍尔·布莱克和梅隆·斯科尔斯沿着第一种可能性进行了分析。[21]他们的客户需求理论认为公司股利政策和市场不完善如税收、交易成本、制度环境有关。注意他们的理论主要基于一般均衡理论，公司迅速调整股利政策以满足客户需求，然后再不存在更改政策的动机。相反因为股利政策变动带来的收益能持续较长时间，贝克和沃格勒主要从非均衡状态进行考察。

贝克和沃格勒认为证据和对非理性投资者的迎合而非对理性投资者的需求适应更一致。首先，理性投资者的需求应该更相关于股利的总支付量，而非是支付股利的公司比例，但股利溢价对股利总支付水平并无解释能力。其次，影响股利实际回报率的税收政策变化（股利收益相比于资本收益的税收优势）似乎对股利溢价并无实际影响。再次，虽然从70年代中期开始的交易成本下降和股利支付比例下降一致（自制股利行为将不再那么昂贵），但股利溢价仍然是这一趋势的主要推动因素。最后，美国1974年《雇员退休收入保障法案》（Employee Retirement Income Security Act，ERISA）的通过一开始偏好于股利发放，随后1979年的修订则不再继续这一偏好，但这些最多只是经验事实的补充解释。

综合来看，投资者情绪似乎是最重要的解释因素。[22]投资者情绪影响股利溢价更进一步的证据是封闭式基金的折价（投资者情绪的另一代表变量）和股利溢价相关。[23]另外一个支持投资者情绪导致定价错误的证据是发现股利支付率的增加能预测分红公司相对于不分红公司收益率的下降（市场对分红公司的高估将导致发放股利公司比例的增加）。[24]

15.2.3 股票发行和赎回

当股价被高估时，经理层通过发行股票能使长期投资的老股东获益。相反，当股价被低估时，经理层赎回公司股票能维护股东的利益。从这一点来说，经理层在市场中选择时机。发行股票可以是IPO（对于非上市公司）或SEO（对于上市公司）。虽然市场择时的效果还没有定论，但通过问卷调查表明职业经理人至少相信他们发行股票时利用了定价错误。[25]

世界各个地方的证据都表明（事前的和事后的）定价错误与股票发行相关。比如意大利1982～1992年影响IPO的主要因素是行业的平均市值账面比值：市值账面比增加1个标准差，IPO发行概率将增加25%。[26]虽然这可能是因为这些公司富有投资潜力而需要融资，但股票发行后公司投资和赢利能力下降的事实表明发行择时是很重要的一个考虑因素。

公司IPO之后的市场表现也说明了这一点，使用美国1935～1972年数据的一个研究表明5年期收益率低于市场收益率21%～35%。[27]这一方面的市场择时似乎对一国市场整体都有影响，在美国，股票发行占比总融资量（债务类和权益类）能预测市场收益率,高股票发行的年份随后则是低收益的股票市场。[28]国际经验也支持我们的论点,在13个主要市场中有12个出现高股票发行导致未来市场低收益率的现象。[29]

对于赎回,同样有证据支持存在私有信息使得经理层能进行市场择时以维护长期股票持有者的利益。对于香港市场5 111次赎回的实证研究表明了市场择时的强大功效。[30]虽然投资者在赎回之后给予公司更高的市值评价符合理性,但过程中的反应不足以及带来的长期超额回报则表明市场并非完全有效。[31]

分红和赎回是返利于投资者的两种方法。问卷调查和实证研究都表明经理层认为赎回是更为灵活的选择——公司尽量避免股利支付的不稳定,但赎回政策的变化则是可接受的。[32]股利政策可以被视为一种短期迎合的技巧(正如我们15.1节所讨论的),赎回政策也可以从这一视角查看。理查德·费尔柴尔德(Richard Fairchild)和张刚刚(Ganggang Zhang)的模型就是基于这一判断。[33]和股利政策一样,为迎合而制定的赎回政策效率低下并且浪费投资机会。

15.2.4 兼并和收购

潜在的定价错误也为兼并收购理论研究提供了新的视角。在标准理论下,当存在协同效应时即使是正确定价公司的合并也是合理的,而公司各自独立运营时则破坏价值创造。

安德烈·史雷弗和罗伯特·维舍的模型中,公司兼并是因为错误定价(特别是被高估)。[34]虽然可能市场认为能产生协同效应,但在他们的模型中协同效应并不真实存在。虽然没人能肯定这些假设确实成立,值得注意的是他们的模型能解释一系列观察到的经验事实,比如谁兼并谁、使用现金还是股票购买、购并之后的市场表现以及兼并浪潮。

假设存在两家公司0和1,分别拥有资本存量K和K_1,市场对两家公司单位资本分别定价为Q和Q_1,并且有$Q < Q_1$,即公司1被高估。假设在收购事件中,市场对新合并公司资本的定价为S,那么新合并公司的市值为$S(K + K_1)$。一般而言,市场对新合并公司的定价S会处于Q和Q_1之间,因此有$Q < S < Q_1$。[35]那么合并的短期收益为

$$S(K + K_1) - KQ - K_1Q_1 \tag{15-11}$$

如果市场将S定得足够高,那么式(15-11)将为正,这意味着市场认为协同效应存在。[36]

因为模型中的协同效应是表面而非实际存在的,我们假设长期而言市场最终"认识到这一事实",因此合并不带来长期收益。兼并方和被兼并方经理层知晓市场会犯错误,虽然长期内不创造价值,但由于定价错误短期内能带来收益。双方经理层的目标是在所面临约束(包括个人眼光)下最大化个人财富。因为委托成本和雇用合约的问题,这和最大化股东财富还不一样。

假定收购报价为 P,显然 P 高于 Q(无兼并时的价格水平)低于 S(兼并后公司的资本价格)。很容易发现当存在表面的协同效应时兼并方和被兼并方能同时获益。被兼并方(公司0)的短期即时收益为

$$(P-Q)K > 0 \tag{15-12}$$

另一方兼并公司的短期即时收益为

$$(S-P)K + (S-Q_1)K_1 > 0 \tag{15-13}$$

因为式(15-13)中第二项(稀释效应)为负,当 P 过于接近 S 时,兼并公司的短期价值变化可能为负值。

似乎在后面这种情况下兼并将不会发生,但未必是这样。兼并仍可能进行即使股东出现短期负收益率。为什么会这样?我们需要区别现金收购和股票收购,兼并方和被兼并方在长期内的收益将视现金收购还是股票收购而定。因为在长期下资本将被正确定价(单位价格为 q),我们在下表列出了长期收益的各种可能:

	现金收购	股票收购
被兼并方收益	$K(P-q)$	$qK(P/S-1)$
兼并方收益	$K(q-P)$	$qK(1-P/S)$

如果是现金收购,从发起方来看起因是对被低估公司的兼并。但被兼并公司的经理层尽管能短期获益,但有理由宣称这一交易不符合股东的长期利益。这也是被兼并方强烈抵制现金并购的原因。

股票收购就不一样。如果 $P < S$ 那么兼并方股东仍然能获得长期收益,和此对应的则是被兼并方能在市场高涨时期获得短期收益。虽然被兼并公司经理层知道股东的长期利益受损,但依然会赞同兼并。有众多解释能支持这一行为,第一,经理层短视。因为他们可能计划短期内就退出(或许是因为临近退休),所以关心的仅仅是短期回报,而被购并能使得他们将持有的被高估的股票变现。[37]第二,被兼并公司经理层或许希望因其默许兼并而获奖励,比如加速股票行权、高额的离职金和保留高管职位等方式。

有意思的是,我们注意到即使短期收益和长期收益均为负,股票收购依然对收购方有益。对于有远见的公司股东和经理层而言,兼并带来的短期收益无关紧要,长期

收益虽然是负的，但也高于无兼并时最终实现的公司真实价值。股票收购，如果得以实现，能缓冲公司价值的下跌。

现实证据和模型预测基本一致。兼并方在现金收购后的长期收益为正，而股票收购后的长期收益为负。[38]股票被高估的公司相对于股票估值合理的公司更多地采用股票收购方式。[39]兼并浪潮也正和所预期的一致，集中在股票市场高涨时期。[40]20世纪的60年代大型企业和90年代科技类企业的兼并风潮都声称是出于协同效应：前者是促进更好的管理，后者是科技类企业的互补。但大部分兼并并没有实现这些协同效应。股票收购在两次浪潮中都很普遍，而随后的事实表明兼并发起公司的股票经常是被大大高估的。而20世纪80年代的购并因主要涉及被低估公司而能使双方获利颇丰（特别是在双方重新剥离之后），并且经常通过现金收购实现。

15.3 非理性经理层还是非理性投资者

在本章中，我们集中研究了经理层在投资者出现非理性行为时的理性决策。在第16章中，我们将考察经理层因受行为因素影响所犯的错误。重要的是这两种方法各自的政策建议不同，如果投资者非理性而经理层理性，那么需要保护经理层免受市场和投资者的短期、不切实际压力的影响；但如果是经理层行为有偏差并由此对股东价值造成负面影响，那么董事会和监管层需要仔细检查经理层的决策过程。

本章要点

1. 有证据表明理性经理层有时大量利用非理性投资者的定价误差进行市场操作。
2. 在一个模型中，经理层的目标同时包括最大化公司基本价值、迎合投资者和市场择时。
3. 对投资者的迎合是指经理层采用吸引投资者关注的政策以使公司股价短暂超出股票的基本价值。
4. 迎合投资者的例子包括更改公司名称和调整股利支付政策。
5. 为服务公司长期股东（或者包括他们自己）的利益，经理层对股票发行和赎回进行市场择时。
6. 不考虑协同效应的行为理论能解释许多并购现象。如被高估的公司会对高估程度不那么严重的公司进行股票收购。
7. 现金收购在对被低估资产的并购方面能成立。此时被收购方管理层的敌意是出于为公司股东价值考虑。

问题与讨论

1. 区别下列概念和术语：
   (1) 客户和迎合。
   (2) 股利支付和自制股利。
   (3) 投资者情绪和非理性。
   (4) 并购的协同效应和并购的估值。
2. 约翰·林特纳关于股利政策的经典研究（Lintner, J., 1956, "Distributions of incomes of corporations among dividends, retained earnings and taxes," *American Economic Review*）的一个结论是经理层不因为新投资的资金需求而改变股利支付。根据本章所学对此加以讨论。
3. 你为 Toxic Waste, Inc. 公司工作，有证据表明市场会对公司更名做出正面反应，请为公司 CEO 提出你的新公司名称建议，并解释为什么你认为这一新名称能带来公司股票的上涨。
4. 假设公司经理层认为某一投资的净现值为负，而大部分股东则认为投资的净现值为正。那么经理层应怎么做？在本章探索模型的框架下进行讨论。
5. 一家公司有 1 000 000 股流通股，股票价格为 15 美元。经理层认为风险补偿合理的贴现率为 15%，总现金流下一年为 100 万美元，之后每年增长 5%。请提出能增加当前股东价值的策略。

注释

1. See Baker, M., R. S. Ruback, and J. Wurgler, 2004, "Behavioral corporate finance: A survey," Working paper, for details.
2. This model requires various simplifications. See Baker, M., R. S. Ruback, and J. Wurgler, 2004, "Behavioral corporate finance: A survey," Working paper, for details. This section (and chapter) benefited greatly from this review paper.
3. Production is a function of the capital stock, so, technically, K should be viewed as changes in the capital stock.
4. Chirinko, R. S., and H. Schaller, 2001, "Business fixed investment and 'bubbles': The Japanese case," *American Economic Review* 91, 663–680.
5. Since many such actions can be undertaken, x should be viewed as a vector of potential actions.
6. In reality, such actions may be costly in the sense that they impact the long-run credibility of management and the firm. We will, however, ignore this issue.
7. A similar argument holds for issuing overvalued debt. Since the degree of overvaluation is likely to be less severe for debt, we focus on equity.
8. Those holding overvalued shares can of course personally benefit by selling them off whenever they like. The advantage of the act of issuing shares when they are overvalued is it locks in a gain for the current shareholders.
9. Logically, horizon would be a function of such factors as age and the nature of compensation contracts.
10. Of course reputation matters since managers likely wish to remain attractive in the labor market. Reputation is of more concern for those in early or mid-career.
11. As for e, it is not likely that managers will buy back shares to increase mispricing since this effect is likely to be minimal.

12 Cooper, M., O. Dimitrov, and P. R. Rau, 2001, "A Rose.com by any other name," *Journal of Finance* 56, 2371–2388.

13 Cooper, M. J., A. Khorana, I. Osobov, A. Patel, and P. R. Rau, 2004, "Managerial actions in response to a market downturn: Valuation effects of name changes in the dot.com decline," *Journal of Corporate Finance*, forthcoming. Note that some companies were "double dippers," that is, companies that changed their names to dot com names on the way up, and away from dot com names on the way down.

14 "Perfect markets" require such assumptions as no taxes, transaction costs, or information asymmetries. For a proof of this proposition, see Miller, M. H., and F. Modilgiani, 1961, "Dividend policy, growth, and the valuation of shares," *Journal of Business* 34(4), 411–433.

15 Since the cash must go somewhere and we are assuming no change in investment policy (where it should be noted that holding back cash, even if only for the use of buying short-term securities, of necessity entails investment), then it must be the case that shares are repurchased with the loose cash.

16 See Lintner, J., 1956, "Distributions of incomes of corporations among dividends, retained earnings and taxes," *American Economic Review* 46, 97–113, for the classic treatment; and Brav, A., J. Graham, C. R. Harvey, and R. Michaely, 2005, "Payout policy in the 21st century," *Journal of Financial Economics* 77, 483–527, for more recent evidence.

17 See Baker, M., and J. Wurgler, 2004, "Appearing and disappearing dividends," *Journal of Financial Economics* 73, 271–288; and Baker, M., and J. Wurgler, 2004, "A catering theory of dividends," *Journal of Finance* 59, 1125–1166.

18 Fama, E. F., and K. R. French, 2001, "Disappearing dividends: Changing firm characteristics or lower propensity to pay?" *Journal of Financial Economics* 60, 3–43.

19 Baker, M., and J. Wurgler, 2004, "A catering theory of dividends," *Journal of Finance* 59, 1125–1166.

20 The lone disconnect can be attributed to Nixon-era controls.

21 Black, F., and M. S. Scholes, 1974, "The effects of dividend yield and dividend policy on common stock prices and returns," *Journal of Financial Economics* 1, 1–22.

22 One possible driver behind a sentiment-based preference for dividends is that investor desire for imposed discipline ("preserve capital by only spending cash flows") might vary over time. See Shefrin, H., and M. Statman, 1984, "Explaining investor preference for cash dividends," *Journal of Financial Economics* 13, 253–282.

23 See Baker, M., and J. Wurgler, 2004, "A catering theory of dividends," *Journal of Finance* 59, 1125–1166. Closed-end funds issue a fixed number of shares that are then traded on a stock exchange. Investors close positions by selling their shares, rather than closing at net asset value as with an open-end fund. Closed-end funds often trade at prices that deviate from the underlying asset value, with the difference providing a measure of investor sentiment referred to as the fund discount. See Lee, C. M. C., A. Shleifer, and R. H. Thaler, 1991, "Investor sentiment and the closed-end fund puzzle," *Journal of Finance* 46(1), 75–109.

24 Ibid.

25 For survey evidence on managerial behavior, see Graham, J. R., and C. R. Harvey, 2001, "The theory and practice of corporate finance: Evidence from the field," *Journal of Financial Economics* 60, 187–243. For evidence that managers actively attempt to time the market when making decisions for the firm and their own portfolios, see Jeter, D., 2005, "Market timing and managerial portfolio decisions," *Journal of Finance* 60(4), 1903–1949. In addition, for evidence showing that managers use external equity financing when their cost of equity is low, see Huang, R., and J. R. Ritter, "Testing theories of capital structure and estimating the speed of adjustment," *Journal of Financial and Quantitative Analysis*, forthcoming.

26 Pagano, M., F. Panetta, and L. Zingales, 1998, "Why do companies go public? An empirical analysis," *Journal of Finance* 53, 27–64.

27 Gompers, P. A., and J. Lerner, 2003, "The really long-run performance of initial public offerings: The pre-Nasdaq evidence," *Journal of Finance* 58, 1355–1392.

28 Baker, M., and J. Wurgler, 2000, "The equity share in new issues and aggregate stock returns," *Journal of Finance* 55, 2219–2257.

29 Henderson, B. J., N. Jegadeesh, and M. S. Weisbach, 2003, "World markets for raising

new capital," Working paper.
30. Brockman, P., and D. Y. Chung, 2001, "Managerial timing and corporate liquidity: Evidence from actual share repurchases," *Journal of Financial Economics* 61, 417–448.
31. Ikenberry, D., J. Lakonishok, and T. Vermaelen, 1995, "Market underreaction to open market share repurchases, *Journal of Financial Economics* 39, 181–208.
32. See, for example, Graham, J. R., and C. R. Harvey, 2001, "The theory and practice of corporate finance: Evidence from the field," *Journal of Financial Economics* 60, 187–243.
33. Fairchild, R., and G. Zhang, 2005, "Repurchase and dividend catering, managerial myopia, and long-run value-destruction," Working paper.
34. Shleifer, A., and R. W. Vishny, 2003, "Stock market driven acquisitions," *Journal of Financial Economics* 70, 295–311.
35. Shleifer and Vishny note that it is possible that $S > Q_1$ in a "euphoric" market. While it is also possible that $Q > S$, a merger would not be likely under these circumstances.
36. See Shleifer, A., and R. W. Vishny, 2003, "Stock market driven acquisitions," *Journal of Financial Economics* 70, 295–311, for details.
37. The same incentive does not exist with cash acquisitions of undervalued assets.
38. Rau, P. R., and T. Vermaelen, 1998, "Glamour, value and the post-acquisition performance of acquiring firms," *Journal of Financial Economics* 49, 223–253.
39. Ibid.
40. See Shleifer, A., and R. W. Vishny, 2003, "Stock market driven acquisitions," *Journal of Financial Economics* 70, 295–311, for details.

第 16 章 行为公司金融和经理层决策

引 言

　　金融决策的行为解释一开始侧重于投资者方面,之后更多的注意力集中在公司经理层和企业家的非最优决策上来[1],重点是这些决策主体在多大程度上受过度自信的影响。[2] 在 16.1 节,我们首先介绍认知和情绪因素影响下的资本预算过程中可能出现的错误。在 16.2 节,引用证据表明经理层和普通人一样会过度自信之后,我们考察这一行为带来的后果。众多研究已经考察了过度自信对公司各种投资形式的影响。在 16.3 节,我们集中考察过度投资、投资对现金流的敏感性、兼并收购以及新公司的创建。[3] 在 16.4 节,我们对经理层过度自信能否带来正面影响进行简单讨论。

16.1 资本预算:简便性、损失厌恶以及情感

　　行为缺陷很可能会对资本预算过程造成负面影响。我们集中考察如下三点:项目挑选过程中依然被广泛使用的(但不准确的)投资回收期法则;出现坏账(沉没成本)之后继续投钱的趋势;项目选择受无关信息影响的倾向。

16.1.1 回收期法则与简便性

　　传统融资理论表明使用正确的净现值法(NPV)是最优的资本预算选择标准。[4] 但是有问卷调查表明经理层却经常使用非最优的标准,如内部收益率标准(IRR)甚至更

糟的投资回收期标准[5]，一个解释是这些标准易于操作和实现。[6] 尽快收回投资的意愿（回收期标准的反映）对于任何人都显而易见，虽然很多人不了解回收期基准的选择具有极大随意性。IRR 标准则不那么直观，但估算的项目回报率和资本成本的比较仍然有些难度。完全是价值比较的 NPV 标准则是一个更难掌握的概念。因此可能是心理方面的因素导致了不正确的资本预算标准选择。

16.1.2 沉没成本对放弃投资与否决策的影响

由于损失厌恶人们会避免将损失"记录"下来，经理层也一样。比如现实中很少见到轻微的负盈余公告[7]，原因可能是公告已经被"操纵"了。[8]

心理账户表明如果抱着事情好转的期望保持不关闭账户，那么人们确实会这么做。让我们在资本预算背景下考虑这一问题，假设之前某一投资的进展并没有如预期顺利。正确的资本预算实践是定期对当前的投资进行项目可行性分析，如果发现某一项目不合理，那么要及时放弃。放弃项目的一个问题是，这是对事后错误的承认。[9] 出于损失厌恶的原因，经理层可能做出错误的决定，对失败项目继续进行投资。

市场似乎能察觉到这一问题，有研究表明投资项目终止的声明通常是利好。[10] 一个著名的例子是洛克希德公司（政府最后放弃了对它的救助）和它的 L-1011 飞机项目。当公司终于声明放弃这一计划时，公司股票价格上涨了 18%。

个人在初始投资决定中责任越大，项目放弃的难度也越高。[11] 这可能是因为与削减损失并使公司返回正轨相比，此时"承认失败"将导致更大的烦恼。新的管理层则不会受这一因素影响。外部力量的接管往往能带来新的思维方式。[12]

16.1.3 情感对决策过程的影响

情感因素是不是对资本预算决定产生影响？因为情感因素在许多金融和其他领域都发挥作用，不奇怪在这儿也能看到它的身影。直接证据可能最多是一些奇闻轶事，因为我们无法度量出经理层的情感状态。[13]

虽然有其局限性，实验手段能克服这一障碍。托马斯·基达（Thomas Kida）、金伯利·莫诺（Kimberley Moreno）、詹姆斯·史密斯（James Smith）进行了这样的实验。[14] 总计 114 位经理人（或担任类似职务的个人）作为被试被置于 5 个情境中的一个。其中 4 个情境是让被试在有高 NPV 但通过引起负面情感的方法表述的投资和低 NPV 但中性表述的投资中选择。

作为一个例子，在情境 1 下，告知被试其作为部门经理要在两个产品投资中选择，每个投资都需要一个不同的兄弟部门合作，虽然合作部门的经理都清楚地被描述为非常职业，但其中一个经理被表述为自大和高高在上的，而和这个经理合作的项目所产生的现金流有更高的 NPV。其他三个情境也通过类似的方法引致负面情绪。最后一个情境则是通过中性的表述说出两种投资可能。

表 16-1 列出了结果。在控制组中大部分被试选择了收益更高的投资项目。但在 4 个对照组中发生了相反的事情：由负面词汇描述并引起负面情感的投资机会将不被选择，由此对公司价值造成损害。

表 16-1　在实验条件下的资本预算选择

实验情境	负面影响选择	中性替代
情境 1		
序号	6	21
百分比(%)	22.2	77.8
情境 2		
序号	2	15
百分比(%)	11.8	88.2
情境 3		
序号	6	28
百分比(%)	17.6	82.4
情境 4		
序号	3	12
百分比(%)	20.0	80.0
控制组		
序号	16	5
百分比(%)	76.2	23.8

资料来源：Kida, T. E., K. K. Moreno, and J. F. Smith, 2001, "The influence of affect on managers' capital-budgeting decisions," *Contemporary Accounting Research* Volume 18 Issue (3), 477-494. © The Canadian Academic Account-ing Association.

16.2　经理层过度自信

如果说发现经理人群体和其他群体在过度自信方面有显著不同，这会很令人惊奇。确实有大量的证据表明和普通投资者一样，经理层有时会异乎寻常的过度自信。一个研究结果发现经理人倾向于高估自己的运营表现[15]，对项目成本的过度乐观预测屡见不鲜[16]，当 CFO 对市场进行预测时，只有 40% 的预测落于市场 80% 的置信区间。[17]

CEO 的选拔和监管也倾向于鼓励和奖赏过度自信。[18]一方面，CEO 都是"联赛"冠军，而要成为冠军冒险必不可少，而且可以说正常的公司治理机制加剧了这一潜在倾向。这也有两个原因。第一是慷慨的 CEO 报酬是成功的信号，而自我归因偏差的存在由此导致了更大的自信程度。第二，董事会的顺从和投资者"华尔街法则"（当不满意时直接解雇经理层）的偏好也导致管理层过度自信。

各种经理人行为被归因于过度自信，比如有研究表明过度自信的经理层在赢利预测中更有可能犯错误，因此有更大的可能性进行赢利操纵。[19]在下节我们考察过度自信对投资行为的影响。

16.3 投资决策和过度自信

伊特扎克·本－戴维（Itzhak Ben-David）、约翰·格雷厄姆（John Graham）、坎贝尔·哈维（Campbell Harvey）对一个 CFO 长达 6 年的季度调查问卷进行了分析。调查中询问了 1 年后和 10 年后市场表现的 90% 置信区间，以及各个 CFO 对经济和公司前景的乐观估计水平。[20]问卷的一个优点是构建了两个不同的过度自信测度：一个是基于估算错误（他们称之为过度自信），另一个是基于过度乐观。研究收集了各 CFO 所任职公司的数据以研究过度自信测度与公司层面行为的关系。虽然 CFO 并不是经营决策的唯一主体，但显然他们在公司投融资决策中有着巨大的影响力。研究结论表明过度自信的经理人投资更多。在下节中，我们将展示过度自信经理层的投资决策非最优的证据。

16.3.1 对现金流的投资敏感性

实证研究表明公司投资和自由现金流存在正相关关系。[21]在完美市场和市场有效性情况下，这是不应该出现的。如果确定某一投资 NPV 为正，那么不管公司资金是否充足，这一投资机会都应该把握。

针对这一扭曲有两个传统解释。第一个解释是认为经理层和股东潜在的利益不一致导致了现金流充裕时的过度投资，因为经理人希望为自身争取利益并构建商业帝国。[22]第二个解释认为在非对称信息背景下，代表股东利益的经理人在认识到公司股票被低估的时候不会通过增发股票来进行投资。[23]在两种情况下，投资和现金流都呈正相关。

针对这一经验事实，乌尔瑞克·马门迭、杰弗里·泰特也提出了过度自信的解释。[24]过度自信的经理人会高估投资项目的回报率,结果是如果有充裕的内源资金,他们会过度投资。而如果内源资金缺乏,由于股票价格下跌能观察到市场不赞同这一投资,他们将取消投资。因此过度自信可以解释现金流和投资之间的关系。马门迭和泰特使用现实数据对这一假设进行了实证检验。当然,困难是经理人的过度自信程度无法直接观察,必须通过推断得出。比如巴伯和奥迪安曾使用交易活跃程度代表过度自信水平。[25]

马门迭和泰特通过灵活构建几个过度自信的代理变量实现了这一目标。他们认为过度自信的经理人由于相信公司将来会表现很好,愿意将其自身暴露于和自身公司相关的风险。为了使股东和经理层的利益一致,CEO经常收到股票和期权作为报酬激励。虽然期权在何时执行有限制,但在某些时点经理人确实有能力将其执行。因此过度自信的一个测度就是经理人主动持有大量实值期权(从收益分散角度来看最优选择是将期权立即执行,而非继续持有)的倾向。[26]

实证结果和他们的预测一致,表16-2列出了部分重要的回归结果。[27]公司层面的投资对如下变量进行回归:现金流;公司资产的市值和账面价值比,或托宾Q(一个标准的运营指标);过度自信(由期权持有期长于最优持有期的倾向代表);过度自信和现金流的交叉项。第一个回归排除了过度自信和交叉项。正如之前提到的,公司投资随现金流和托宾Q增加而增加。[28]第二个回归包含了过度自信以及过度自信和现金流的交叉项,现金流的系数为投资对现金流的敏感性,而现金流系数与交叉项的系数之和则说明了投资对过度自信经理人的相对敏感性。因为交叉项系数显著为正,说明对过度自信经理人而言,投资对现金流的敏感性更高,这和我们的假设一致,过度自信经理人相比于不过度自信经理人,不管理论上是怎么说,更多的受现金流影响。

表16-2 投资于现金流和过度自信的回归分析

	估计系数和 t-统计	
自变量	回归(1)	回归(2)
现金流	0.641 9(7.19)	0.672 9(7.56)
Q	0.063 5(6.54)	0.065 6(6.79)
过度自信	—	−0.035 1(1.35)
过度自信*现金流	—	0.164 8(3.39)
R^2	0.56	0.56

资料来源:Malmendier, U., and G. Tate, 2005, "CEO overconfidence and corporate investment," *Journal of Finance* 60, 2661-2700. © Wiley Publishing, Inc. This material is used by permission of john Wiley & Sons, Inc.

16.3.2 兼并收购

问卷调查表明过度自信的经理人在兼并收购(M&A)活动中也更活跃。[29]马门迭和泰特在相关的研究中考察了现实数据是否支持这一结论,如果支持,那么又能否带来收益。[30]总体来看,兼并活动并未为公司股东创造价值:1980~2001年,在收购声明发表之后市场总计损失达2 200亿美元。[31]

要注意到在一开始我们并不能得出过度自信导致更多兼并的结论。因为有两个相互冲突的因素存在。第一个因素很明显,过度自信的经理人高估协同效应和自身解决兼并过程中问题的能力,这将使经理人更多进行兼并收购的尝试。第二个因素则不支持兼并收购的发生,因为过度自信经理人通常认为自身公司被低估,因此不愿意参与需要借助于外部融资力量的兼并收购。这两个中哪个因素影响更大没有定论。

借助于他们早期研究中构建的过度自信指标,马门迭和泰特发现第一个因素起着更大的作用。[32]从图16-1中可以看出,在他们两年的样本中,过度自信经理人更多的参与兼并收购活动。和他们之前研究一致,内源资金充裕的公司受过度自信的影响更大。

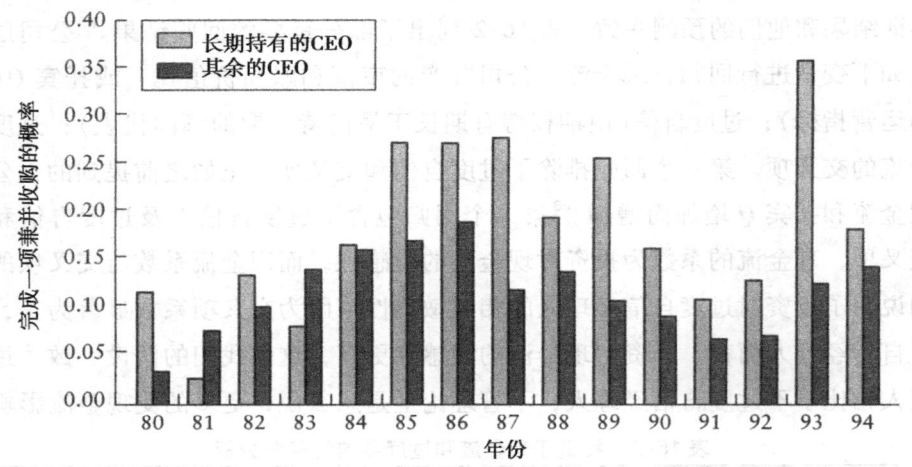

图16-1 过度自信的和其他类型的经理人的兼并收购活动

资料来源:Malmendier, U., and G. Tate, 2008, "Fairness Who makes acquisitions? CEO overconfidence and the market's reactions," *Reprinted from the Journal of Financial Economics*, Vol 89, Issue 1, 20-43. © July 2008. With permission from Elsevier.

市场察觉到了经理人过度自信带来的价值损害。对于非过度自信经理人发起的兼并收购建议公告,典型的市场反应是股价下跌12个基点。而对于过度自信的经理人,则会产生(大得多)90个基点的下跌。

针对这一发现研究者也考虑了其他可能的解释,如可能是因为经理人更大的风险偏好或委托代理(经理人构造商业帝国)导致的。但文章作者认为,第一个解释和所观察到的现金收购偏好不一致;第二个解释则很难和经理人个人的过度投资相符。

约翰·道卡斯(John Doukas)和迪米特瑞斯·派特梅扎斯(Dimitris Petmezas)

从几个方面进行了稳健性检验。[33]第一，他们集中考察了1980~2004年发生在英国的针对私有公司的兼并。[34]英国是兼并收购活跃程度仅次于美国的国家，适合作为调查对象：欧洲65%的兼并收购发生在英国。第二，他们使用了其他的过度自信代理变量。其中一个变量是基于只有非常自信的经理人才会在短时期内参与到一系列的兼并收购交易中这一论断，由此认定在3年期内参与至少5场兼并收购的经理人为过度自信经理人。[35]他们最后得出结论，过度自信的兼并发起方相较于兼并目标在公告期时刻产生更低的收益率，而且长期的运营表现也更差。

16.3.3 公司创设

很多人都知道公司，特别是小公司，有很大的失败风险。一个调查结果表明81%的创业者认为自己公司成功概率为70%或更高，而且有33%的创业者认为自己公司一定能成功（这显然不可能），但事实是新公司中的75%会在5年内倒闭。[36]偏差的可能原因是过度自信。过度乐观使得创业者认为市场急需他们提供的产品和服务，高于平均的自我认识偏差也使得创业者认为即使整个行业的机会是有限的，但自己公司必然能克服困难获得成功。风险资本管理人士，其专长领域就是挑选有赢利前景公司，也受过度自信的影响。[37]

正如我们之前所讨论的，过度自信需要有代理指标，有几个代理指标已经被聪明地构建并得到使用，但都需要能进行跟踪或有透明的记录，但许多企业家没有这些特征。尽管可能创设了过多的企业，但不清楚进入行业并创设企业的个人特征又是什么，相比于没有创设企业的个人他们的差异又在哪里。因此直接针对实际数据的研究可能会有问题。实验设计因为能控制住相关环境，使我们对某一潜在的重要因素能够进行集中考察。科林·坎默（Colin Camerer）和丹·洛瓦洛（Dan Lovallo）设计了一个实验，被试在多期实验中选择是否进入市场。[38]进入市场者的支付依赖于该期选择进入市场的人数。这一设定很符合现实，因为在现实市场中，如果某一行业中企业数目较少，那么企业利润也将较高。虽然被试都清楚规则，但这一实验仍然很有挑战，因为鉴于无法沟通的实验环境，没有人能知道某一期会出现多少竞争者。

之前已经有人做过类似的实验，步骤如下：一笔初始费用支付给所有的参与者，假设为10美元。如果选择不进入市场，那么参与者继续保有该项资金。如果选择进入市场，相反则会出现损失部分（或）全部资金的可能，当然，进入市场也有可能带来正收益。总数为 N 的参与者在每一期选择是否进入市场；c 为市场容量；E 为最终进入市场的人数。那么利润函数为

$$\text{利润} = [10/(N-c)] \times (c-E) \tag{16-1}$$

在早期的这类实验中,所有的"E"个进入者获得同样支付。假设 $c=8$,$N=16$,如果 $E=4$,那么4个进入者均获得5美元利润(总共拿回15美元),行业利润为20美元(4×5美元)。但如果 $E=12$,那么12个进入者均损失5美元,行业利润为 -60美元(12×(-5美元))。当 $c=E$ 时行业利润为零。一般在标准的实验中 E 和 c 相差不大,这和微观经济学中不存在超额利润条件一致。

为将过度自信因素包括进来,坎默和洛瓦洛做了下列重要修正:

(1)利润按照如下的方式依赖于被试的等级(r)。

1)最高 c 个等级的进入者获得利润

$$\text{利润} = 50 \times [(c+1-r)/(1+2+\cdots+c)], r=1,2,3,\cdots,c \tag{16-2}$$

2)所有等级低于 c 的进入者获得利润

$$\text{利润} = -10 \text{ 美元} \tag{16-3}$$

比如给定 $c=3$,$E=12$,我们有

$$r=1:\text{利润}=25\text{ 美元};r=2:\text{利润}=17\text{ 美元};r=3:\text{利润}=8\text{ 美元};$$
$$r=4,5,\cdots,12:\text{利润}=-10\text{ 美元} \tag{16-4}$$

注意当 $E>c+5$ 时,行业利润为负值(此处为 -40美元)。

(2)被试的等级或随机产生,或依赖于技能水平。技能水平是在实验完成之后通过脑筋急转弯或简单的问答(涉及时事和体育)测定。

(3)在有些实验中,被试(但并不是全部被试)被提前告知实验结果依赖于技能水平。此时,被试相当于"自我选择"进入实验环境。

(4)被试每期都对进入人数预测。

(5)12次实验中每两期做一次是否进入市场的决定。其中一期支付基于技能水平,另一期则是随机产生。

(6)市场容量如下:$c=2、4、6$ 和 8。

只有在实验结束之后才对被试进行技能水平测定,再之后(24期实验之后)任选一期进行损益支付,而在实验进行中仅有选择进入者在每期结束之后才能获得支付。假设风险中性和参与者对于技能水平(或运气)的不存在先验认识,那么混合策略均衡是随机进入市场(以 $[(c+5)/N]\%$ 的概率进入,并且期望总收益为零)。

表16-3中列出了关键的实验结果。关键一点是当利润和技能水平相关时,人们会不会更多的选择进入市场。如果人们对自身技能水平相对于他人的技能水平有清楚的认识,那么就不应该存在这一影响。原因是,尽管那些技能水平更高(并知晓这点)的参与者会更倾向于进入,那些技能水平不高(并知晓这点)的参与者将更倾向于不进

入。总的来说，这两个倾向将会相互抵消。从最右列可以看出，当是普通实验时，随机和技能水平类的利润差异为 8.96（即 19.79 - 10.83），表明当利润依赖于技能水平时会出现更多的市场进入。而自我选择实验时的利润差异更大，两者达到 27.92［即 13.96 -（-13.96）］。总的利润差异也是高度显著，为 18.43［即 16.87 -（-1.56）］，和文章主要的假设相一致。

表 16-3 行业平均利润

等级	周期												
条件	1	2	3	4	5	6	7	8	9	10	11	12	Avg.
定期指令													
随机	15	25	15	27.5	12.5	12.5	17.5	27.5	17.5	22.5	20	25	19.79
技能	15	2.5	15	17.5	7.5	0	17.5	5	10	12.5	10	15	10.83
自我选择指令													
随机	20	15	15	15	12.5	17.5	7.5	20	7.5	10	7.5	20	13.96
技能	-12.5	-20	-15	-12.5	-22.5	-17.5	-25	-5	-17.5	-2.5	-12.5	-5	-13.96

资料来源：Camerer, C. F., and D. Lovallo, 1999, "Overconfidence and excess entry: An experimental approach," *American Economic Review* 89, 306-318. © 1999 American Economic Review. Reproduced with the permission of the publisher and the authors.

有人认为在自我选择实验中利润差更高的事实和**参考群体忽视**（reference group neglect）效应一致。虽然这一特殊机制会导致平均技能水平更高的群体自愿参与，但他们忘了组内的参与者也都是高技能水平的个体，因为这个原因而急切地"进入了市场"。

文章作者排除的一个市场过度进入的非行为解释是"竞争盲点"，即进入市场后发现存在激烈竞争和技能水平的自我感觉无关。竞争盲点会导致在技能水平类实验中有正利润，而实际的负利润或低利润的出现为未预期的事实。但实验结果不支持这一点，在随机类实验中被试相较于技能水平类实验持续获得更高的利润。因此，尽管在技能水平类实验中人们能预期产生低（或负的）总收益，他们却认定自己能获得正收益。

16.4 经理人过度自信能否产生正面影响

我们在其他部分曾经提过，过度自信或许也有正面影响。经理人适度的自信能让其更努力投入的工作，由此会带来有益的效应。[39]在委托代理背景下考虑，这能缓解代理人的努力程度不可观测导致的道德风险难题。[40]

此外，因为经理人相比于股东可能更为厌恶风险，过度自信能克服这一倾向，让公司朝着有利方面变动。[41]除了对投资的潜在影响外，资本结构也可能受过度自信因素的影响。德克·哈克巴斯（Dirk Hackbarth）构建了一个模型，模型中经理人不仅对公司的前景乐观过度，而且还对自己的看法非常自信。[42]模型结果表明管理层过度乐观和公司债务发行正相关，因为对未来现金流的乐观导致了顺利支付利息的信念。讽刺的是，经理人出于职业考虑对债务的规避（由于债务的益处没有得到充分利用而有害公司价值）因过度自信而得以缓解。

最后，有观点认为企业家的过度自信，即使对自身而言是有害的，但对社会可能是有益的，因为企业家活动能为社会提供有价值的信息（不像普通的跟风者，不提供任何信息）。[43]这一点实现了有意义的演化目标。

本章要点

1. 因为操作简单，人们偏好于不合理的资本预算选择方法；因为损失厌恶，经理层在坏账出现之后继续进行投资；因为情绪和感情原因，最优的经理层决策过程难以实现。
2. 有许多关于经理层过度自信的市场证据。其中一个就是过久持有实值期权的倾向。
3. 经理层过度自信很有可能导致过度投资或各种形式的投资扭曲。
4. 除过多的资金运用活动之外，参与兼并收购活动太多和创设公司太草率的倾向也是过度投资的反映。
5. 内源资本的可得性影响投资决策过程是投资扭曲的一个例子。
6. 过度自信或许也有积极的一面，特别是"纠正"了经理层过度的风险厌恶。

问题与讨论

1. 区别下列概念和术语：
   (1) 回收期法则和 NPV 法则。
   (2) 过久持有实值期权和过度参与并购活动。
   (3) 在坎默和洛瓦洛实验中的随机参与和自我选择参与。
   (4) 债务发行中的风险厌恶和过度自信。
2. 投资活动同时受投资价值理性最大化过程和经理人行为方面的影响。请对此讨论。
3. 在坎默和洛瓦洛实验中，取 $N = 10$ 和 $c = 2$。请计算最大化行业利润的进入者人数，此时的行业利润是多少？行业利润最小化的进入者人数是多少，此时的行业利润是多少？行业利润为零的进入者人数又是多少？
4. 在坎默和洛瓦洛实验中，过度自信导致了对市场的过多进入。你认为一个潜在的创业者读到这一研究之后，他是更有可能还是更不可能进行创业？请解释。

5. 作为部门经理的你是一个委员会的成员，委员会正在对另外两个部门经理——琼和约翰提出的产品投资建议进行评估。在上台做陈述时，琼看上去显得有些骄傲。他提到他经常和CEO一起打高尔夫，是公司中的重要角色，并且你认为确实能从他那学到不少东西。在对两个投资建议进行评估时，你发现你更倾向于琼的方案，虽然从现金流和风险角度来说两个建议并无多大的区别。对此，你如何进行解释？

注释

1. As suggested by Fairchild, R., 2007, "Behavioral corporate finance: Existing research and future decisions," Working paper, combining irrational investors and irrational managers is a fruitful area for future research.
2. It is also assumed that corporate governance is limited in its ability to constrain the behavior of managers. See Baker, M., R. S. Ruback, and J. Wurgler, 2004, "Behavioral corporate finance: A survey," Working paper, for details.
3. Managerial overconfidence seems to matter for other decisions as well. For example, Fairchild, R., 2005, "The effect of managerial overconfidence, asymmetric information, and moral hazard on capital structure decisions," Working paper, shows that overconfidence may lead to excessive use of welfare-reducing debt.
4. Certain caveats, such as equalization of project lives and consideration of real options, must be accounted for. See, for example, Ross, S. A., J. Jaffe, and R. A. Westerfield, 2006, *Corporate Finance* (McGraw-Hill, New York).
5. See, for example, Graham, J. R., and C. R. Harvey, 2001, "The theory and practice of corporate finance: Evidence from the field," *Journal of Financial Economics* 60, 187–243.
6. Shefrin, H., 2007, *Behavioral Corporate Finance: Decisions That Create Value* (McGraw-Hill Irwin, Boston, Massachusetts).
7. Burgstahler, D., and I. Dichev, 1997, "Earnings management to avoid earnings increases and losses," *Journal of Accounting and Economics* 24, 99–126.
8. If this isn't feasible, the tendency is to "take a bath," thus increasing the probability of a positive earnings number next time round.
9. Of course the investment might have been the best move ex ante.
10. Statman, M., and D. Caldwell, 1987, "Applying behavioral finance to capital budgeting: Project terminations," *Financial Management* 16 (no. 4), 7–15.
11. Staw, B., 1976, "Knee-deep in the big muddy: A study of escalating commitment toward a chosen course of action," *Organizational Behavior and Human Decision Processes* 20, 27–44.
12. Jensen, M. C., 1987, "The takeover controversy: Analysis and evidence," in Coffee, J. C., L. Lowenstein, and S. Rose-Ackerman, eds., 1987, *Knights, Raiders and Targets: The Impact of the Hostile Takeover* (Oxford University Press, Oxford, U. K.).
13. As will be discussed in Chapter 20, however, new research in neuroeconomics and neurofinance is making strides in this regard.
14. Kida, T. E., K. K. Moreno, and J. F. Smith, 2001, "The influence of affect on managers' capital-budgeting decisions," *Contemporary Accounting Research* 18, 477–494.
15. Kidd, J. B., and J. R. Morgan, 1969, "A predictive information system for management," *Operational Research Quarterly* 20, 149–170.
16. Statman, M., and T. T. Tyebjee, 1985, "Optimistic capital budgeting forecasts: An experiment," *Financial Management* 14, 27–33.
17. Ben-David, I., J. R. Graham, and C. Harvey, 2007, "Managerial overconfidence and corporate policies," Working paper.
18. See Paredes, T. A., 2004, "Too much pay, too much deference: Is CEO overconfidence the product of corporate governance?" Working paper, for a discussion.
19. Hribar, P., and H. Yang, 2006, "CEO

overconfidence, management earnings forecasts, and earnings management," Working paper.
20 Ben-David, I., J. R. Graham, and C. Harvey, 2007, "Managerial overconfidence and corporate policies," Working paper.
21 Fazzari, S., R. G. Hubbard, and B. Peterson, 1988, "Financing constraints and corporate investment," *Brookings Papers on Economic Activity*, 141–195.
22 Jensen, M. C., and W. Meckling, 1976, "The theory of the firm: Managerial behavior, agency costs, and ownership structure," *Journal of Financial Economics* 3, 305–360.
23 This view of the world of course is along the lines of the previous chapter.
24 Malmendier, U., and G. Tate, 2005, "CEO overconfidence and corporate investment," *Journal of Finance* 60, 2661–2700. Also, see Heaton, J. B., 2002, "Managerial optimism and corporate finance," *Financial Management* 31 (no. 2), 33–45.
25 Barber, B., and T. Odean, 2000, "Trading is hazardous to your wealth: The common stock investment performance of individual investors," *Journal of Finance* 55, 773–806.
26 A related proxy is that a manager is overconfident if she holds options all the way to expiration. A third is that a manager is judged to be overconfident if he, contrary to the tenets of diversification, continues to increase his holdings in the company's stock.
27 These regressions come from Table V of Malmendier, U., and G. Tate, 2005, "CEO overconfidence and corporate investment," *Journal of Finance* 60, 2661–2700.
28 When Tobin's q is equal to one, the market value of a company is equal to the replacement value of its assets. Researchers have documented that in takeovers with bidders which have q-ratios greater than one and targets with q-ratios less than one, the total returns to the takeover are larger. Thus, better-performing firms make better investment decisions and create more value. See, for example, Servaes, H., 1991, "Tobin's q and the gains from takeovers," *Journal of Finance* 46(1), 409–419.
29 Ben-David, I., J. R. Graham, and C. Harvey, 2007, "Managerial overconfidence and corporate policies," Working paper.
30 Malmendier, U., and G. Tate, 2008, "Who makes acquisitions? CEO overconfidence and the market's reaction," *Journal of Financial Economics, forthcoming*.
31 Moeller, S., F. Schlingemann, and R. Stulz, 2004, "Wealth destruction on a massive scale? A study of acquiring-firm returns in the recent merger wave," Working paper.
32 Their results are robust to using a press-based proxy for overconfidence, where a manager is judged to be overconfident if he/she is often described as "confident" or "optimistic."
33 Doukas, J. A., and D. Petmezas, 2007, "Acquisitions, overconfident managers and self-attribution bias," *European Financial Management, forthcoming*.
34 Public firms are acquired far less often: private acquisitions in the U.K. market account for about 90% of all M&As.
35 They obtain similar results when they use, as an alternative proxy, insiders' net purchases (more specifically, the ratio of purchases to sales).
36 Cooper, A. C., C. Y. Woo, and W. C. Dunkelberg, 1988, "Entrepreneurs' perceived chances of success," *Journal of Business Venturing* 3, 97–108.
37 Zacharakis, A. L., and D. A. Shepherd, 2001, "The nature of information and overconfidence on venture capitalists' decision making," *Journal of Business Venturing* 16, 311–332.
38 Camerer, C. F., and D. Lovallo, 1999, "Overconfidence and excess entry: An experimental approach," *American Economic Review* 89, 306–318.
39 Larwood, L., and W. Whittaker, 1977, "Managerial myopia: Self-serving biases in organizational planning," *Journal of Applied Psychology* 62, 194–198.
40 Keiber, K. L., 2002, "Managerial compensation contracts and overconfidence," Working paper.
41 Goel, A. M., and A. V. Thakor, 2000, "Rationality, overconfidence and leadership," Working paper.
42 Hackbarth, D., 2007, "Managerial optimism, overconfidence, and capital structure decisions," Working paper.
43 Bernardo, A. E., and I. Welch, 2001, "On the evolution of overconfidence and entrepreneurs," Working paper.

第七篇 PART7

退休、养老金、教育、除去偏差及客户管理

第 17 章　退休储蓄行为和改进 DC 养老金

第 18 章　除去偏差、教育和客户管理

第 17 章 退休储蓄行为和改进 DC 养老金

 引 言

行为金融在理解退休储蓄行为和改善养老金机制方面有着重要的应用。我们在本章对其中的一些关键点进行分析。在 17.1 节,我们首先介绍养老金的一个国际性变化趋势,即普通雇员同时也是市场投资者,他们必须亲自控制和管理自己的养老金账户。不幸的是因为面临的问题非常复杂,雇员类投资者普遍不能胜任这一任务。储蓄多少钱才合适?投资于何种资产?以多大比例投资?是否需要某一特定的投资工具?以上这些问题十分重要。在 17.2 节,我们研究一个人需要为退休准备多少储蓄的问题。虽然造成的后果很严重,有限自控能力和拖延习惯依然使得人们储蓄不足。在 17.3 节,我们考察所有投资者都非常关注的一个重要方面,资产配置选择。研究结果显示,许多人未能很好地处理这一问题,这也表明加强投资者教育的必要性。虽然投资者教育能帮助不熟练投资者作出有利的决定,但养老金机制的改进,特别是基于如拖延习惯和损失厌恶等这些行为倾向的改进,显然对投资者的帮助会更大。在 17.4 节,我们讨论养老金机制的设计创新。

17.1 向 DC 养老金转变的世界性趋势及其后果

17.1.1 定额缴款养老金和定额收益养老金

养老金市场在过去几年中不断发生着变化。最引人注目的是许多发达国家发生的

从雇主投资的**定额收益养老金**(defined benefit pensions，DB 养老金)向雇员投资的**定额缴款养老金**(defined contribution pensions，DC 养老金)转变。在 DB 养老金下，雇主一般承诺在雇员退休之后定期给予经某一公式计算得出的养老金保障；相反，在 DC 养老金下，雇主和雇员同时进行缴费，所缴费用的累计及投资积累即为退休账户所有，此时不再有退休账户某一数额的保证。美国是 DC 养老金的先行者，在 1974 年《雇员退休收入保障方案》(ERISA)通过和国内税收法案修订(于 1980 年生效)之后，DC 类的 401(k)计划开始大行其道。其他国家如英国、澳大利亚、加拿大、荷兰、瑞典和智利也正向 DC 养老金体系转变。[1]

为了让大家对这一转变有所了解，美国 1975~2003 年私有的定额收益养老金数目从 100 000 家降至不足 31 000 家。[2] 就所有的养老金计划而言，完全基于 401(k)或类似计划的有 58%，剩余养老金的一半是完全属于 DB 类，另一半则既有 DB 类，也有 DC 类。[3] 现存的 DB 养老金也越来越多的面临冻结威胁，即无法继续获得新资金流入。[4]

在继续之前，我们再对 DB 养老金和 DC 养老金做一比较。假设你是 DB 养老金的成员，养老金公式规定你退休后每年可获得最后 5 年平均工资的 1.5% 和你工龄(但不能超过 35 年)的乘积。因此如果你已经为公司工作了 20 年，在工作的最后 5 年平均年收入为 60 000 美元，那公司将每年为你提供 18 000 美元退休金，直至你人生最后一刻。公司又如何做到这一点？公司有受托责任成立一家专门的养老基金，并缴入足够的资金以支付对员工承诺的未来养老金。这些养老金的基金经理再将资金投资于股票、债券和其他合适的资产以实现必要的收益。

DC 养老金就简单多了。雇员和其所在公司共同向由雇员管理的养老金账户缴费。资金可投资于一系列由专业人士管理的基金。一般而言，双方有相匹配的缴费责任。例如，雇员每次缴入工资的 5%，那么 50% 的匹配要求公司再缴入雇员工资的 2.5%。退休时账户中的资金数量完全取决于双方缴费的多少，投资收益又是多少。退休时员工的一个选择就是将账户中的钱取出并购买年金产品，并选择年金产品的期限约等于员工期望剩余生存年限(加上略许年数以做缓冲)。

DB 养老金和 DC 养老金各自的利弊是什么？站在员工的角度，DB 养老金因为两方面风险的消除而有利：市场风险和长寿风险。第一，因为收益是确定的，工人在退休后得到的一次性总额支付或终身年金和市场状况无关。[5] 第二，如果选择了年金支付方式，那么退休后工人能获得确定的年金收入直至死亡。[6] 如果工人不需要承担市场风险和长寿风险，那么必然是企业在承担这些风险。尽管如果死亡率能精算得足够准确，长寿风险可以分散化消除，但市场风险依然很棘手。时间分散化能在一定程度上缓解这一问题，市场坏情景和好情景毕竟会彼此抵消。但一旦熊市持续，如2000~2002年和2008~2009年，DB养老金将陷入不足额境地，这一麻烦的解决需要企业缴费更多和连续多年市场好光景。

另一方面，工人也可能因为灵活性而更偏好DC养老金，这因为员工群体更具流动性而显得非常重要，特别是在美国。也会有人喜欢DC养老金对于风险和投资更大的操控能力以及定期检查和陈述所带来的实质性印象。另外，如果投资者认为市场好光景之后更有可能是好光景的市场（正如第8章的证据所表明的），那么在牛市中DC养老金将更有吸引力，这也是20世纪90年代所发生的情况。由于这一原因，对DC养老金的部分转向（特别是早期）是投资者偏好的反映。

站在公司角度情况又怎么样？不难理解公司层面偏好DC养老金这一事实。DC养老金的缴费是可估计的，并且市场状况也不会影响公司经营。

随着DC养老金在雇员和雇主中的受到越来越多的欢迎，储蓄方又是否能从这一机制中受益呢？DC养老金对一些工人会产生难以解决的问题。首先，如果没有储蓄得足够多，或者投资收益率低于预期，工人将面临退休资金不足的问题；其次，除非工人在退休时购买了生命年金，否则总会出现退休金花完的可能（此时工人将完全依赖政府或其他形式的外部救助）。

另外一个担心是投资者可能没有能力设计出最优的资产组合投资以实现想要的目标。如果退休账户的管理不够好，雇员在退休时候将发觉他们处于未预想的资金困境之中。有证据显示雇员类投资者的投资收益低于专业人士的投资收益。一项关于美国的研究表明扣除手续费之后，DB养老金的年收益率超过DC养老金约2%。[7] 差异的一方面是由于DC资金的过度交易，而过度交易未能产生所相称的超额利润，相反，DB资金则有时投资于经风险调整之后收益率足够高的行业指数。而且美国事实上所有DC资金投资的基石是共同基金，而共同基金的佣金结构使得其手续费高于类似可比的机构类基金。最后，一些DC养老金似乎处于不合理的风险头寸暴露之下，或者投资组合不能得到有效分散。让我们下面更仔细地考察雇员类投资者所面临的问题。

17.1.2 雇员类投资者所面临的问题

管理养老金账户的未来退休者在许多方面都和其他散户投资者类似，除了一方面：他们把更多的时间花在工作上面，而其他散户投资者都是自愿并主动进入投资市场的。由此来看，退休账户投资者很有可能更缺乏相关的投资知识。一个证据就是风险和投资分散的基本概念都不被理解：人们普遍认为某一特定证券的风险低于多样化的投资组合。[8] 结果是雇员类投资者的投资决定往往是非最优的，有意思的是，投资者自己往往知道这一点。[9]

这类投资者和其他自愿进入市场的散户投资者还有一个不同。我们第9章讨论过度自信时谈到自愿的散户投资者操作过于频繁，而在面临有限的投资选择时，雇员类投资者会显得不知所措。[10] 结果很有可能便是不采取任何操作。[11] 即使最终能克服这一初始障碍并开始投资，他们很少，甚至从来不对投资组合进行调整。[12]

需要强调雇员类投资者两个最严重的问题：第一，有些投资者的储蓄不足（一小部分甚至完全不储蓄）。第二，雇员类投资者在最基本的投资决策和资产配置方面都存在困难。在下面一节，我们考察和讨论这些问题。本章随后分析如何吸取行为金融方面的教训以解决这些问题。

17.2 有限自控能力和拖延习惯背景下的储蓄行为

为什么许多人的储蓄不足？是人性的两个弱点导致了这一问题：**有限自控能力**（limited self-control）和**拖延习惯**（procrastination）。行为科学对标准经济学的两个经典假设抱有怀疑态度：第一是经济主体做出经济层面最优决定的假设。[13] 第二是经济主体遵从并贯彻执行所做决定的假设。这两个假设在储蓄问题上都是值得怀疑的。我们首先考察第一个假设。

17.2.1 需要储蓄多少

我们前面接触过理性人。理性人很有远见并对退休做出规划，他需要决定每个月收入的多少被预留并为将来的老年时代准备。让我们分析如何解决这一问题。从后向考虑，即退休之后每年需要花费多少？专家一般不对这一问题给出确定数额；相反，他们会基于**收入替代率**（income replacement ratio）给出答案。收入替代率是退休后收入占工作（或雇用）期间的收入比例。这一分析方法之所以合适是因为，如果你的工作收入是25 000美元，你将习惯于某一生活标准水平，而如果你的工作收入是100 000美元，你将习惯于另一更高的生活标准水平。对大部分人来说，合理的目标是能维持生活标准大致不变。而经验证据表明收入替代率为70%时能做到这一点。为什么不需要100%的收入替代率？首先，你已经不需要再进行储蓄了。而且你的孩子已经成年，不会有这方面的负担。你也不再有工作旅行、工作宴请、工作穿着方面的支出。对于许多人来说，70%已经足够了，但当然有些人的收入替代率要稍高（或稍低）才合适。

让我们分析一个具体的例子。温迪·尚目前30岁，她计划工作至60岁，现在每年收入为50 000美元。当前已经为退休积存了40 000美元。她估计在退休后能从外部来源（比如高级公务员补助，政府健康护理补助如联邦医疗保险，其他DB养老金支付等）每年获得8 000美元。因此这些外部来源收入已经带来了16%的收入替代，40 000美元的存款及收益也会有帮助。但她仍然需要每月储蓄一定的资金以达到设定的退休时70%的收入替代率目标。注意这一部分是雇员缴费和雇主缴费之和。她计划在退休时购买年金以获得定期的支付。她认为30年期限的年金就足够了（她估计自己能活90岁或更短）。

为了计算**推延率**（deferral rate），即工资收入中储蓄的比例，我们都要对如下变量设值：①所需的收入替代率（70%）；②工作年限（30年）；③年金期限（30年）；④工资增长率（0%）；⑤退休储蓄的投资回报率（2%）；⑥年金利率（2%）。给定这些，我们能算出推延率约为13%。为得出答案，我们做了一些简单的假设，并没有考虑太多的不确定性。比如，她或许因为健康方面的原因无法工作满30年，而如果运气特别好，她又有可能退休后不止活30年。工资增长率、投资回报率又怎么样？它们的值是不是设定过低了？回答是此处所有的数字（美元值和回报率）都是实际值（经通货膨胀调整）。我们假设她已经处于职业高峰，未来的工资增长完全对应于物价的上升，因此才有0%的实际工资增长率。5%的投资回报率又是怎么回事？如果我们（合理）假设投资组合为50/50平均投资于债券和股票，包括2%的无风险利率和6%的股票风险溢价，那么就能得到5%的投资回报率。并且年金的收益率直接来自于无风险利率。

表17-1给出了更多推延率和收入替代率的组合。注意，即使早在30岁就开始储蓄，如果她仅仅储蓄收入的5%~6%，那么退休时的收入将削减过半。

表17-1 推延率和收入替代率

推延率(%)	收入替代率(%)	推延率(%)	收入替代率(%)
5	46	11	64
6	49	12	67
7	52	13	70
8	55	14	73
9	58	15	76
10	61		

资料来源：Calculations are based on assumptions in example in Section 17.3.

尽管可能已经发觉例子中的部分假设过于简单，但读者仍然无法想象实际数值的计算是多有难度。许多401(k)计划的投资者很难做到这一点。幸运的是有专门的金融从业者提供帮助。我们经常能听到储蓄10%～15%的收入差不多足够的说法，在温迪的例子中，这一区间的中间值也差不多是对的。更大的问题在后面。

17.2.2 有限自控能力

人们遵从并贯彻执行他们之前承诺的假设怎么样？有大量证据表明许多人做不到这一点。比如，当假期成为过去，我们中的许多人将会发觉如果能省下点钱就好了。但如果是在一块馅饼或甜点和推开盘子放弃这些之中选择，即选择当前的满足还是延后的满足，我们很多人将选择前者，毕竟没有人会拒绝令人愉悦的事物。我们知道正确的决定是什么，但有时我们就是无法贯彻这一决定。

人们意识到有时需要自我强加的纪律和规则，他们还认识到控制所处的环境是有益处的。继续用减肥作为比喻，节食是纪律的体现。比如规定每天摄入的热量，或不能吃任何甜点。环境控制非常重要，假如节食规定是不吃甜点，那么和你的朋友们一起去甜点餐厅是不明智的决定。

有许多关于自控困难的例子和及其相对应的承诺设计。无法为度假存够钱？加入度假俱乐部吧。无法保持规律的健身习惯？那可以加入订立长期合约的健康俱乐部。无法阻止消费冲动？那就剪掉信用卡。在储蓄方面，"付钱给自己"的计划可以采用。对于加入计划者，在各种消费诱惑抬头之前钱就已经被占用。这一储蓄计划的最好操作方式就是在工资发放时就将一部分资金自动存入储蓄账户以消除投资者对于支付储蓄账单的抗拒。这也正是401(k)计划经常使用自动转账机制的原因。

17.2.3 指数和双曲线贴现函数

众多的实验表明人们(以及动物)使用双曲线贴现函数而非指数贴现函数。[14]为理解这一点，考虑如下场景。人们面临两种收入的选择：在时刻t的较小收入和$t+1$时刻的较大收入。当t值较大时，人们或许会选择较大的收入；而当t趋近与0(现在)时，这一决定往往被推翻。具体而言，我们中的许多人会在两年后的115美元和一年后的100美元中会选择前者，而在一年后的115美元和今天的100美元中选择后者。这反映了偏好的动态不一致性。在储蓄背景下而言就是人们愿意在一年之后开始储蓄计划，但就是不愿意在今天开始这一计划。

让我们定义∂为1美元的主观贴现值，也就是让某人无差异于1年之后储蓄或花费1美元的现值。值∂和个人的**时间偏好率**(rate of time preference)ρ之间存在如下

关系

$$\partial = \frac{1}{1+\rho} \tag{17-1}$$

并且有 $\partial < 1$。如果我们在此式中用利率（或更一般的，是贴现率）代替时间偏好率，我们将得到 1 美元的客观现值。两者的不同是利率由市场决定的，而时间偏好率则是主观和个人特定的，是偏好而非市场的结果。假如某一个人认为今天的 10 美元和一年之后的 11 美元没有差别，那么 $\rho = 10\%$，$\partial = 0.909$ [$1/(1+10\%)$]。如果此时手头有额外的 1 美元可用于支出或储蓄，那么如果利率高于 10%，她将把这 1 美元储蓄起来，而如果利率低于 10%，则她会直接将 1 美元花掉。

但如果比较的是 1 年后的 10 美元和 2 年后的 11 美元呢？我们需要知道她的主观贴现函数。经典的经济学，在比较不同时间点的主观贴现值时使用**指数贴现函数**（exponential discount function）。对于指数贴现的个人而言，1 美元 1 年后的主观值为 ∂，2 年后为 ∂^2，3 年后为 ∂^3，等等。1 美元在某时刻（比如说 t）的主观值与之后一期的主观值之比为

$$\partial = \frac{\partial^t}{\partial^{t+1}} = \partial^{-1} = 1+\rho, \quad t \geq 0 \tag{17-2}$$

注意这一比值在各个时间点都相等。从这一点来说，偏好是动态一致的。如果你偏好于在 1 年后储蓄 1 美元，那么你也会偏好于在今天储蓄 1 美元。

对于愿意在 1 年后储蓄 1 美元，而不愿意在今天储蓄 1 美元的人，我们说她有着**双曲线贴现函数**（hyperbolic discount function）。图 17-1 中画出了指数贴现函数和双曲线贴现函数，其中指数贴现函数的 ∂ 为 0.951，双曲线贴现函数为 $\{\beta, \beta\partial_H, \beta\partial_H^2, \beta\partial_H^3, \cdots\}$，并且 $\beta = 0.85$，$\partial_H = 0.964$。[15] 注意双曲线函数在第一期剧烈下降，之后的走势则和指数函数相类似。双曲线贴现在比较两个不同未来的货币现值时和标准理论一致，但当其中一个是马上就能得到的支付时，问题就出现了。这是因为 1 美元在 t 时刻的主观值和更未来一期主观值比值在 $t=0$ 时为 β，在 $t \geq 1$ 时为 ∂_H^{-1}。换句话来说，这一比例不是随时间不变的。如果 $\beta < \partial_H^{-1}$，在利率处于中间时就会发生推迟储蓄的现象。

这就是自控问题关键的地方：节食很容易，只要是从明天开始就行。回到 115 美元和 100 美元的选择，指数函数贴现时我们会一致选择 115 美元。而如果是双曲线函数贴现时，我们可以让推迟满足欲望，只要推迟发生在将来。

17.2.4 拖延习惯

拖延习惯和自我控制密切相关。我们已经看到，金融决策通常需要仔细的分析工

作，不仅仅是在储蓄方面施加自控能力，而且还包括决定要存多少钱，通过什么工具进行投资。401（k）计划提供了一系列基金供投资者选择。即使人们意识到推迟做决定会带来高昂的成本，但由于要付出极大的时间和精力成本来做决定，推迟决策或者拖延仍然很可能发生。事实上，一般都认为所做决定越大，拖延习惯就越严重。[16]这很符合直觉，重要的决定往往牵涉到很复杂的事情，这些问题的处理又很费时费力，因此可能出现更严重的拖延现象。

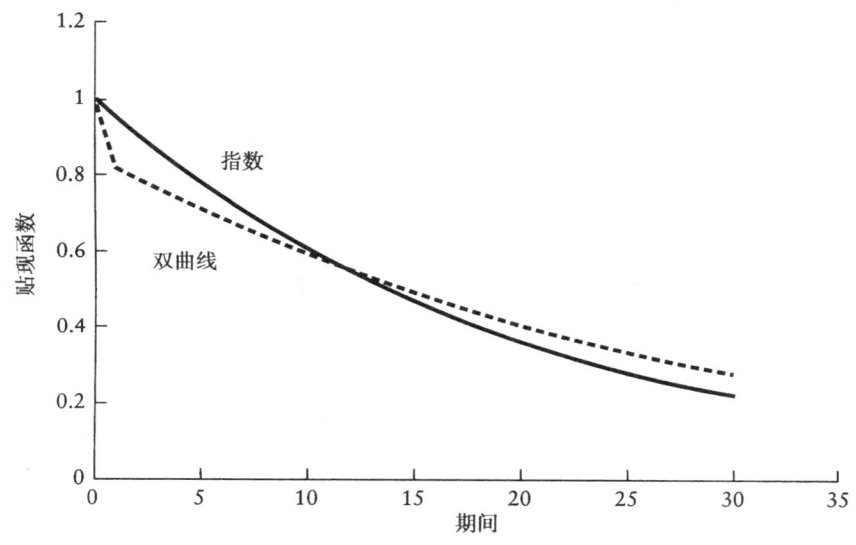

图 17-1　指数贴现函数和双曲线贴现函数

注：参数值来自 17.2 节。

17.2.5　退休准备方面的证据

相当多的证据表明储蓄不足——而且人们知道这点。比如，在一次调查中，76%的受访者认为他们应该为退休储蓄更多。[17]许多人的收入在真正退休时往往大幅减少。当然我们不能草率地将这归结于非理性，毕竟理论所说不是消费要平滑，而是消费的边际效用要平滑。退休或许导致了环境和偏好的变化：比如减少了对昂贵的休闲和旅行的需求。这种可能也被仔细考察过，但仍找不到能解释消费如此剧烈减少的理由，人们由此推断认为许多人经历的这一消费下降是未被预期的。[18]

人们或许要问退休时消费的大幅减少是否让人觉得不幸福。[19]事实是如果控制住健康方面带来的影响，尽管消费大幅减少，但人们报告的幸福感并没有发生大的变化。对退休所需的高估或许是一个解释。还有可能就是低估了人们对环境变化的适应力，并且许多人高估了消费和幸福之间的关系。[20]尽管有这些理由，退休时收入的大幅减少(相比于适当减少)对于许多人来说仍然不是件好事。

17.3 资产配置困惑

17.3.1 问题的记录

一个特别麻烦的问题是很多人根本不了解**资产配置**(asset allocation)。换句话说，他们不知道如何挑选和自身风险承受能力相适应的资产组合。而资产配置往往是决定投资者长期收益的最重要因素，这一困惑的后果是非常严重的。[21]

通过查看投资者展现出的投资决定是否具有一致性可以判断人们在资产配置方面是否存在困难。我们之前谈到过，在不知如何作决定的时候人们往往通过启发法决定看上去合理的选择。有记录表明**分散化启发法**(diversification heuristic)得到了使用，即在不确定的时候"自动对每样都尝试一部分"。[22]谢尔默·本纳齐和理查德·泰勒研究发现在投资过程中这一启发法有着和资产配置同等重要的地位。[23]加州大学的员工在一次调查中被要求在5支基金中进行资金配置。当5只基金中4只是固定收益类，1只是权益类时，43%的资金被配置于权益基金。当然这一决定本身没有任何问题。但在第二次实验中，5只基金中有4只是权益类基金，这次的实验结果是68%的资金(高得多)配置于权益类。显然提供的选择本身影响了困惑投资者的决定。确实，部分投资者有在 n 只基金中各自配置 $1/n$ 资金进行投资的倾向，有时我们把这称为 **$1/n$ 启发法**($1/n$ heuristic)。

其他国家也出现了类似的行为现象。在加拿大对 DC 计划成员的一个调查中，被调查人员要求在"政府债券基金"、"公司债券基金"和"股票基金"中进行资产配置。[24]第二个问题和这类似，不过三个备选项为"债券基金"、"成长型股票基金"和"价值型股票基金"。

图 17-2 和图 17-3 给出了上述两个问题答案的分布。在第一个问题中，3 只基金中有 1 只权益类基金，配置于权益基金的平均资产比例为 43%。而在第二个问题中，3 只基金中有 2 只权益类基金，这一比例则高得多，为 69%。由此可见，调查问卷的证据表明在美国和加拿大，未来的退休人员在进行资产配置的时候往往不知所措并受所提供的选择菜单影响。我们前文说过，问题的提法会影响人们的回答，特别是人们相关的知识水平很低的时候。

但是否实际的资产配置决定和问卷调查中的一致？有理由认为问题应该不会这

严重，毕竟都是真实资产的投资，在实际的决定过程中人们会更加谨慎，人们必须听从各方面的意见并进行小心的配置。

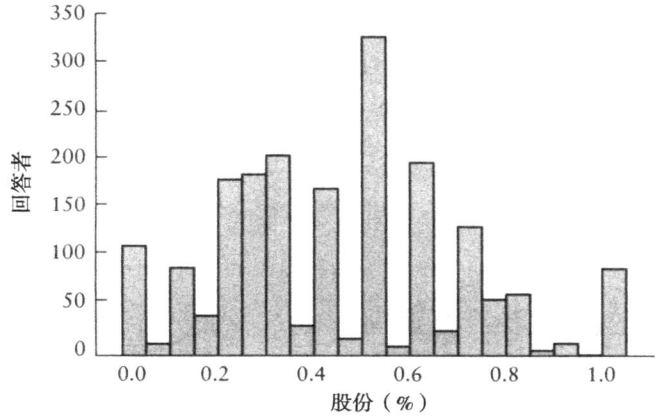

图 17-2　当 3 只基金中有 1 只为股票基金时的股权分配的分布频率

资料来源：Deaves, R., 2005, "Flawed self-directed retirement account decision-making and its implications," *Canadian Investment Review* (Spring), 6-15.

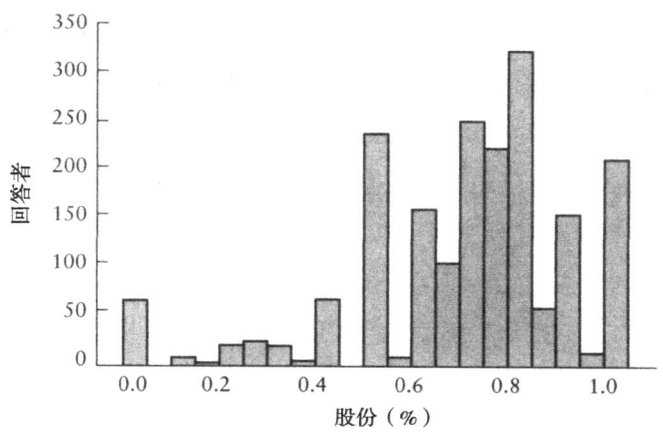

图 17-3　当 3 只基金中有 2 只股票基金时的股权分配的分布频率

资料来源：Deaves, R., 2005, "Flawed self-directed retirement account decision-making and its implications," *Canadian Investment Review* (Spring), 6-15.

证据是含糊不清的。本纳齐和泰勒对 170 个养老金计划中 1 500 000 个投资者的实际投资行为进行了研究。结论是存在有力的证据证明所提供的投资选择影响人们的资产配置——当存在较多的股票型基金时，人们会更多的将资金配置于股票类投资。[25]但另一方面古·休伯曼(Gur Huberman)和江伟(Wei Jiang)研究表明当对个人层面和养老金层面进行比较时，结果更精确(并且能减小偏差)。[26]他们发现 $1/n$ 启发法在某种程度上成立，即人们在所选择的基金中均匀投资——而不是在所有可供选择的基金中均匀投资。注意这种启发法就更为理性了，如果某人正确的资产配置是 2/3 的资金投资于股票，这可以通过选择两支股票型基金和一支固定收益型基金并采用 $1/n$ 启发法而实现。他们还发现了计划层面的权益头寸暴露（总基金中权益型基金的比例）和个人层面的权益头寸暴露（个人所投资基金中权益型基金的比例）是弱相关的，从这一点来说，菜单效应很微弱。而且和调查问卷结果一致，他们发现总可供选择基金数目不足 10 只时菜单效应相比于总基金数目多于 10 只时要强得多。

17.3.2 存在"正确的"资产配置吗

如果我们试图帮助雇员类投资者更好地进行投资决策以实现他们的个人目标，我们必须知道什么是最好的。但事实上没有人知道对某一个人来说理论上最优的资产配置具体是怎么样，在实际操作中也很大的争议。DB 养老金历史上一直采用 60/40 的股票/债券进行混合投资，但仍有人争论投资于权益的比例应该更高或更低。[27]

对于这一问题理论是怎么回答的？显然两个主要的规范人口学因素是风险态度和年龄。第一，仅仅出于自身偏好，高风险厌恶的个人就会很自然地在组合中配置更高比例的固定收益率投资。性别是风险态度的一个代理变量，一般而言女性的风险厌恶程度更高。[28]第二，当一个人年龄增大并逐渐趋于退休年龄时，他的相对安全的人力资本存量减少，这也需要降低组合中权益类投资的比例以维持自身总体的风险承担不变。[29]确实，专家们在推荐组合中权益投资的比例时不仅仅考虑投资者的风险态度，一般还建议这一比例随人们年龄增大而降低（每年减少 1%）[30]。

一些实证结果和理论预测一致。[31]正如我们所预期的，风险承受能力更高的年轻男性持有更多的股票。[32]此外，高收入群体也持有更高比例的股票投资。这很符合逻辑，因为高收入和高的人力资本正相关。结婚的夫妇也更倾向于股票投资，或许是因为两个人都在工作，劳动力市场上的风险得到分散以便可以在股票市场上承受更高的风险。富裕群体也偏好于股票类投资，但这个解释就不是很容易。可能是因为他们本身就愿意承担风险，所以现在才如此富有；也有可能是因为富有而有能力承担更多的市场风险。最后，公司的中高层（很显然，他们的工作更有保障）普遍也愿意承担高风险。

同样有证据表明风险承担是随年龄增长呈驼峰状变化。[33]人们的风险承担一开始随着年龄增长而增加，在达到某一最高值后再随年龄增加而减少其风险暴露。最近的理论进展和这一非单调性一致。如果收入和股票收益率正相关达到一定程度，随着时间增加而人们将增加风险承担，因为对冲需求减少了[34]，甚至有可能出现在退休时刻依旧增加股票暴露头寸的现象。[35]此外，难以分散的创业风险在相对年轻的群体较多存在[36]，房产的杠杆购买和个人缺乏流动性的投资如私人企业创设等风险也是如此。[37]

总之，虽然有些投资者似乎是按照经济学的规范理论行事，但仍有大量的投资者行为和理论不一致，有时在高风险资产（如公司股票）上投资过多，有时又在低回报率资产（如政府债券基金）上投资过多。在第18章中，我们复习传统的让投资者承担适度风险的资产配置决定过程。在本章后面，我们分析如何对养老金机制进行改进以便能让将来的退休人员更有机会实现自己的目标。

17.3.3 提出解决方法

让我们假设投资者不管是因为缺乏注意力还是知识，或者即使是非理性，在退休和养老金方面并没有做出最优选择。一个简单的解决论断是认为当信息完全公开时就不再需要进一步干涉。但有人不认同这点，认为如果投资者缺乏相关的知识，那么仅仅进行信息披露是不够的，需要进一步的监管参与。无可否认，后一种看法带有家长式的偏见。[38]让我们暂时不考虑信息披露这点，有两个途径可以改善投资者的境遇。第一是加强对投资者的教育和建议以便他们自身能做出更准确的决定，第二是对DC养老金的机制进行改善使得储蓄方能在外部参与最小的情况下做出正确的选择。

17.3.4 投资者教育是答案吗

虽然我们将在第18章对教育进行更深入的分析，但在本节先简要分析一下。如果未来的退休人员能获得补救性的投资者教育，他们必然能为自己的退休金账户承担更多的责任。有研究者发现DC养老金参与者的金融知识教育能带来收益方面的回报，虽然证据很微弱并且可能还有其他方面的解释。关键问题是：教育能带来投资者行为的改变吗？让人充满期望的是一些研究表明工作中的金融教育确实能带来储蓄的增加。[39]

然而，对这些证据的解释可能是有问题的。比如，那些教育培训的参与者倾向于更多的储蓄，但因果关系是怎样？或许是因为储蓄者更喜欢参加培训。而且当人们参加培训并填写未来意愿的调查问卷，再以后，虽然他们可能声称将会改变行为，比如说增加储蓄，但重要的是要继续进行跟踪并确定他们的拖延毛病成功得到了克服，储蓄行为确实发生了改变。

有先验原因的存在使得教育难以成为一个很好的卖点。为了看出问题所在，考虑为什么大学里面商科的学生一般对教育都具有良好的接纳性。首先，他们都是自己争取获得教育机会的，并且因为时时刻刻有考试的压力存在，拖延对于他们来说不是一个好选择。许多的 DC 计划参与者对于教育就不再那么有接纳性，不少人对个人理财计划缺乏或者根本没有兴趣。而且也不存在时刻鞭策他们的截止期限——和他们有关的期限是退休，退休对于许多人来说都是很遥远的事情。虽然这对于那些快要退休的人来说不成立，但如果他们在快要退休的时点上才开始认真考虑投资计划，大部分都已经是来不及了——和在公司金融课程考试前夜学生才匆匆忙忙第一次翻开课本准备复习一样。[40]

17.4 DC 养老金设计改善

有评论建议必须促使投资者遵循规范理论所揭示的行为对养老金设计机制进行改进。自动参与机制能迫使人们储蓄，定期供款的锁定程序能有效增加储蓄。为了鼓励储蓄方的投资组合采用合适的风险暴露，一个策略是使用资产配置型基金，特别是那些随投资者临近退休而动态调整持有资产组合的基金。

17.4.1 自动参与

自愿储蓄计划如 DC 养老金面临的最大问题是储蓄是自愿的。我们发现采用年长的 DB 养老金计划的成员(生于 1931～1941 年)似乎有着足够的收入替代率，而将来的养老金参与者(通常是 DC 养老金)则完全没有为退休做好充分的准备，这或许是原因。[41]最重要的事情：让人们开始储蓄。

布丽吉特·马德琳(Brigitte Madrian)和丹尼斯·谢伊(Dennis Shea)发现让员工开始储蓄计划的一个很好机制是**自动参与**(automatic enrollment)机制，即除非明确选择不参加，则默认员工参加(与之相对的则是传统的员工主动要求参与养老金计划)。[42]在 1998 年 4 月 1 日，一家《财富》500 强公司决定换至自动参与机制。之前仅在公司工作超过一年的员工能参加养老金计划，最高缴费为收入的 15%，其中公司需要对最开始的 6% 支付 50% 的匹配。在 1998 年 4 月 1 日之后，发生了两处变动：第一，所有的员工都可以直接参加养老金计划，不过若需要公司提供匹配则必须在 1 年工作期之后；第二，所有的新员工都自动包括在这一养老金计划中(除非他们主动采取了其他措施)，对这类雇员，递延率被设定为 3%。此外，虽然公司提供了 9 种投资选择（包括1只货币市场基金，1只债券基金，1只平衡基金，以及几只股票型基金），但除非有特别要求，均默认投资于货币市场基金。

从图17-4中可以看出计划的参加率大幅提高。其中，"新员工"组为自动参与计划实施1年内新招聘员工，"窗口"组为公司入职未满1年的员工，还没能享受公司提供的匹配，但可于1998年4月1日立即参加养老金计划，"老员工"组为已经为公司工作1~2年的员工，这意味着如果这些员工立刻具有参加新计划的权力，并且参加的话能立时享受公司提供的匹配。注意到新员工组和窗口组的参与率差异惊人：分别为86%和49%。[43]显然在让人们开始进行储蓄这方面自动参与非常有效。工作年限效应在图中也能得到很好的说明。即使不存在自动参与，大部分投资者最终还是会参加养老金计划，因为他们会理解退休储蓄的益处。如果员工工作年限为20年或更长，参与率为83%，但还是稍低于窗口组的参与率。由此，对许多人来说自动参与的优势主要体现在事业的早期，但显然复利因素使得这一优势对于资产的积累非常重要。

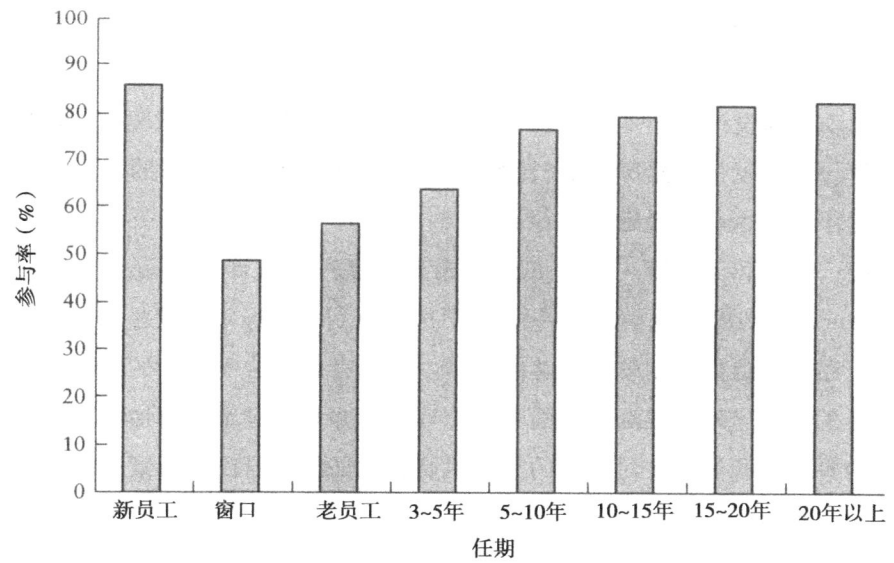

图17-4　参加401(k)计划的职员随着入职年限转为自动注册

资料来源：Madrian, B. C., and D. F. Shea, 2001, "The power of suggestion: Inertia in 401(k) participation and savings behavior," *Quarterly Journal of Economics* 116, 1149-1187.

自动参与安排，虽然有明显的益处，依然存在一个严重的问题。许多的计划参与者，因为具有惰性，"默认"了投资行为，也就是说他们会采用计划中默认的递延率和默认的资产组合。如果默认值没有经过仔细挑选，这很可能导致储蓄不足和不合理的风险头寸。以研究中的公司为例，3%的递延率，尽管只是最低限，显然无法为退休做好充分的准备。完全投资于货币市场基金的退休账户也未能有效利用风险的时间分散效应以使人们获得合理的收入替代率；并且6%的储蓄率才能充分利用公司提供的匹配，采用默认方式的员工仅仅享受了这一最高限的一半。[44]尽管原来不参加养老金计划的那部分员工境况得到了改善，但在原计划中递延率更高，资产配置更理想的那部分员工的境况可能还恶化了。虽然有员工意识到这点并改变了投资行为，禀赋和背书效应依然会使人们误入歧途。禀赋效应会让人们认为他们初始（默认）的投资组合是理想最优的，**背书效应**（endorsement effect）会使员工认为默认的投资选择是公司潜意识所推荐的。有趣的是，马德琳和谢伊还发现了羊群效应的存在，在养老金计划变更之前已经在公司工作的新养老金计划参与者更有可能选择货币市场基金。

因此，自动参与不是最终的解决办法。正如马德琳和谢伊所写的，"公司必须采取措施以使得员工提高缴费率并且采用更具进取精神的投资方式，并实现自动参与机制从争输赢到双赢的转变"。[45]下面两小节将对此进行分析。

17.4.2 递延率提升安排计划

虽然自动参与设计已经是向前迈了一步，但存在一个突出的问题——参与者很少调整递延率。如果默认递延率很低（比如说3%），惰性和拖延习惯的老问题将可能使得人们永远停留于这一低递延率。

理查德·泰勒和谢尔默·本纳齐认为**递延率提升安排计划**（scheduled deferral increase programs，SDIP）可以解决这一缺陷。[46]这一计划的目标不仅仅是让人们开始进行储蓄，而且还要为退休计划安排足够的储蓄。概括言之，公司招聘的金融顾问会尽力说服公司员工参加递延率逐渐增加的养老金计划，并且递延率的增加将发生在未来时点。关键的要点是我们前文讨论过的承诺机制，比如约束自己进行锻炼的一个方法就是签约参加健康俱乐部。此处的不同就是签订合同并参加3个月之后才正式营业的健康俱乐部。

SDIP的设计是基于顺应（而非反抗）存在于这一领域中的行为偏差。它有四个典型的特点：第一，承诺机制起效都在合约签订一段时间之后，以便能让尽量多的雇员参加计划。因为人们都喜欢把不开心的决定往后推迟（比如下周再进行测验），这一策略利用了人们愿意做正确的事情——只要不是马上就行。第二，承诺机制在雇员出现工资上涨之后才开始起效。这是利用了人们的损失厌恶和货币幻觉。我们之前已经讨论过损失厌恶。货币幻觉是指在工资仅仅是因为通货膨胀原因出现上涨时，人们依然以为自身境况有了改善，事实上，他们混淆了名义刻度和实际刻度（经通货膨胀调整）。由于损失厌恶，人们会对递延率上升导致拿到手的工资减少产生不满，避免这一不满的诀窍就是将递延率提升和工资上涨匹配起来，比如在工资增长3.5%的同时提高递延率3%，那么人们拿到手的工资依然能稍有上涨。实际上，如果其中的2%是为了冲销通货膨胀（剩下的1.5%是基于工作效率的提升），那么事实上在此之后实际收入下降了1.5%。但很多人因为"货币幻觉"混淆了名义和实际工资（以及物价的影响）而忽略这一点。[47]第三，计划安排的递延率继续随工资增长而提升，直至达到预设的最大值。此时，惯性在这一计划中是有益的，正如火车上的乘客不太可能会主动要求下车，特别是他们逐渐看到计划带来的不断增加的账户余额。第四，和标准的401(k)计划一样，投资者有随时改变主意的权力。虽然在法律上很难让他们真正做到，这一特点确实能在第一时间说服投资者参加计划。

泰勒和本纳齐报告了SDIP计划的几次试点情况。在一个"中型制造业企业"中，一个投资顾问被雇用并对315个公司员工提供退休储蓄计划建议，其中286人同意见面。顾问通过使用商业软件计算出为达到雇员退休目标所需的储蓄率并就此提出建议。唯一的不足就是有人对此犹豫不决，由此他建议的递延率增加每次不超过5%。有28%的员工接受了顾问的这一建议。其他员工则被提供参加SDIP计划的机会，在每次工资上涨的时候增加递延率3%直至预设的上限。最终有78%的员工选择参加。

计划最终顺利得以进行，结果见表17-2。[48]那些被说服参与SDIP的投资者储蓄率从建议前的3.5%上升至第一次增加收入之后的6.5%，第二次增加收入之后的9.4%，第三次之后为11.6%，第四次之后为13.6%。每次储蓄率的增加均不超过3%有两个原因：第一，部分投资者已经达到预设的上限；第二，有些参与者中途选择了退出。但他们并没有削减递延率至初始水平，由此境况依然能得以改善。令人满意的是，在四次工资增加之后，80%的参与者仍然在计划之中。接受顾问第一次建议的投资者和SDIP计划参与者的递延率情况的对比很有意思，一开始的时候前者储蓄更多，之后惰性的出现产生了负面作用，投资者再也没有更改递延率（还记得递延率的增加以5%为上限）。而SDIP参与者惰性起着正面作用，因为不采取任何动作就是被动接受递延率的未来增加。

表17-2 一项SDIP计划的平均储蓄率

	未联系财务顾问	接受被推荐的储蓄率	加入SDIP的人	拒绝SDIP的人	全部
序号	29	79	162	45	315
提前咨询	6.6%	4.4%	3.5%	6.1%	4.4%
第1次加薪	6.5%	9.1%	6.5%	6.3%	7.1%

	未联系 财务顾问	接受被推荐 的储蓄率	加入 SDIP 的人	拒绝 SDIP 的人	全部
第 2 次加薪	6.8%	8.9%	9.4%	6.2%	8.6%
第 3 次加薪	6.6%	8.7%	11.6%	6.1%	9.8%
第 4 次加薪	6.2%	8.8%	13.6%	5.9%	10.6%

资料来源：Thaler, R. H., and S. Benartzi. From "Save more tomorrow: Using behavioral economics to increase employee saving," in *Journal of Political Economy*, 2004, vol. 112, no. S1. © 2004 by The University of Chicago. All rights reserved.

17.4.3 资产配置基金

我们已经看到雇员类投资者似乎不太理解资产配置，并且他们的投资决定具有很强的惯性。第一个缺陷意味着如果对其没有合理建议，他们很可能选择和自身环境不相适应的风险暴露头寸。合理的风险承担应随年龄增长和临近退休而减少，投资惯性这一点也是不恰当的。引用金融专家的传统智慧，一个人投资组合中权益类的比例应该为 100 减去某人的年龄。如图 17-5 所示，65 岁的人和 20 岁的人的投资组合是完全不一样的。

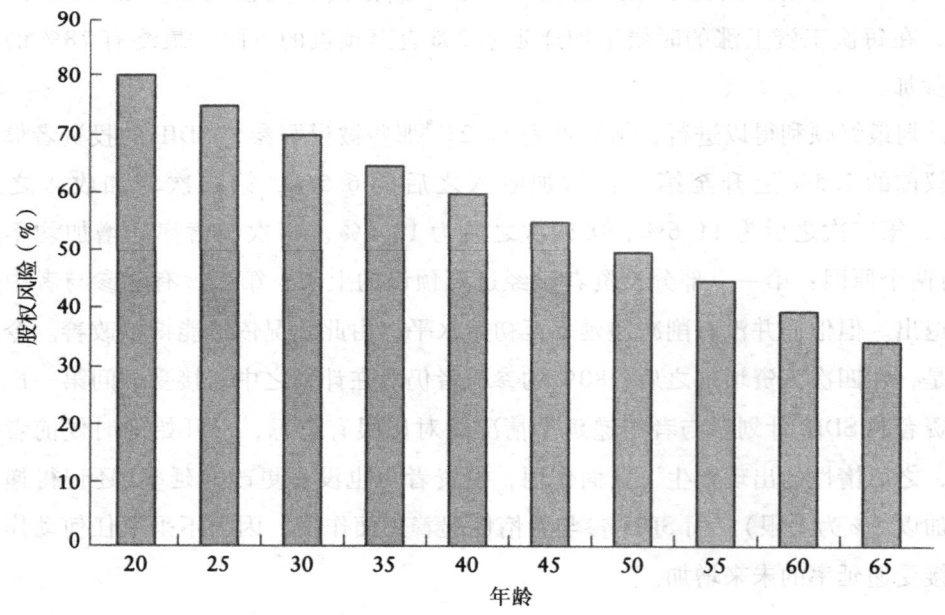

注：图中为 100 减去年龄。

图 17-5 因年龄作用而产生的建议股权风险

让我们假设一个 30 岁的人开始工作并且对退休储蓄 401 (k) 计划足够熟悉，她接受专业的建议并选择了一只 70% 股票、30% 固定收益资产的基金。许多退休计划安排方提供一系列的阶梯式混合基金，以便投资者挑选适合其风险承担需求的基金，此处选择了 70/30 基金。在可供选择菜单中还包括股票比例增加 10 个百分点的各种基金，如 100/0，90/10，80/20，…，20/80，10/90 和 0/100 基金。这类基金一般被称为**生活方式基金**(lifestyle funds)。

一开始的时候，所有的事情都非常顺利，也非常完美。但随着时间的流逝，投资者的这一资产配置因为两个原因将逐渐不再是最优配置。第一，在 5 年之后，假设不存在资产的重新配置和资产规模的增长，投资者的权益类资产头寸应该要降低 5 个百分点。第二，因为投资者在股票市场上多承担了风险，权益头寸的增速会比固定收益类头寸增速要快，这使得问题更加严重。因此实际在 5 年之后，她的权益类资产头寸很可能高于最优比例 5 个百分点。虽然从历史来看，养老金计划参与者被要求（由计划发起人通过沟通和教育）管理资产组合并对其适时调整。但问题还是出在惰性方面。在一个研究中报告的 DC 计划参与者进行资产配置调整的人数中位数为 0 便能说明这一点。[49]

被称为**生命周期（或目标日期）基金**[life-cycle(or target date)funds]的方案是市场开始尝试解决这一问题的途径。其背后的想法很简单，雇员类投资者选择一支基金，这支基金不仅一开始的风险头寸与投资者要求相称，并且还随时间变化动态调整基金内部的权益类风险暴露。有公司已经很敏锐地开始在市场上推销以退休日期为目标的基金。[50] 比如在 2005 年尚有 20 年工作年限的投资者可以购买 2 025 基金。一开始的权益类头寸会有 60% 左右，5 年之后下降为 55%，然后依次如此，最后在 2025 年左右实现 40% 的权益类头寸。目前市场上这类产品正越来越多地被提供。[51]

17.4.4 向理想的 401(k)进发

当然，没有人确切知道理想的 401(k)应该是怎么样。但可以说它应该吸取前面谈到的经验教训。我们已经看到了"默认"的重要性。默认的投资安排应该在合适的风险承受下能引导足够的储蓄，因为许多人会进行计划中默认的投资。因此"默认"应该包括自动参与（让人们开始进行储蓄），递延率逐渐升高并达预设上限（开始的时候足够低以保证投资者留在计划中，然后随时间变化增加至足够高水平以实现合适的收入替代率），以及一个资产恰当组合的基金作为投资载体。通过这些方法，那些平时不愿意让指头动一下的人都能有不错的储蓄结局并大致能实现他们的退休目标。

当然 401(k)最大的一个优点是投资者选择权。理想的 401(k)计划必须能提供充分的投资选择机会。对于那些希望对自己的退休计划有更多主动操控权的投资者来说，一系列覆盖所有资产配置类别的基金，包括主动管理基金和指数基金，都应该供他们选择。对于默认投资并非最优的那部分投资者而言，这点尤其重要。

本章要点

1. 因为公司想要控制缴费成本,许多国家出现了向 DC 养老金转变的趋势,在 DC 养老金体系中,雇员类投资者必须亲自管理养老金账户。
2. 美国 401(k) 计划的兴起就是一个典型代表。
3. 经典经济学假设人们做出最优决定并将其贯彻实施。
4. 鉴于退休储蓄问题非常复杂,第一个假设还有争论的空间。
5. 由于人性方面的特点如有限自控能力和拖延习惯,第二个假设也是有争议的。
6. 人们的时间偏好似乎可以由双曲线贴现函数描述。在双曲线贴现函数中,今天和明天的金钱相对价格比值比未来的金钱和再之后一期的金钱价格比值要高。
7. 有些雇员类投资者对资产配置很不了解,这是一个非常大的问题,因为这是未来的退休者要做的最重要的投资决定。
8. 投资者教育能帮助人们更好的决策,但有理由对它的有效性持怀疑态度。其中一点就是那些最需要投资者教育的人往往是那些最不会来接受教育的人。
9. 在促使人们开始有规律的退休储蓄方面,自动参与机制已经被证明很有效。
10. 有计划的递延率增加项目在鼓励人们为实现自身的退休目标而进行足额储蓄方面很有用。
11. 生活方式基金和生命周期基金能很容易解决资产配置决定的复杂问题。
12. 理想的 401(k) 项目应该包括合适的默认值,以及为那些想自己进行投资配置的人提供一系列的模块基金。

问题与讨论

1. 区别下列概念和术语:
   (1) DC 养老金和 DB 养老金。
   (2) 自动参与机制和 SDIP 计划。
   (3) 指数贴现函数和双曲线贴现函数。
   (4) 递延率和收入替代率。
2. 苏是一个指数贴现者,她的贴现函数为
   $$\partial(t) = 1/(1.07)^t; t = 0, 1, 2, \cdots$$
   而鲍勃相反是双曲线贴现者,他的贴现函数为

   $\partial(t) = 1; \quad t = 0$
   $\partial(t) = 0.8/(1.03)^t; t = 1, 2, \cdots$
   (1) 苏和鲍勃会如何选择:今天的 1 美元和一年之后的 1.10 美元。请解释。
   (2) 苏和鲍勃会如何选择:明年的 1 美元和后年的 1.10 美元。请解释。
3. 如果雇员类投资者投资水平不高,并且投资者教育对其无效,那么增加雇员类投资者财富最好的方法是养老金

机制改进。请对此讨论。

4. 在 2008 年夏天，你如何在 DB 养老金和 DC 养老金中进行选择。请解释。

5. 在本章温迪·尚的例子中，如果递延率为 10%，退休储蓄的投资回报率为 3.5%，计算收入替代率(其他参数不变)。

注 释

1. See Munnell, A. H., and A. Sunden, 2004, *Coming Up Short: The Challenge of 401(k) Plans*, (Brookings Institution Press, Washington, D.C.) for historical background. Most, but not all, DC-type pensions are 401(k)s, which, technically, are prescribed under clause 401(k) of the Internal Revenue Code. ERISA was primarily designed to strengthen workers' claims on benefits after several high-profile DB defaults. For international evidence, see Nyce, S. A., and S. J. Schieber, 2005, *The Economic Implications of Aging Societies: The Costs of Living Happily Ever After* (Cambridge University Press, Cambridge, U.K.); and *Financial Times*, 2003, *Defined Contributions: A Lot at Stake When the Switch Comes*, May 21. In some cases (e.g., Australia, Chile, and Sweden), DCs are important components of the *public* tier of pensions.

2. VanDerhei, J., and C. Copeland, 2004, "ERISA at 30: The decline of private-sector defined benefit promises and annuity payments? What will it mean?" *EBRI Issue Brief* (269).

3. Munnell, A. H., and A. Sunden, 2004, *Coming Up Short: The Challenge of 401(k) Plans* (Brookings Institution Press, Washington, D.C.).

4. VanDerhei, J., 2006, "Defined benefit plan freezes: Who's affected, how much, and replacing lost accruals," *EBRI Issue Brief* (291).

5. The number of DBs offering a lump sum on retirement is on the rise. As of 1995, 85% of workers in medium and large establishments who participated in a DB were not offered a lump sum distribution. By 2000, 43% were offered this opportunity. See VanDerhei, J., and C. Copeland, 2004, "ERISA at 30: The decline of private-sector defined benefit promises and annuity payments? What will it mean?" *EBRI Issue Brief* (269).

6. Pension payment "certainty" is not necessarily ironclad, only existing when government guarantees are in place. In the United States, private pension benefits are guaranteed by the Pension Benefits Guaranty Corporation. Companies must pay premiums for this insurance.

7. Waring, M. B., L. D. Harbert, and L. B. Siegel, 2000, "Mind the gap! Why DC plans underperform DB plans, and how to fix them," *Investment Insights (Barclays Global Investors)* 3 (no. 1, April).

8. Mitchell, O. S., and S. P. Utkus, 2003, "Company stock and retirement plan diversification," in O. S. Mitchell, and K. Smetters, eds., *The Pension Challenge: Risk Transfers and Retirement Income* (Oxford University Press, Oxford).

9. Benartzi, S., and R. H. Thaler, 2002, "How much is investor autonomy worth?" *Journal of Finance* 57, 1593–1616.

10. Sethi-Iyengar, S., G. Huberman, and W. Jiang, 2004, "How much choice is too much? Contributions to 401(k) retirement plans," in O. S. Mitchell, and S. P. Utkus, eds.: *Pension Design and Structure: New Lessons from Behavioral Finance* (Oxford University Press, New York).

11. When companies offer a match, not taking full advantage of it is tantamount to "leaving money on the table."

12. Ameriks, J., and S. P. Zeldes, 2001, "How do household portfolio shares vary with age?" Working paper (Columbia University).

13. Of course, it is difficult to say with certainty what the optimal or right choice is for an individual because we all have different preferences. In our discussion we presume that encouraging saving for retirement is the goal, though we recognize that not all would agree that this should be the goal.

14. See Laibson, D. I., A. Repetto, and J. Tobacman, 1998, "Self control and saving for retirement," *Brookings Papers on Economic Activity* 1, 91–196 for numerous citations.

15. Beta is a constant factor needed to create two sections to the function. These functions and the parameter values are from Laibson, D. I., A. Repetto, and J. Tobacman, 1998,

"Self control and saving for retirement," *Brookings Papers on Economic Activity* 1, 91–196. More technically, the second function is a quasi-hyperbolic function in that it only approximates a hyperbolic function. (It is used because it is more tractable.)

16 O'Donoghue, T., and M. Rabin, 1999, "Procrastination in preparing for retirement," in H. J. Aaron, ed., *Behavioral Dimensions of Retirement Economics* (Brookings Institution Press & Russell Sage Foundation, Washington, D.C. and New York).

17 See Laibson, D. I., A. Repetto, and J. Tobacman, 1998, "Self control and saving for retirement," *Brookings Papers on Economic Activity* 1, 91–196. Note that those with a predisposition to plan tend to be good savers (as reported by Ameriks, J., A. Caplin, and J. Leahy, 2003, "Wealth accumulation and the propensity to plan," *Quarterly Journal of Economics* 68, 1007–1048).

18 For the United Kingdom, see Banks, J., R. Blundell, and S. Tanner, 1998, "Is there a retirement-savings puzzle?" *American Economic Review* 88, 769–788. And for the United States, see Bernheim, B. D., J. Skinner, and S. Weinberg, 2001, "What accounts for the variation in retirement wealth among U.S. households?" *American Economic Review* 91, 832–857.

19 Loewenstein, G. F., D. Prelec, and R. Weber, 1999, "What, me worry? A psychological perspective on the economic aspects of retirement," in H. J. Aaron, ed., *Behavioral Dimensions of Retirement Economics* (Brookings Institution Press & Russell Sage Foundation, Washington, D.C. and New York).

20 Gilbert, D. T., 2006, *Stumbling on Happiness* (Alfred A. Knopf, New York).

21 See Brinson, G. P., L. R. Hood, and G. R. Beebower, 1986, "Determinants of portfolio performance," *Financial Analysts Journal* (July/August), 39–44; and Brinson, G. P., B. D. Singer, and G. R. Beebower, 1991, "Determinants of portfolio performance II: An update," *Financial Analysts Journal* (May/June), 40–48.

22 See Read, D., and G. Loewenstein, 1995, "Diversification bias: Explaining the discrepancy in variety seeking between combined and separated choices," *Journal of Experimental Psychology: Applied* 1, 34–49; and Simonson, I., 1990, "The effect of purchase quantity and timing on variety-seeking behavior," *Journal of Marketing Research* 27, 150–162.

23 Benartzi, S., and R. Thaler, 2001, "Naïve diversification strategies in defined contribution saving plans," *American Economic Review* 91, 79–98.

24 Deaves, R., 2005, "Flawed self-directed retirement account decision-making and its implications," *Canadian Investment Review* (Spring), 6–15.

25 Benartzi, S., and R. Thaler, 2001, "Naïve diversification strategies in defined contribution saving plans," *American Economic Review* 91, 79–98.

26 Huberman, G., and W. Jiang, 2006, "Offering vs. choice in 401(k) plans: Equity exposure and number of funds," *Journal of Finance* 61, 763–801.

27 See Bodie, Z., and M. J. Clowes, 2003, *Worry-free Investing: A Safe Approach to Achieving Your Lifetime Goals* (Pearson Education, Upper Saddle River, New Jersey); and Thaler, R. H., and J. P. Williamson, 1994, "College and endowment equity funds: Why not 100% equities?" *Journal of Portfolio Management* (Fall), 27–37.

28 Barsky, R. B., F. T. Juster, M. S. Kimball, and M. D. Shapiro, 1997, "Preference parameters and behavioral heterogeneity: An experimental approach in the Health and Retirement Study," *Quarterly Journal of Economics* 112, 537–579.

29 Bodie, Z., R. C. Merton, and W. F. Samuelson, 1992, "Labor supply flexibility and portfolio choice in a life-cycle model," *Journal of Economic Dynamics and Control* 16, 427–449.

30 To state the obvious, there is nothing "perfect" about this rule. Still, it is probably *reasonable* for *many* people.

31 See Ackert, L. F., B. K. Church, and B. Englis, 2002, "The asset allocation decision and investor heterogeneity: A puzzle?" *Journal of Economic Behavior and Organization* 47, 423–433; Agnew, J., P. Balduzzi, and A. Sundén, 2003, "Portfolio choice and trading in a large 401(k) plan," *American Economic Review* 93, 193–215; Ameriks, J., and S. P. Zeldes, 2001, "How do household portfolio shares vary with age?" Working paper (Columbia University); Bodie, Z., and D. B. Crane, 1997, "Personal investing: Advice, theory and evidence," *Financial Analysts Journal* 53 (Nov/Dec), 13–23; Faig, M., and

P. M. Shum, 2004, "What explains household stock holdings?" Working paper; and Sundén, A. E., and B. J. Surette, 1998, "Gender differences in the allocation of assets in retirement savings plans," *American Economic Review* 88, 207–211. Ackert, Church, and Englis (2002) investigate a survey conducted by the Stanford Research Institute. Sundén and Surette (1998) and Faig and Shum (2004) explore the *Survey of Consumer Finances*. Bodie and Crane (1997), Ameriks and Zeldes (2001) and Agnew, Balduzzi, and Sundén (2003) perform clinical studies of actual asset allocation choices in 403(b)s or 401(k)s, with the first two papers focusing on TIAA-CREF plan participants and the latter on a company pension plan.

32 See Bhandari, G., and R. Deaves, 2006, "Misinformed and informed asset allocation decisions of self-directed retirement plan members," *Journal of Economic Psychology* 29, 473–490. This paper finds that those who signal lack of understanding by exhibiting asset allocation confusion are less likely to adjust their equity exposure as they move through their careers.

33 Ameriks, J., and S. P. Zeldes, 2001, "How do household portfolio shares vary with age?" Working paper (Columbia University).

34 Jagannathan, R., and N. R. Kocherlakota, 1996, "Why should older people invest less in stocks than younger people?" *Federal Reserve Bank of Minneapolis Quarterly Review* 20 (no. 3), 11–23.

35 Viceira, L. M., 2001, "Optimal portfolio choice for long-horizon investors with nontradable labor income," *Journal of Finance* 56, 433–470.

36 Heaton, J., and D. Lucas, 2000, "Portfolio choice and asset prices: The importance of entrepreneurial risk," *Journal of Finance* 55, 1163–1198.

37 See Flavin, M., and T. Yamashita, 2002, "Owner-occupied housing and the composition of the household portfolio," *American Economic Review* 92, 345–362; and Faig, M., and P. M. Shum, 2002, "Portfolio choice in the presence of personal illiquid projects," *Journal of Finance* 57, 303–328.

38 Thaler, R. H., and C. R. Sunstein, 2003, "Libertarian paternalism," *American Economic Review* 93 (Papers & Proceedings), 175–179.

39 See Bernheim, B. D., and D. M. Garrett, 2003, "The effects of financial education in the workplace: Evidence from a survey of households," *Journal of Public Economics* 87, 1487–1519; and Lusardi, A., 2004, "Saving and the effectiveness of financial education," in O. S. Mitchell, and S. P. Utkus, eds., *Pension Design and Structure: New Lessons from Behavioral Finance* (Oxford University Press, New York).

40 Since education will be a hard sell, it is important to try to "optimize" it. See Chapter 18 for a discussion.

41 Gustman, A. L., and T. L. Steinmeier, 1998, "Effects of pensions on savings: Analysis with data from the Health and Retirement Study," Working paper (NBER).

42 See Madrian, B. C., and D. F. Shea, 2001, "The power of suggestion: Inertia in 401(k) participation and savings behavior," *Quarterly Journal of Economics* 116, 1149–1187. This paper reports that as of 1999, only about 7% of 401(k) sponsors had automatic enrollment.

43 Actually, if one controls for tenure (which matters since people are more likely to join as they accumulate service), the WINDOW group had only 37% participation at the same point in their service.

44 While the match does not kick in until a year has elapsed, many will not get around to changing their deferral rate appropriately.

45 Ibid, p. 1185.

46 See Thaler, R. H., and S. Benartzi, 2004, "Save more tomorrow: Using behavioral economics to increase employee saving," *Journal of Political Economy* 112, S164–187. This paper coins the term SMarT ("save more tomorrow") for such SDIPs.

47 Shafir, E., P. Diamond, and A. Tversky, 1997, "Money illusion," *Quarterly Journal of Economics* 112, 341–374.

48 This table is reproduced from Thaler, R. H., and S. Benartzi, 2004, "Save more tomorrow: Using behavioral economics to increase employee saving," *Journal of Political Economy* 112, S164–187.

49 Ameriks, J., and S. P. Zeldes, 2001, "How do household portfolio shares vary with age?" Working paper (Columbia University).

50 Fidelity offers target date funds branded in this fashion.

51 Holden, S., and J. VanDerhei, 2005, "401(k) plan asset allocation, account balances, and loan activity in 2004," *EBRI Issue Brief* (269).

第18章 除去偏差、教育和客户管理

引 言

贯穿本书,我们可以发现个人投资者(不包括经验比较丰富的投资者)易受偏差和情绪的影响。这会导致投资组合的配置达不到最优。在第17章中,我们看到职业投资者可能处于最危险的位置。

在18.1节,我们开始着眼于心理学文献中所讨论的各种消除偏差的策略,这些策略在制定金融决策的背景下也能够得到应用。一个显而易见的策略就是教育,有证据表明该策略起作用。在18.2节,我们讨论在已知投资者心理倾向的情况下,怎样能够加强教育。在18.3节,对委托人易受偏差和情绪影响的理财经理进行这种讨论,这对资产配置问题是特别重要的。

18.1 偏差能否被消除

心理学文献注重偏差问题并且探究可行的纠正方法。让我们从考虑除去偏差需要什么开始。

18.1.1 消除偏差所需步骤

一旦人们受到偏差的"污染",也就是说,一旦他们的认知过程受到有限理性因素的影响,那么在这些偏差被成功地除去之前就必须发生若干步骤。这些步骤包括以下几点。

（1）意识到偏差存在。
（2）消除偏差的动机。
（3）知道偏差的方向和大小。
（4）有消除偏差的能力。

蒂莫西·威尔逊（Timothy Wilson）、戴维·森特巴（David Centerbar）和纳西·布里克（Nancy Brekke）给出一个面试官对少数求职者产生负面印象的例子。[1] 虽然不确定，但是面试官怀疑部分的负面意见是由过去暴露在种族偏见的环境中引起的。让我们应用上述范例。

第一，意识到偏差存在。面试官必须认识到不必要的处理过程已经出现。这一步能够发生是由于自我反思或者是因为可信的"俗民理论"。后者的一个例子是："这个群体遭受长期的种族偏见是众所周知的，而且许多不是来自该群体的人很容易受到这种观点的影响。"注意，如果偏差更加隐晦并且不能轻易地归咎于这个理论——例如面试官潜意识里对左撇子有负面的情绪并且求职者来自一个"手工的"少数派而不是来自少数种族——那么它不太可能被检测到。

第二，动机。面试者必须有动力去纠正偏差。这可能是因为这个人是一个想把事情做好的正派人，也可能是由于担心持续的不适当行为方式被揭露会导致失业或诉讼。

第三，有必要知道偏差的方向和大小。因为种族偏见会导致一个人怀有负面印象，所以方向是很明显的，但是大小不是如此简单就可以决定的。可能候选人本身是糟糕的而他的种族对面试官等级评定至多产生轻微的负面影响。或者，可能候选人本身十分优秀而偏差极大地损害了他的前途。前一例子中的问题是纠正措施也许会使情况变得更差。我们假设总分为10分时求职者应该得到5分。但是，来自偏差的较小冲击把分数拉低至4.5分。如果面试官怀疑存在重大的偏差并且一直调整至8分，那么过度反应发生了，并且"修正的"分数更加远离真实值。

第四，能力。面试官必须能够调整自己的反应，就是说，他必须有心理调控能力。通常即使偏差受到质疑，面试官也可能无法忽视已经形成的负面印象。

在金融市场领域，这些条件中的一部分是容易达到的，其余的就不一定了。将那些以丧失多样化为代价盲目追求历史结果的人作为例子。第一个必要条件，意识，是一个主要的障碍。很多人完全不知道影响他们思维的近因偏差的力量。第二个必要条件，动机，应该是一个小问题。明显地，财富有风险的时候人们应该很容易就能激发他们自己采取行动。第三个必要条件，方向和大小，也是有问题的。方向是显而易见的，但是大小就不那么明显了。正如我们已经讨论的，考虑（没有被它驱动）历史表现确实是有意义的,因为它是未来表现的一个不充分的预测指标。但是细微的区别必须得到运用:虽然动量投资在历史上是一个合理的策略,但是人们务必注意使用正确的历史收益间隔。第四个必要条件,能力,应该是一个相当简单的障碍。人们只不过是必须进行适当的资产组合调整。唯一的困难是如果账户是被一个外部当事人(例如,经纪人)管理并且该当事人存在上述问题——这个个体可以试图提供反驳的理由。

基于上述讨论,我们看到偏差消除是一个难处理的过程。[2] 由于这个原因,风险控制,就是说管理人们的周围环境以致偏差很难产生效果,可能是最好的解决办法。在潜在的种族偏见的案例环境中,如果面试官从未接触过反映偏差的语言或者行为,那么任何污染都不可能出现。然而,问题是这样的偏见经常是在孩提时代"学到的"。尽管如此,作为一个成年人,面试官可以避免听信那些采纳有偏差观点的人。

投资者遭受近因偏差会怎么样?这个问题在于他太过关注眼前。合理的建议(有悖常理的,虽然在很多其他领域是错误的,例如驾驶)是减少关注。他不应当每天检查他的股票和证券账户:间隔合适的固定时间段将会更好。接下来,我们进一步讨论环境控制。

18.1.2 帮助受偏差影响的人的策略

当我们发现别人受到偏差影响的时候,我们怎样能帮助他们?巴鲁克·菲施霍夫(Baruch Fischhoff)根据"可改善的决策人"和"屡教不改的决策人"之间的区别,提出一种关于**除去偏差**(debiasing)策略的分类方法。[3] 前者能够学会克服他们的偏差,所以这一群体需要各种补救措施和教育措施。

为了消除可改善群体中的不必要行为,下面的方法是可以使用的,其中干预的次序依次递增:

(1)提醒问题的存在。
(2)描述问题状况。
(3)提供个人反馈。
(4)全面的训练。

考虑过度自信中普遍存在的错误测定变量的问题。首先,应该对那些需要做出判断的人发出警告:在没有指出典型错误的精确类型的情况下,大多数人给出合适宽度的置信区间是有困难的。这种警示可以引起人们集中注意力。下一步将会直接声明大部分人倾向于给出太狭窄的置信区间——从这点来说,总体中过度自信的成员人数处于均值水平。但是,一些人将只会认为仅仅是其他人受到过度自信的困扰。因此,提供个人**反馈**(feedback)是很好的下一步措施,在这里人们经过检验而且被证明是错误测定的。[4] 最后,全面的训练能够使人们朝着正确测定的方向前进。大量的研究已经表明后一种方法是有效的。[5] 一种已经被证明有用的训练技巧是让人们列出为何他们的首选答案是错误的原因。[6]

我们应该怎样应付屡教不改的决策人?为了消除这个群体中的不必要行为,下面的方法是可以使用的:

(1)将他们更换。
(2)重新校准他们的反应。
(3)将误差项添加到你的计划中。

作为第二种方法的一个例子,研究人员在假设有预测者的反应历史的前提下,提出一种消除过度自信预测者的预测偏差的技术。[7] 假设过度自信表现为潜在的过度乐观(或悲观)和错误测定,假设你有某人对前10年中GDP季度增长预测值的时间序列。除了提供点估计量之外,该个体还被要求提供90%的置信区间。比如说,这个有经验的人预测了下个月利率变化的90%置信区间的下限、点估计量以及90%置信区间的上限,分别用L、X和U表示。我们可以怎样改变这些数值从而反映过去的经验?通常我们假设真实值(X^*)和点估计量(X)之间相差一个因子β。那么,"除去偏差"的点估计量,X^*为

$$X^* = \beta X \qquad (18\text{-}1)$$

作为一个例子,假设GDP平均增长率是2%(年化的),但是预测者通常预测为2.5%。这就意味着$\beta = 0.8$。如果关于下一个季度的预测值为1%,就应该按照下式进行调整

$$X^* = 0.8 \times 1\% = 0.8\% \qquad (18\text{-}2)$$

进一步地,以历史数据为依据的上置信区间(上限减去点估计量)太过狭窄,为真实值的$\alpha(U)$分之一。那么除去偏差的上置信区间就是

$$U^* - X^* = \alpha(U) \times (U - X) \qquad (18\text{-}3)$$

同样,正确除去偏差的下置信区间为

$$L^* - X^* = \alpha(L) \times (L - X) \qquad (18\text{-}4)$$

假设$\alpha(U) = \alpha(L) = 1.5$。这意味着置信区间的上半部分和下半部分都将被扩大50%,进而表明整个置信区间将被扩大50%。假定$U = 2\%$并且$L = 0\%$,所以$U - L = 2\%$。经过调整后的置信区间就会增加到3%。这说明**除去偏差的置信区间**(debiased confidence interval)现在可能是$U^* = 2.3\%$且$L^* = -0.7\%$。

伴随着这些调整,虽然有经验的预测者仍然会犯错误,但是调整后的预测值至少

将会是适度乐观/悲观的并且是合理测定的。当重新校准在这样一个环境中大体上有效的时候，如果人们缺少执行它所需要的信息且清楚显著错误很有可能发生，那么必须为错误做出安排。一种可能的方法是征求可供选择的观点或者预测值。

18.2　通过教育除去偏差

现在我们转向在人们做金融决策时教育怎样被用来除去偏差的问题。我们将会看到心理学在这个方面继续产生作用。

18.2.1　心理统计特征分析，性格类型以及货币态度

在金融教育计划的背景下一些重要的问题如下。哪一类人是最困难的？谁遭受最严重的行为偏差？他们是否有特殊的人口统计特征？他们是否属于某一特定性格群体？**心理统计特征分析**(psychographic profiling)，一种普遍的营销手段，是根据性格、态度、价值观以及信念将个体进行分组的过程。它在金融教育计划的背景下是有用的，因为如果我们知道一种类型的人容易受到哪种类型问题的影响，我们就能合适地疏导我们的力量。

也许最著名的心理统计特征技术是关于性格类型评估的梅尔斯—布里格斯(Myers-Briggs)指标。[8]根据梅尔斯和布里格斯的研究，人们在填写一份调查问卷之后可以被置入 16 种**性格类型**(personality types)中的一种。其具体操作是通过决定人们属于下面四个基本特征范围中的哪一个来完成的：

(1) E 对 I(外向对内向)：你怎样和世界进行相互作用？
(2) S 对 N(感觉对直觉)：你注意那一种信息？
(3) T 对 F(理性对情感)：你怎样做出决策？
(4) J 对 P(判断和理解)：你是有安排地行事还是自发地行事？

在人们符合这些类型的情况下，它们被证明是对诸如过度自信和乐观这样的行为缺陷的一个有效预测，并且可能比标准的风险容忍度调查问卷更好地揭示真正的风险容忍度。[9]ESTP(外向—感觉—理性—理解)这一性格类型倾向于有最低程度的风险厌恶和最严重的过度自信(接着后面依次出现的是 ENTP、ESTJ、ISTP 和 ESFP)。另一方面，INFJ(内向—直觉—情感—判断)这一性格类型倾向于有最大程度的风险厌恶和最轻微的过度自信(同样，ENFJ、INFP、INTJ 和 ISFJ 在前述方向上的程度依次降低)。

在金融背景下还存在其他的性格测试研究。一个例子就是基尔西的气质分类法，将人们分为 4 个基本的气质群体：护卫者、技艺者、理性者和理想主义者。[10] 护卫者可能是谨慎教条的经理人；技艺者是易冲动且好竞争的；理想主义者十分关心增长和个人发展；理性者可能是科学解决问题的人。研究已经表明一个人的基尔西气质是对风险容忍度和对国内与国际证券偏好的有效预测。[11]

在某种金融环境中心理统计分析的步骤是经过特定设计的。主要的方法就是根据可度量的属性对调查对象进行态度细分，这些属性取决于**货币态度**（money attitude）。货币性格在纯粹的人口统计特征之外能够多大程度地解释投资者行为决定了可获得的价值增值。一个很好的例子是由先锋资金管理公司实施的，使用一种被称为聚类分析的统计技术将缴费确定型计划的成员分成不同的货币性格群体的研究。[12]

先锋的研究使用了一系列的问题，这些问题重点关注的因素与对退休的关注和财务规划、储蓄行为、乐观程度以及风险承担有关。最后的结果就是下面 5 种群体（括号中标明的是样本百分比）：

(1) 成功的规划者(21%)。
(2) 积极进取的规划者(26%)。
(3) 稳重的实干者(20%)。
(4) 有压力的规避者(19%)。
(5) 只关注当前的规避者(14%)。

成功的规划者比较年长并且比较富裕。怀着对退休的设想，他们拥有清晰的目标并且对退休计划感兴趣。他们很享受处理资金的乐趣，而且对他们将会达到自己的退休目标持乐观态度。作为有条理的储蓄者，他们对承担股权风险感到满意，而且愿意为了较高收益而承担重大风险。

积极进取的规划者可以被视为正在培训中的成功规划者。比成功的规划者更年轻并且稍微多一点不确定性，他们仍然享受规划和处理资金的乐趣。他们尚未完全准备好去实现退休目标，但是乐观地认为他们将能够逐渐做到。作为有条理的储蓄者，他们愿意为了较高收益而承担一定的风险。

下一个群体，稳重的实干者比普通人更年长且更富裕。与任何一类规划者相比，他们退休设想的目标导向更加不明确，他们实际上也不喜欢财务规划和处理资金。乐观地认为他们能够达到他们的退休目标，他们是自愿的储蓄者。与规划者相比他们更不愿意为了较高收益而去承担风险。

有压力的规避者容易感到后悔。他们的大部分信息主要来自计划提供者和雇主。由于担忧未来且目标导向不明确，他们通常对财务规划和资金处理感到困惑。对他们是否将会成功地达到自己的退休目标持悲观态度，他们的储蓄行为表现出困惑和担忧。同样，他们往往对对他们的投资技巧缺乏信心。

最后，比其他群体更加年轻的只关注当前的规避者不关注未来。他们对财务规划和资金处理不感兴趣。对他们来说不会去考虑退休问题。他们从储蓄当中不能获得内在的满足感。就风险承担而言，他们持中性态度。正如图 18-1 所示，这些群体可以被放在一个**规划者－规避者连续统一体**（planner-avoider continuum）中，其中成功的**规划者**（planners）和只关注当前的**规避者**（avoiders）占据两极。对于我们剩下的大部分讨论，粗略地区别规划者和规避者就足够了。

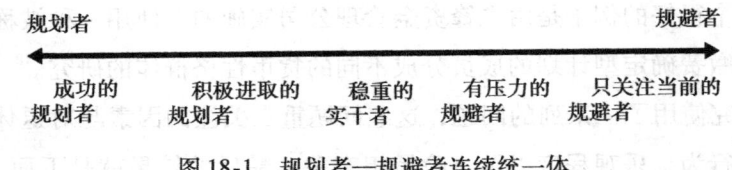

图 18-1　规划者—规避者连续统一体

支撑这种态度细分工作的是那些表明了规划者在储蓄和投资行为方面与规避者表现不同的最新证据。如果规划者积极地思考他们的财务前景和当前的准备状态的合理性，他们很有可能在检测到任何一种不足时采取措施。的确，研究已经表明那些有规划者思维模式的人在财富积累方面通常表现更好。[13]此外，规划者在承担风险时比规避者感到更加舒适。[14]谁才是规划者？正如 Vanguard 所做的工作表明的以及在别处证实的那样，较年长的、较富裕的男性（特别是那些成立家庭的）更有可能是规划者。[15]

18.2.2　充分利用教育

我们已经知道人们会受到行为偏差的影响并且这种偏差会导致他们误入歧途。正如前面表明的那样，对那些存在改善可能的人们（希望大部分人都在这个范围内），教育可能是一个有用的策略。一种教育形式就是简单地告诉人们他们有形成某一类型偏差的可能，并且说明这些偏差有可能把他们引向哪里。其中的思想是如果提前预警，人们将会进行调整。

为大众而设计的关于行为金融的书籍有时试着完成这个任务，一个很好的例子就是约翰·诺夫辛格（John Nofsinger）的《疯狂投资：心理学是怎样影响你们的投资以及应该对它做些什么》。[16]在"与偏差斗争"这一章中，给出了一张主要偏差的清单，连同对投资行为以及结果可能产生的影响一起列出。读者也展现出一系列的策略，比如使用定量筛选以及控制投资环境。这样的策略已经被证明在最小化偏差问题时是有用的。作为后者的一个例子，读者被建议查看及交易股票的次数每个月不超过一次以及考察整个投资组合的次数每年不超过一次。这将会缓解短期价格波动的影响，这种短期价格波动会引起损失厌恶，后悔以及背离安全性，因为大部分时候价格是向下波动的。

职业的金融教育提供者希望他们的产品尽可能有效。一种能够使教育更有效的方法是通过对相关的读者实行**客制化**（customization）。对那些为快速增长的缴费确定型养老金计划市场设计教育材料的人来说，这是一个特别重要的课题。正如在第17章阐明的那样，这些计划中的很多成员是没有丝毫经验的投资者。尽管如此，在这个群体中，规划者通常有相当坚定的立场。他们的准备工作水平将不可能受到他们接受（或者不接受）教育的影响。另一方面规避者是需要被关注到的群体。因为这个原因，有关缴费确定型计划的教育应该满足规避者的需要。

如果教育将对规避者产生某种影响，它必须迎合他们的优点。规避者更有可能被一种所谓的"基于成人的学习方法"所影响。[17]其中的思想是如果教育关注的焦点是学习者而不是信息，教育才会更加有效。目的是使成员成为有明确目标的以及自我调整的学习者，而不是事实摘录者，并且将基本原理和个人理解和经验联系起来。规避者可能没有太多的金融头脑或者兴趣，但是，就像我们当中其余的人一样，他们拥有丰富的经历。

在信诺退休投资服务中心进行的针对上述方法的一个测试中，通常对缴费确定型养老金成员提出的普通问题进行回答的热线代理人在经过培训后吸引呼叫者参与讨论储蓄利益以及目前的延期比率。[18]这不是通过演讲的形式完成的，而是用一种以经验为依据的方法。在某种程度上可以说，代理人成为了"伪装的教育者"。延期比率显著增加。

利用客制化的另一个领域是退休规划网站。[19]首先，让规避者访问网站是十分重要的。访问障碍应该被最小化。例如，考虑到规避者的惰性和拖沓，告知参与者一个网站的邮件中含有一个有效的链接比使用普通邮件通知要更好。一旦进入网站，保证规避者停留在页面以便他们能实际使用可用的工具就十分重要了。鉴于规划者对充满资料的网站感到舒适，很多的规避者可能会对这样一种方式感到厌恶。怎样才能鼓励规避者去使用这样的设施？为了吸引一个规避者，一个网站的前端应该保持简单，动人并且直接。吸引规划者的复杂设计可以放在一个或者多个下级目录。

通过金融教育能否使规避者转变为规划者？在一定程度上，你很有可能天生就是一个规划者或者规避者——就是说，这样一种倾向在很大程度上是固有的并且是由性格决定的。但是教育成果也很有可能对规划产生部分影响。例如，一项研究发现，一个旨在提高决策技能的研讨班中的参与者表现出显著增加的规划品质。[20]其他研究人员证明在中学阶段的金融教育能培养形成储蓄习惯的能力。这表明诸如编制预算这样的规划工具教学能够改变行为。[21]总而言之，在设法满足规避型客户的需要时，那些通过研讨班和网站提供教育和建议的雇主和养老金计划提供者很可能帮助了他们的雇员，尽管在后面肯定还存在改善空间。

18.3 利用行为金融进行客户管理

在本节中，关注的重点是一个理财顾问怎样利用行为金融去帮助一个客户进行资产配置决策。一个优秀理财顾问具有的其他重要管理职能在这里不作论述。我们从有关资产配置决策的传统方法开始，以便理解做出改变为何是合理的。

18.3.1 传统的资产配置决定过程

前面的章节中回顾了资产配置的标准决定因素以及没有经验的投资者如果使用他们自己的策略有时会承担不合理的风险数量的事实。有观点认为，投资组合模型，合理的默认值以及资产配置型基金可用来将人们引向合理的风险水平。对于某一个体，为了衡量其应该承担多少风险，第一步通常是填写一份调查问卷。调查问卷被设计用于确定一个投资者的**风险容忍度**（risk tolerance），它是**风险容量**（risk capacity）和**风险态度**（risk attitude）两者的一个函数。明确两者之间的区别，风险容量是指对一个与回答者具有相同年龄、退休计划、收入、流动性需求等的普通个体来说合理的风险数量。另一方面，最好将风险态度看作一个调整因子，它反映了特定个体由于个人偏好和心理因素希望偏离风险容量的程度。[22]最后的结果就是一个风险得分，通过映射它可以得到一种有关资产配置的建议。考虑股票—债券的组合，那些得分比较高的人能够忍受较高水平的股权风险。[23]

我们称来自这类调查问卷的资产配置方案为**主观风险**（subjective risk），因为它在某种程度上是依据个体对风险的态度和信念。这可以同**客观风险**（objective risk）区别开来，来自真实投资决策的客观风险表现为风险资产在整个投资组合中的百分比。[24]虽然这两种形式的风险通常给出相似的结论，但是存在频繁的偏差，这就会导致哪一种风险形式更好的问题。事实上，两种形式都存在潜在的问题。[25]虽然比起做出的陈述更加喜欢实际发生的事实（事实胜于雄辩）是很自然的，但是客观风险是有缺陷的，主要由无知和惰性引起。无知可能导致投资选择的风险与偏好不一致。同时惰性会引起资产组合重新调整不够充分，从而导致资产配置在市场上下起伏时偏离目标。

所以，也许主观风险更好。对来自这些风险调查问卷的答案我们应该感到多满意呢？问题是，由于回答者存在缺点或者问卷设计存在缺陷调查结果可能会出错。首先关注前者，人们通常在风险理解方面存在困难，因而他们不能真正明白怎样回答得分问题。最普遍地，人们很难理解风险是有很强期限特性的。在一个实验性研究中，一个提供缴费确定型养老金计划的公司中的员工被要求将他们的资金分配于两种基金，分别被称为"A"和"B"。[26]不考虑语言的中性，有关这些基金的披露信息是以某个交易活跃的美国股票市场价格指数和5年期国债的历史数据为依据。实验方案是向一个群体展示每种资产的1年期收益分布，同时向第二个群体展示30年期收益分布。该研究的作者猜测由于损失厌恶的存在，当向人们展示30年期收益分布的时候，流向股票型基金的分配额均值比在人们看到1年期收益分布的情况下要高得多。实验的证据证明他们是正确的。

这种研究是否仅仅是一种学术好奇心？远非如此。很多风险调查问卷中看到的一类普遍问题是询问人们在面对资产组合显著的短期损失时他们会有什么想法以及如何应对。像下面这样的问题经常被询问："在过去的一年你的股票组合价值损失了$x\%$。你将会怎样进行操作（选择范围从"卖出所有股票"到"买入更多股票"）？"这种问题的缺陷在于当投资者真正关心的应该是特定期限的风险与收益时，它会使投资者认为关注短期波动是合理的。不可否认地，人们可以认为这类问题必须被询问，因为如果那些对波动感到过分紧张的人投资了价格波动似蛇形的投资品，当市场不可避免地向下波动时，他们感觉被蛇咬的倾向可能导致他们彻底并且永久地调整他们的股权风险。这种关注是合理的。

问卷调查也可能因为问卷设计存在缺陷而产生不理想的结果。主要地，它们可能缺乏有效性和可信性[27]。有效性是指一种调查问卷对其宣称要测量的指标的实际度量程度，而可信性是关于其调查结果一致性的一种指标。为了实现有效性，必须提出合适的问题。所以当我们需要探测风险容量时，在一份好的调查问卷里面，有关年龄和退休时间的问题将会扮演主要角色。例如，一个典型的问题是："你计划在多少年之后退休？"空间允许的话，引入诸如收入和其他投资品之类的因素可能也是合理的。在包含了风险容量这类问题之后，通常很大一部分问题将试图揭示回答者的个人风险态度，目的是为了对单独调查风险容量时所揭示的风险承担数量进行向上或者向下调整。为了谋求可信性，技巧就是提出足够数量的合理的问题。数量很重要是因为如果一个被曲解的问题只是为数不多的问题中的一个，它的影响就会被放大。

18.3.2 使用行为金融改善决策方法

考虑到在前面章节中所涉及的所有问题，人们自然会去寻求帮助。一些人认为理财顾问利用行为金融不仅可以增强客户和理财顾问之间的关系，还可以改善资产组合选择的方法。就理财顾问知道客户的某一特定偏差而言，顾问可以相应地做出反应。作为这种方法的一个主要例子，丹尼尔·卡曼和马克·里皮（Mark Riepe）已经提出一系列的问题，它们经过组合后可作为一种供客户使用的行为测试，以便梳理出被考察客户最容易出现的特定偏差。[28] 它们也可以首先被理财顾问用来观察自己是否是有偏的。来自他们文章中的一个例子是：

> 当投掷一枚硬币时，下面的哪一个序列更有可能发生
> ——HHHTTT 还是 HTHTTH?

答案为两者是同等可能的。但是对于那些容易对随机事件（比如当前的表现）过度反应的人来说，第一个看起来不太可能发生。卡曼和里皮向容易产生这种偏见的人提出建议：

- 问问你自己是否有真实的理由相信你比市场知道的要多。
- 在做出一个主动决策之前，考虑交易是基于随机因素的概率。在进行交易之前列出它为何不是以随机因素为依据的原因。

注意最后一句使用了前面提及的反证的消除偏差策略。

迈克尔·庞皮亚纳（Michael Pompian）认为了解一个客户的心理素质以及偏差的主要目的应该是使用增强的理解去改善资产配置方法。[29] 假设主观风险（来自客户填写的一份调查问卷）和客观风险之间存在偏差，客观风险是以目前资产组合的构成或者以客户对目前资产组合的构想为依据。举个具体例子，让我们管理股票—债券组合，并且假设虽然客户的主观风险水平要求 60% 的股权投资，但是她实际只希望配置 30%。问题是，理财经理应该怎样处理这种偏差？Pompian 提出下面的问题：在什么情况下应该缓和（也就是，削弱）偏差，以及在什么情况下应该适应（也就是，接纳）偏差？他的解决方案采取两点原则。

原则 1：缓和较贫穷的客户形成的偏差。同时适应较富有的客户形成的偏差。

原则 2：缓和认知偏差。同时适应情绪偏差。

考虑第一个原则背后的思想。对较贫穷的客户来说，针对退休进行投资的一种巨大风险是要忍受资产的波动性——不是短期的。例如，虽然损失厌恶会导致一个投资者过分回避股权风险，然而一个存在相同偏差的较富有投资者在退休时将仍然有充分的资源，这对一个较贫穷投资者来说就不一定是成立了。因为这个原因，试图说服较贫穷的投资者调整他的想法会更好。事实上很多人都遭受损失厌恶的影响并且从长期

来看差的市场行情有被好的市场行情抵消的趋势，让较贫穷的投资者了解这个事实是朝着正确的方向迈出了一步。

至于第二个原则，这里的思想是通过合理的教育认知和判断偏差都比情绪偏差更容易被削弱。大脑边缘系统中根深蒂固的情绪是更加难以应付的。如果正是情绪上的原因导致一种对风险承担的不恰当观点，那么对理财顾问来说通常最好的办法是适应这些观点。假设客户要求的风险比标准要求要低，如果违背他的情绪倾向强行使他进行高风险投资，那么当市场不可避免地变得糟糕时他将很有可能改变决策（甚至解雇理财顾问，尽管建议很好）。

使用这些原则，理财顾问将她的客户引向了"最好的实际配置"。虽然这个配置也许是次优的，但在没有被客户中途解雇风险的情况下它是所能得到的最接近最优的配置。

虽然庞皮亚纳的方法有一些优点，但是它确实包含了一个显著的缺陷。这就是它的隐含假设，即"最好的"资产配置是来自于一份风险问卷调查。前面我们已经讨论过这种调查问卷的缺陷。我们也同意规范理论虽然有用但是不一定产生理想答案这一点。也许"仅次于最好的"方案是利用主观评判方法和规范方法的一个加权平均（其中权重是人们在这些方法中具有的自信心的函数）。

尽管在客户管理方面利用行为金融处在初期阶段，但是财富管理行业的很多人赞成下述观点：了解他们的客户所遭受的偏差和情绪——更不要说他们自己，只能改善理财顾问与投资者之间的关系以及在必要时适应客户的特定偏好和心理以形成更加符合客户目标的托管资产组合。

本章要点

1. 成功地消除偏差需要意识到偏差的存在、清楚偏差的方向和大小以及采取相关措施的能力。
2. 由于消除偏差是一个困难的过程，所以只要有可能，旨在防止根深蒂固的偏差出现的环境控制是明智的做法。
3. 为了完善决策，下面的步骤是有效的：提醒问题的存在、描述问题状况、提供个人反馈以及进行全面的训练。
4. 有大量的证据表明可以根据性格类型对人们进行分组。著名的例子就是梅尔斯—布里格斯性格类型指标以及规划者—规避者连续统一体。
5. 适应教育对象的性格类型和货币态度可以改善教育的效果。
6. 传统的资产配置是通过让客户填写一份风险问卷调查实施，这就是"了解你的客户"策略。
7. 风险态度是一个人对风险承担的态度。

风险容量衡量一个人对抗市场冲击的能力而且它主要是年龄和退休时间的一个函数。将它们组合在一起，我们得到风险容忍度。

8. 合理的资产配置既是风险态度又是风险容量的函数。

9. 主观风险和客观风险，（根据实际的配置）两者都不是合理资产配置的理想指标。

10. 了解客户的性格类型，货币态度以及最容易影响他们的偏差能够改善理财顾问和投资者之间的关系并且能形成更加符合客户产出目标的托管资产组合。

问题与讨论

1. 区别下列概念和术语：
   (1) 性格类型和货币态度。
   (2) 规划者和规避者。
   (3) 缓和偏差和适应偏差。
   (4) "可改善的决策人"和"屡教不改的决策人"。

2. 假设由道琼斯工业平均指数衡量的市场水平目前是 12 000 点。一个预测者预测一年之后市场水平是 13 300 点，其中置信度为 95% 的置信区间下限为 12 500 点，上限为 14 500 点。你从历史经验知道这个特定的预测者既倾向于过度乐观又容易错误设定。描述你将怎样消除该个体的偏差。举出一个数值例子（编造的相关数据要尽量合理）。

3. 在偏差被成功消除之前哪些步骤必须实现？描述这个过程。

4. 风险容忍度源自风险容量和风险态度。风险容量和风险态度的主要决定因素是什么？

5. 描述应该怎样针对规避者进行教育工作。

注 释

1 Wilson, T. D., D. B. Centerbar, and N. Brekke, 2002, "Mental contamination and the debiasing problem," in T. Gilovich, D. Griffin, and D. Kahneman, eds., *Heuristics and Biases: The Psychology of Intuitive Judgment* (Cambridge University Press, Cambridge, U.K.).

2 Sometimes one hears the term "decontamination."

3 Fischhoff, B., 1982, "Debiasing," in D. Kahneman, P. Slovic, and A. Tversky, eds., *Judgment under Uncertainty: Heuristics and Biases* (Cambridge University Press, Cambridge, U.K.).

4 In one exercise, a decision support system is formulated to provide remedial feedback to investors exhibiting bias. See Bhandari, G., R. Deaves, and K. Hassanein, 2007, "Using decision support systems to debias investors," *Decision Support Systems* 46, 399–410.

5 See Fischhoff, B., 1982, "Debiasing," in D. Kahneman, P. Slovic, and A. Tversky, eds., *Judgment under Uncertainty: Heuristics and Biases* (Cambridge University Press, Cambridge, U.K.), for numerous references.

6 Koriat, A., S. Lichtenstein, and B. Fischhoff, 1980, "Reasons for confidence," *Journal of Experimental Psychology: Human Learning and Memory* 6, 107–118.

7 Clemen, R. T., and K. C. Lichtendahl Jr., 2002, "Debiasing expert overconfidence: A Bayesian calibration model," Working

paper.

8 For a discussion of Myers-Briggs, see Larsen, R. J., and D. M. Buss, 2008, *Personality Psychology*, 3rd ed. (McGraw-Hill, New York).

9 Pompian, M. M., and J. M. Longo, 2004, "A new paradigm for practical application of behavioral finance: Creating investment programs based on personality type and gender to produce better investment results," *Journal of Wealth Management* (Fall), 1–7.

10 Keirsey, D., 1998, *Please Understand Me II: Temperament, Character and Intelligence* (Prometheus Nemesis Book Company, Del Mar, California).

11 See Statman, M., and V. Wood, 2004, "Investment temperament," Working paper. Aside from Myers-Briggs and Keirsey, another example is the Values and Lifestyles system developed by the Stanford Research Institute; and Ackert, L. F., B. K. Church, and B. Englis, 2002, "The asset allocation decision and investor heterogeneity: A puzzle?" *Journal of Economic Behavior and Organization* 47, 423–433.

12 See Marconi, C. M., and S. P. Utkus, 2002, "Using 'money attitudes' to enhance retirement communications," Working paper (Vanguard Center for Retirement Research); and MacFarland, D. M., C. D. Marconi, and S. P. Utkus, 2004, "'Money attitudes' and retirement plan design: One size does not fit all," in O. S. Mitchell and S. P. Utkus, eds., *Pension Design and Structure: New Lessons from Behavioral Finance* (Oxford University Press, New York).

13 Ameriks, J., A. Caplin, and J. Leahy, 2003, "Wealth accumulation and the propensity to plan," *Quarterly Journal of Economics* 68, 1007–1048.

14 Deaves, R., T. Veit, G. Bhandari, and J. Cheney 2007, "The savings and investment decisions of planners: An exploratory study of college employees," *Financial Services Review* 16, 117–33.

15 Ibid.

16 Nofsinger, J., 2001, *Investment Madness: How Psychology Affects Your Investing and What to Do About It* (Prentice Hall, Upper Saddle River, New Jersey).

17 Saliterman, V., and B. G. Sheckley, 2004, "Adult learning principles and pension participant behavior," in O. S. Mitchell and S. P. Utkus, eds., *Pension Design and Structure: New Lessons from Behavioral Finance* (Oxford University Press, New York).

18 Ibid.

19 Scott, J., and G. Stein, 2004, "Retirement security in a DC world: Using behavioral finance to bridge the expertise gap," in O. S. Mitchell and S. P. Utkus, eds., *Pension Design and Structure: New Lessons from Behavioral Finance* (Oxford University Press, New York).

20 See Mann, L., G. Beswick, P. Allouache, and M. Ivey, 1989, "Decision workshops for the improvement of decision making skills and confidence," *Journal of Counseling and Development* 67, 478–481, for details.

21 Bernheim, D., D. Garrett, and D. Maki, 2001, "Education and saving: The long-term effects of high school curriculum mandates," *Journal of Public Economics* 80, 435–465.

22 Some argue that the two risk metrics should not be combined on the same questionnaire. See Roszkowski, M. J., G. Davey, and J. E. Grable, 2005, "Insights from psychology and psychometrics on measuring risk tolerance," *Journal of Financial Planning* (April), 66–77. As for using risk attitude for the psychological construct and risk tolerance as an amalgam of risk attitude and risk capacity. Roszkowski, Davey, and Grable state that the majority of planners and their clients use risk tolerance as it is used in the chapter.

23 Typically, different answers to the questions are assigned points, and the resultant sum is mapped on to a particular asset allocation. For example, just thinking in terms of the stock-bond mix, a "75" might be mapped on to a 60–80% equity share.

24 See Hallahan, T. A., R. W. Faff, and M. D. McKenzie, 2004, "An empirical investigation of personal financial risk tolerance," *Financial Services Review* 13, 57–78, who compare subjective and objective risk tolerance. Regardless of the type of risk tolerance assessed, it seems that researchers do not necessarily have a consensus regarding the fundamental nature of humans' risk-taking behavior. Some consider an individual's risk tolerance as a stable personality trait—see Hanna, S., and P. Chen, 1997, "Subjective and objective risk tolerance: Implications for optimal portfolios," *Financial Counseling and Planning* 8(2), 17–26; whereas others view it as dynamic and underscore the potential influences of such factors as experiences, knowledge, and social interaction in changing its level—see Baker, H. K., and J. R. Nofsinger, 2002, "Psychological

biases of investors," *Financial Services Review* 11, 97–116.

25 One could say that a third variety of risk tolerance is "normative" risk tolerance, namely the risk taking that an individual *should* take on as function of his/her stage of life, preferences, and other considerations. While normative risk tolerance is on the surface the ideal, it does not provide complete and definitive answers. It is incomplete because, while we need both an investor's risk capacity and her risk attitude, it only speaks to the former. And normative risk tolerance is not definitive simply because, as the previous chapter made clear, while researchers have been devoting great attention to the problem during the last number of years, there appears to be as yet no clear consensus.

26 Benartzi, S., and R. H. Thaler, 2002, "How much is investor autonomy worth?" *Journal of Finance* 57, 1593–1616.

27 See Roszkowski, M. J., G. Davey, and J. E. Grable, 2005, "Insights from psychology and psychometrics on measuring risk tolerance," *Journal of Financial Planning* (April), 66–77, for a discussion.

28 See Kahneman, D., and M. Riepe, 1998, "Aspects of investor psychology," *Journal of Portfolio Management* 24 (Summer), 52–65. Another lengthy exercise in this vein is Pompian, M., 2006, *Behavioral Finance and Wealth Management: How to Build Optimal Portfolios That Account for Investor Biases* (John Wiley & Sons, Hoboken, New Jersey).

29 Pompian, M., 2006, *Behavioral Finance and Wealth Management: How to Build Optimal Portfolios That Account for Investor Biases* (John Wiley & Sons, Hoboken, New Jersey).

第八篇 PART 8

理 财

第 19 章　行为投资

第 20 章　神经金融学和交易员的大脑

第19章 行为投资

引 言

本章我们考虑**行为投资**(behavioral investing),人们试图通过应用从行为金融中学习到的经验教训提高投资组合的表现。根据第13章的内容,它看起来似乎是一个简单的过程。在第13章中,我们论述了在不同的样本期间和不同国家的股票市场上,动量效应和反转效应以及价值优势得到实证支持的证据。此外,这些异象同样拥有一个以理论模型为依据的公司行为基础。根据这些证据,通过偏向体现出上述特征的股票来提高投资组合的表现似乎是合理的。

在19.1节,我们开始考虑事情没有像人们最初料想那样简单的几种原因:异象衰减、风格同等群体以及风格投资。在19.2节,我们探讨投资者如何能够进一步提高投资组合表现,不仅仅是孤立地利用异象,而是通过异象组合以及并入其他筛选因素进行。在19.3节,我们超出上述内容去探究多种筛选因素。在19.4节,我们考虑风格循环,试图测定风格收益的时间。在19.5节,我们对是否存在一些证据表明行为投资能够导致收益增加提出疑问。

19.1 异象衰减、风格同等群体以及风格投资

威廉·施沃特(William Schwert)在2002年指出,许多的**异象**(anomalies)一旦在学术文献中被报告,它们后来或者**衰减**(attenuated),或者完全消失。[1] 他引用小公司效应、1月效应(1月的股票回报率要高一些的倾向)、周末效应(股票回报率在星期一

要低一些的倾向）和价值优势作为例子。

那么是否意味着管理者们不应该预期异象会持续存在？异象消散在某一市场中确实是我们预期发生的事情，尽管该市场不总是完全有效，但是一旦信息被传播开，通过纠正性的套利活动市场会产生向异象消散方向运动的趋势。那些已经被认为是风险因子的异象不应该消失，特别是价值和公司规模，因为在一个风险环境中它们根本不是异象而是对风险承担的合理补偿。另外，应该值得注意的是，虽然价值优势在20世纪90年代末降低，但它随着2000年开始出现的技术泡沫的破灭而强势回归。[2] 尽管存在这些争议，但经验教训是清晰的。正是因为异象是利用历史数据发现的，所以没有理由假定在未来利用异象是容易的。

即使一种异象是持久的，对于试图利用它的投资组合经理来说，这也不是故事的结尾。将经理与他们的规模/价值同等群体进行比较评估，也就是说与他们的**风格同等群体**（style peer group）比较正成为习惯做法。风格通常按照公司的规模以及成长与价值进行定义。例如，晨星基于一个三乘三阶矩阵将国内共同基金的基金经理分成9组，其中按规模分为小盘股、中盘股和大盘股，按价值与成长分为价值型、混合型和成长型。[3] 因此，当一个经理因为价值型小盘股历史表现强于其他的分块市场就偏向于价值型小盘股时，他将会和其他做一模一样决策的经理进行对比。为了脱颖而出，他必须做得更好。这可以通过选择股票的基本性质，使用额外的筛选因素或者两者的结合达到。下一节就这一点提供了一些附加的指导。

在向前推进之前，浅谈一下**风格投资**（style investing）是恰当的。考虑投资组合构造中的风格意味着不同的内容。第一，考虑到风格收益是周期性的现象，即有时候小盘股表现强于大盘股且反之亦然，有时候价值型股票表现强于成长型股票且反之亦然，通过有意识地在不同风格之间多元化投资可以有效降低风险。第二，在这种多元化投资方法的框架下，因为历史上价值型表现强于成长型且小盘股表现强于大盘股，所以在仍然进行不同风格投资的同时，偏好于价值型小盘股可能是明智的。如果一个经理仅仅在一个特定的风格段进行操作，那么事实上就是完全偏好。这在一定条件下是有意义的，即如果一个经理在该风格段选择股票时有专门的知识并且是风格多样化投资团队的一部分（意味着整体的投资组合是风格多样化的）。第三，如果对风格将会受到投资者偏爱的时间进行预测是可行的，风格循环就可能存在一个范围，它依赖于某一经理的预测模型所需要的要素。

在价值—成长型股票的选择方面提供一个简单的例子，假定一个中性的价值—成长型股票分配比例是1:1。如果你自觉地进行风格多样化，你将会持有50%的成长型股票和50%的价值型股票。如果你认为价值型股票表现通常会更好，你可能会偏向于价值型从而将你投资组合的60%投资于价值型股票。如果你认为你拥有的预测模型可以让你测定风格收益的时间，你可能会乐意来回变换比例，80%还是40%的价值型股票取决于你的模型目前所需要的要素。

尼克拉斯·巴伯瑞斯和安德雷·史雷夫基于总体风格循环构建了一个关于风格投资的模型。他们指出，许多令人关注的推论是由下面两个假设引起的：第一，投资者用他们的美元追逐过去的相对风格表现；第二，现金流影响价格。[4] 后者是合理的，如果许多人试图去追逐相同的风格并且假定套利是受限制的，价格就必须调整。此外，他们的模型既解释了脱离潜在现金流这一本质的风格因素为何存在，又解释了风格收益随时间分阶段形成的趋势。

19.2 完善异象捕获

在本节我们首先回顾那些阐明了如何通过观察财务报表信息去完善简易价值投资的研究，然后我们依据交易量进一步描述怎样完善简易动量投资。

19.2.1 使用会计数据完善价值投资

研究表明利用波动性和投资者经验能够完善价值投资。[5] 采取一种不同的视角，约瑟夫·彼得罗斯基(Joseph Piotroski)已经证明财务报表信息也是有用的。[6] 使用简单的账面市值比方法，价值投资被证明只对一小部分公司有效——少于44%的高账面市值比公司在投资组合形成之后的两年里获得正的市场调整收益。彼得罗斯基的贡献在于使用了财务报表信息进行去糟取精。具体地，9个基本信号被用来衡量一个公司财务状况的三个方面：赢利能力、财务杠杆/流动性以及经营效率。基于这些信号，计算得到一个F-得分(财务稳健性)，其中经营业绩有望好转的公司更有可能/不太可能具有较高的/较低的F值。F-得分取整数并且取值范围是从0(最不稳健)到9(最稳健)。一种以买入具有很高(8~9)F-得分的公司并且卖空那些很低(0~1)F-得分的公司为依据的投资策略在1976~1996年创造了23%的超额收益。一个更加保守的划分方法产生的超额年收益率是9.7%，在该划分方法中高的F-得分被设定为大于或等于5时(而低的F-得分小于等于4)。此外，如图19-1所示，这样一种策略对每年的基本环境表现出很高的依赖性。在样本中的21年里，只有3年使用多空仓策略获得了负的风险调整收益——并且其中2年的收益接近于零。[7]

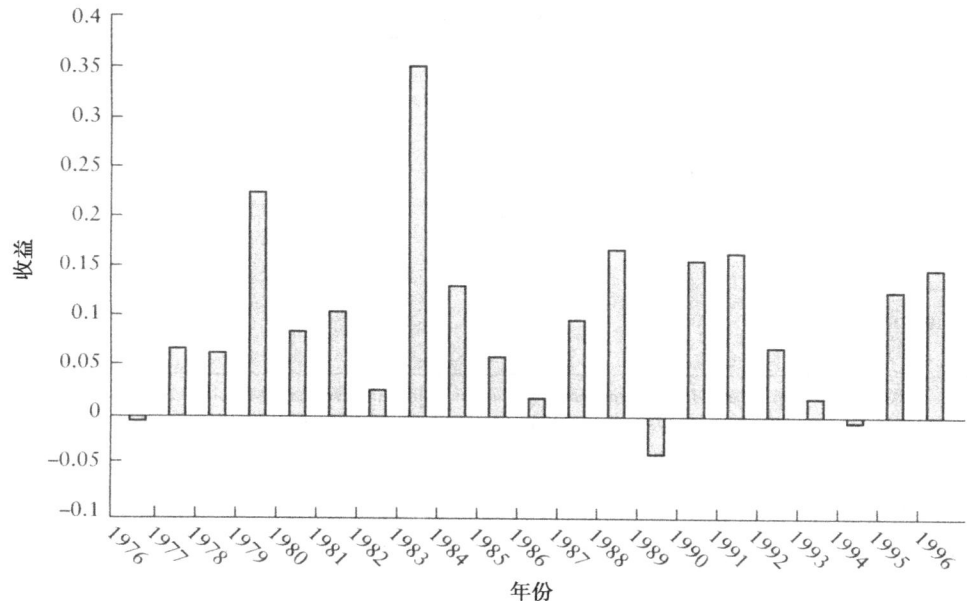

图 19-1 用其他财务报表信息区别预测的赢者与输者时,多空价值策略的 1 年期收益

资料来源:Piotroski, J. D.. From "Value investing: The use of historical financial statement information to separate winners from losers," *Journal of Accounting Research* 38, (Supplement), 2000, pp. 1-41. Reproduced by permission of Blackwell Publishers.

19.2.2 使用交易量指标完善动量投资

有证据表明通过加入额外的筛选因素动量投资也能够得到完善。特别的,动量的强度随着市场状况的改变而发生变化,消极的市场行情会引起动量损耗。[8] 交易量是又一个可能的筛选因素。技术分析人员同样重点关注历史收益,长期以来他们认为交易量是一个重要的指标。[9] 查尔斯·李(Charles Lee)和巴斯卡兰·斯沃米娜坦(Bhaskaran Swaminathan)证明了交易量和动量之间的关系,指出交易量既预测了动量的幅度又预测了它的持续性。[10] 表 19-1 展示了对动量和交易量的双向排序。同生成历史收益的 10 个十分位水平(R1 到 R10,其中 R10 表示最高的历史收益)一样,这些研究人员构造了交易量的 3 个序位,用 V1 表示最低交易量,V3 表示最高交易量。因此我们有 30 个动量——交易量组合。他们发现交易量低的公司获得较高的收益,所以最好的动量——交易量混合策略是买入低交易量——高动量公司的股票并且卖空高交易量——低动量公司的股票。前面一组赢得 1.67% 的月收益率,而后面一组赢得 0.09% 的月收益率,产生的月收益率价差是 1.58%。

表 19-1 动量和交易量的双向排序

	V1	V2	V3	V3 − V1
R1	1.12	0.67	0.09	−1.03
	(2.74)	(1.61)	(0.20)	(2.74)
R5	1.36	1.34	1.15	−0.21
	(5.37)	(4.63)	(3.28)	(1.33)
R10	1.67	1.78	1.55	−0.12
	(5.30)	(5.41)	(4.16)	(0.67)
R10 − R1	0.54	1.11	1.46	0.91
	(2.07)	(4.46)	(5.93)	(4.61)

资料来源：Lee, C. M. C. and B. Swaminathan. From "Price momentum and trading volume," in *Journal of Finance* 55, pp. 2017-69. © 2000 Wiley Publishing, Inc. This material is used by permission of John Wiley & Sons, Inc.

李和斯沃米娜坦也证明了动量收益具有最终反转的趋势，提出动量在一定程度上是过度反应的表现并且动量和反转是相关联的。此外，他们指出交易量是价值的一个噪声代理变量，与低交易量相关联的是高账面市值比，少量分析人员跟进，长期收入增长预测较低，过去5年股票收益率较低以及未来收入高于预测。他们提出一个"动量生命周期"来刻画数据中的一些模式，参见图19-2，股票有逐步变化的趋势，并且动量和交易量是两大关键指标。历史收益好的股票在左边，交易量高的股票位于上半部分。选取一只达到峰值之后遇到一系列负面消息的股票。它的股价下跌并且投资者在高交易量水平抛售它。失去投资者的宠爱，股价继续下跌，交易量萎缩。

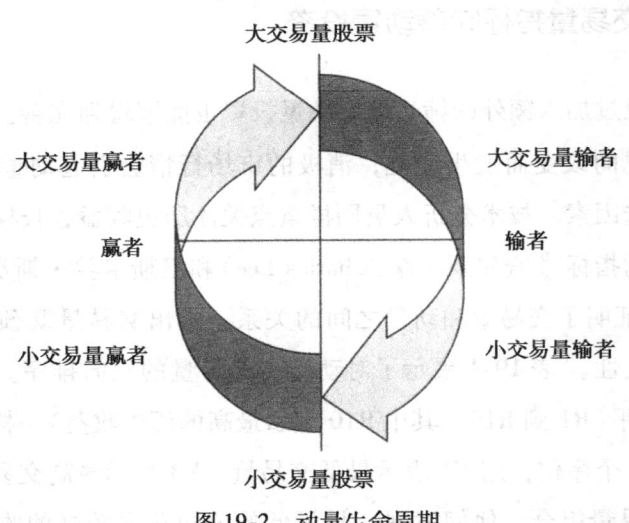

图 19-2 动量生命周期

资料来源：Lee, C. M. C. and B. Swaminathan. From "Price momentum and trading volume," in *Journal of Finance* 55, pp. 2017-69. © 2000 Wiley Publishing, Inc. This material is used by permission of John Wiley & Sons, Inc.

股票最终可能会获得一个反转。最后当其股价开始上涨时,初始的交易量依然较低,因为投资者和分析师将它重新放回他们的关注范围需要花费一定的时间。但是,随着反转继续,它会变得越来越受关注,并且交易量最终会上升。

接下来我们回顾的研究贡献沿着下述若干思路继续进行下去:第一是考察历史收益的期限结构,因此可以同时考虑动量和反转;第二是将动量和价值联系起来。

19.2.3 动量和反转

马克·格林布拉特和托拜厄斯·莫斯科维茨证明了如果一个人利用历史收益率的全部期限结构可以获得收益。[11]正如我们在前面看到的那样,使用短期(1个月)收益率和长期(3~5年)收益率数据都能得到负的序列相关性,而中期(6~12个月)收益率表现出正的序列相关性。在他们的方法中,他们允许历史收益和损失之间存在不对称性,并且考虑了历史收益和损失的一致性。为何一致性重要?回想第13章中的Grinblatt—Han模型。在这个模型中,决定未来收益的是未实现的资本利得而不是历史收益。与那些由于一两个月的戏剧性价格跳跃而达到相同历史收益的股票相比,一直赢利的股票更有可能拥有较大的未实现资本利得。表19-2展示了证券的月对冲收益关于一组期限结构变量的回归结果。[12]

表19-2 证券的月对冲收益关于一组期限结构变量的回归

自变量	系数	t-统计绝对值
前一月收益	-0.047 2	11.39
前一月收益(L)	-0.076 4	9.63
前一月收益的一致性指标(W)	0.005 1	8.79
前12月到前2月收益	0.002 8	2.50
前12月到前2月收益(L)	0.011 3	2.97
前12月到前2月收益的一致性指标(W)	0.004 6	5.80
前12月到前2月收益的一致性指标(L)	-0.000 7	0.76
前36月至前13月收益	-0.001 5	3.47
前36月至前13月收益(L)	-0.005 2	2.04
前36月至前13月收益的一致性指标(W)	-0.001 4	2.73
前36月至前13月收益的一致性指标(L)	-0.000 7	0.80

资料来源:Reprinted from the *Journal of Financial Economics*, Vol 71, Issue 3, Grinblatt, M., and T. J. Moskowitz., "Predicting stock price movements from past returns: The role of consistency and tax-loss selling," pp. 541-79, © 2004. With permission from Elsevier.

为了解释说明,我们重点关注四个与-12~-2相关的变量和估计的参数。正如预期的那样,根据前12个月到前2个月的累积收益("从-12~-2的收益")我们观察到显著地正序列相关性。紧接着下面的一个变量("从-12~-2的收益(L)")被定义为0和"从-12~-2的收益"中的最小值,这意味着在上述时间段内它只会在收益为负时起作用并且它的系数衡量了负收益的增量影响。对输者公司来说,系数也是(显著地)为正的事实表明了较长的持续性。下一个变量是一个指示变量,如果11个月中(从-12~-2)至少有8个月被证明有正收益;换句话说,正的一致性,该变量取值为1。在它下面的一个变量,一致输者变量,是一个指示变量,当从-12~-2的11个月中至少有8个月被证明有负收益时取值为1。[13]我们看到作为一个一致赢者增强了动量效应,而作为一个一致输者没有任何影响。基本上,使用其他期限结构得到的结果是十分类似的。相对于赢者,输者的序列相关程度(不论是正还是负)被放大;赢者的一致性提高了收益(增强动量以及削弱反转);并且输者一致性从不会有任何影响。

格林布拉特和莫斯科维茨接下来检验了数据中这些模式在经济上的相关性:他们能否被用来提高组合的表现?依据回归变量的期初值和使用有效信息估计得到的系数,按照从最低期望收益到最高期望收益的顺序将股票排序形成十分位数。图19-3显示了这些零成本投资组合在每个十分位水平的平均收益。注意到他们排列有序,其中第10个十分位水平获得最高的平均收益而且第1个十分水平获得最低的平均收益。第10个与第1个十分位水平相比较,它们之间的月收益率缺口是令人惊讶的(并且十分显著)1.68%。的确,以历史收益率的期限结构为依据似乎是一个明智的策略。毫无疑问,这是技术分析人员通常所做的,尽管它可能没有上述统计严谨性。

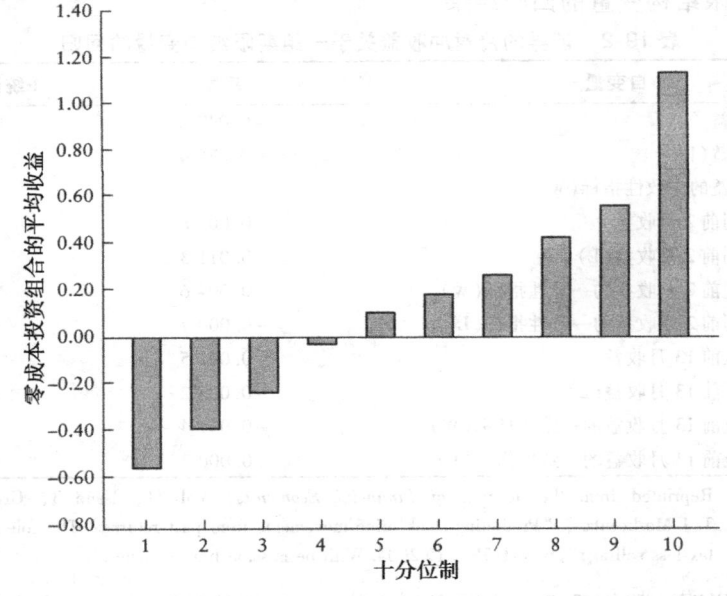

图19-3　十分位制平均对冲收益

资料来源:Reprinted from the *Journal of Financial Economics*, Vol 71, Issue 3, Grinblatt, M. and T. J. Moskowitz., "Predicting stock price movements from past returns: The role of consistency and tax-loss selling," pp. 541-79, © March 2004. With permission from Elsevier.

19.2.4 动量和价值

当我们试图同时使用价值和动量条件形成投资组合时会发生什么呢？由克利夫特·阿斯纳斯（Clifford Asness）所做的一份研究显示投资收益没有人们预期的那么高。[14]首先对美国股票进行分类以形成价值和动量的五分位数。接着构造交叉组合，得到 25 个（5×5）不同的股票组合。正如表 19-3 所示，与平均月收益率为 0.03% 的低动量—低价值的股票组合相比较，高动量—高价值组合的平均月收益率为 1.62%。这意味着一个多空仓策略型的投资组合可以创造 1.59% 的收益率。同时以价值和动量为条件，投资收益减少是由于价值条件对低交易量股票效果最好，而动量条件对低价值股票效果最好。例如，在低价值股的情况下，动量创造的收益率差额是 1.47%，这个数字十分接近高动量—高价值股票与低动量—低价值股票之间的收益率差额。

表 19-3 基于价值和动量双向排序的平均月收益 （%）

		价值					
		低	2	3	4	高	平均
动量	低	0.03	0.49	0.80	0.83	1.00	0.63
	2	0.61	0.59	0.90	1.25	1.35	0.94
	3	0.52	0.93	0.80	1.19	1.44	0.98
	4	0.99	0.97	1.17	1.45	1.68	1.25
	高	1.50	1.44	1.49	1.60	1.62	1.53
	平均	0.73	0.88	1.03	1.26	1.42	

资料来源：Data adapted from Asness, C. S., 1997, "The interaction of value and momentum strategies," in *Financial Analysts Journal* vol. 53, No. 2, (March/Apr 1997), p. 29. With permission from CFA Institute. Copyright 1997. All rights reserved.

19.3 多元方法

在前一节中，我们分析讨论了同时研究价值和动量影响的研究。但是为何止步于两因素呢？这里我们报告两篇使用**多元方法**（multivariate approach）的研究。我们以马克·莱因加纳姆所做的早期研究开始。[15]为了研究"赢者"是否通常具有某些共同特征，他使用了一个包含 222 家公司的样本，这些公司的股票价格在 1970～1983 年中的某一年里至少翻了一番。在确认这些特征因素之后，问题在于重点研究这些特征是否可以制定一个成功的交易策略。莱因加纳姆鉴别出下面4个关键的共同特征：

(1) 市净率小于1。

(2) 季度收入增长加速。

(3) 流通中的普通股少于2 000万股。

(4) 相对强度高。[16]

第一个（价值）和第四个（动量）特征看起来应该很熟悉。第二个特征可能是提取优质公司的一种方法（正如彼得罗斯基的研究一样），第三个特征或许是市值的代理变量。为了实行一个样本外检验，莱茵加纳姆排除他曾用来提出上述四个共同特征的222家公司，然后利用这些共同特征对1970～1983年美国证券交易所和纽约证券交易所剩余的所有上市公司进行筛选。[17]同时具有全部相关特征的公司引发一个买入信号。在买入信号之后，该证券被随意地持有两年然后被卖出。在每只股票被持有的8个季度中，每个季度的超额收益率都会被计算出来。这个结果是令人惊讶的，比标准普尔500指数收益率高37.14%（在一个相同的风险水平）。

按照这种方法，罗伯特·豪根(Robert Haugen)和纳尔丁·贝克(Nardin Baker)研究了很多可选因素的预测贡献，这些因素可以分为5大类：风险、流动性、价格水平、增长潜能以及技术水平。[18]风险因素包括了像贝塔和宏观经济敏感度这样的标准风险因素。因为流动性差的股票需要有更高的收益去补偿那些必须面对更高交易成本的交易者，所以它包含了像每股价格和交易量这样的符合逻辑的因素。价格水平因素本质上刻画了价值策略，因为这类因素包含了与各种会计计量尺度相关的股票价格。增长潜能因素指出了收益和红利更高增长的可能性，就这一点而言，很多的赢利指标可用作它的代理变量。这里的思想是，给定某一会计计量下的价格，表明更高的未来增长的指标可以选出优质公司。而最后的技术因素包括标准的动量测度和反转测度。

使用所有的这些自变量进行下面的回归

$$R_{j,t} = \sum_i \beta_{t,i} F_{j,i,t-1} + u_{j,t} \tag{19-1}$$

式中，$R_{j,t}$为股票j在t月份的收益率；$\beta_{t,i}$为回归系数或者为t月份因素i的回报；$F_{j,i,t-1}$表示由因素i决定的股票j在t月份的投资份额。这些研究人员首先在1979～1993年的全部180个月（在某一特定时间点上）对这个回归进行横截面估计。对于前半部分样本，12个最重要的要素的平均回报如表19-4所示（伴随着相应的t-统计量的绝对值）。回归系数可以解释为在截面上随着某一因素决定的股票投资比率变化一个标准偏差，该股票的期望月收益率的变化。为了检验稳健性，表格的最后两列是对后半部分样本重复上述操作的结果。有几点结论是显著的。第一，因素的影响是显著一致的。第二，没有出现风险测度。第三，不足为奇的，占主导地位的是技术因素，价格水平因素以及流动性。

表19-4 因素系数和 t-统计

	1979/2001～1986/2006		1986/2007～1993/2012	
	均值	t-统计绝对值	均值	t-统计绝对值
1个月超额收益	-0.97%	17.04	-0.72%	11.04
12个月超额收益	0.52%	7.09	0.52%	7.09
交易量/市场价值	-0.35%	5.28	-0.20%	2.33
2个月超额收益	-0.20%	4.97	-0.11%	2.37
E/P	0.27%	4.56	0.26%	4.42
ROE	0.24%	4.34	0.13%	2.06
账面价值	0.35%	3.90	0.39%	6.72
交易量趋势	-0.10%	3.17	-0.09%	2.58
6个月超额收益	0.24%	3.01	0.19%	2.55
CF/P	0.13%	2.64	0.26%	4.42
CF/P 变动	-0.11%	2.55	-0.15%	3.38

资料来源：Reprinted from the *Journal of Financial Economics*, Vol 41, Issue 3, Haugen, R. A., and N. L. Baker, "Commonality in the determinants of expected stock returns," pp. 401-39, © July 1996. With permission from Elsevier.

下面的做法被用来作为一个样本外检验。使用1993年开始前的12个月样本去估计因素敏感度，然后使用这些敏感度和这些因素决定的每只股票的投资比率去拟合1993年1月份每只股票的期望收益率。接下来，按照由最高期望收益率到最低期望收益率的顺序对股票进行排序并且形成10个十分位水平，其中第10个十分位水平表示期望收益率最高的10%的股票，第1个十分位水平由期望收益率最低的股票组成，收益率依次降低。[19]这个步骤在样本中的180个月重复进行。图19-4展现出在这个样本期间10个十分位水平的平均收益率。豪根和贝克预期收益的方法在预测哪只股票将在未来表现更好时似乎十分成功。

虽然动量和价值看起来是预测因素的核心，但是显然地，其他因素也很重要。然而，目前的研究成果对动量和价值之外的要素的贡献产生怀疑。[20]当交易成本被纳入分析中时——应该注意的是豪根和贝克的策略必须在每个月重新调整资产组合——除了动量和价值因素之外似乎没有增加价值。[21]

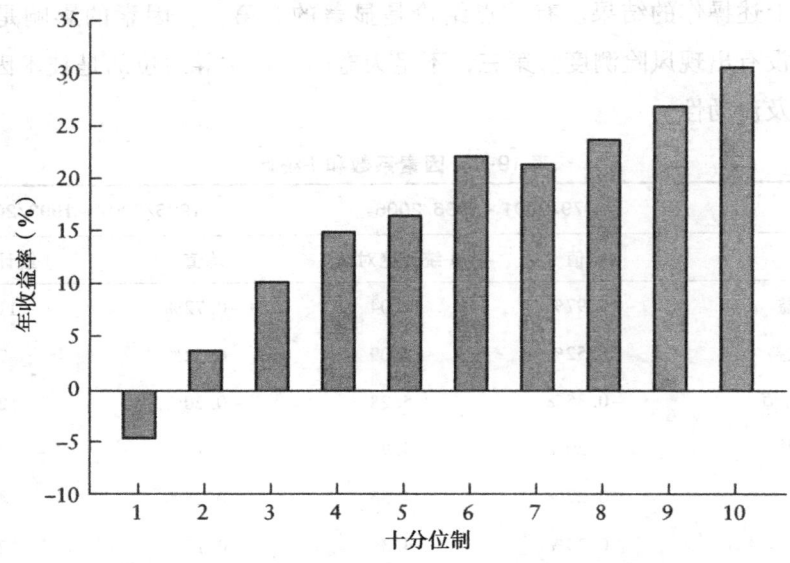

图 19-4 每个十分位水平中投资组合的平均收益

资料来源：Reprinted from the *Journal of Financial Economics*, Vol 41, Issue 3, Haugen, R. A., and N. L. Baker, "Commonality in the determinants of expected stock returns," pp. 401-39, © July 1996. With permission from Elsevier.

19.4 风格循环

风格循环（style rotation）是指从一种投资风格转变为另一种风格的行为，它试图测定整体风格转变的时间。当然，为了使这种应用切实可行，人们必须有一个具有一定可靠性的预测模型。代表性地，沿着这些思路进行的研究采用了像违约风险溢价、期限结构斜率以及总股息率这样的宏观经济因素。存在证据表明在美国、英国以及日本使用这种方法可以提高收益。[22]

为了解释风格循环的使用，我们转向以各个国家股票市场为对象的研究。斯蒂芬妮·德罗齐埃（Stephanie Desrosiers）、简－弗朗索瓦·劳赫（Jean-Francois L'Her）和简－弗朗索瓦·普兰特（Jean-Francois Plante）证明，正如可以根据动量和价值对一个国内投资组合中的股票进行调整一样，人们也可以根据动量和价值信号对一个国际投资组合中的各国股票进行调整。[23] 文章使用了 1975～2003 年美国、加拿大、澳大利亚、中国香港、日本、新加坡和 12 个欧洲主要市场的以美元计价的 MSCI 指数。在一个相对价值策略下，构建一个一个月期的投资组合，它在账面市值比最高的 4 个市场上是多头，并且在账面市值比最低的 4 个市场上是空头。这样一个投资组合产生的原始月收益率为 0.32%。在相对强度（动量）策略下，构建一个一个月期的投资组合，它在历史年收益率最高的 4 个市场上是多头并且在历史年收益率最低的 4 个市场上是空头。在这种情况下，投资组合的平均月收益率为0.81%。值得注意地是，这些投资组合相互之间是负相关的，根据整个样本期间依次推进的5年期数据得到的相关系数均值为 -0.56，这表明了风格多样化方法的功效。相对价值和相对强度的权重各为0.5的投资组合获得0.86%的月收益率——而且和它的两个组成部分中的任何一个相比，其风险水平都大幅降低。

这些研究人员此外还研究风格循环是否可以做得更好。在策略之间变换需要一个决策规则。他们提出当市场上升/下跌时，相对价值/相对强度的方法获得更大的成功。前者是由于赌场资金效应，该效应表明风险厌恶随着市场失灵而增加，而后者是由于当市场收益很高时出现的较大的整体过度自信（这里我们回想起将高市场收益和过度自信的程度联系起来的一个动量模型）。[24]

正如表19-5所示，风格循环的确取得成效。有203个月的信号是要求转向相对价值策略，其中只有100个月获取正的收益，因为和失败月份中得到的 -1.38% 比起来，成功月份的平均月收益率是3.32%，所以加权平均的月收益率是0.93%（相比较而言，一直使用相对价值策略的月收益率是0.32%）。另一方面，有141个月的信号是要求转向相对强度策略，此时大多数（90）月份取得成功。与失败月份 -4.12% 的月收益率相比成功月份的月收益率是5.18%，随之产生的加权平均的月收益率是1.81%（相比较而言，一直使用相对强度策略的月收益率是0.81%）。整体而言，风格循环创造了1.30%的月收益率。[25] 总而言之，当风格多样化在国家指数层面取得成效时，依据以前的年收益，通过风格循环可以获得更高的收益。

表 19-5　相对价值倾斜、相对强度倾斜和运用国家指数时的平均月收益　　（%）

	相对价值倾斜	相对强度倾斜	风格转换
成功的月份	3.32	5.18	4.20
失败的月份	-1.38	-4.12	-2.29
所有月份加权平均	0.93	1.81	1.30
单一方法	0.32	0.81	

资料来源：Data adapted from DesRosiers, S., J. F. L'Her, and J. F. Plante, "Style management in equity country allocation," in *Financial Analysts Journal* vol. 60, No. 2, (2004), pp. 40-54. With permission from CFA Institute. Copyright 2004. All reghts reserved.

19.5　利用行为金融能否提高投资组合的表现

19.5.1　早期的证据

在最近一篇从事利用行为金融是否可以提高投资组合表现的研究中，16只自我宣称或者媒体确认的行为共同基金的表现被评估。[26] 这些基金宣称他们的投资策略完全或者部分依据行为金融准则。当然正如作者所认识到的一样，这篇文章的一个缺点就是样本不足。未被包括在样本中的其他基金可能也遵循行为金融规则，但是它们的身份无从知晓。此外，无法保证样本中的基金确实采用了行为投资。毕竟存在证据表明，将基金的名称或者公开宣称的策略改为那些被认为是风靡一时的事物可以成功地吸引流动资金。[27] 研究证明行为基金确实是吸引了投资者的资金，并且它们的名称和宣称的投资策略可能是其中一个原因。

尽管如此，这些基金能够吸引投资者的主要原因很可能是，作为一个群体，它们的表现比标准普尔500指数更好。然而，当Fama-French三因素模型补充一个附加的动量因素时，行为基金不能获得超额收益。通常，它们似乎是在利用价值优势。所以在这种意义上，作者得出至今为止没有证据表明行为投资取得成效的结论。一些观点随之产生。首先，几乎没有人会声称动量是一个风险因素，所以将它作为一个附加因素包含在内会受到质疑。然而，使用这样一个风险调整机制要求基金的表现要比只简单利用众所周知的小公司效应、价值以及动量异象时更好。因为这看起来是一个合理的要求，所以研究发现这些基金作为一个群体没有增值看上去是合理的。其次，即使我们承认存在增值，样本限制和检验能力会是很突出的问题。因为对这一增值而言，当它拒绝偏离有效市场的假设存在困难时，拒绝很小的偏差也会很困难。换句话说，这些基金可能产生了一些增值，但是统计检验不能够推断出这个结果。

19.5.2 什么是行为投资

我们介绍这一章时将行为投资定义为试图应用从行为金融中汲取的经验教训去提高投资组合的表现。但是它真正的含义是什么呢？例如，称呼你的基金（假设）为"行为价值基金"或者在招募说明书中宣扬行为金融准则看起来是完全不够的。

在第4章和本书其他章节中所描述的大量异象是公共知识，它们出版在很多顶级期刊上并且被流行媒体所报道。正如第13章讨论的那样，有些异象被认为蕴涵在一系列的行为模式中。在资产组合构建时使用这个公共知识是否等同于行为投资呢？我们认为还需要其他的元素。人们总是能够找到一组在过去运作良好的用来选择的筛选条件。对经理人来说最大的问题是这些条件中哪一个有可能在未来继续有效。有些条件明显具有欺骗性：裙长指数以及谁赢得超级杯作为明显的例子立即在脑中闪现。明智的经理人一定不会理睬它们。对于其他条件，虽然合理但可能不会在未来继续起作用。在我们看来，数据中的一种模式对未来是否有作用的一个主要决定因素是该模式是否存在行为基础。这样的异象在某种意义上是"天然的"，而且即使通过套利有可能消除它们，但考虑到有限套利和人类本性，这未必容易做到，特别是在用于选择的筛选因素是通过加入额外的辅助因素精炼得到的时候，就像本章讨论的那样。就这一点而言，人们可以比较价值优势和小公司效应。前者是行为模式的关键；后者不是。前者似乎是很盛行的（尽管存在周期性），而很多人对后者的存在继续产生质疑。我们认为，行为投资的内涵应该比"激进现实"的经验更广，它包含了一种偏好，该偏好被证明是基于行为的因素。[28]

所以尽管在前面提及了绩效研究，但我们是否应该期望行为投资提供一定的收益呢？虽然至今为止没有证据回答这个问题，但考虑到现有证据的有限性以及行为投资目前无法界定的本质，我们认为这还是一个结果有待确认的重要问题。

本章要点

1. 动量和价值投资曾在不同的样本和市场上展现出它们自身的稳健性。但是套利因素导致的异象衰减总是存在的。
2. 将经理人与他们的风格同等群体中的其他人进行比较的事实使寻找一个额外的优势变得至关重要。
3. 使用财务报表信息可以提高价值。考虑交易量可以改善动量效应。观察整个历史收益的期限结构以及收益的一致性也可以带来一定收益。
4. 多元方法试图利用所有相关因素，但是除了动量或者价值之外是否有价值增值是不清楚的。
5. 风格循环试图测定风格转变的时间。在国内和国际市场上的初步研究都表明存在这种可能。
6. 没有证据表明行为投资导致收益的增加。但是，考虑到具有行为倾向的基金的缺乏以及对行为投资真正是什么的定义不清，这还是一个结果有待确认的问题。

问题与讨论

1. 区别下列概念和术语：
   （1）风格同等群体和风格投资。
   （2）风格转变和风格循环。
   （3）金融稳健和财务报表。
   （4）单变量和多元方法。
2. 按照格林布拉特和莫斯科维茨回归模型的样式，评述怎样通过以整个利率期限结构为条件完善动量投资。
3. 评述怎样通过密切关注一个公司的财务报表完善价值投资。
4. 关于行为投资提高组合表现的能力的早期证据告诉我们什么？
5. 举例说明一个异象一旦在研究报告中被报道就会衰减？从市场有效的角度来看，这是正面的还是负面的？

注　释

1. Schwert, G. W., 2002, "Anomalies and market efficiency," Working paper.
2. Chan, L. K. C., and J. Lakonishok, 2004, "Value and growth investing: A review and update," *Financial Analysts Journal* 60 (Jan/Feb), 71–86.
3. See Benz, C., P. Di Teresa, and R. Kinnel, 2003, *Morningstar Guide to Mutual Funds: 5-Star Strategies for Success* (John Wiley & Sons, Hoboken, New Jersey), for a discussion.
4. Barberis, N., and A. Shleifer, 2003, "Style investing," *Journal of Financial Economics* 68, 161–199.
5. Ali, A., L. S. Hwang, and M. A. Trombley, 2003, "Arbitrage risk and the book-to-market anomaly," *Journal of Financial Economics* 69, 355–373.
6. Piotroski, J. D., 2000, "Value investing: The use of historical financial statement information to separate winners from losers," *Journal of Accounting Research* 38 (Supplement), 1–41.
7. This graph is based on the more conservative cut.
8. See Cooper, M., Jr., R. C. Gutierrez, and A. Hameed, 2004, "Market states and momentum," *Journal of Finance* 59, 1345–1365; and, for Canada, Deaves, R., and P. Miu, 2007, "Momentum, reversal and market state," *Canadian Investment Review* 20 (no. 4), 8–14.
9. See, for example, Thomsett, M. C., 1999, *Mastering Technical Analysis* (Dearborn Financial Publishing, Chicago, Illinois).
10. Lee, C. M. C., and B. Swaminathan, 2000, "Price momentum and trading volume," *Journal of Finance* 55, 2017–2069.
11. Grinblatt, M., and T. J. Moskowitz, 2004, "Predicting stock price movements from past returns: The role of consistency and tax-loss selling," *Journal of Financial Economics* 71, 541–579.
12. The hedged return is defined to be the return on the stock for the month in question minus the return on a hedge portfolio of similar size, value, and industry attributes.
13. It is not clear if consistent winners (or losers) can actually be losers (or winners). For example, a stock could have eight positive returns and three large negative returns.
14. Asness, C. S., 1997, "The interaction of value and momentum strategies," *Financial Analysts Journal* 53 (March/Apr), 29–36.
15. Reinganum, M. R., 1988, "The anatomy of a stock market winner," *Financial Analysts Journal* 44 (March/April), 16–28.
16. Reinganum defines relative strength as the weighted average of quarterly price changes during the year. Despite the fact that momentum is in terms of returns, which include dividends, relative strength and momentum are closely related. Note that Reinganum also investigated a broader group of nine commonalities, but argued that these four were the most important.
17. To be sure, a pure out-of-sample test (using a different time period or sample) would be preferable.
18. Haugen, R. A., and N. L. Baker, 1996, "Commonality in the determinants of expected stock returns," *Journal of Financial Economics* 41, 401–439.
19. This ranking procedure is similar to that of Grinblatt, M., and T. J. Moskowitz, 2004, "Predicting stock price movements from past returns: The role of consistency and tax-loss selling," *Journal of Financial Economics* 71, 541–579.
20. Hanna, J. D., and M. J. Ready, 2005, "Profitable predictability in the cross section of stock returns," *Journal of Financial Economics* 78, 463–505.
21. Whether Haugen and Baker's results could be resurrected by holding positions longer than a month is a matter of conjecture.
22. See, for the United States, Cooper, M., H. Gulen, and M. Vassalou, 2001, "Investing in size and book-to-market portfolios using information about the macroeconomy: Some new trading rules," Working paper; for Japan, Bauer, R., J. Derwall, and R. Molenaar, 2002, "The real-time predictability of the size and value premium in Japan," Working paper; and for the United Kingdom, Levis, M., and N. Tessaromatis, 2003, "Style rotation strategies: Issues of implementation," Working paper. Also, see Mon-

tier, J., 2002, *Behavioral Finance: Insights into Irrational Minds and Markets* (John Wiley & Sons, Chichester, England), who suggests IPO activity and the equity premium as additional screens. Finally, see Avramov, D., and T. Chordia, 2006, "Predicting stock returns," *Journal of Financial Economics* 82, 387–415, who have documented the predictability of *individual* stock returns using macroeconomic variables.

23 DesRosiers, S., J. F. L'Her, and J. F. Plante, 2004, "Style management in equity country allocation," *Financial Analysts Journal* 60 (Nov-Dec), 40–54.

24 See Barberis, N., M. Huang, and T. Santos, 2001, "Prospect theory and asset prices," *Quarterly Journal of Economics* 116, 1–53; and Daniel, K., D. Hirshleifer, and A. Subrahmanyam, 1998, "Investor psychology and security market under- and overreactions," *Journal of Finance* 53, 1839–1885.

25 The results weaken only a little on a risk-adjusted basis.

26 Wright, C., P. Banerjee, and V. Boney, 2006, "Behavioral finance: Are the disciples profiting from the doctrine?" Working paper.

27 Cooper, M. J., H. Gulen, and P. R. Rau, 2005, "Changing names with style: Mutual fund name changes and their effects on fund flows," *Journal of Finance* 60, 2825–2858.

28 See Scott, J., M. Stumpp, and P. Xu, 1999, "Behavioral bias, valuation and active management," *Financial Analysts Journal* 55 (July/Aug), 49–57, for a discussion of using behavioral finance in portfolio management.

第20章 神经金融学和交易员的大脑

 引 言

  在本书中，我们认为认知和情绪对人们的决策有很强的影响。当然，交易员也一样。本章开始考虑我们所知道的将成功的交易员与其他人区别开的有关因素。在解释一个人成功或者失败时我们考虑经常争论的天性论与环境论问题。在本章中，我们进一步研究选择的源头。证据表明环境基础和生物基础同时存在。

  20.1节以讨论专业技能开始，也就是说，什么造就了优秀的交易员。认知技能可以通过实践和重复得到锤炼，情绪也是一个重要的角色。在20.2节，我们转向新兴的神经金融学领域。使用影像技术，研究促进了我们对人们是如何决策的理解。在20.3节，我们描述了神经金融学研究人员目前提出的一些看法。这些研究人员已经发现认知和情绪有互补作用。情绪看起来平稳的交易员表现最好。我们的大脑对不确定性和风险的体会是不同的，对赢利与损失以及风险和收益也是一样。在20.4节，本章以一些实践方面的建议结束。

20.1 专业技能和内隐学习

  考虑下面的场景。你去听一场大型音乐会并且偶遇好朋友莫莉。当然，你能立即认出她的脸。现在考虑另外的情形。假设你知道莫莉在音乐会上但不知道具体的位置。与你一起来的朋友埃米将去寻找莫莉，但是她们素未谋面。你竭尽所能向埃米描述莫莉。在成千上万的音乐会听众中埃米能够认出莫莉的可能性有多大？这不太

可能。

我们不能用文字描述很多我们所了解的东西。面貌是一个十分复杂的事物，而我们完全没有足够的语言去十分准确地清楚地描述一个特定的人。语言是明确的，而两张类似面孔的特征可能是模糊的。一些认知科学家认为人们拥有他们无法用语言表达的知识，被称为**内隐学习**（implicit learning）或者**隐性知识**（tacit knowledge）。[1]

布雷特·斯廷巴杰（Brett Steenbarger）认为交易员也有他们不能用语言恰当描述的关于市场的信息。[2] 就像人类面貌一样，市场可能比我们拥有的用来描述它的语言更复杂。这是否意味着我们需要一个更好的框架去描述市场呢？或者，这种观点是否表明我们必须更深入地了解交易员是怎样做出决策的呢？

在大部分领域中追求卓越需要专业技能。我们怎么定义**专业技能**（expertise）呢？通常我们根据相对表现进行考察，所以那些处于各自领域领先行列的人被认为是专家。由于隐性知识，一个象棋大师或者职业足球运动员通常本能地知道最好的行动是什么，也许完全没有任何的认知基础。回想我们在第7章关于情绪的讨论，心理学家认为情绪能够在完全独立于认知的情况下得到发展。换句话说，你可能会感到害怕而事先并没有从认知上察觉到使你恐惧的事物。

当观察一个市场的时候，一个交易员可以本能地知道他想做的决策。斯廷巴杰注意到在很多情况下交易员将会做出相似的买卖决定，然后在事后对导致其决策的信息给出十分不同的描述。交易员获取相同的信息，以相同的方式采取策略，但是对他们自己行为的理解却大相径庭。也许交易员做决策是基于本能而不包括以前的认知评价。[3] 然后，交易员产生一种在认知上与他的预期一致的解释。斯廷巴杰认为"成功的交易员对市场产生感觉但是不会在那些感觉中迷失自己"。[4] 对优秀运动员的表现进行研究已得到相似的结论。例如，一份研究报告指出"情绪以及有效控制情绪的能力可以说是运动员表现变动的很大一部分原因"。[5] 在交易领域，一个优秀的交易员通常对某种特定市场形势有一种直觉，但是依然采取小心谨慎的策略控制自己的行为。

这是否意味着交易的专业技能是与生俱来的并且不能被学会？读懂一个市场中的信息可能就像了解一种社交活动。在这方面有些人仅仅是比其他人更擅长。虽然一定的天赋可能是必要的，但是证据表明专业技能可以很好地训练出来。我们当中没有太多的人会认为一个职业的四分卫在青少年时期和刚成年的时候，会花费所有时间一边坐在沙发上吃薯片一边看电视橄榄球比赛。了解一种游戏的规则不会使你擅长该游戏。在成功的专家身上，实践和重复是共同因素。例如，有造诣的小提琴家平均花费10 000小时进行练习。[6]

成功的交易员也会花费很多的时间去实践。这种实践培养了他们将了解到的市场信息和应该采取的行动联系起来的能力。通过内隐学习，他们能够做出更好更有效的决策。那些在做出交易决策前花费几小时甚至几分钟才去评估当前市场环境的当日交易者一定会发现成功十分困难。

20.2 神经金融学

虽然我们知道精通任何技能必须进行实践练习，但是在任何一个领域，包括投资领域，理解如何促进专业技能发展的关键是解开大脑之谜。正如我们在第7章讨论的那样，进化理论研究人员提出的我们基本情绪的进化有利于物种生存的论点是不是正确？杰出人物是否拥有天生的特征，或者说人们在交易中是否能发展专业技能？

神经金融学和神经经济学使用神经技术检测一个人在做金融经济决策时大脑是怎样运转的。在这些新兴发展的领域，来自经济学、金融学、心理学和神经科学的结论为更深入的研究提供了基础。正如我们在第7章描述的那样，神经科学使用大脑成像技术理解大脑活动以及大脑是如何工作的。[7] 使用这种技术，科学家能够真实地测量情绪反应。该技术的潜能并没有被从业者忽视。事实上，《金钱》杂志的资深作家以及《时代》周刊和CNN网站的特邀专栏作者贾森·兹韦格写道[8]：

> 自1987年我就成为一名财经记者，我所学到的关于投资的知识中没有什么比"神经经济学"研究展现的惊人发现更让我兴奋。感谢这一新兴领域……我们不仅可以开始在理论或者实践层面理解投资行为的驱动因素，而且可以将它视为一种基本的生理功能。作为一个投资者，这些基本观点的闪现将让你对你所关心的问题产生前所未有的深刻理解。

可以更好地理解"他们所关心的问题"，投资者将会做更充分的准备以做出好的投资决策。

神经科学感兴趣的研究不仅仅在于勾勒出大脑的特定部分，了解这一点很重要。相反，通过观察大脑在各种行为过程中是如何反应的，科学家就可以了解大脑是如何运作并解决问题的。[9] 我们将可以更好地了解认知过程和情绪反应的融合。哪一种反应是受控制的以及哪一种是自动的呢？这些知识将允许经济学家改善决策模型以及投资者教育工作。

回想我们之前关于大脑的讨论，自动的和受控制的反应是与大脑的不同部位相联系的。自动反应使杏仁核兴奋，而受控制的反应使前脑（前额皮质）活跃。使用影像技术，科学家可以观察在一项任务中大脑的活跃区域。在第7章中，我们也讨论了达马西奥关于大脑受损病人行为的研究。[10]这样的病人由于脑前额叶受损而情绪平稳，而且达马西奥断定决策过程和情绪是密切相关的。尽管对大脑受损病人的研究是有益的，但是大脑成像技术可以允许更多的控制因素以便进行更加精确的研究。神经科学家在大脑功能研究方面取得巨大进步，因此研究人员提出了新的模型和理论，它们更好地包含了心理因素，包括情绪。[11]

20.3 神经金融学的观点

神经科学家已经研究了与金融决策有关的各种问题。通过研究职业证券交易员在积极从事真实交易时的生理特征，大量研究报告提出了有关情绪对交易的影响力的观点。一项研究表明市场活动和诸如皮肤电反应以及心血管数据这样的生理特征之间有显著相关性。[12]交易员之间的差别也被检测出来，这也许和交易经验有关。另外的研究着眼于情绪是否被认为是一个交易员在金融市场中取得成功的能力的重要决定因素。[13]研究发现那些对赢利和损失的反应最强烈的人具有最差的交易表现，这表明平稳的情绪显然是必需的。

当实验参与者在做出风险选择时对其使用大脑成像技术。[14]这种研究指出由于大脑活跃区域的不同，赢利如何被预期及实现很有可能与损失不同。当预期赢利时，一个被称为伏隔核（NAcc）的皮质下区域变得活跃。这一区域有丰富的多巴胺，它是一种既与货币报酬的积极作用有关又与致瘾药物的使用有关的物质。事实上这一区域只有在预期赢利（而不是损失）的时候是活跃的，这表明前景理论中认为人们对赢利和损失感受不同是合理的。

其他的利用大脑成像技术的研究显示，模糊厌恶背后的事实是人们对风险和不确定性的感受方式不同。[15]回想第 1 章，我们讨论了风险和不确定性之间的区别。对于一种风险选择，人们可以估计结果发生的概率，但是在不确定性情况下概率是未知的。因为大脑评估一种在风险环境中的选择可能不同于人们面对不确定性时的选择，所以这种区别在这里就很重要。研究表明，当面对不确定性时最活跃的区域是前额脑区底部（一个结合了情绪和认知的区域）和杏仁核（一个对情绪反应至关重要的区域）。[16]相反，当面对风险的时候，大脑在工作时有响应的区域通常是在顶叶，所以研究人员断定在这种环境下的选择是由认知因素驱动的。[17]总而言之，不确定性似乎与一种情绪反应联系更紧密，而风险则导致一种认知反应。

有人已经证明，当市场处于更加不确定的时期时（例如 2008 年，正如第 14 章所描述的那样），投资者不能正确估计未来收益的分布会导致他们的行为从理性思考转变为以情绪反应为主。[18]结果可能是在动荡的市场中投资者普遍不愿意持有风险资产，只能加剧市场下跌的趋势。

一项关于目光短浅的损失厌恶行为的神经系统测试也已被实施。[19]将已知大脑中与处理情绪相关的区域受损的一组病人与实验对照组进行比较。前面一组明显比实验对照组更有可能承担风险。而且，病变组在他们的风险厌恶程度方面展现出更高的一致性。换句话说，那些对恐惧反应能力降低的人的行为在某种意义上更符合预期效用理论。

另一种研究重点关注决策者在面对各种风险水平时大脑是如何反应的，而不是关注学习或者预期的作用。[20]使用一个赌博游戏，当参与者的大脑活动被监测时改变期望价值和风险。作为金融领域的典型做法，报酬使用期望收益衡量而风险用收益的方差来衡量。有趣的是，研究人员指出对于报酬和风险来说，大脑活动的时间及位置是不同的。大脑活动对报酬的反应是即时的，而大脑活动对风险的反应是延时的。大脑活动的时间和位置很重要，因为如果我们可以区分大脑中风险和报酬的影响，研究人员就能进一步研究风险感知的变化是如何影响决策的。例如，他们可以调查对风险的错误感知以及认知困难是如何导致不甚理想的行为。

20.4 专业技能和情绪

研究指出，了解神经反应将帮助我们理解我们在本书中已经谈到的一些难题。另外，对交易员的教育也有重要含义。我们都很熟悉"熟能生巧"这一古老谚语。为了获得专业技能，了解游戏规则是很重要的，所以仔细研究投资是个好主意。但同时，通过在不同市场条件下的大量模拟练习将会在交易时促进人们做出更好的决策。

但是，成为一个专家值得吗？虽然我们知道很长一段时间的学习和练习是必需的，但这些努力会得到充分回报吗？有证据表明，对于金融从业者来说这个问题的答案是肯定的。一位研究人员为每一行业构建了一种"差别回报指数"，将某一特定百分位水平的收入除以收入的中位数。[21]这一测度可以允许我们将高平均收入与一个特定职业中专业技能最好的那些人的高收入区别开来。对金融和商业顾问，包括股票经纪人来说，收入与成就是紧密联系的。第90个百分位水平的差别回报指数是3.5，表明前10%的从业者收入是中位数收入水平的3.5倍。事实上，在被研究的行业中这是差别回报指数的最大观测值！

因此证据显示成为一个优秀理财顾问的收益远远超过成本。那么一个人如何可以成为专家呢？研究人员得出结论，隐性知识是对以薪水，排名和公司实力（例如，是否在《财富》500强中)衡量的商业成功的一个重要预测。[22]实践知识,或者获得隐性知识并将其转化为好的策略的能力,是个人所处环境和能力的函数。因此,具有一定的能力,努力工作可以获得成功。

尽管如此,一个成功的交易员应该时刻记住情绪对结果是至关重要的。在本书中我们已经论证情绪可以改善决策。但是,先前引用的证据表明应该建议交易员谨慎对待强烈的情绪反应。[23]另一项研究使用神经成像技术检测决策者在进行第11章所描述的最后通牒博弈时大脑如何反应。[24]当不公平的提议被应答者拒绝时,研究人员发现与情绪有联系的前脑岛区域的大脑活动显著增强。回想一下,那些只关心收入增加的应答者应该会接受被视为不公平的平均分配提议。因此,交易员被建议在经受强烈情绪反应的时候发挥他们的认知技能以便抑制反应情绪化的趋势,正如在最后通牒博弈中一个清楚知道自己情绪反应的应答者最好接受一个提议,即使它看起来是不公平的。对风险的情绪反应和认知评估可能是完全不同的。考虑有多少人察觉到车祸风险以及飞机失事风险。尽管驾驶汽车已经被证明是更加危险的选择,但是通常一种情绪反应占主导地位,它可能会使一部分人远离飞机。

本章要点

1. 专业技能根据相对表现进行定义,所以那些处于各自领域领先行列的人被认为是专家。
2. 内隐学习考虑到不能用语言进行描述的知识。
3. 专家发展了可以改善他们在特定领域表现的隐性知识。
4. 神经金融学使用了成像技术和来自经济学、金融学以及生理学的研究成果以更好地理解大脑是如何工作的。
5. 职业交易员之间存在生理差异,而且情绪是交易员能力的一个重要决定因素。
6. 对于风险和报酬的变化,可测的大脑反应在活动区域和时间方面都是不同的。
7. 练习是在交易中胜出的必需因素,并且好的交易员可能根据直觉做出决策,而同时确保能够控制自己的情绪反应。

问题与讨论

1. 区别下列概念和术语:
   (1) 内隐学习和练习。
   (2) 实践知识和隐性知识。
   (3) 专业技能和能力。
   (4) 大脑功能和大脑局部。
2. 对不确定性和风险的感受不同的现象在金融危机时期可能很重要。请讨论。
3. 对金融交易员来说,情绪平稳是有利的。请讨论。
4. 自从大学毕业之后,你的朋友William

已成为一个成功的高收入理财顾问。他的客户名单很长,而且有很多人谋求他的建议。讨论下列陈述的对错:William 的成功主要是因为运气。

5. 证据表明成为一个优秀理财顾问的收益远大于成本。讨论为何该观点会是正确的。

注 释

1. See Steenbarger, B. N., 2003, *The Psychology of Trading* (Wiley, Hoboken, New Jersey); and Steenbarger, B. N., 2007, *Enhancing Trader Performance: Proven Strategies from the Cutting Edge of Trading Psychology* (Wiley, Hoboken, New Jersey).
2. Steenbarger, B. N., 2003, *The Psychology of Trading* (Wiley, Hoboken, New Jersey).
3. Zajonc, R., 1980, "Feeling and thinking: Preferences need no inferences," *American Psychologist* 35, 151–175.
4. Steenbarger, B. N., 2003, *The Psychology of Trading* (Wiley, Hoboken, New Jersey), p. 48.
5. Janelle, C. M., and C. H. Hillman, 2003, "Expert performance in sport: Current perspectives and critical issues," in J. L. Starkes and K.A. Ericsson, eds., *Expert Performance in Sports* (Champaign, Illinois, Human Kinetics), p. 24.
6. Ibid., pp. 19–47.
7. Neuroscience studies use brain imaging to study a wide variety of issues. Recent work even uses brain imaging to lend insight into social and moral issues. See, for example, Glannon, W., 2007, *Defining Right and Wrong in Brain Science: Essential Readings in Neuroethics* (Dana Press, New York).
8. Zweig, J., 2007, *Your Money and Your Brain: How the New Science of Neuroeconomics Can Help Make You Rich* (Simon and Schuster, New York), p. 1.
9. See Camerer, C., G. Loewenstein, and D. Prelec, 2005, "Neuroeconomics: How neuroscience can inform economics," *Journal of Economic Literature* 43, 9–64; and Camerer, C. F., 2007, "Neuroeconomics: Using neuroscience to make economic predictions," *The Economic Journal* 117, C26–C42.
10. Damasio, A. R., 1994, *Descartes' Error: Emotion, Reason, and the Human Brain* (Putnam, New York).
11. Loewenstein, G. F., C. K. Hsee, E. U. Weber, and N. Welch, 2001, "Risk as feelings," *Psychological Bulletin* 127(2), 267–286.
12. Lo, A. W., and D. V. Repin, 2002, "The psychophysiology of real-time financial risk processing, *Journal of Cognitive Neuroscience* 14(3), 323–339.
13. Lo, A. V., D. V. Repin, and B. N. Steenbarger, 2005, "Fear and greed in financial markets: A clinical study of day traders," Working paper.
14. Knutson, B., C. Adams, G. Fong, and D. Hommer, 2001, "Anticipation of increasing monetary reward selectively recruits nucleus accumbens," *Journal of Neuroscience* 21, 1–5.
15. Rustichini, A., J. Dickhaut, P. Ghirardato, K. Smith, and J. V. Pardo, 2005, "A brain imaging study of the choice procedure," *Games and Economic Behavior* 52(2), 257–282.
16. Hsu, M., M. Bhatt, R. Adolphs, D. Tranel, and C. Camerer, 2005, "Neural systems responding to degrees of uncertainty in human decision-making," *Science* 310, 1680–1683.
17. See Bechara, A., and A. R. Damasio, 2005, "The somatic marker hypothesis: A neural theory of economic decision," *Games and Economic Behavior* 52(2), 336–372; and Spencer, J., July 21, 2005, "Lessons from the brain-damaged investor; Unusual study explores links between emotion and results; 'Neuroeconomics' on Wall Street," *Wall Street Journal*, p. D1.
18. Sapra, S. G., and P. J. Zak, 2008, "Neurofinance: Bridging psychology, neurology and investor behavior," Working paper.
19. Shiv, B., G. Loewenstein, A. Bechara, A. Damasio, and H. Damasio, 2005, "Investment behavior and the dark side of emotion," *Psychological Science* 16, 435–439.
20. Preuschoff, K., P. Bossaerts, and S. R. Quartz, 2006, "Neural differentiation of expected reward and risk in human subcortical structures," *Neuron* 51, 381–390.
21. Hunt, E., 2006, "Expertise, talent, and social encouragement," in K. A. Ericsson,

N. Charness, P. J. Feltovich, and R. R. Hoffman, eds., *The Cambridge Handbook of Expertise and Expert Performance* (Cambridge University Press, New York), 31–38.

22 Cianciolo, A. T., C. Matthew, R. J. Strenberg, and R. K. Wagner, 2006, "Tacit knowledge, practical intelligence, and expertise," in K. A. Ericsson, N. Charness, P. J. Feltovich, and R. R. Hoffman, eds., *The Cambridge Handbook of Expertise and Expert Performance* (Cambridge University Press, New York), 613–632.

23 Lo, A. V., D. V. Repin, and B. N. Steenbarger, 2005, "Fear and greed in financial markets: A clinical study of day traders," Working paper.

24 Sanfrey, A. G., J. K. Rilling, J. A. Aronson, L. E., Nystrom, and J. D. Cohen, 2003, "The neural basis of economic decision-making in the ultimatum game," *Science* 300, 1755–1758.

术 语 表

1/n heuristic　**1/n 启发法**　在 n 只基金中各自配置 $1/n$ 资金进行投资的倾向。

abnormal returns　见 excess returns。

action tendencies　**行动倾向**　经历情绪时有冲动采取某种行动的倾向。

adaptive markets hypothesis　**适应性预期假说**　异象波动的周期性与市场演化进程相关的假说。

affect　**情感**　人们对感觉的体验。

affective assessment　**情感评估**　人们对刺激因素做出响应时的感受经历。

agency problem　**代理问题**　当代理激励与委托人不一致时，在代理关系中存在的潜在问题。

agency relationship　**代理关系**　是某些人（委托人）和另外一些人（代理人），为了委托人的福利以及代表委托人的利益而签订合约所形成的关系。

Allais paradox　**阿莱悖论**　著名的违背期望效用理论的现象。

ambiguity aversion　**模糊厌恶**　相比于不确定性，更偏好概率分布已知风险的倾向。

amygdala　**扁桃核**　大脑中评估感觉信息的区域，这一部分在评估原始情绪如愤怒和恐惧时很重要。

anchor　**锚定**　对之前所形成信念过于依赖的倾向。

anomalies　**市场异象**　指"看似"与市场有效性相违背的、未能被合理解释的实证及经验结果。

anomaly attenuation　**异象衰减**　异象在学术文献中被报告后有逐渐衰减或者完全消失的倾向。

arbitrage　**套利**　指同时购买和卖出（或者卖空）一组证券（证券之间是完全替代的），进而锁定无风险利润的操作。

asset allocation　**资产配置**　分割投资于不同资产组合，如证券和债券，以挑选和自身风险承受能力相适应的资产组合的过程。

attribution theory　**归因理论**　研究人们如何进行归因，即如何解释行为或结果成因的理论。

automatic enrollment　**自动参与机制**　除非员工明确选择不参加，则默认员工参加的公司退休储蓄计划安排。

autonomic nervous system　**自主神经系统**　控制我们身体的非自主反应，如出汗、颤抖的神经体系。

availability　**可得性启发式**　人们认为更容易被注意到的事件发生的可能性较大的倾向。

avoiders　**规避者**　逃避于自身金融决策，或者只为今天而活，在金融决策方面非常低效的投资者群体。

base rate neglect　**基率忽视**　对样本过多关注而忽视分布信息或重视不足的倾向。

Bayes' rule　**贝叶斯法则**　基于新信息更新概率

分布的公式法则。

behavioral investing 行为投资 通过应用从行为金融中学习到的经验教训提高投资组合表现的尝试。

Beta 贝塔 一种用于测定资产对市场敏感性的风险计量指标,常用于测量不可分散的风险。

better-than-average effect 自我感觉良好效应 人们在知识或技能方面的自我评估往往认为自己高于群体平均水平的倾向。

bounded rationality 有限理性 人们在所处的环境中做出力所能及的最优选择的假说。

break even effect 盈亏平衡效应 在盈亏平衡中遭受损失后愿意承担更多损失的现象。

bubble 泡沫 由交易者情绪而非经济基本面导致的价格螺旋上涨的走势。

bubbles market design 泡沫市场设计 一种实验机制设计,在其中实验对象就某一资产交易一段固定的期限,而交易资产分红的分布是公共信息。

buy-side analysts 买方分析师 大的货币基金管理公司雇用的为公司内部撰写报告的金融分析师。

capital asset pricing model(CAPM) 资本资产定价模型 根据与贝塔线性相关的期望收益来进行资产定价的模型。

capital market line(CML) 资本市场线 描绘所有无风险资产与市场投资组合相结合的曲线。

catering 迎合 一种短期推高股票价格而非股票价值的经营策略。

certainty effect 确定性效应 对仅仅可能发生的结果的确定性给予过大权重。

certain equivalent 确定性等价物 是一种财富水平,在该水平上,导致决策者认为某一特定的前景与给定的财富水平并无差异。

coefficient of relative risk aversion 相对风险厌恶系数 风险厌恶程度的测度。

cognitive antecedents 认知先行 引起情绪反应的信念。

cognitive dissonance 认知失调 促使人们降低或者避免心理上不一致的情绪。

complete preferences 完备性偏好 该偏好指的是,人们对所有可能的选项进行比较,并判断对一个选项的偏好是否超过其他选项,还是两者之间没有差异。

confirmation bias 证实偏差 人们倾向于寻找与自己已有信念一致的证据,并且倾向于忽略相矛盾的事实。

conformity 遵从 人们屈服于真实或假想的社会压力的倾向。

conjunction fallacy 联合谬误 误以为联合概率会高于简单概率。

corporation 公司 独立于其创立者或所有者,存续期有限并具有有限责任特点的法人实体。

correlation 相关系数 衡量两个相关变量相关性的统计指标,取值范围是 $-1 \sim +1$,若该值为零则表示不相关。

covariance 协方差 衡量两个相关变量相关性的统计指标,正值(负值)表示两个变量同向(反向)变动。

cumulative prospect theory 多元前景理论 前景理论的扩展,用价值函数和权重函数来展现和计算的数学陈述。

customization 客制化 为特定的客户群提供针对性的教育材料。

data snooping 数据探测 分析一组数据直到发现市场异象。

debiasing 除去偏差 克服行为偏差。

debiased confidence interval 除去偏差的置信区间 经过度乐观及错误校准因素调整过的置信区间。

decision weights 决策权重 在前景理论下，权重是一种概率函数，替换前景价值计算中的概率。

deferral rate 推延率 工资收入中用以储蓄的比例。

defined benefit (DB) pensions 定额收益养老金 雇主一般承诺在雇员退休之后定期给予经某一公式计算得出的养老金保障的养老金计划。

defined contribution (DC) pensions 定额缴款养老金 雇主和雇员同时进行缴费，所缴费用的累计及投资积累即为退休账户所有，此时不再有退休后某一确定数额退休金的保证。

dictator game 独裁者博弈 一种实验设计，在其中第一个玩家（提议方）决定如何分配资源禀赋，第二个玩家只能被动地接受安排。

disappearing dividends period 分红消失时期 始于20世纪70年代后期的所有上市公司中分红公司比例不断降低的时期。

disposition effect 处置效应 卖出赢利股票持有亏损股票的倾向。

diversifiable risk 可分散风险 在总风险组成中，指那些可以用多样化方法管理的有问题资产。

diversification 多元化 在投资组合中的组合资产，目的为减少可分散风险。

diversification heuristic 多元启发式 当不同选择之间不相互排斥时，人们喜欢每个事物都尝试一下。

dividend premium 股利溢价 分红公司股票和非分红公司股票的价值差异测度，在控制住其他因素的条件下。

ease of processing 易于加工 信息已被理解或易被理解。

efficient frontier 有效前沿 在给定风险水平下，最大化期望收益的投资组合。

efficient market 有效市场 市场始终有效，就意味着在考虑了所有成本后，没有投资者还总能获得超额收益。

efficient set 见 efficient frontier。

emotion 情绪 由可观察特点判定的心理及生理状态。

emotional intelligence, EI 情绪智力 一个人识别以及管理自己和他人情绪反应的能力。

emotional quotient, EQ 情商 情绪智力的测度，类似用IQ测试测度智力。

endorsement effect 背书效应 员工认为公司提供的默认投资是公司潜意识推荐的。

endowment effect 禀赋效应 当一个人拥有一个产品并似乎能使该产品价值增加的现象。

equity premium 见 market risk premium。

equity premium puzzle 股票溢价之谜 在期望效用理论下，股票市场与固定收益证券组合之间的历史收益率之差表明投资者的风险厌恶程度之高难以置信。

event study 事件研究 在样本数据中考察大量相似事件，并且计算事件时期的超额回报率以评估这一事件的市场影响。

excess return 超额收益 是调整了所有成本后，基于超过一定风险之上的公允收益。

excessive optimism 过度乐观 人们在考虑历史经验或者合理分析后，过于高估（低估）有利（不利）结果的概率。

excessive volatility 过度波动 资产价格变化过多受价值相关之外因素的影响。

expected utility theory 期望效用理论 一种规范性理论，认为个人在不确定条件下进行决策时，应该按照某一特定方式行事。

expected value 期望值 一种分布均值，当观察样本变得非常大时，样本均值就收敛为期望值。

expertise 专业技能 专家的能力，一般会用相关表现进行定义。

exponential discount function 指数贴现函数 经典经济学中常用的贴现效用函数，不同时期相同时间段的跨期替代率为常数。

Fama-French three-factor model 法玛—弗伦奇三因素模型 证券定价模型，风险因素包括三个，分别是市场风险、规模、账面市值比。

familiarity 熟悉的事物 在熟悉事物面前感到舒服。

fast and frugal heuristics 快速节俭启发式 认为启发式的目的在于使用最少的时间、知识和计算量在现实世界中做出合适的选择。

feedback 反馈 在决策过程中修正偏差的过程。

forebrain 前脑 脑的最高层部分，也是主要的负责认知功能的区域。

fourfold pattern of risk attitudes 风险态度的四重性 人们面对大概率的收益和损失时，分别会表现为因收益而规避风险和因损失而寻求风险，而面对小概率的收益和损失时，人们则分别会表现为因收益而寻求风险和因损失而规避风险。

frame 框架 决策者对某一问题及其可能的结果的看法。

free rider problem 搭便车问题 部分参与者依赖他人以逃避自身的责任和付出，如监管任务。

frontal lobe 大脑额叶 脑中最大的脑叶，它控制运动能力、记忆、判断、决策以及为将来计划的能力。

functional magnetic resonance 功能性磁共振成像 利用血液流量和氧气流量对大脑活动进行区域成像的设备。

fundamental risk 基本面风险 新信息出现时，重新进行理性估值的可能性。

gambler's fallacy 赌徒谬误 一种错误的信念，以为随机序列中一个事件发生的概率与之前发生的事件有关，即其发生的概率会随着之前没有发生该事件的次数而上升。

glamour stocks 见 growth stocks。

greater fool theory 博傻理论 人们购买被高估的资产是因为他们认为会有其他愚蠢的人花更高价钱来买这些资产的理论。

groupthink 集体思维 一种极端形式下的一致性，在其中集体成员的思维相似，强调忠诚并且打压异议。

growth stocks 成长股 相对于诸如盈余、现金流和账面价值等会计指标市场价格比较高的股票。

halo effect 晕轮效应 受之前印象或者其他突出特点影响的倾向。

hard-easy effect 难易效应 过度自信在简单问题上程度较轻，甚至出现信心不足。

herding 羊群行为 在决策过程中参考其他人的决定，这往往导致了高度相关的金融决策结果。

heuristics 启发式 基于信息集的某个子集进行决策的规则，有时带来有偏差的结果。

hindsight bias 事后聪明偏差 人们事后认为事前这一事件可以被更好地预测的倾向，它促使人们产生"我早知如此"的想法。

home bias 本地偏差 过多投资于身边附近证券市场的倾向。

home-made dividends 自制股利 当公司提供的分红太低(高)时投资者通过卖出(买入)部

分股票以达到自身所要求"分红率"。

hot hand phenomenon 热手现象 通常和基率忽视一起出现，认为最近发生的事件在未来也有较高概率出现的错误信念。

house money effect 赌场赢利效应 人们在获得收益后会愿意承担更高的货币风险。

hyperbolic discount function 双曲线贴现函数 贴现效用函数，其中今天和明天的跨期替代率要高于将来的今明两天的跨期替代率。

illusion of control 控制幻觉 人们倾向于认为他们对事件有超乎寻常的控制能力。

implicit learning 内隐学习 拥有无法用语言表达信息的过程。

implied volatility index, VIX 隐含波动性指数 芝加哥期权交易所提供的市场恐慌测度，通过当前期权价格计算投资者对未来股票市场波动率的期望计算得出。

income replacement ratio 收入替代率 退休后收入占工作（或雇用）期间的收入比例。

independent analysis 独立分析师 不属于任何大的投资或货币基金公司的金融分析专家，他们提供独立的研究。

information advantage 信息优势 因为投资者对身边附近公司了解更多而对股票价值有正确了解以及因此获得的各种利益。

information overload 信息超载 拥有过多信息会加大数据处理的难度，以及因此导致的令人困惑和无法决策的状态。

insiders 内部人 公司的经理层作为董事。

integration 一体化 在前景理论和心理账户中，当人们面对新的选择和过去的结果，其行为会从参考点转移。

intentional objects 意向对象 情绪的对象，如某个人或某种处境。

joint-hypothesis problem 联合假设问题 无法避免的事实是所有市场有效性检验都要结合检验有效性以及特定的风险调整模型。

life-cycle funds 生命周期基金 基金不仅一开始的风险头寸与投资者要求相称，并且还随时间变化动态调整基金内部的权益类风险暴露。

lifestyle funds 生活方式基金 适合某一年龄段风险承担需求的养老基金。

limbic system 边缘系统 是大部分情绪活动的中枢。

limited self-control 有限自控能力 无法理性做正确决定的心理倾向，特别是就储蓄而言。

limits to arbitrage 套利限制 由于噪声交易者的存在和职业方面的担忧，定价错误有可能不会被完全消除。

loss aversion 损失规避 在前景理论中，该观点认为收益贡献的效用一点都不比一等值美元损失减少的效用少。

lottery asset 彩票资产 分红支付频率很低，但一旦发生则分红规模很大的资产。

market efficiency 见 efficient market。

market risk premium 市场风险溢价 超过无风险利率或固定收益资投资组合的期望收益。

mean return 中间收益 样本平均收益。

memory 记忆 大脑中存储信息的调阅过程。

mental account 心理账户 指次优的认知行为，常被人们用于管理和评估金融活动。

miscalibration 错误校准 人们高估自己知识准确度的倾向。

modern portfolio theory 现代资产组合理论 一种实用的行为准则，假设投资者是风险厌恶的，其偏好被定义为均值和收益方差。

momentum 动量效应 收益与过去的收益正相关。

momentum-chasing 见 trend-following。

money attitude　货币态度　人们对于金融、金钱相关倾向的测度。

mood　心情　一种不针对任何特定事物的一般感觉。

multivariate approach　多元方法　通过多因素分析提高投资回报率的分析方法。

myopic loss aversion　短视的损失厌恶　人们会忍不住的过早、过频地审查账户并且讨厌看到损失。

neoclassical economics　新古典经济学　一种思想学派，认为个人和企业都是自私自利的，在面对资源有限的情况时，都想最优化他们的获取能力。

neuroeconomics　神经经济学　通过神经技术检测一个人在做经济决策时大脑是如何运作的，是一个很新并且发展非常迅速的学科。

neurofinance　神经金融学　通过神经技术检测一个人在做金融决策时大脑是如何运作的，是一个很新并且发展非常迅速的学科。

neuroscience　神经科学　研究脑和神经系统的学科。

noise　噪声　无关的信息，也就是与证券的价值无关的信息，往往会导致噪声交易的出现。

noise-trader risk　噪声交易风险　短期而言由于噪声交易的存在，证券定价偏误可能变得更严重的风险。

noise-traders　噪声交易者　基于噪声信息进行交易的交易者。

nondiversifiable risk　不可分散风险　在总风险构成中，通常指那些因制度原因而无法转移的所有风险资产。

nonsystematic risk　见 diversifiable risk。

normative theory　规范性理论　描述人们应当如何作为的理论。

objective risk　客观风险　来自真实投资决策的客观风险，表现为风险资产在整个投资组合中的百分比。

optimal compensation contract　最优补偿合同　是符合股东和经理人利益而制定的补偿合同。

other-regarding preferences　其他方面偏好　和纯自利不一致的偏好过程，例如，公平和互惠。

outsiders　外部人　非公司内部员工的董事。

overconfidence　过度自信　指人们倾向于高估他们的知识水平、能力和信息的精确度，或者说是人们对未来和控制未来的能力过于乐观的倾向。

path dependence　路径依赖　指一些人依赖过去的情况而不只是现在的情况进行选择。

perception　感知　信息被大脑获得的过程。

personality types　性格类型　依据个性特征，如外向和内向进行的分组。

physiological arousal　生理激发　荷尔蒙和神经系统随着情绪反应发生变化。

physiological expression　生理表现　情绪通过与个人机能有关的可观测表现来体现。

planner-avoider continuum　规划者—规避者连续统一体　成功规划者和只关注当前规避者占据两极的连续统一体。

planners　规划者　对金融计划有着明确安排的群体。

planning fallacy　规划谬误　人们常常会高估他们可以完成的任务。

positive theory　实证性理论　描述人们如何采取行动的理论。

positron emission tomography, PET　正电子成像术　使用对人类无害的放射性物质描绘脑活动，这些放射性物质会积聚在脑的活跃区域，展现出大脑活动的有色图谱。

practical knowledge 实践知识 获得隐性知识并将其转化为好的策略的能力。

present value model of stock prices 股价现值模型 该模型假设股价是基于对基础价值进行合理预期的结果。

pride 自豪 与正确选择相伴的正面情绪。

primacy effect 首因效应 是指当受访者被要求根据一系列特征谈论他们对某个人的印象时，首先出现的特征通常会起到主导作用。

primary emotions 原始情绪 大脑中根深蒂固存在的情绪，包括愤怒、厌恶、恐惧、有趣、兴奋和吃惊。

procrastination 拖延习惯 将要做的正确事情不断推迟的心理倾向，特别是储蓄行为。

prospect 前景 财富结果系列，其中每一个结果都对应一个概率。

prospect theory 前景理论 是一种实证性理论，人们在面对风险作决策时思考如何作出选择，具有风险态度四重性特点的人就会考虑改变财富参照点。

psychographic profiling 心理统计特征分析 根据性格、态度、价值观以及信念将个体进行分组的过程。

random walk 随机游走 该理论认为下一个价格变化是不可预知的，下一个价格最好的预报就是现在的价格。

rate of time preference 时间偏好率 未来值转换至现值时所用的"主观利率"。

rational preferences 理性偏好 关注替代性及转换性的合理条件的偏好。

recency bias 近因偏差 最近发生的事情可能更容易回想起来，因此错误地认为这些事情更可能发生。

recency effect 近因效应 在决策中最后出现的事件影响最大。

reference group neglect 参考群体忽视 人们可能忽视在面临相同的激励下，同一群组中的成员在技能水平方面差异不大。

reference point 参照点 在前景理论中，该点（通常是指状况）来自被关注的财富变化。

regret 后悔 伴随一个糟糕的投资决策并期望能有一个不同选择的负面情绪。

Regulation Fair Disclosure, Reg FD 公平信息披露法案 2000年由SEC批准的法规，规定为防止上市公司向投资者选择性披露信息，企业必须向所有的投资者同时披露信息，无论投资多少。

representativeness heuristic 代表性启发式 基于结果A和结果B的相似程度估计结果A发生的概率。

reversal 反转效应 收益与过去收益负相关。

risk 风险 当所有可能的结果及其概率都是已知的现实存在。

risk attitude 风险态度 控制住其他因素的情况下，面临风险时的心理舒适程度。

risk averse 风险厌恶 是指宁愿选择前景期望值而不是前景本身的人。

risk capacity 风险容量 对一个与回答者具有相同年龄、退休计划、收入、流动性需求等对普通个体来说合理的风险数量。

risk neutral 风险中立者 是指对前景期望值和前景本身感觉都无差异的人。

risk seeker 风险寻求者 指那种宁愿选择前景而不是前景期望值的人。

risk tolerance 风险容忍度 由投资者风险容量和风险态度决定的合适的风险程度。

salience bias 显著性偏差 估测时更容易受显著性事件的影响，也就是高估显著性事件发生的可能性。

sample standard deviation　样本标准差　样本方差的正的平方根。

sample variance　样本方差　用样本数据计算的方差。

Sarbanes-Oxley Act，SOX　《萨班斯—奥克斯利法案》　在一系列公司丑闻之后于2002年通过的法案，有一条要求是在研究部门和投资银行建立隔离机制。

scheduled deferral increase programs，SDIP　递延率提升安排计划　递延率逐渐增加的养老金计划，以保证员工有足够的储蓄。

securities and Exchange Commission，SEC　证券交易委员会　证券交易委员会是在1934年的证券交易法下成立的组织，其目的是"保护投资者，维护公平、有序和有效的市场，促进资本形成"。

security analysts　证券分析师　信息的中介，分析师通过对信息进行专业分析为公司和个人提供投资建议。

segregation　分离化　在前景理论和心理账户中，当人们面对新的选择时，会在过去的结果上又回到参照点。

self-attribution bias　自我归因偏差　人们倾向于将成功或者好的结果归因于自己的能力，而将失败归咎于自己不能控制的外部环境。

self-monitoring　自我控制　倾向于融入社会并且恰当调整其行为。

sell-side analysis　卖方分析师　由经纪人、交易者和投资银行雇用的专业分析师，他们的报告经常被用来吸引针对某家企业的投资银行业务。

semi-strong form market efficiency　半强式有效市场　该市场有效性表现为价格反映了所有可以获得的公开信息。

sensation-seeking　感觉诉求　是指一个人的性格特征，它的4个维度分别是刺激和探险、经历诉求、失控、易于无聊。

sentiment　情绪　大量投资者同时对部分或全部证券进行错误估价的程度。

small-firm effect　小公司效应　在控制市场风险以后，投资市值比较小的企业能够获得超额收益。

smart-money traders　善于理财交易者　基于完全理性的原因进行交易的个体。

snake-bit effect　蛇咬效应　在初始的损失之后风险规避会加强。

social learning　社会学习　通过观察别人的决策进行学习。

social neuroscience　社会神经科学　是一门研究人们相互交往时运转的神经电流的科学。

standard deviation　标准差　方差的正平方根。

status quo bias　见 endowment effect。

strong form market efficiency　强式有效市场　该市场有效性表现为价格反映了所有的信息，包括公开信息和私人信息。

style investing　风格投资　是指在构造投资组合时考虑了风格因素。

style peer group　风格同等群体　追求相同风格的一组投资者，这里的风格通常按照公司的规模以及成长与价值进行定义。

style rotation　风格循环　指从一种投资风格转变为另一种风格的行为，它试图测定整体风格转变的时间。

subjective risk　主观风险　在某种程度上依据个体对风险的态度和信念进行评估的风险。

systematic risk　见 nondiversifiable risk。

tacit knowledge　见 implicit learning。

target date funds　见 life-cycle funds。

transitivity　转换　偏好的特点，如果A偏好B，B偏好C，那么A必定偏好C。

trend-following 趋势跟随 投资者倾向于购买近期表现优异的证券。

trust game 信任博弈 在一项试验中，第一个参与者（提议人）传给第二个参与者（响应人）的禀赋数额会成倍增加，而由第二个参与者决定返还第一个参与者多少收益。

two-fund separation 两基金分离 这种理论是指理性的投资者可以通过合并无风险资产和一种特定的风险投资组合，达到效用最大化。

type 1 heuristic 第一类启发式 当需要快速做出决策或者决策风险较小时，这一类启发式是合适的。

type 2 heuristic 第二类启发式 这一类启发式需要付出更多的努力，适合决策风险比较高的情况。

ultimatum game 最后通牒博弈 在一项试验中，第一个参与者（提议人）决定如何分配一笔收入，而第二个参与者（响应人）可以接受或者拒绝提议人的提议。

uncertainty 不确定 当一些可能的结果和有关的可能都是未知的情况时出现。

under-diversification 分散化不足 在某人的投资组合中，持有证券的数量不足以消除大部分的可分散风险。

utility function 效用函数 指在多种可能的数量结果中偏好选择数量更大的。

valence 效价 一个心理学术语，可以用来评价愉悦和痛苦或者快乐和不快乐的感觉。

value function 价值函数 前景理论中的函数，替代期望效用理论中的效用函数。

value investing 价值投资 指人们倾向于在投资组合里加大价值股的权重。

value premium 价值溢价 价值投资组合与增长投资组合之间的均差。

value stocks 价值股 指相对于诸如盈余、现金流和账面价值等会计指标市场价格比较低的股票。

variance 方差 测量离中分布的统计指标，等于偏离均值平方的期望值。

weak form market efficiency 弱式有效市场 该有效市场是指价格反映了包含所有历史价格和收益的信息。

weighting function 加权函数 映射决策权重的概率。